Cómo ser Gobernantes
Capaces y con Visión

¡QUEREMOS GOBIERNOS EFICIENTES!

LÍNEAS DE ESTRATEGIAS GUBERNAMENTALES

Ensayo de un Sistema Estratégico Integral
de Esquemas de Gobierno

*Cómo ser Gobernantes
Capaces y con Visión*

¡QUEREMOS GOBIERNOS EFICIENTES!

*Ensayo de un Sistema Estratégico Integral
de Esquemas de Gobierno*

José Álvarez García

JOSGOY

Libro: ¡QUEREMOS GOBIERNOS EFICIENTES!
Cómo ser Gobernantes Capaces y con Visión
Líneas de Estrategias Gubernamentales
Ensayo de un Sistema Estratégico Integral de Esquemas de Gobierno

Autor: José Guadalupe Álvarez García
Correo electrónico del autor: josgoy@hotmail.com

Impreso en México.
1ª edición. Impresa Septiembre de 2010
Tirada: 2000 ejemplares

Primera edición: Septiembre de 2010

Sello: *Independently published*
ISBN: *9798524611598*

Edición: José Álvarez García
Diseño de Cubierta: GUGA
Diseño de interiores: GUGA

Prólogo

Sobre la conceptualización general de los contextos, gobiernos y sociedades

Sobre porque "Queremos Gobiernos Eficientes"

y

Sobre Conceptos, Esquemas y Estrategias de Gobierno

Conceptualización general de los contextos, gobiernos y sociedades

Todo sistema de gobierno debe estar diseñado y construido con una serie de conceptos e instrumentos fundamentales para funcionar de forma eficiente, y generar y establecer así las condiciones necesarias en un contexto para producir y fortalecer el desarrollo integral sostenible y la mejora permanente de la calidad de vida poblacional, que es el objetivo prioritario y básico de todo gobierno. Esta serie de conceptos e instrumentos de estado y de gobierno deben ser utilizados de forma eficiente, y mejorados y superados, en lo conducente, por gobernantes, funcionarios públicos y trabajadores para cumplir con sus atribuciones, funciones y objetivos, y así generar los resultados óptimos requeridos en su conjunto y en lo particular.

Sin embargo, existen una serie de factores que impiden el desarrollo y cumplimiento de esta premisa fundamental, por lo que todo gobierno y sociedad deben generar también, de forma prioritaria, los diagnósticos respectivos para implementar los esquemas, procesos y acciones adecuadas para solventar este aspecto básico. Entre estos factores que impiden la generación del desarrollo integral y la mejora de la calidad de vida, se encuentran, en primer término, la falta de condiciones generales y específicas de todo rubro y concepto de los contextos y el deficiente funcionamiento gubernamental, en su conjunto y en lo particular, de acuerdo a sus diversos sistemas, esquemas, procesos, instrumentos, recursos y resultados. Los aspectos y conceptos básicos para la falta de desarrollo, productividad, seguridad, derechos, garantías, democracia, justicia, estabilidad y armonía política y social en un contexto serán, entre otros, los siguientes.

- *Contextos de insuficiencia o inoperancia gubernamental y falta de participación de la sociedad y sus sectores*

- *Contextos de ineficiencia gubernamental en los factores productivos, pero con excesivo y coercitivo control en lo económico, político, cultural y social*

- *Contextos de insuficiencia productiva y económica e inconformidad política y social*

- *Contextos con influencia de entornos negativos y desestabilizadores*

- *Contextos de falta de garantías, libertades y derechos humanos*

- *Contextos con falta de democracia y representaciones políticas y ciudadanas reales y verdaderas*

- *Contextos extremos de gran inestabilidad económica, política y social, así como hambruna, guerrilla, alta delincuencia y criminalidad y escenarios de guerra total o parcial*

- *Conflictos diversos de territorios y zonas, de aspectos étnicos, religiosos, históricos, culturales, políticos, sociales, económicos y de percepción y forma de vida*

- *Otros conceptos y aspectos derivados de los contextos respectivos y de acuerdo a las condiciones diversas locales, nacionales y regionales*

- *Otros conceptos derivados de las condiciones de todo país, región y localidad*

Otros conceptos específicos y generales en este sentido son los siguientes.

- *Conceptos e instrumentos de gobierno insuficientes*

- *Conceptos e instrumentos de gobierno deficientes, de forma parcial o total*

- *Conceptos e instrumentos de gobierno insuficientes, pero además los que se tienen son insuficientes parcial o totalmente*

- *Gobernantes, funcionarios y trabajadores de capacidad regular, que empeora si los conceptos e instrumentos de gobierno son insuficientes o deficientes*

- *Gobernantes, funcionarios y trabajadores incapaces, que empeora aún más si los conceptos e instrumentos de gobierno son insuficientes o deficientes*

- *Gobernantes, funcionarios y trabajadores capaces, que no cuentan con conceptos e instrumentos de gobierno suficientes, o que son deficientes total o parcialmente*

- *Sociedades mixtas con una mayoría incapaz que no puede generar propuestas o exigir a sus gobiernos la mejora de sus instrumentos, procesos y resultados*

- *Sociedades mixtas, con educación y una mayoría capacitada, que generan propuestas y exigen a sus gobiernos la mejora de sus instrumentos, procesos y resultados, pero que sus gobernantes son regulares o incapaces, y por lo tanto no pueden realizar estas propuestas y acciones*

- *Sociedades con una mayoría capacitada y con educación, con gobernantes, funcionarios y trabajadores preparados y capaces, que sin embargo no cuentan con los conceptos, instrumentos y recursos para mejorar los procesos gubernamentales, pero que tienen la iniciativa para generar los procesos de cambio y de mejora*

- *Sociedades capacitadas y educadas, con gobernantes, funcionarios y trabajadores capaces y preparados y con instrumentos y conceptos eficientes, que pueden ser mejorados y ampliados, pero que no cuentan con recursos, sobre todo económicos*

- *Escasez total o parcial de recursos económicos, humanos, tecnológicos y materiales, así como de servicios diversos*

- *Escasez total o parcial, de forma conjunta o en lo particular, de los recursos económicos, humanos, tecnológicos y materiales, así como de los diversos servicios*

Como se observa, existen toda una serie de aspectos generales y específicos que impiden el desarrollo, la productividad, la seguridad y la mejora de calidad de vida, los cuales, a través de la historia de cada país, entidad, región y localidad, han conformado sus contextos y sus gobiernos y sociedades. Esto quiere decir que cada país, región y localidad tienen los contextos que han conformado a lo largo de su historia y, por tanto, estos han sido generados por sus propias sociedades y gobiernos fundamentalmente, aunque habrá que incluir aspectos aleatorios e inesperados, como fenómenos y desastres naturales o artificiales. Esto quiere decir también que muchos gobiernos han fallado en su trabajo en diversos aspectos, conceptos, políticas, etapas y tiempos, e incluso de forma constante y reiterativa, en gran parte de los países y de las entidades y localidades del mundo, tomando en cuenta que estos gobiernos son la parte básica y constitucional que la sociedad diseña, estructura y conforma para proporcionarle los satisfactores básicos, las garantías y derechos, y la seguridad y estabilidad necesaria y adecuada para su desarrollo y tranquilidad.

Esto quiere decir también que quién ha fallado constantemente es el ser humano y sus condiciones e imperfecciones, ya que las instancias e instituciones creadas para estos fines de gobierno y desarrollo no han sido bien utilizadas, ni diseñadas, ni conformadas, por lo que el resultado es el que observamos en la actualidad, con sus diferencias y diversidades, con algunos pocos países, entidades y localidades desarrolladas y con una serie de grandes satisfactores para sus sociedades, las que cuentan y han contado, en su generalidad, con gobiernos eficientes y capaces para el cumplimiento de estos objetivos. Por otra parte, este universo ha generado una gran mayoría de países y localidades con contextos de subdesarrollo, pobreza y marginación, que han provocado un mundo de desigualdades e injusticias de todo tipo, que son verdaderamente inentendibles y reprobables, sin embargo, no existen mecanismos ni instancias locales, nacionales e internacionales que logren transformar estos contextos en su generalidad y sí, al contrario, pueden existir insuficiencias o complicidades que no solo no evitan este deterioro económico, político, cultural y social, sino que lo propician o coadyuvan en su desarrollo.

Como se observa también, el trabajo de gobierno y de gobernar con responsabilidad y visión no es nada fácil, al contrario de lo que algunas personas creen, por eso la importancia fundamental de contar con gobernantes con liderazgo, capacidad, inteligencia y visión, con funcionarios y trabajadores preparados y comprometidos, con instrumentos y conceptos gubernamentales funcionales y eficientes y con sociedades participativas, capaces, analíticas y exigentes. A pesar de conjuntarse en algunos casos todos los factores que generan los buenos conceptos de gobierno y sociedad, si los contextos y entornos son inestables, problemáticos y de inconformidad, y los recursos y servicios insuficientes y sin alcance y calidad, indudablemente que esos aspectos negativos impactarán total y ampliamente el ejercicio del gobierno y la participación y movilidad de la sociedad.

Es decir, aun contando con gobernantes y funcionarios capaces y con visión, con leyes, esquemas y programas funcionales y efectivos y con algunos suficientes recursos y servicios, la tarea de gobernar es difícil y complicada, de acuerdo a los contextos, escenarios y condiciones de estos, por lo que el arte de gobernar debe ser ampliamente eficiente, con gobernantes inteligentes, que establezcan diagnósticos, análisis y resultados que les permitan evaluar los escenarios y generar las estrategias, proyecciones y decisiones que cumplan los objetivos de impulsar el desarrollo integral sustentable y la mejora de calidad de vida de la población.

Las decisiones, por lo tanto, implican una serie de acciones y procesos que tendrán el objetivo de generar los mejores resultados y escenarios para un país y sus regiones y localidades, y por lógica, para sus sociedades. Estas decisiones de gobierno, aunque sean las mejores, en una mayoría de los casos tienen efectos colaterales que pueden afectar de formas diversas a los mismos gobiernos y a las sociedades, o a grupos de ellas y a sus personas, así como a organizaciones e instituciones de todo ámbito, incluido el internacional. Esto se debe a que las decisiones que generan beneficio colectivo y desarrollo de un estado implican una serie de aspectos analizados y evaluados que producen diversos escenarios con sus particularidades y generalidades, y con los resultados generados, de acuerdo a los objetivos del estado y la sociedad. Esta serie de implicaciones equivale a que toda decisión para el desarrollo conlleva también efectos colaterales que afectan intereses particulares y de grupos en una menor o mayor medida, sin embargo, esta afectación es necesaria en la búsqueda de los resultados y objetivos deseados.

La decisión generalmente debe conllevar aspectos colaterales que subsanen estas afectaciones en impliquen una serie de esquemas para estos fines. Estas decisiones de estado se trasladan a todos sus ámbitos, zonas y áreas institucionales, por lo que, por ejemplo, una decisión de un funcionario en un área de una subsede de una institución, en una pequeña y remota población rural, es tan importante como la decisión de un gobernante, por lo que ambas decisiones deben conllevar los aspectos que cumplan los objetivos y, por tanto, que atiendan y resuelvan los asuntos y las afectaciones colaterales.

Con esta estrategia, aunada a la visión y capacidad de gobernantes y funcionarios, y a efectivos programas y esquemas de gobierno, el desarrollo y la seguridad integral, tendrían que generarse y ser establecidos en todos los países y localidades, sin embargo, esto no es así, ya que lo que se observa es una serie de escenarios con sociedades estratificadas en pequeños grupos de riqueza, una clase socioeconómica media de pequeño y regular tamaño y una clase socioeconómica empobrecida y marginada en su gran mayoría, además de gobiernos insensibles, faltos de capacidad y visión y sobre todo, deshonestos e inalcanzables, ya que estas sociedades no han logrado conformar las vías institucionales para una real interrelación y, en su caso, para el enjuiciamiento y destitución de estos gobernantes y funcionarios.

Existen sociedades y países desarrollados, que son una minoría en el mundo, y que aún con sus avances y eficiencia, pueden ser siempre mejorados, que es lo que hacen constantemente en sus sistemas de gobierno y de sus mismas sociedades y sectores, lo que los desarrolla y los hace más capaces y eficientes. Sin embargo, la mayoría de países y sociedades son subdesarrolladas, empobrecidas y marginadas, por lo que el objetivo será generar gobiernos eficientes que impliquen una visión y trabajo que logren implementar los factores y las condiciones en sus contextos que permitan la generación del desarrollo integral sustentable y la participación organizada y efectiva de la sociedad, así como la mejora de la calidad de vida.

¿Por qué queremos gobiernos eficientes?

Todos sabemos que el gobierno es un concepto fundamental que los pueblos han creado y conformado para su desarrollo, protección, seguridad y bienestar. A lo largo de la historia de los grupos y pueblos, de las ciudades estado, y posteriormente de las naciones y países, algunos de estos esquemas de gobierno se han desarrollado con una alta eficiencia, lo que les ha permitido contar con los elementos y conceptos adecuados para cumplir con estas premisas para su propio desarrollo, el del estado y el de sus sociedades, sin embargo, la mayoría de los esquemas de gobierno, con sus funciones y procesos, en los diversos países y en sus entidades y localidades, no han logrado un desarrollo pleno de sus políticas, esquemas e instrumentos para cumplir estos objetivos fundamentales y constitucionales. Dentro de este universo mayoritario de sistemas de gobierno que no han llegado a su plenitud de concepción y ejercicio, por diversas causas y razones, se encuentran algunos más avanzados que otros, por lo que cumplen de forma parcial, y en diversos grados, con la encomienda de generar las condiciones de desarrollo, estabilidad, paz social y beneficio popular. Asimismo, se tienen gobiernos en las partes bajas de esta conceptualización, que definitivamente no cuentan con los elementos y aspectos de funcionalidad y eficiencia, tanto de políticas, instrumentos, esquemas y programas, como de la función y el ejercicio capacitado de gobernantes y funcionarios, por lo que los resultados de estos gobiernos son desastrosos y han generado subdesarrollo y pobreza en la mayoría de sus contextos.

Por tanto, aquellos gobiernos que han logrado su desarrollo y plenitud, a pesar de los contratiempos y vicisitudes lógicas de este tránsito, han generado los factores y las condiciones para el impulso y fortalecimiento del desarrollo integral sostenible en sus contextos, con esquemas efectivos de leyes, políticas públicas, administración pública, instituciones, infraestructura, recursos, servicios, instrumentos y programas, los cuales a su vez han sido mejorados de forma constante y permanente, lo que les ha permitido contar, por lo tanto, con las instancias y vías necesarias para el logro de este desarrollo y la protección y beneficio de sus sociedades. Asimismo, estos efectivos esquemas y conceptos han provocado que los gobernantes y funcionarios se encuentren preparados y capacitados para poder ser elegibles por sus propios pueblos para ocupar estas investiduras de alta responsabilidad y compromiso.

Esto genera, asimismo, una espiral en aumento de conceptos efectivos y positivos que fortalecen, impulsan y desarrollan la capacidad, funcionalidad y acción de un estado, de sus gobiernos y de sus sociedades.

Los países desarrollados aplican estos esquemas y, por tanto, se mantienen en un desarrollo permanente que implica la generación de estados consolidados, gobiernos eficientes, infraestructura económica fuerte y sociedades capaces y participativas.

En cambio, los países emergentes, que cuentan con contextos diversos y mixtos, con escenarios de alto desarrollo, pero también con escenarios de medianía de condiciones y con escenarios de pobreza y subdesarrollo, generan un desarrollo múltiple y diversificado, además de que en su generalidad existen grandes diferencias en los funcionamientos de sus gobiernos nacionales y de los gobiernos de sus entidades y localidades, y por tanto del desarrollo de las propias sociedades y sus sectores. Algunas sociedades se encuentran en escalas socioeconómicas altas, mientras que otras se encuentran en la medianía y otras en pobreza y marginación.

En los países subdesarrollados, y peor aún en los empobrecidos y marginados, los gobiernos no sólo no cuentan con los conceptos y esquemas, políticas e instrumentos y programas para su buen funcionamiento, sino que, generalmente, salvo algunas excepciones, sus gobernantes y funcionarios carecen, de forma total o parcial, de capacidad, visión y sensibilidad, además de que protegen intereses personales y de grupo y no los intereses de sus pueblos y de sus instituciones.

Esto implica y explica porque estos gobiernos no tratan de generar leyes, esquemas y políticas obligatorias para que sus sociedades se capaciten, estudien y se desarrollen, ya que para estos es conveniente mantener a estas sociedades en su mayoría incapaces e inoperantes, lo que logran con facilidad por el alto rezago educativo, e incluso analfabetismo, y la nula participación de la gente en todos los aspectos de gobierno y en los de su conformación, así como su poca o nula influencia en las decisiones de elegir y decidir quiénes serán sus gobernantes, a pesar de supuestamente estar en estados democráticos, en los cuales se ejerce el voto ciudadano, solo que este normalmente es aleccionado de diversas formas, algunas por medio del convencimiento y otras, la mayoría de la veces, de forma coercitiva.

Estos gobiernos ineficientes provocan, por tanto, subdesarrollo, pobreza, miseria y marginación, muchas veces en altos grados que generan hambrunas, desesperación social, inestabilidad y confrontación política y social, guerrilla, violencia, delincuencia, criminalidad e incluso guerras, entre otros nefastos aspectos, por lo que en estos escenarios es sumamente urgente la implementación de esquemas que permitan generar gobiernos eficientes, para que a su vez estos generen los factores y las condiciones para su propio desarrollo, el de sus países y entidades, y de forma prioritaria, el de sus pueblos.

Estos planteamientos son necesarios de establecerse para comprender la diversidad de puntos de vista y objetivos por los cuales los gobiernos deben ser eficientes, y por los cuales cada sociedad y cada persona quieren que sus gobiernos cumplan con sus mandatos institucionales y constitucionales, sean funcionales, efectivos y generen los factores y condiciones para el desarrollo integral sustentable y la consecución de los satisfactores integrales básicos de la población. Así tenemos que, generalmente, las sociedades desarrolladas aprueban mayoritariamente el trabajo de sus gobiernos, pero siempre se encuentran a la expectativa de su mejora y de que sus gobiernos continúen diseñando y conformando esquemas, políticas y programas que impulsen aún más el desarrollo de sus países y entidades, generen más empleo y mejores condiciones de vida para sus sociedades. La visión aquí, por tanto, es de aprobación hacia los gobiernos, con la exigencia de que continúen su mejora para que las mismas sociedades tengan las condiciones de desarrollarse en todos los sentidos y seguir siendo plenamente seguras y autosustentables. En los contextos de mediano y bajo desarrollo existirán una diversidad de expresiones del ejercicio gubernamental y una diversidad de posturas y puntos de vista de las sociedades hacia este ejercicio gubernamental, mientras que por una parte se pueden aprobar de forma dividida y sin unidad algunos asuntos del manejo de las decisiones y resultados de gobierno, por otra parte, pueden ni aprobarse ni desaprobarse, además de que algunos otros aspectos son reprobables completamente.

Debido a esta diversidad, existirán siempre muchos puntos de vista de la gente, de los sectores y del propio gobierno, de cómo lograr tener estos gobiernos eficientes uniformes, es decir, que generen sus políticas, programas, trabajos, acciones y actividades de forma eficiente en todos los sentidos, sin altibajos ni malos ejercicios y resultados en algunos aspectos y buenos en otros. Algunos de estos gobiernos pueden estar encaminados hacia una mejora integral que les permita convertirse en gobiernos eficientes, sin embargo, también pueden permanecer empantanados en esta medianía, con algunos resultados de éxito, otros de regularidad y otros definitivamente pésimos, mientras que otros gobiernos seguirán descendiendo en sus funciones, expectativas y resultados, generando más subdesarrollo y pobreza.

Así tendremos qué si diversos sectores, organizaciones y personas aprobarán algunos aspectos y resultados de sus gobiernos, la mayoría, no lo harán, aunque siempre se tendrá la visión de contar con gobiernos eficientes para solventar estas dificultades que implican un descenso en la función del gobierno, de la infraestructura productiva y del empleo y, por tanto, de la calidad de vida. En los contextos subdesarrollados, y peor aún en los empobrecidos, la mayoría de las sociedades reprueba la conformación, trabajo y resultados de sus gobiernos, al igual que la actitud y proceder de sus gobernantes y funcionarios, con algunas excepciones, por lo que la necesidad y visión de la gente será de prioridad y urgencia para transformar a sus gobiernos, mediante vías institucionales, o aún fuera de ellas, de acuerdo a las circunstancias y factores de cada contexto, que les permitan destituir a sus gobernantes y funcionarios que no cumplan con sus principios, objetivos y valores.

En algunos casos y países, podrá haber instituciones de queja y planteamientos para estos fines, sin embargo, el temor de utilizarlos es entendible, ya que las represiones de los gobiernos pueden ser de alto riesgo para las personas y sus familias, pero a pesar de esto, es fundamental que las sociedades se agrupen y defiendan sus libertades y sus derechos constitucionales.

En estos casos deberán existir instituciones internacionales y mundiales con mayores poderes de injerencia para transformar la infraestructura y la conformación de los gobiernos inoperantes y deshonestos, mediante modelos prototipos específicos, para que estos pueblos y sociedades cuenten con instancias gubernamentales efectivas y con gobernantes capaces y con visión que les protejan y coadyuven significativamente en la mejora sustantiva de sus condiciones y de su calidad de vida.

Las sociedades y las personas, en la mayoría de los casos, creen que sus gobiernos son los causantes de sus desgracias y de su regular o baja calidad de vida, así como de su falta de oportunidades de empleo y mejora, y esto es cierto en algunos aspectos, ya que estos gobiernos, en su historia, no han procurado la implementación de los factores y las condiciones que permitan a estas sociedades y personas desarrollarse y beneficiarse, sin embargo, las mismas sociedades tienen la obligación y necesidad de generar su organización e infraestructura productiva y de negocios, y por tanto, su propia sustentabilidad, lo que también en muchos de los casos no ha sido así, por lo que tienen determinados grados importantes de culpa en este sentido.

De todas formas, es fundamental que las sociedades sean participativas, se agrupen y generen planteamientos y exigencias a sus gobiernos, para conformar mejores instancias y vías que les permitan mostrarse e interrelacionarse con estos, que además han sido establecidos por la misma sociedad, la que también ha elegido a sus gobernantes, por lo que también podrá exigir, y en su caso, si los agravantes son serios, destituir a estos y modificar a sus gobiernos.

Existen infinidad de conceptos y vías constitucionales e institucionales para que las sociedades se manifiesten de forma civilizada y exijan sus derechos, siendo ésta la mejor forma para presionar a los gobiernos para que cumplan con sus funciones y objetivos, además de exigir y presionar para que se mejoren constantemente y se conformen definitivamente en gobiernos eficientes y en gobernantes capaces, con sensibilidad y respeto en su trato con las sociedades y en la generación del desarrollo integral y de la mejora de la calidad de vida.

La gente quiere gobiernos eficientes, entre otros aspectos, porque muchas de las veces se observan gobernantes y funcionarios que no sólo no cumplen con sus funciones, sino que se desatienden de ellas, manteniendo y aumentando el subdesarrollo y la pobreza en sus contextos, pero qué si logran un enriquecimiento personal ilícito, junto a sus cómplices políticos, funcionarios, empresarios, etc., por la incongruencia de sus fortunas, que no va de acuerdo a sus salarios y prestaciones.

La gente también quiere gobiernos eficientes porque observa el pésimo funcionamiento de las instancias burocráticas, con actividades y actitudes de absoluta prepotencia e irresponsabilidad, sin que ninguna autoridad de gobierno cambie estas situaciones, algo inaudito en pleno siglo veintiuno, sin embargo, sucede en la gran mayoría de instituciones de países y entidades subdesarrolladas y empobrecidas, e incluso en algunas entidades de países emergentes y desarrollados.

La diferencia se encuentra en que los países desarrollados si cuentan con las vías para que la sociedad denuncie la más mínima de estas malas actitudes y funciones de las personas e instancias, y se proceda en consecuencia para solventar y corregir estas faltas, sin embargo, en países medianos, en algunos grados, y peor aún en los subdesarrollados y empobrecidos, no hay forma de quejarse, y si la hay, no hay forma de obtener resultados que mejoren estos aspectos y castiguen a los responsables. La gente quiere gobiernos eficientes para deshacerse de la impunidad de gobernantes y funcionarios, de su falta de capacidad, de visión, de compromiso, de voluntad y de respeto a las necesidades de las sociedades y de las propias personas. La gente también quiere gobiernos eficientes porque así está establecido en la inmensa mayoría de las leyes y constituciones de los países y entidades, por lo que es incomprensible que los gobiernos no puedan cumplir con estos mandatos, y más incomprensible aún es que las sociedades no dispongan de las soluciones, las cuales las tienen en la mano, ya que toda sociedad tiene la facultad de conformar sus gobiernos, elegir a sus gobernantes y exigir resultados de seguridad y beneficios.

Sabemos que existen contextos en el mundo en los que la mayoría de la gente de algunas sociedades cuentan con gobiernos eficientes y se sienten seguras, fortalecidas y protegidas por estos gobiernos y sus instituciones, por lo que este sería el ejemplo a seguir para conformar un modelo prototipo que pueda implementarse, mediante diversas etapas y esquemas, en todos los países y entidades del mundo, lo que indudablemente transformaría los contextos, así como las percepciones y realidades de las sociedades con respecto a sus gobiernos y gobernantes.

El problema es que la gran mayoría de contextos en el mundo cuentan con diversos grados, que pueden ser menores, medianos y mayores, según las condiciones, de insatisfacción social y popular con respecto a sus entornos y formas de vida, generados específicamente por la propia condición y devenir histórico de las sociedades y de sus gobiernos.

Por estas razones, la mayoría de las percepciones de las poblaciones del mundo se basan en la necesidad urgente de mejorar de forma sustantiva la función de sus gobiernos y mejorar asimismo sus propias formas de vida y la calidad de las mismas, hasta alcanzar los grados superlativos de protección, seguridad y desarrollo de las sociedades estables, productivas, seguras y contentas y con sus gobiernos. Por estas razones todas las personas siempre exigiremos que "Queremos gobiernos eficientes".

Visión

La visión será aquella en la que existan gobiernos eficientes en todos los países, entidades y localidades del mundo, con gobernantes líderes, capaces, sensibles, comprometidos y con visión de estadistas, así como con funcionarios y trabajadores capacitados, honestos y comprometidos con sus cargos, atribuciones y funciones. Esta visión contempla también, de forma prioritaria, la generación de sociedades preparadas, participativas, que produzcan planteamientos y propuestas que les permitan su propio desarrollo y el de sus gobiernos, y que además sean exigentes cuando las instancias y funcionarios no cumplan con sus funciones y objetivos.

Esta visión, por tanto, implica una forma de trabajo eficiente de todos los elementos y conceptos que conforman a un estado, lo que implica también la generación del desarrollo integral sostenible y la mejora de la calidad de vida de la población, de forma constante y permanente.

Asimismo, esta visión contendrá toda la diversidad de contextos en los cuales se aplicarán los esquemas, políticas públicas, instrumentos, leyes y programas de gobierno, hasta transformarlos en contextos que contengan las condiciones y los factores para generar y fortalecer los esquemas de productividad y empleo, y del desarrollo integral.

Estos instrumentos de gobierno, asimismo, se mejorarán de forma constante, de acuerdo a su funcionamiento y a sus aplicaciones y evaluaciones respectivas, para convertirse en instrumentos cada vez más eficientes y de mayor alcance, lo que mejorará sustantivamente, y por sinergia, a sus instituciones y gobiernos, al igual que a las mismas sociedades.

La aplicación de estos esquemas y estrategias implicarán una mejora en los procesos del desarrollo integral y en la mejora de la calidad de vida poblacional en cada uno de los contextos, lo que implicará, asimismo, un avance real y sustantivo de estas condiciones y factores para el desarrollo, que de forma amplia, paulatina y constante disminuirán las diferencias abismales entre grupos y sectores sociales de los mismos países y regiones y de diferentes países y regiones, así como de los funcionamientos de los gobiernos y de las mismas sociedades y sus sectores.

Esta visión, por tanto, establecerá un mundo de mayor igualdad en las condiciones y factores para el desarrollo, al igual que del cumplimiento y aprovechamiento de los satisfactores básicos de los seres humanos, por lo que se tendrán contextos más justos, equitativos y deseados en todos los rincones del mundo, lo que producirá, sin duda, un mundo de mayor desarrollo, de mínimas desigualdades y de mayores satisfactores, beneficios y oportunidades, así como una mejor estabilidad económica, política, cultural y social, y una mejor calidad de vida para todos.

Misión

La misión establecerá las formas, vertientes, estrategias y objetivos para conseguir estos escenarios y contextos de desarrollo igualitario y de una mejor calidad de vida para todos. La misión será, por tanto, dotar a los estados, y a sus gobiernos, territorios y poblaciones, de los elementos necesarios y adecuados para cumplir con estos objetivos. Los gobiernos de todo orden tendrán entonces mejores políticas públicas, instrumentos, estrategias, programas y acciones en todas y cada una de sus diversas áreas en todo ámbito, lo que les permitirá transformarse en gobiernos eficientes que cumplan con sus funciones, objetivos y resultados.

Las sociedades, asimismo, podrán contar con una serie de instancias y conceptos diversos para su desarrollo en todos los sentidos, educativo, económico, productivo, cultural y social, lo que les permitirá transformarse, de forma paulatina y sistemática, en sociedades con mayores núcleos poblacionales capacitados y participativos, que les permitan también mejorarse de forma constante y permanente, para generar cada vez mejores sociedades, que serán autosustentables y generadoras de sus propias instancias de productividad y empleo, y asimismo, exigentes de las funciones, procesos, objetivos y resultados de los gobiernos. Los territorios deberán estar libres de toda disputa interna y externa, y deberán contar con marcos legales y constitucionales de seguridad y estabilidad política, económica y social, así como con las condiciones necesarias, naturales y artificiales, para que el gobierno y los sectores productivos de la sociedad puedan implementar, de forma satisfactoria y exitosa, la infraestructura de la productividad, del empleo, de la seguridad y de la estabilidad, para generar así el desarrollo integral sustentable.

Los gobiernos tendrán que generar cada vez mejores leyes, esquemas, políticas públicas, programas y acciones, que de forma permanente transformen y mejoren sus propias instituciones, esquemas y leyes, ya que la exigencia de proporcionar los factores y las condiciones que coadyuven de forma sustantiva en el desarrollo integral, serán cada vez mayores, debido al aumento de las poblaciones, de sus necesidades y capacidades, así como de los avances en las comunicaciones y los sistemas de software y computación, así como de los avances científicos y tecnológicos de todo tipo y rubro, lo que indudablemente impulsará a diseñar, construir e implementar nuevos marcos legales y normativos, y esquemas y sistemas necesarios para estar acordes con estas nuevas expectativas, funciones y acciones prioritarias de los sectores de la sociedad y de los propios gobiernos.

Los gobiernos, por tanto, siempre tendrán que estar a la vanguardia de los avances y del desarrollo de la humanidad y de sus sectores diversos, porque de otra forma estos quedarán rebasados y no podrán cumplir con esta misión de establecer los esquemas, conceptos, factores y condiciones para el cumplimiento de esta visión y de estos objetivos.

Objetivos

Los objetivos generales serán la generación y conformación de gobiernos eficientes y sociedades capaces y preparadas, mediante instrumentos, políticas, estrategias y programas efectivos de gobierno y de los sectores privados de la sociedad, a través de una planificación estratégica que permita, de forma constante y permanente, el cumplimiento de diversas metas en los diversos tiempos y especificaciones, con la generación de resultados de éxito que conformen los avances sustantivos para el desarrollo integral sostenible y la mejora de la calidad de vida de la población.

Los objetivos serán diversos, generales y específicos, ya que la visión es amplia y contiene una serie de elementos, conceptos y factores que así lo ameritan y que son necesarios para conformar estos gobiernos eficientes y estos contextos de desarrollo. Los objetivos específicos serán diversos, desde el logro de la conformación de gobiernos eficientes; mediante la mejora sustantiva de estrategias, instrumentos, políticas públicas, programas y acciones integrales, de alcance y de vanguardia; hasta la capacitación de gobernantes, funcionarios y trabajadores para que puedan utilizar de forma efectiva estos conceptos, esquemas y programas; incluyendo la implementación de sistemas de mejora continua, de gestión de la calidad, de responsabilidad social, de reingeniería de procesos y de todos los aspectos que permitan la mejora permanente de todos estos instrumentos y esquemas de gobierno y de la sociedad civil, y también, muy importante, la generación de esquemas que permitan aumentar de forma sustantiva la capacidad educativa, de razonamiento, de análisis, de participación y de decisión de las sociedades en todos los aspectos de gobierno y de la vida pública, política, cultural y social.

Otros objetivos específicos serán el cumplimiento de metas, procesos y resultados de cada una de las instancias de los gobiernos y de los sectores privados que conforman los factores para este desarrollo integral sostenible; también la implementación de instancias e instrumentos de coordinación, interrelación y enlace entre los gobiernos y entre estos y las sociedades, para generar propuestas, planteamientos, resoluciones, consensos y convenios, aprobados mayoritariamente, para ser implementados en las diversas instancias gubernamentales con la finalidad de generar este desarrollo, empleo y beneficio para todos. Existen infinidad de objetivos específicos, tantos como conceptos y aspectos del trabajo y conformación de gobierno y de las necesidades de las sociedades se tienen, por lo que cada uno de estos objetivos, con sus instrumentos, programas y procesos, será fundamental, ya que el buen funcionamiento general y específico generará resultados importantes y trascendentes para sus áreas respectivas, y con la suma de todas estas funciones y cumplimiento de objetivos, se tendrán objetivos generales cumplidos con calidad y eficiencia, lo que indudablemente impactará en la transformación positiva de los contextos y en la mejora de los gobiernos, hasta convertirlos en eficientes, y por supuesto, en la mejora sustantiva de las sociedades.

Por todas estas razones, los objetivos generales y específicos son fundamentales en cuanto a sus procedimientos y cumplimientos, porque esto producirá, en lo particular y en lo general, grandes avances, transformaciones y mejoras en las instancias y estructuras de gobierno, en los propios gobiernos y en las sociedades, lo que asimismo generará estados vanguardistas con perspectivas de alto de desarrollo, con justicia, derechos, libertades, igualdades, democracia y participación y respeto conjunto de gobierno y sociedad.

A continuación, se presentan algunos conceptos para el funcionamiento y el desarrollo del estado, así como de sus partes fundamentales, el gobierno, el territorio y la población. Veamos esta síntesis de algunos conceptos para generar estados fuertes, gobiernos eficientes y sociedades capaces y participativas.

¿Qué necesita un Estado para su desarrollo y ser considerado de vanguardia?

Con respecto a la población necesita contar con:

- *Sociedades que sean capaces de generar sus marcos constitucionales y legales, y por medio de estos establecer sus formas e instancias de gobierno, de representatividad política y social, de participación y de modificaciones y cambios que estas consideren necesarios*

- *Sociedades capacitadas, participativas, representativas, exigentes, que razonen y generen propuestas y planteamientos, que trabajen conjuntamente con sus gobiernos y que cuenten con las vías institucionales para participar, manifestarse, exigir y hacerse escuchar, entender y tomar en cuenta*

- *Sociedades que conformen su infraestructura productiva, laboral y de negocios, empresas, industrias, comercios y servicios y sean autosustentables económica, política y socialmente*

- *Sociedades que exijan a sus gobiernos y a ellas mismas la conformación de políticas públicas, esquemas, instrumentos y programas públicos y privados para el desarrollo integral sustentable en sus diversos conceptos, como el turismo, las comunicaciones, la ciencia y tecnología, el desarrollo del campo y el mar, y el desarrollo de la empresa, industria y comercio, entre otros muchos conceptos, así como, de forma prioritaria, la educación, la salud, la alimentación, la vivienda, el empleo y la consecución de los satisfactores básicos sociales y económicos*

- *Sociedades que cuenten con marcos constitucionales y legales, así como instancias y vías institucionales de representatividad, de democracia, de garantías y derechos, de seguridad y justicia*

- *Sociedades que se exijan a sí mismas y a sus gobiernos el establecimiento de las condiciones y factores para su desarrollo y beneficio, con la mejora permanente de la calidad de vida de la gente*

Prólogo

- *Sociedades con visión y capacidad en las diversas manifestaciones científicas, tecnológica, artísticas, culturales, deportivas y de diversión*

- *Sociedades que cuenten con esquemas generales y específicos de planificación, organización, coordinación, enlace y funcionalidad entre sus sectores y con sus gobiernos*

Con respecto al gobierno necesita contar con:

- *Marcos gubernamentales constitucionales y legales de gran justicia y equidad, sensibles, específicos, amplios, incluyentes, integrales, de alcance y de calidad*

- *Gobiernos con visión, misión y objetivos estratégicos, claros y definidos*

- *Gobiernos con políticas públicas, conceptos, instrumentos, leyes, esquemas, sistemas, programas, procesos y resultados eficientes y de alcance para generar desarrollo integral sustentable y mejora permanente de la calidad de vida de la gente*

- *Gobiernos con gobernantes, funcionarios y trabajadores capaces, con visión, liderazgo, sensibilidad, compromiso, inteligencia, sensibilidad, representativos, con carisma y vocación de servicio*

- *Gobiernos que cuenten con esquemas de estrategia, lobby político y operatividad gubernamental*

- *Gobiernos con gobernantes, funcionarios y trabajadores que cuenten con lealtad, honestidad, valores, moral y sensibilidad política*

- *Gobiernos que cuenten con infraestructura y esquemas de funcionamiento efectivos y representativos, con contralorías verdaderas y vías institucionales para recibir, analizar, promover y generar resultados de las propuestas y planteamientos propios y de la sociedad*

- *Gobiernos que cuenten con esquemas efectivos que generen las condiciones para la productividad, el empleo y la competitividad de los sectores de la sociedad*

- *Gobiernos que contengan esquemas que permitan establecer la estabilidad, la seguridad, la justicia, los derechos y garantías, y la armonía, coordinación y participación de la sociedad*

- *Gobiernos representativos de la población y de la territorialidad, con infraestructura global y local, funcional y dinámica*

- *Gobiernos que sean capaces y cuenten con acción y movilidad gubernamental estratégica y por objetivos*

- *Gobiernos que cuenten con esquemas de planificación, organización, coordinación, enlace y funcionalidad*

- *Gobiernos que cuenten con sistemas de control, seguimiento y resultados óptimos, con esquemas de análisis, escenarios, proyecciones y decisiones adecuadas*

- *Gobiernos que cuenten con recursos, administración, finanzas, transparencia e información popular, así como plataformas de gobierno y propuestas responsables, efectivas y con visión*

- *Gobiernos que cuenten con esquemas de diseño y modernización integral del sistema e infraestructura y con esquemas de gestión de la calidad y responsabilidad social*

- *Gobiernos que cuenten con esquemas de información gubernamental y política y generen promoción y difusión estratégica*

- *Gobiernos que contengan sistematización de esquemas, procesos y actividades gubernamentales y que cuenten con sistemas integrales y representativos de selección de gobernantes, funcionarios y trabajadores*

- *Gobiernos que cuenten con sistemas de estrategias y de redes gubernamentales para el desarrollo y el bienestar poblacional y con esquemas de alianzas estratégicas integrales y por objetivos*

- *Gobiernos que cuenten con sistemas políticos y democráticos representativos y fuertes, y con organizaciones y partidos políticos que apoyen, gestionen y solucionen las necesidades y propuestas de la sociedad*

Con respecto al territorio necesita contar con:

- *Territorio definido y legalmente constituido y reconocido en el marco internacional, sin conflictos, guerras ni disputas internas por estos factores*

- *Territorio definido y legalmente constituido, federativamente y al interior, sin conflictos ni disputas internas por estos factores*

- *Territorio que cuente con los factores, condiciones y ámbitos naturales y artificiales que permitan generar explotación amplia de recursos estratégicos y diversos para el desarrollo integral sustentable*

- *Territorio ocupado específicamente por pobladores legales, y tradicional e históricamente con derechos*

- *Territorio libre de asentamientos e injerencias externas en lo nacional y en lo local*
- *Territorio no invadido por poblaciones ajenas en lo nacional y lo local*

- *Territorio protegido por leyes y marcos constitucionales y legales emanados de sus gobiernos y sociedades*

- *Territorio protegido, desarrollado y cuidado en su hábitat y medio ambiente por leyes e instancias gubernamentales y de la sociedad*

- *Territorio desarrollado de forma eficiente, con sustentabilidad, por los sectores productivos y los gobiernos*

- *Territorio con esquemas de explotación productiva sustentable y con escenarios proyectados estratégicamente para el desarrollo sustentable futuro*

- *Territorio que permita la ampliación de las sociedades, de forma productiva, mediante infraestructura de comunicaciones y vialidades, así como de centros urbanos y rurales*

- *Territorio que permita el desarrollo del campo, la minería, las energías, el petróleo y otras fuentes estratégicas para el desarrollo sustentable*

- *Territorio que permita los asentamientos humanos de forma segura y estable, libre de expectativas nocivas provocadas por fenómenos naturales y artificiales*

- *Territorio que pueda ser dividido en instancias que el gobierno y la sociedad consideren para modificar su conformación política y zonal*

- *Territorio que permitan a los gobiernos y sociedades toda una serie de consideraciones y conceptos para mejorarse y llevar beneficio a la sociedad*

- *Territorio que permita la estrategia geopolítica, económica, social, cultural, militar, naval y aérea, para la defensa de sus gobiernos y sociedades, así como del propio territorio*

- *Territorio que permita el desarrollo y el bienestar social en todas sus manifestaciones*

Asimismo, y a continuación, se plantearán y presentarán, de forma sintetizada y breve, algunos de los aspectos generales y específicos del trabajo de gobierno para llegar a ser eficientes, mediante el desarrollo de algunos preceptos, planteamientos, esquemas, estrategias y políticas necesarias para el logro de este objetivo y esta misión.

Estos planteamientos se presentan de forma sintetizada, ya que, conjuntamente con otros planteamientos y aspectos más, se ampliarán y desarrollarán en este mismo libro, en sus apartados respectivos.

¿Qué necesita un sistema de gobierno para ser integral, representativo y eficiente?

Necesita contar con:

- *Esquemas gubernamentales de objetivos, misión y visión*
- *Esquemas gubernamentales normativos, constitucionales, integrales y vanguardistas*
- *Esquemas gubernamentales de sistematización, homogeneidad y automatización*
- *Esquemas gubernamentales de diseño y modernización integral*
- *Sistemas de estrategias y acción gubernamental*
- *Esquemas vanguardistas de Know How o saber hacer gubernamental*
- *Esquemas eficientes de cabildeo, lobby y operatividad gubernamental*

- *Esquemas de War Rooms, Think Tanks y de estrategia gubernamental*

- *Sistemas gubernamentales con leyes, infraestructura, instituciones y estrategias gubernamentales, así como políticas y electorales de representatividad*

- *Sistemas gubernamentales de atención, seguimiento y resolución de asuntos y propuestas de la sociedad*

- *Sistemas de construcción y propuesta de gobiernos eficientes*

- *Sistemas estratégicos para el desarrollo integral sostenible*

- *Sistemas gubernamentales de control, planificación, evaluación y estrategias*

- *Sistemas de difusión y promoción estratégica gubernamental*

- *Sistemas gubernamentales para el bienestar y desarrollo de la sociedad*

- *Esquemas de presentación e inserción de un sistema integral estratégico de esquemas gubernamentales*

- *Esquemas gubernamentales de transparencia y eficiencia de utilización de los presupuestos y recursos*

- *Esquemas de responsabilidad de plataformas y propuestas de gobierno*

- *Esquemas de gestión de la calidad y responsabilidad social en los sistemas de gobierno*

¿Qué necesita un sistema estratégico integral para contar con esquemas de gobierno efectivos?

Necesita contar con:

- *Sistemas de estrategia y acción gubernamental*
- *Sistemas de atención, seguimiento y resolución de asuntos de gobierno y de la sociedad*
- *Sistemas de construcción y propuesta de gobiernos eficientes*
- *Sistemas estratégicos para el desarrollo integral sostenible*
- *Sistemas de control, planificación, evaluación y estrategias de esquemas de gobierno*
- *Sistemas gubernamentales de difusión y promoción estratégica*
- *Sistemas gubernamentales para el bienestar y desarrollo de la sociedad*

- *Esquemas gubernamentales de transparencia y eficiencia de utilización de los presupuestos y recursos*

- *Esquemas de responsabilidad de plataformas y propuestas de gobierno*

¿Qué esquemas necesita un sistema para proponer y construir gobiernos eficientes?

Necesita contar con:

- *Esquemas de reforma y mejora de la estructura de estado y gobierno*
- *Esquemas de conceptos y políticas de un proyecto de gobierno eficiente*
- *Esquemas de apertura y sensibilización gubernamental*
- *Esquemas de visión para la planificación y el análisis integral*

- *Sistemas de control y mejora integral de políticas públicas, programas y acciones de un gobierno eficiente*

- *Esquemas de capacitación y profesionalización de funcionarios y trabajadores*
- *Esquemas de atención de propuestas y necesidades ciudadanas*
- *Esquemas de seguimiento y rendición de cuentas a la sociedad*
- *Esquemas de alianzas estratégicas de un gobierno eficiente*

¿Qué se necesita para conformar un esquema de conceptos y políticas de gobiernos eficientes?

Se necesita contar con:

- *Sistemas integrales para la estabilidad política y social*
- *Sistemas de leyes y programas para el desarrollo y la estabilidad*
- *Infraestructura gubernamental funcional y de alcance*
- *Sistemas para la operatividad y el trabajo político y gubernamental*
- *Esquemas de resultados de impactos favorables del ejercicio gubernamental*

- *Esquemas de reconocimiento sectorial y popular y de posicionamiento gubernamental en un contexto nacional y local*

- *Sistemas de difusión y promoción del trabajo gubernamental*
- *Sistemas de alianzas estratégicas integrales*
- *Mejora de sistemas y esquemas políticos electorales y partidistas*
- *Esquemas de atención de problemáticas políticas y sociales*
- *Esquemas para generar sociedades de vanguardia*

- *Esquemas de amplia democracia, seguridad pública, derechos humanos, estado de derecho y justicia para todos*

- *Esquemas de posicionamiento gubernamental en el contexto regional e internacional*

¿Qué conceptos y estrategias se necesitan para conformar un sistema integral para la estabilidad política y social?

Se necesita contar con los siguientes conceptos y aspectos:

- *Nulificar y disminuir drásticamente las tensiones de grupos políticos y poblacionales en el contexto de un gobierno, y también ante otras fuerzas políticas nacionales y locales, y generar escenarios de estabilidad política y social para el ejercicio gubernamental*

- *Establecer alianzas estratégicas gubernamentales con partidos políticos, con gobiernos y sectores poblacionales para construir escenarios de desarrollo constante, estabilidad económica, seguridad pública y paz social*

- *Establecer esquemas gubernamentales de coordinación y trabajo para generar las políticas para el desarrollo integral, la estabilidad económica, la seguridad pública y paz social*

- *Esquemas de interrelación, enlace y trabajo entre los poderes del gobierno federal con las entidades y de estos poderes con los sectores poblacionales, partidistas y organizacionales*

- *Generar esquemas organizacionales para la integración de la sociedad, que permitan una interrelación de avance, respeto y trabajo entre gobierno y sociedad*

- *Establecer esquemas de desarrollo partidista, para un mayor alcance y participación de estos en beneficio de la sociedad y de las relaciones y enlaces con los poderes del gobierno*

- *Establecer esquemas de difusión, promoción y penetración en la población, sectores, organizaciones y gobiernos de todo orden y ámbito, e incluso en el contexto internacional*

¿Qué se necesita para lograr una mejora efectiva del estado de derecho y de los instrumentos de gobierno para el desarrollo integral y la estabilidad?

Se necesita contar con:

- *Mejora de las leyes y programas gubernamentales y del sector privado*
- *Diseño y desarrollo de nuevas leyes y programas gubernamentales*
- *Diseño de políticas contra la pobreza y de mejora de las condiciones económicas y sociales*

- *Generación de políticas públicas y acciones gubernamentales para el desarrollo integral sostenible y para la mejora de la calidad de vida de la población*

- *Generación de políticas gubernamentales consensadas y aprobadas mayoritariamente para implementar las reformas estructurales fundamentales y de los sectores estratégicos*

- *Realización de una amplia reforma del estado y de sectores estratégicos en todos sus conceptos, especialmente en aspectos económicos, financieros, políticos y partidistas, electorales y de procesos, de la administración pública, de enlace organizacional, de integración y organización de la sociedad y sus sectores, sociales, educativos, etc.*

¿Qué se necesita para lograr una infraestructura gubernamental funcional y de alcance?

Se necesita contar con:

- *Mejoras efectivas de la infraestructura gubernamental*
- *Diseños y desarrollo de nuevas infraestructuras gubernamentales*
- *Sistemas de productividad gubernamental*
- *Sistemas de control, seguimiento y evaluación del ejercicio gubernamental*
- *Esquemas de capacitación integral*

¿Qué propuestas se necesitan para la innovación, mejora y desarrollo de la infraestructura gubernamental?

Se necesitan las siguientes propuestas:

- *Propuestas generales para el desarrollo gubernamental*

- *Propuestas por concepto y rubro para el desarrollo gubernamental*

- *Propuestas de innovación y mejora en áreas específicas de la infraestructura gubernamental*

- *Propuestas de innovación y mejora particulares en las determinadas áreas de la infraestructura gubernamental*

- *Propuestas de mayor visión de los objetivos de las instituciones de gobierno*

- *Propuestas de mayor alcance en los esquemas y programas de las instituciones*

- *Propuestas de implementación de sistemas eficientes, de leyes y normativas, de reglamentos, de programas, de procesos y esquemas de las instituciones gubernamentales*

- *Propuestas de obligatoriedad y capacitación a funcionarios y empleados para lograr una alta eficiencia en el ejercicio laboral*

- *Propuestas de implementación de sistemas de obligatoriedad en las actividades laborales, de sistemas de calidad, de sanciones y reconocimientos, etc., en los sistemas de las instituciones gubernamentales*

- *Propuestas de análisis de labores y de reasignación de funciones y atribuciones de gobernantes, funcionarios y empleados gubernamentales para evitar pérdidas de tiempo y ocio y para generar una mejor atención laboral y desarrollo general*

¿Qué se necesita para lograr esquemas de resultados de impactos favorables del ejercicio gubernamental?

Se necesita contar con:

Esquemas de resultados de impactos favorables económicos

- *Mejora sustantiva de la microeconomía*
- *Mejora de la macroeconomía*
- *Mejora de las finanzas públicas*
- *Mejora del sistema bancario y financiero*
- *Mejora de esquemas de deuda pública*
- *Mejora del manejo de la reserva financiera gubernamental*
- *Mejora de índices de empleo y productividad*
- *Mejora de la infraestructura de la industria y la productividad*
- *Mejora de la infraestructura empresarial y comercial*
- *Mejora de la infraestructura del desarrollo científico y tecnológico*
- *Mejora de la infraestructura comercial y de la exportación*
- *Mejora de la infraestructura de los mercados internos*
- *Mejora de la infraestructura de la seguridad laboral*
- *Mejora de la infraestructura de los sectores estratégicos*
- *Mejora de la infraestructura de la industria estratégica*
- *Mejora de los aspectos de la migración*
- *Mejora de esquemas de apoyo económico a sectores*

Esquemas de resultados de impactos favorables políticos

- *Manejo gubernamental con liderazgo, visión y decisión*

- *Esquemas de interrelación, trabajo, propuesta y resoluciones de asuntos políticos, de gobierno, de sectores, de partidos políticos, de organizaciones y de la sociedad*

- *Esquemas de prevención, atención y resolución de asuntos y problemáticas políticas y sociales*

- *Ejercicio gubernamental sensible, dinámico y comprometido*
- *Eliminación de la inseguridad pública en general*
- *Erradicación de la pobreza y marginación*
- *Impulso a los derechos humanos y a las libertades y garantías constitucionales*
- *Fortalecimiento de la democracia, de los procesos electorales y de la participación social*

- *Fortalecimiento de los marcos legales y las políticas de gobierno, con justicia, seguridad, productividad y empleo*

Esquemas de resultados de impactos favorables sociales

- *Más y mejor infraestructura de servicios básicos de todo rubro*
- *Mejora de los servicios sociales*
- *Mejora de acceso y aprovechamiento a los servicios sociales*
- *Mejores salarios y más empleos*
- *Mejora sustantiva de la seguridad pública*
- *Mejora de la ecología y el medio ambiente*
- *Mejora de los aspectos religiosos, artísticos, culturales, deportivos, de minorías sociales, etc.*
- *Mejora sustantiva del desarrollo social, educativo, de la salud, la vivienda, la alimentación, etc.*

- *Mejora en calidad, servicio, tiempo, financiamiento y precios de programas, trámites y servicios públicos y privados*

- *Mejora de urbanización, vialidades, tráfico y trámites de carreteras, avenidas y calles*

¿Qué se necesita para conformar un esquema de reconocimiento sectorial y popular y de posicionamiento gubernamental en un contexto nacional y local?

Se necesita contar con:

Esquemas de validación y reconocimiento popular

- *Esquema de encuestas y sondeos para el reconocimiento popular*
- *Esquema de giras y eventos de difusión e informe a sectores y a la sociedad*

- *Esquema gubernamental y partidista de informe a la población para el reconocimiento de los logros gubernamentales*

- *Sistema de promoción, difusión y penetración en medios de comunicación de logros gubernamentales*

- *Sistema de un consejo popular de reconocimiento a la función gubernamental*

Esquemas de posicionamiento gubernamental en el contexto nacional y local

- *Ejercicio constitucional exacto y de liderazgo del poder ejecutivo gubernamental*
- *Coordinación de gobierno y de trabajo gubernamental*
- *Generación de avances integrales del desarrollo y la estabilidad*
- *Eliminación de la inseguridad, la inestabilidad y la polarización política y social*

¿Qué se necesita para conformar un esquema que genere sociedades de vanguardia?

Se necesita contar con:

- *Esquemas integrales de capacitación y preparación de la sociedad*
- *Implementación de esquemas de educación y civilidad en la sociedad*
- *Generación e implementación de los servicios básicos integrales para la población*
- *Empleo y expectativas de mejora de la población*
- *Desarrollo de la productividad para los sectores poblacionales*
- *Vías legales y reglamentarias de manifestación y expresión popular*
- *Vías institucionales para establecer, calificar y modificar el ejercicio gubernamental*
- *Vías institucionales para aprobar o cambiar gobiernos y gobernantes*

¿Qué se necesita para conformar un esquema de seguimiento y rendición de cuentas a la sociedad?

Se necesita contar con:

- *Sistemas de planteamiento de inconformidades de actividades gubernamentales*

- *Sistemas de procesos de evaluación, aprobación, desaprobación, resolución y calificación de los representantes de los gobiernos y de las instancias ejecutivas, legislativas, judiciales, electorales y partidistas*

- *Sistemas de ejecución de cambios y renovación de los representantes de los gobiernos y de las instancias ejecutivas, legislativas, judiciales, electorales y partidistas*

Conceptos de inconformidad y desacuerdo social en contra de actividades gubernamentales en todo ámbito y que permitan el acceso a las impugnaciones y demandas ciudadanas

- *Mal gobierno, con defensa de intereses de grupos cupulares, sin atención a la población y sin programas gubernamentales de generación de esquemas para el desarrollo integral sustentable; con un alto grado de inconformidad social que generen inestabilidad política y social e ingobernabilidad*

- *Actividad y actitud de gobernantes y funcionarios públicos sin aplicación de leyes, con actitud de desdén a las necesidades populares y para el desarrollo productivo*
- *No aplicación de la ley de forma igualitaria*
- *Gobierno dictatorial, caciquil y coercitivo en contra de las garantías individuales*
- *No aplicación de los derechos humanos ni la libertad de expresión*
- *Violación de leyes y de su utilización para fines personales y de grupos cupulares*

- *Falta de decisión gubernamental y carácter para el ejercicio público*
- *Traición a la patria y al país*
- *Gobierno provocador de inestabilidad política al interior y exterior de su contexto*
- *Falta de rendición de cuentas e informes*
- *Gobierno que practica el nepotismo, compadrazgo, amiguismo y recomendaciones*
- *Gobierno que permite a los subordinados no trabajar con compromiso y capacidad*
- *Gobierno falto de productividad en todo concepto*

- *Gobiernos vanos e insulsos, con esquemas y actitudes ancestrales tipo malas monarquías, con aspectos dictatoriales, cortesanos y oligárquicos, etc.*

- *Gobiernos con prácticas monopólicas injustas en general*
- *Gobiernos represores de los medios de comunicación y de la sociedad*

- *Gobiernos que generan subdesarrollo y pobreza y que no implementan programas y políticas públicas para el desarrollo*

- *Gobiernos que desvían los recursos, presupuestos y financiamientos de los programas para el desarrollo y los conceptos sociales, con enriquecimiento ilícito y corrupción cupular*

Esquemas básicos para el Desarrollo integral sustentable

- *Esquema de planeación y desarrollo integral sustentable*
- *Esquema de propuestas de políticas públicas y programas de gobierno para el desarrollo*
- *Esquema de interrelación y trabajo de sectores y gobierno para el desarrollo integral*
- *Sistema nacional de planeación y desarrollo integral sostenible*
- *Sistema de control y resultados del desarrollo integral sostenible*
- *Sistema de difusión de procesos y resultados del desarrollo integral sostenible*
- *Esquema de alianzas estratégicas para el desarrollo integral sostenible*

¿Qué políticas públicas necesita un esquema de planificación para el desarrollo integral?

Se necesita contar con un plan nacional o federal de gobierno para el desarrollo y con estrategias y políticas de gobierno para generar:

Esquemas de planificación para el desarrollo integral

- *Desarrollo integral de zonas marginadas y de extrema pobreza*
- *Desarrollo integral de zonas en pobreza y en subdesarrollo*
- *Desarrollo integral de zonas en medio desarrollo*
- *Desarrollo integral de impulso a zonas de alto desarrollo*

Prólogo

Desarrollo integral de zonas marginadas y de extrema pobreza

Políticas públicas integrales y programas gubernamentales para:

- *Eliminar la pobreza extrema y la marginación*
- *Generar esquemas de productividad inicial en zonas improductivas y empobrecidas*
- *Implantar infraestructura productiva y elevar la productividad inicial*

Desarrollo integral de zonas en pobreza y en subdesarrollo

Políticas públicas integrales y programas gubernamentales para:

- *Combatir la pobreza y generar esquemas de productividad inicial*
- *Implantar la infraestructura para la productividad y elevar la productividad inicial*
- *Generar productividad media y proyectos productivos de alcance medio y alto*

- *Políticas públicas integrales para insertar esquemas iniciales para el desarrollo tecnológico, científico, educativo, académico, cultural, artístico, deportivo, etc.*

Desarrollo integral de zonas en medio desarrollo

- *Políticas públicas integrales y programas gubernamentales y privados para fortalecer e impulsar la productividad media y buscar la alta productividad y la exportación*

- *Políticas públicas integrales para impulsar esquemas intermedios y avanzados para el desarrollo tecnológico, científico, del software, de sistemas computacionales, educativo, académico, cultural, artístico, deportivo, etc.*

- *Políticas públicas integrales y programas gubernamentales y privados, nacionales y extranjeros, para implantar infraestructura de media y alta productividad para el mercado interno y de exportación*

- *Políticas públicas integrales y programas gubernamentales para generar e implantar proyectos productivos y proyectos estratégicos de media y alta productividad para los mercados internos, nacionales y de exportación*

Desarrollo integral de impulso a zonas de alto desarrollo

- *Políticas públicas integrales y programas gubernamentales y privados, locales, estatales, nacionales y extranjeros, para fortalecer e impulsar la alta productividad, la industria, los parques industriales, la tecnología, la ciencia, el software, la empresa, etc., para los mercados internos, nacionales y de exportación*

- *Políticas públicas integrales y programas gubernamentales y privados, nacionales y extranjeros, para implementar grandes proyectos estratégicos para el desarrollo de un país, con implantación de infraestructura para la alta productividad, las cadenas productivas, la especialización, la competitividad, la calidad y la mejora continua*

- *Políticas públicas integrales para impulsar esquemas avanzados y de vanguardia para el desarrollo tecnológico, científico, del software, de electrónica, de biotecnología, educativo, académico, cultural, artístico, deportivo, etc.*

- *Políticas públicas integrales y programas gubernamentales nacionales y extranjeros, así como la inversión privada nacional y extranjera, para los megaproyectos de gran alcance para el desarrollo productivo, comercial, turístico, de parques industriales, de corredores productivos, industriales, comerciales, científicos, educativos, tecnológicos, de maquiladoras, etc., para establecer zonas de productividad y calidad de exportación*

Esquema de propuestas de políticas públicas y programas de gobierno para el desarrollo integral

Veamos un ejemplo de algunos de los conceptos y rubros más importantes que siempre deben considerarse para el desarrollo de los contextos. De acuerdo a la vocación y actividad productiva de los países y regiones habrá otros rubros que sean de mayor importancia para el desarrollo de estos contextos, por lo que la siguiente lista estará conformada con los conceptos básicos y prioritarios respectivos a un ejemplo general de un contexto.

- *Marco legal eficiente*
- *Desarrollo económico, productividad y competitividad*
- *Infraestructura productiva y desarrollo industrial, empresarial y comercial*
- *Proyectos estratégicos y de estado*
- *Desarrollo integral del sector turismo*
- *Desarrollo de los conceptos del campo y la agroindustria*
- *Seguridad pública*
- *Combate a la pobreza y marginación*
- *Estrategia de desarrollo de las micro, pequeñas y medianas empresas*
- *Estructura productiva tanto de vocación regional como de diversos conceptos*
- *Sectores estratégicos*
- *Sector energético*
- *Ecología, medioambiente y desarrollo sustentable*
- *Sector textil*
- *Estrategia de siembra de empresas sociales e integradoras*
- *Sector comercial*
- *Sector artesanal*
- *Legalización del comercio informal*
- *Sector de la Salud*
- *Educación para todos*
- *Desarrollo científico y aplicación de la tecnología*
- *Cultura y arte*
- *Sistemas deportivos*
- *Desarrollo de infraestructura urbana y rural de satisfactores sociales*
- *Sector de infraestructura carretera*
- *Sector minero y metalúrgico*
- *Alimentación para todos*
- *Vivienda digna para todos*
- *Seguridad social*
- *Estructuras financieras y fondos para el desarrollo*

¿Qué necesita un esquema integral general para el desarrollo de la productividad y su infraestructura?

Necesita establecer los siguientes conceptos:

- *Análisis y diagnóstico del contexto productivo y sus entornos*

- *Análisis y diagnóstico de los esquemas, instrumentos e instancias públicas y privadas para el desarrollo productivo*

- *Estudios de esquemas y proyecciones de potencialidades del sector productivo para su desarrollo eficiente*

- *Análisis y evaluación de las estrategias y lineamientos a seguir del sector productivo*
- *Generación de políticas, instrumentos y programas para la productividad y el desarrollo*

- *Propuesta, aprobación e implementación de las políticas públicas para la productividad y su infraestructura integral*

- *Generación y medición de resultados y de las expectativas y sus alcances*
- *Escenarios transformados en contextos altamente productivos*

¿Qué necesita un esquema integral específico para el desarrollo de la productividad y su infraestructura?

Necesita establecer los siguientes conceptos:

- *Programas y proyectos estratégicos para el desarrollo económico*

- *Implantación de corredores industriales, comerciales, empresariales y de servicios*

- *Implantación de fábricas, industrias, sistemas comerciales, sistemas de servicios, etc.*

- *Libertad de mercados y apoyos integrales*

- *Esquemas de calidad, responsabilidad social y capacitación productiva*

- *Esquemas estratégicos para los sectores de exportación*

- *Esquemas estratégicos gubernamentales para la productividad y el desarrollo*

- *Esquemas estratégicos para la legalización de sectores comerciales y productivos informales*

Esquemas estratégicos gubernamentales
para la productividad y el desarrollo

Veamos algunos de los conceptos y rubros más importantes que siempre deben de ser considerados para la productividad y el desarrollo de los contextos.

- *Gobiernos comprometidos, capaces y con visión de estado*
- *Sociedades y sectores preparados y emprendedores*
- *Generación de políticas públicas de vanguardia y visión*
- *Eliminación de esquemas e instrumentos deficientes*
- *Implementación de leyes y normas de integración, visión y alcance*
- *Implementación de políticas públicas, esquemas y programas de gobierno efectivos*

- *Esquemas de calidad, mejora continua, reingeniería de procesos, de responsabilidad social y de diseño de instancias y esquemas para el desarrollo*

- *Esquemas de control, seguimiento y resultados para el sector productivo público y privado*

- *Esquemas de diagnósticos, análisis, estudios, proyecciones, escenarios y toma de decisiones*

- *Interrelación de gobierno y sociedad para el análisis de las propuestas y necesidades productivas*

- *Implementación de propuestas gubernamentales para el desarrollo*
- *Infraestructura y sistema gubernamental de la productividad de vanguardia*
- *Planificación integral de estado para la productividad*

- *Procesos, coordinación y trabajo eficiente de los sectores de la productividad públicos y privados*

- *Esquemas de trabajo conjunto de gobiernos, sociedades y organizaciones de todo orden y ámbito*

- *Esquemas de mejora permanente de las instancias públicas y privadas de la productividad*

- *Esquemas de cumplimiento de objetivos integrales y específicos y de reasignación de mayores objetivos y metas*

- *Esquemas de difusión y promoción de los esquemas de la productividad*
- *Esquemas de alianzas estratégicas de los sectores de la productividad*

- *Esquemas de responsabilidad en los objetivos, y en los trabajos y procesos del sector productivo*

- *Esquemas de información a la sociedad y los sectores*
- *Esquemas de eficiencia y transparencia en presupuestos y recursos*

Sistema para el desarrollo de los pueblos y comunidades

También será fundamental establecer un sistema que permita el desarrollo de los pueblos y comunidades del mundo. Veamos algunos de los conceptos y rubros más importantes que siempre deben de ser considerados para la productividad y el desarrollo de estos contextos.

- *Planes de desarrollo específicos para los pueblos y comunidades*
- *Esquemas de leyes, normativas, libertades, democracia, justicia y derechos humanos*

- *Apoyos sociales integrales para la erradicación de la pobreza y marginación, tales como programas asistenciales en general y programas de atención a la salud, educación, alfabetización, vivienda, alimentación, becas y asistencias diversas.*

- *Aplicación de esquemas con programas para la salud, la educación, la alfabetización, la vivienda y la alimentación*

- *Aplicación de esquemas con programas de urbanización, servicios urbanos integrales, infraestructura de caminos, comunicaciones, etc.*

- *Aplicación de esquemas integrales con programas para la transición productiva, para la productividad, para apoyo a sectores productivos, para proyectos productivos, para el desarrollo de la industria local, etc.*

- *Aplicación de esquemas con programas de inversión, financiamiento, fondos, recursos, incentivos gubernamentales, capacitación, etc., para diversos conceptos y proyectos*

- *Aplicación de esquemas con programas de servicios integrales, apoyo al comercio, industria local, artesanía, apoyo al sector textil, del vestido, de textiles artesanales, etc.*

- *Aplicación de esquemas con programas de apoyo a sectores estratégicos para la entidad, tales como productos agrícolas, frutales, productos derivados de la leche, productos cárnicos, etc.*

- *Aplicación de esquemas con programas fundamentales para el sector del campo y la agroindustria, tanto agrícola, ganadero, forestal, etc.*

- *Aplicación de esquemas con programas de apoyo a las cadenas productivas, a los agrupamientos de productores y empresas, de proveedores, etc.*

- *Aplicación de esquemas con programas de apoyo a sectores estratégicos para la entidad, que son ajenos y no son de vocación regional, pero que tienen potencial para generar productividad y empleo.*

- *Aplicación de esquemas con programas para el desarrollo de la cultura y el arte, y las tradiciones e idiosincrasia de los pueblos y comunidades*

Sistema para el Bienestar y Desarrollo de la Sociedad

¿Qué esquemas son necesarios para conformar este sistema? Veamos.

1. *Esquema de instancias gubernamentales para impulsar la mejora de la calidad de vida*

2. *Esquema de infraestructura gubernamental y privada para la mejora de la calidad de vida*

3. *Esquema gubernamental de planificación, aplicación, control, seguimiento y resultados de políticas públicas y programas gubernamentales y privados para el desarrollo integral y la mejora de la calidad de vida*

4. *Esquema de diversos conceptos gubernamentales y privados que coadyuvan a la mejora de la calidad de vida*

5. *Esquema de civilidad, educación, cultura y conciencia social colectiva para la mejora de la calidad de vida*

6. *Esquema de generación de trabajo y de condiciones laborales óptimas para la mejora de la calidad de vida*

7. *Esquema de obligatoriedad de trabajo efectivo y de rendición de cuentas de gobernantes y funcionarios públicos para el desarrollo integral sostenible, la estabilidad y paz política y social para la mejora de la calidad de vida*

Esquemas básicos de calidad y dignidad en los programas e infraestructura y leyes gubernamentales y privadas

---

¿Qué esquemas son necesarios para conformar este concepto? Veamos.

-   *Esquemas de apoyo a la salud, alimentación, educación, vivienda, empleo, condiciones laborales, infraestructura de servicios urbanos y sociales como el agua potable, drenaje, servicios de energía y electricidad, vialidades y desarrollos urbanos*

-   *Esquemas de la productividad y competitividad, de los procesos empresariales, industriales, comerciales, laborales y de servicios*

-   *Esquemas de sectores y servicios turísticos, hoteleros, restauranteros y artesanales*

-   *Esquemas de sectores de profesionistas, de ciencia y tecnología, de cultura y arte, de deportes y de sectores con capacidades diferentes*

-   *Esquemas de sectores de comunicaciones, de vialidades, de transportistas y de conceptos marítimos y aéreos*

- *Esquemas de sectores de seguridad pública y nacional, de procuración de justicia, de prevención del delito y de combate a la delincuencia y el crimen*

- *Esquemas de organizaciones y partidos políticos, de conceptos políticos y electorales, de estado de derecho, de derechos humanos, de democracia y de garantías individuales*

- *Esquemas de sectores sindicales, gremiales, religiosos y militares*
- *Esquemas de sectores migrantes, de indígenas y nativos y de pueblos marginados*
- *Esquemas de toda actividad gubernamental y privada con trabajadores y pobladores*

- *Esquemas integrales de gran alcance de apoyo a la micro, pequeña, mediana y gran empresa de un país*

- *Políticas públicas para evitar la desintegración, pulverización y desaparición de las micro y pequeñas empresas, mediante esquemas gubernamentales de apoyo financiero, de asesorías y de otros conceptos, con esquemas de desarrollo y productividad sin costo, y como apoyo gubernamental, ya que en la actualidad los financiamientos y costos de proyectos y empresas no son accesibles para la mayoría de la gente*

- *Esquemas de apoyos financieros con sensibilidad, para una mayor accesibilidad de la población, con esquemas mixtos, unos con exención de pagos parciales, otros, a fondo perdido, otros con pago del capital, pero sin intereses y a muy largo plazo, y otros con tasas muy blandas y a largo plazo*

- *Esquemas de transición de financiamiento, hasta que la población cuente con mayor poder adquisitivo y puedan aplicarse esquemas financieros y de préstamos con pagos e intereses por medio de financieras y fondos de gobierno, y extenderlo a las financieras y bancos comerciales*

- *Esquemas de capacitación laboral obligatoria de directivos, mandos medios y empleados, para contar con la misma visión de productividad y desarrollo de todos los actores de gobierno y de la sociedad de un país y sus entidades*

- *Esquemas de implementación de sistemas de productividad, de calidad, de mejora continua, de reingeniería de procesos y de responsabilidad social, que obligue a los funcionarios y empleados a trabajar, rendir cuentas y llevar a cabo el funcionamiento de las instituciones y empresas de forma eficiente y productiva*

- *Generación de proyectos de obra pública, y de todo tipo, de gran visión y alcance por parte de un gobierno eficiente, que indudablemente producirán empleos gerenciales, profesionales y obreros. Proyectos carreteros de unión de ciudades y poblaciones de alto tráfico o con expectativas de generar polos de desarrollo son fundamentales, proyectos de ampliación de infraestructura eléctrica, de infraestructura de petróleos, de explotación minera, de generación de fábricas de los sectores textiles y de bebidas, entre otros muchos conceptos, también son fundamentales para el desarrollo de un país y sus regiones*

- *Generación de proyectos de implementación de fábricas de electrodomésticos, de construcción de vehículos, de maquiladoras del vestido y sector textil, de fabricación de herramientas, de fabricación de materiales para la construcción, de fabricación de accesorios y repuestos, entre otros conceptos, son necesarios para el desarrollo y el empleo*

- *Generación de obras viales, de modernización de ciudades, de obras hidráulicas, de obras deportivas, de obras sociales y recreativas, entre otros conceptos, también son necesarias e importantes para el desarrollo y el empleo en todo país*

- *Establecimiento de esquemas de inversión mixta, entre gobiernos e inversionistas privados locales, nacionales e internacionales, para la implementación de más obras y proyectos en un país y sus regiones*

- *Esquemas de inversión popular, en los que la gente tenga acceso a la inversión fraccionada en la bolsa de valores, en las empresas estratégicas, en el sector eléctrico y en empresas particulares que lo deseen, con esquemas de una inversión globalizada que pueda corresponder hasta en un 30% a la inversión total de las empresas y sectores, por parte de la gente, con buenas ganancias de inversionistas y con una estructura que contemple esquemas de inversión popular en un amplio paquete global, que contenga a miles o cientos de miles o millones de pequeños y micro inversionistas que aporten a un fondo común de inversión, para que así todos obtengan ganancias, y así se permitirá también el apoyo popular para la inversión a los sectores estratégicos, para que se consensen las reformas estructurales y para que se reactive la inversión y la micro economía, con la mejora integral sustantiva que esto conlleva*

- *Mejora y difusión de programas de un gobierno eficiente para conseguir empleo para sus pobladores*

- *Establecimiento de programas efectivos de colocación de profesionistas y técnicos, de egresados escolares, de obreros, campesinos y de trabajadores en general, entre otros*

- *Esquemas de mejor atención en las oficinas gubernamentales, con un trato de capacidad y respeto para las personas y para los planteamientos de los asuntos*

- *Esquemas de eficiencia en el trabajo, con respeto para las personas solicitantes o que realizan trámites en las instituciones de gobierno, sobre todo en los aspectos de servicios sociales diversos, como hospitales, servicios de educación, de salud, de asistencia social, de trámites y financiamientos, entre otros, así como de proveeduría de recursos para la gente, como medicinas, alimentos, becas, dinero, pagos de trámites y servicios, y todo el universo de atención del sector social y de gobierno*

En fin, existen diversos conceptos y formas, generales y globales, específicas y particulares, de generar los esquemas, las estrategias y las políticas para conformar estados fuertes, gobiernos eficientes y capaces, y sociedades conocedoras y participativas, sin embargo, los esquemas presentados anteriormente y todos aquellos que se presentan y analizan en este libro, indudablemente que proporcionan los elementos básicos y fundamentales para el cumplimiento de estos objetivos, y con esto, no solo lograr que los gobiernos cumplan con sus funciones, sino que establezcan las condiciones y factores que produzcan estabilidad, productividad, desarrollo integral sustentable y mejora de la calidad de vida de la gente en todo contexto.

Pasemos ahora a comentar en este libro porque "Queremos Gobiernos Eficientes", y como lograríamos conformarlos para bien del estado, del mismo gobierno y de las sociedades.

¡QUEREMOS GOBIERNOS EFICIENTES!

Ensayo de un Sistema Estratégico Integral de Esquemas de Gobierno

ÍNDICE

Capítulo 4

Esquema de transparencia y eficiencia de utilización de los recursos

Planteamiento general

Todo estado debe contar con un territorio legal y definido que permita la estabilidad política y social, con una sociedad preparada y participativa y un gobierno eficiente, honesto y de alcance, que produzca el desarrollo integral sustentable y la mejora de la calidad de vida poblacional. Algunos estados cuentan con altos grados de avance en sus conceptos, conformando países desarrollados y en proceso continuo de mejora, mientras que otros se encuentran en diferentes estatus, que van desde los países emergentes y mixtos, con diversos escenarios dentro de un mismo estado, hasta los países subdesarrollados y los países empobrecidos y marginados, que generan pobreza, hambruna y guerras, entre otros aspectos nocivos y devastadores de cualquier entidad y concepto. Independientemente del esquema político, económico y social en que se encuentren integrados los estados y países, éstos deben de implementar diversos procesos e instrumentos que les permitan mejorarse, eliminando los aspectos ineficientes y nocivos, corrigiendo y arreglando los que puedan llegar a funcionar de forma eficaz, y diseñando y creando nuevas instancias, instrumentos y políticas de alcance, productividad y fortaleza, que les permitan acceder a mayores estándares de eficiencia, productividad y desarrollo, para el beneficio colectivo y del mismo estado. Aquellos estados que cuenten con infraestructura e instrumentos de gobierno y políticos efectivos, y con un marco legal integral eficaz, avanzarán cada vez más, ya que estos aspectos les permitirán mejorarse de forma amplia y sustantiva en el menor tiempo posible.

Por otra parte, aquellos países que contengan contextos mixtos y diversificados, con escenarios desarrollados y de vanguardia, así como escenarios de pobreza y marginación, transitando por escenarios intermedios en todas sus modalidades, tendrán una diversidad y disparidad en los resultados del ejercicio gubernamental y del sector privado, generando, por tanto, diversos escenarios de desarrollo y de conformación socioeconómica. Por esta razón, algunos de los escenarios de estos países se podrán comparar con los contextos de los estados desarrollados, mientras que otros avanzarán de forma más lenta, con menos desarrollo, en virtud de las dificultades para la implementación de los instrumentos y políticas para estos fines, sin embargo, los gobiernos de estas entidades, en conjunto, podrán y deberán avanzar en la búsqueda de las políticas y esquemas que generen un desarrollo integral más balanceado y equitativo.

En cambio, aquellos estados subdesarrollados, e incluso los pobres y marginados, tendrán una gran dificultad en mejorar los conceptos de gobierno, de la sociedad y de sus propios territorios, por carecer de marcos legales, infraestructura política y gubernamental, y políticas públicas de alcance y visión, así como por carecer de sociedades capacitadas para ser participativas y exigir a sus gobiernos y representantes un trabajo honesto y eficaz.

Existe en el mundo una gran disparidad de tipos y representaciones de estados y países, desde los de alto desarrollo y los emergentes, hasta los subdesarrollados y pobres, y los que cuentan con escenarios mixtos. Este contexto global implica una gran disparidad en la conformación de los estados y en las formas y estructuras de gobierno, así como también en los marcos legales y territoriales, y en las formas de actuar y exigir de las sociedades. Aunque algunos países altamente desarrollados puedan encontrarse satisfechos con su conformación, desarrollo y dinámica, no pueden ni deben cerrar los ojos ante el entorno internacional diferente de ellos, ya qué debido a la geopolítica, a la economía y al comercio global, entre otros factores, la interrelación existe y se establece la mayoría de las veces en beneficio de los más fuertes, aunque los débiles y menos fuertes también ganan, pero no lo que deberían.

El contexto internacional actual produce, sobre todo en estados subdesarrollados y marginados, escenarios e instancias de inestabilidad en diversos grados, desde inconformidades sociales internas, hasta generación de confrontaciones políticas que lleguen incluso a guerras entre estados y entre regiones. Por eso este contexto internacional actual no es el adecuado para el desarrollo integral justo y equitativo de un mundo globalizado, ya que los factores negativos y no deseados que contienen una buena parte de los estados y países pueden ser detonados y no sólo afectar a estas entidades, sino que también a sus entornos regionales, y de acuerdo a la envergadura de las problemáticas, extenderse y afectar de forma grave incluso a los países y estados emergentes y a los altamente desarrollados. El contexto actual de potencial inestabilidad regional y local puede extenderse a escenarios globales, por lo que en el corto y mediano plazo debe ser transformado y modificado, ya que no es conveniente ni siquiera para los países ricos esta situación y expectativa, aunque algunos gobernantes y analistas piensen que así se encuentran bien, porque tienen grandes ganancias y beneficios, sin embargo, de continuar así, la alta marginación, pobreza y subdesarrollo, propiciarán las vertientes para desestabilizar a la mayoría de las regiones e incluso al mundo. Los países emergentes, en desarrollo y altamente desarrollados, al igual que los subdesarrollados, deberán de tener la visión y el compromiso por cambiar este contexto, ya que, aunque por ahora algunos salgan beneficiados, esto no será siempre así, porque los caminos por recorrer serán muy largos y podrían ser tortuosos y muy problemáticos. Entre los países debe de implementarse esta visión y alcance de mejora para todos, en la que todos aporten algo para ganar todos, ya que no siempre será posible que algunos países y sus sectores se lleven las mejores tajadas mientras que otros países sigan siendo los menos beneficiados. Se podrá decir que los países menos desarrollados deberán esforzarse más para ser más productivos y competitivos, y así lograr este acercamiento y justicia que les permita igualarse con los demás estados. Por ahora, sin embargo, se deberán de establecer esquemas internacionales de integración, interrelación y mejora de los países, para que sirvan de plataforma e impulso para todos, pero sobre todo para los que cuentan con mayores dificultades por carecer de infraestructuras, normativas e instrumentos gubernamentales, políticos y sociales para estos fines.

Diversas instituciones mundiales de todo tamaño y tipo, así como de una gran capacidad, tienen muy claro estos contextos de injusticia, subdesarrollo, pobreza y desigualdad en todos los sentidos, así como los objetivos para mejorarlos sustantivamente, sin embargo, por muy importantes, grandes y capaces que sean estas instancias, será imposible que solas, y de forma aislada, puedan con esta inconmensurable tarea, por lo que habrá que trabajar de forma conjunta, consensuada y comprometida con los países y sus entidades. La ONU y otras instituciones internacionales tienen esa misión y objetivos, por lo que sus trabajos en el mundo son plenamente reconocidos, pero es necesaria una mayor integración entre países e instituciones para el logro de estos objetivos, ya que mientras algunos estados y países abren sus puertas a este esfuerzo y ponen todo de su parte, otros países lo hacen de forma mediana y otros de forma tibia, e incluso otros países impiden y bloquean la inserción de esquemas de desarrollo en sus territorios, en sus gobiernos y en sus sociedades, por diversos motivos, razones y fines, de los que se tienen, entre otros aspectos, el mantenimiento de un poder corrupto, deshonesto y tiránico. La equidad y el acercamiento productivo, social, económico, político y cultural de los diversos escenarios entre las naciones, y entre sus regiones y localidades, es el objetivo fundamental para conformar un contexto internacional con mayor justicia, productividad y desarrollo. El objetivo es lograr que todos los escenarios con gran disparidad se acerquen entre ellos, disminuyan estas diferencias y conformen un contexto internacional de mayor justicia, desarrollo y estabilidad.

Funcionamiento gubernamental

Un gobierno eficiente cuenta con marcos legales, infraestructuras, instrumentos y políticas públicas de alcance y de vanguardia, diseñados para generar productividad, desarrollo, estabilidad, seguridad, justicia y paz social en un contexto y lograr así su mejora integral y específica. Para llegar a estos niveles de análisis, evaluación, planeación, reestructuración y mejora integral, algunos gobiernos han tenido que aplicar sus experiencias históricas, así como diversos modelos propios y externos, hasta encontrar un modelo específico a su contexto que les permita funcionar de forma dinámica y eficiente. Al contar con gobiernos efectivos, el estado puede asimismo dotar a la sociedad de las vías y los elementos básicos fundamentales para su participación, análisis, generación de propuestas, interrelación e integración en el quehacer político y social de su contexto. Con un territorio definido y legalmente específico, sin problemáticas ni disputas por territorios en lo general y en sus determinadas localidades y regiones, el estado contará con los elementos básicos y fundamentales definidos y funcionales para avanzar sustantivamente en todos los conceptos y aspectos, continuar retroalimentándose y mejorándose para ser un estado de vanguardia y de alta capacidad. Este debe ser el objetivo fundamental del funcionamiento de todo estado y sus componentes.

¿Pero cómo un gobierno puede funcionar de forma eficiente?, pues contando con los mejores marcos normativos, estructurales, políticos y de recursos y servicios, con políticas de visión y alcance para la mejora gubernamental, la procura del desarrollo integral sostenible y el beneficio de la sociedad. De no contar con todos estos conceptos en sus mejores niveles, cualquier gobierno funcionará de forma dispareja, y aunque cuente con algunas áreas avanzadas y productivas, otras funcionarán irregularmente y otras de plano podrán ser inefectivas y hasta inútiles. La mayoría de los gobiernos de países, entidades y localidades en el mundo se encuentran en el rango de la imperfección en algunos y hasta en todos sus conceptos, produciendo gobiernos ineficientes, sin visión ni capacidad en sus integrantes, y con escasez y desviación de recursos y servicios, generando, por tanto, contextos volátiles, de inestabilidad y de falta de elementos para lograr el desarrollo y el beneficio colectivo. Aún los países con altos grados de desarrollo cuentan con determinadas áreas que pueden ser mejoradas sustantivamente para una mayor eficiencia, en la búsqueda permanente del perfeccionamiento gubernamental. La visión y el esfuerzo de la sociedad y del gobierno implican, asimismo, en estos estados de alto desarrollo, un compromiso de mejora continua y de alta calidad y productividad en el trabajo gubernamental en todos sus aspectos, conceptos y niveles. Esta conciencia de trabajo y compromiso implica un mejor funcionamiento gubernamental. En una buena parte de los países del contexto internacional y al interior de cada uno de ellos, en sus gobiernos federales, estatales, municipales y locales, existe una conciencia social y gubernamental diversificada y de carácter mixto, que en algunos casos es de vanguardia y compromiso, en otros es un término medio y en otros es de un trabajo mínimo y de pleno abandono de las atribuciones y fines gubernamentales.

El funcionamiento gubernamental, en otro conglomerado de estados, es mínimo y en algunos casos, inexistente, lo que provoca un trabajo de gobierno y un funcionamiento gubernamental altamente deficiente e inoperante. Esto implica un bajo y nulo compromiso del gobierno con la población, lo que permite que los gobernantes y sus funcionarios simplemente velen por sus propios beneficios, manteniendo a la población con los mínimos requerimientos y esquemas para la productividad, el desarrollo y los satisfactores sociales. Estos países de nula conciencia de trabajo político, gubernamental y social mantienen a poblaciones empobrecidas en su mayoría, sin estudios ni capacidad de entendimiento de la actividad y actitud gubernamental, y por supuesto, no les provee de las vertientes para exigir a sus gobiernos y a sus representantes un trabajo eficiente y los apoyos necesarios para impulsar la productividad y lograr los satisfactores sociales. El funcionamiento gubernamental, como se ha observado, es variable, diverso y mixto, desde una efectividad alta hasta una ineficiencia total que genera marginación, pobreza, hambrunas e inestabilidad económica, política y social. Este funcionamiento gubernamental también debe de ser parejo en todos los países y al interior de estos en todas sus regiones, para lograr un mundo y un entorno más efectivo, más razonado y con mejores satisfactores para todos.

La mejor forma de lograr un buen funcionamiento gubernamental es corregir lo que se puede corregir en leyes, normativas, estructuras, instrumentos, programas y políticas de gobierno, desechar lo que ha probado ser ineficiente y que no tiene posibilidades de mejora, y diseñar e insertar nuevos, eficientes y mejores instrumentos, políticas, infraestructuras, programas y esquemas gubernamentales para el desarrollo y el beneficio de la sociedad. El funcionamiento gubernamental, en toda entidad y localidad debe de implementar una reingeniería integral, que implique aspectos normativos, estructurales, de recursos humanos, materiales, de servicios de todo tipo, de presupuestos, administrativos, políticos, de programas, etc., que mejoren y perfeccionen cada uno de estos conceptos, y con esto, se mejore la actividad, los procesos y los resultados de cada una de las áreas y de las instituciones en que se implementen. Este esquema permitirá a los gobiernos de todo orden y ámbito ser eficientes, lograr resultados con alcance para el desarrollo de las entidades y el beneficio colectivo. Asimismo, independientemente de la mejora de toda esta amplia infraestructura, será fundamental implementar mejores esquemas de: planeación, agenda, estrategias, escenarios, control, análisis, evaluación, administración, coordinación, resultados y de toma de decisiones, para qué los gobiernos cumplan con sus funciones y sus mandatos constitucionales. Estos esquemas serán integrales y diversificados, ya que en algunos casos han sido derivados de la función empresarial y de la economía privada, y en otros casos de esquemas políticos, económicos, sociales, culturales y religiosos, entre otros, y que han servido para mejorar la infraestructura en la que fueron aplicados, y que han sido exportados en sus diversas formas, conceptos, estructuras y procesos, para ser implementados a toda instancia que quiera mejorarse y volverse eficiente.

Los gobiernos tienen la obligación de obtener los mejores esquemas e instrumentos para el ejercicio de sus actividades y funciones, y para dotar a los gobernantes y funcionarios con los mejores instrumentos para que éstos puedan lograr resultados óptimos. El funcionamiento gubernamental tiene que ser permanentemente retroalimentado, capacitado y mejorado, por lo que la obligatoriedad de gobernantes y funcionarios será la de generar esta mejora y retroalimentación, ya que, de no ser así, se fallará con respecto a dotar a la infraestructura gubernamental, en lo general y en lo particular, de los elementos necesarios y adecuados para su efectivo funcionamiento. La mejora y reestructuración gubernamental es permanente, por lo que, de no generarse en determinados tiempos, el retraso será multiplicado y replicado, con lo que se hará cada vez más difícil la implementación de estos esquemas de mejora. Algunos funcionarios y gobernantes tienen la visión y el compromiso para hacerlo así, sin embargo, la mayoría no lo visualiza ni lo siente así, por lo que podrán trabajar con buenas intenciones, pero sin la visión ni percepción de cómo construir un mejor gobierno. Otros gobernantes y funcionarios ni ven, ni entienden, ni conocen el funcionamiento gubernamental y, por lo tanto, son improductivos para el estado y la sociedad, sin embargo, estos gobernantes utilizan el poder público para el beneficio propio y de grupos cupulares.

Será importante generar esquemas sistematizados que obliguen de forma constitucional a gobernantes y funcionarios de países, entidades y localidades a implementar conceptos de mejora y calidad para un funcionamiento gubernamental eficiente, con sanciones y observaciones a quienes no las realicen ni ejecuten. También será importante que los organismos internacionales generen y absorban este compromiso, para qué los países conformen conceptos de sistematización de esquemas normativos, administrativos, programáticos, de políticas y de infraestructura integral y global del ejercicio gubernamental, ya que esto permitiría mejorar sustantivamente a los deficientes esquemas gubernamentales en subdesarrollo, para así lograr un mayor balanceo entre el funcionamiento de los gobiernos de los países en todo el mundo. Esto implicaría también que todos los gobiernos practicarán y utilizarán los mismos esquemas y estándares de funcionamiento, de coordinación, de productividad, de efectividad y de resultados, logrando así una interrelación de países y entidades de gran alcance. Esto haría, asimismo, que existiera una mejor productividad en las regiones y los países, y una justicia y equidad amplia en la interrelación, en la productividad y en el trato entre países, entre regiones, entre gobernantes y entre sociedades. El funcionamiento gubernamental eficiente es, por tanto, un factor fundamental para la estabilidad mundial, para la estabilidad de los países y sus regiones, y para la estabilidad y beneficio de las sociedades.

Objetivo de la mejora gubernamental

El objetivo de la mejora gubernamental, y por tanto de la sociedad y del estado, es lograr que la amplia infraestructura gubernamental de todo ámbito, orden y tiempo sea reorganizada, reestructurada y planificada, también que sea sistematizada, homogeneizada y perfeccionada, para lograr una mayor productividad y trabajo gubernamental eficiente en todas y cada una de las áreas de esta infraestructura, de forma específica y de forma global. Esta mejora gubernamental tiene también como objetivo lograr las mejores estructuraciones y esquematizaciones, y, por lo tanto, los mejores resultados en los conceptos que conforman los gobiernos, desde la infraestructura, los marcos normativos, los recursos y servicios, la capacitación, las políticas y programas, los instrumentos y estrategias, etc. Este objetivo generará, por estas razones, resultados efectivos y de éxito que desarrollen al propio estado, al gobierno y a la sociedad. Lo anterior implica contar con un ejercicio gubernamental eficiente y una interrelación entre el gobierno y la sociedad y sus sectores, estableciendo esquemas de trabajo conjunto y procesos y resultados de consenso para el desarrollo y el beneficio colectivo. Asimismo, este consenso y trabajo conjunto generarán escenarios y entornos de estabilidad, planteamientos de sectores y sociedad, implementación de propuestas y esquemas, entendimiento de los asuntos y resolución de las problemáticas y, por tanto, tranquilidad y paz social, así como estabilidad económica, política y social.

Visión y misión para la mejora gubernamental

Visión. La visión global será la de contar con países, regiones, entidades y localidades con gobiernos eficientes y con sociedades preparadas que cuenten con las vías institucionales para participar y hacerse escuchar. Esta visión implica un ejercicio gubernamental con resultados efectivos que impulsen el desarrollo productivo, económico, cultural, político y social de toda entidad, así como la mejora y capacitación de la sociedad, con una interrelación de trabajo coordinado, organizado y de consenso para estos fines. La visión establece también generar y lograr países desarrollados en todos los sentidos, con trabajo y productividad, con empleo y seguridad social, con marcos legales eficientes, con democracia, justicia y derechos fundamentales y humanos, y con garantías, con estabilidad económica, política y social. La mejora de la calidad de vida de la población, en todos sus sentidos, es uno de los aspectos más importantes de esta gran visión, otorgando a las sociedades los satisfactores sociales para su desarrollo, retroalimentándose y mejorándose constantemente. La visión, por tanto, será contar con un marco global integral efectivo en todos los conceptos y con una infraestructura productiva y de alcance, que genere y logre el desarrollo integral sustentable de todo estado y país.

Misión. La misión implica la realización de esta gran encomienda, de forma global y de forma específica y particular, desde una mejora del estado y la sociedad, hasta la mejora de las determinadas áreas del funcionamiento de las instituciones gubernamentales y de las instituciones e instancias de la sociedad. El aspecto fundamental será la realización de esta misión por medio de la mejora de la infraestructura gubernamental, de la sistematización y homogeneización del ejercicio y de la productividad gubernamental y de todos sus conceptos, desde los normativos, estructurales, de recursos, de servicios, inmobiliarios, de equipo, de software, entre otros, hasta los esquemas de planificación, estrategias, análisis, evaluación, administración, prevención, escenarios, proyecciones, estudios y toma de decisiones, reingeniería de procesos, mejora continua y sistemas de gestión de la calidad y de responsabilidad social. La capacitación y la mejora permanente son conceptos prioritarios para los gobernantes, funcionarios y trabajadores de los gobiernos, así como también para la sociedad y sus sectores, ya que es un punto fundamental para contar con una capacidad calificada y una visión y entendimiento adecuado y similar en todas estas áreas y ámbitos, para así lograr una mejor interrelación y coordinación para el trabajo conjunto y la obtención de resultados de consenso y de eficiencia. Trabajo, trabajo y más trabajo, con compromiso, visión, voluntad, entendimiento, razonamiento, honestidad, capacidad y preparación, son los factores básicos que gobernantes, funcionarios, trabajadores, sociedad y sectores económicos, políticos, sociales y culturales de toda entidad deben de realizar para lograr esta gran visión de mejorar toda infraestructura gubernamental y de la sociedad.

La política, la democracia, la libertad y los derechos, entre otros, son factores fundamentales para realizar esta misión, por lo que sus esquemas también deberán ser mejorados, rediseñados y perfeccionados permanentemente, para su aplicación de forma eficiente y positiva. Los aspectos políticos y electorales, mediante sus vías y normativas institucionales, permitirán a las sociedades elegir a sus gobernantes y representantes legislativos y judiciales, u otros cargos de funcionarios públicos, según el país y entidad, para qué estos realicen sus atribuciones y actividades emanadas del mandato popular y de las leyes respectivas, y no al revés, como es en su generalidad, con aspectos que permiten a los gobernantes y a los diversos representantes servirse del gobierno y de la sociedad en beneficio propio. La misión también contempla las vías y esquemas, no solo para que la sociedad proponga sus formas de gobierno y elija a sus gobernantes, sino que también exija trabajo gubernamental efectivo, y pueda conocer y entender el ejercicio público y el ejercicio de los presupuestos. Será necesario contar con vías institucionales efectivas para poder manifestar su aprobación o desacuerdo con el trabajo y resultados de los gobernantes, y con los mecanismos de información a la sociedad. Asimismo, de no cumplirse con los objetivos y resultados de un gobierno determinado, en cualquier tiempo de esta administración gubernamental, la sociedad deberá contar con las vías y los instrumentos institucionales que le permitan generar recomendaciones, denuncias, cambios y destituciones de gobernantes, legisladores y funcionarios públicos. Esquemas de seguimiento, vigilancia, transparencia y de contralorías independientes, efectivas y honestas son completamente fundamentales para un buen ejercicio presupuestal gubernamental y, por tanto, de un buen gobierno, con el análisis y evaluación de los órganos conducentes y de los sectores emanados de la sociedad, vigilando y estableciendo el seguimiento necesario para la exacta y justa aplicación de los recursos.

La misión será lograr que los gobiernos cuenten con los marcos constitucionales y legales justos y efectivos, con los instrumentos, políticas y esquemas integrales y de alcance, así como con los recursos humanos capaces y los servicios y recursos económicos y materiales para generar desarrollo en las entidades y lograr el mayor beneficio para la población. La misión también será lograr que la sociedad y sus sectores sean ampliamente participativos y cuenten con las vías e instrumentos de información, seguimiento, transparencia y evaluación de la actividad gubernamental y del ejercicio de los recursos, además de contar con esquemas que permitan la generación de planteamientos de exigencias, reclamos y desacuerdos con el ejercicio y los resultados de gobierno, para que, en su caso, se proceda a la remoción y destitución de los gobernantes y funcionarios que correspondan. La misión, por tanto, será lograr contextos de productividad y desarrollo, con empleo y beneficios sociales cumplidos, con infraestructura urbana de calidad, con educación, salud, vivienda, alimentación, democracia, justicia, derechos humanos, seguridad pública, eliminación de la pobreza, con libertades y garantías para todos, entre otros aspectos, para lograr estados desarrollados y alta calidad de vida poblacional.

Gobierno y ejercicio del poder público

Gobernar equivale, entre otros aspectos, a ejercer el poder público y a la toma de decisiones políticas y de gobierno, adecuadas y necesarias, mediante políticas, leyes e instituciones correspondientes a un sistema político y a su contexto, así como también por medio de sistemas, esquemas e instrumentos como la administración pública y las políticas públicas, además de las leyes, esquemas y programas generales y específicos para generar un trabajo eficiente de gobierno. Esto permitirá a los gobiernos establecer las condiciones adecuadas que produzcan los contextos de desarrollo integral, de derechos y libertades, de justicia y seguridad, de democracia y representatividad, de productividad y empleo, de beneficios y bienestar para la población, y de estabilidad y paz social. Este ejercicio eficiente del poder servirá para mejorar los instrumentos, políticas, esquemas e infraestructura del gobierno y de la sociedad y, por tanto, tener instancias de mayor alcance, representatividad y eficiencia.

Todo gobernante necesita y desea lograr resultados óptimos y favorables de este ejercicio del poder público, que le permitan conseguir el beneficio social y el desarrollo de las entidades, con estabilidad y paz social, además de obtener beneficios propios y un alto posicionamiento político para los mismos gobernantes y sus entidades políticas y de gobierno, sin embargo, esto solo lo logran pocos gobernantes, ya que la mayoría se encuentran insertados en la medianía y en la deficiencia parcial o total, con gobiernos que tienen algunos aspectos efectivos y una mayoría de aspectos de ineficacia, aunque también existen muchos otros gobiernos que simplemente son nulos y carecen de visión, compromiso y capacidad, por lo que generan escenarios de inestabilidad, subdesarrollo y pobreza. Los gobernantes, por tanto, se presume que quieren y procuran realizar gobiernos efectivos, aunque en la mayoría de los casos no lo logran, pero ese es el objetivo, generar los contextos y condiciones para el desarrollo y el beneficio colectivo, así como para la obtención del reconocimiento popular, sectorial y de otras instancias de gobierno de todo orden y ámbito, incluso el internacional, que les permita mantener a sus gobiernos, organismos y partidos políticos con una aprobación popular mayoritaria.

El posicionamiento gubernamental, para su reconocimiento, aprobación y consolidación, debe ser amplio y favorable, producto del ejercicio eficiente del poder público, acompañado de la visión, compromiso, capacidad y sensibilidad política de los gobernantes y funcionarios y de la eficiencia de sus instituciones, mediante la realización, de forma permanente, de trabajo efectivo de resultados y de campañas estratégicas de fortalecimiento, con el objetivo de ampliar el posicionamiento a todo ámbito y contexto. Esta estrategia y dinamismo gubernamental deberán estar basados, para lograr estos fines, en esquemas integrales, con lineamientos que incluyan conceptos generales y específicos en sus procesos y actividades.

Sistematización del ejercicio gubernamental

Será importante transitar hacia una homogeneización y sistematización del quehacer gubernamental, en sus aspectos y conceptos permisibles, tales como los programables, normativos, atributivos, administrativos y funcionales, más no en los políticos, para ser aplicados en todo orden de gobierno que cuente con esquemas, procesos, políticas, infraestructura, normativas, instrumentos y programas que hagan eficiente el ejercicio y los procesos del poder público, coadyuvando así a obtener mejores y necesarios resultados de éxito que permitan generar las condiciones y los escenarios de la productividad, del desarrollo y de la mejora de la calidad de vida de las personas. Esta homogeneización positiva de las formas de hacer el trabajo gubernamental, de su estructuración, entendimiento y aplicación, contempla el mejoramiento de los esquemas de gobierno, lo que equivaldrá a una eficiencia de su utilización y aplicación en todos sus aspectos, que abarcará desde los esquemas y procesos gubernamentales, con todos y cada uno de sus conceptos y rubros, hasta el ejercicio general efectivo del poder público en todas sus manifestaciones, áreas y ámbitos. Tendremos así mejores gobiernos y gobernantes, mejores funcionarios y trabajadores, mejor infraestructura y mejores esquemas de leyes, recursos y servicios gubernamentales, que deriven asimismo en escenarios de mejores y mayores condiciones para lograr productividad, crecimiento, empleo, seguridad pública y social, estabilidad y beneficio colectivo, y asimismo, también mejorar sustantivamente los instrumentos y mecanismos políticos y electorales que generen una democracia mejor, más representativa y justa, con esquemas de mayor información a la sociedad de sus actividades, procesos y resultados, y con mejores instancias y vías para transitar por ella, con instituciones fuertes y representativas, y con normativas efectivas y de alcance integral, así como con actores políticos capaces y con visión, sensibilidad y compromiso, y por consiguiente, con sociedades más participativas, exigentes y preparadas.

Esta homogeneización del ejercicio gubernamental no solo se refiere a que cada estado unifique sus esquemas de gobierno en sus diversas instancias, ya sea del orden nacional o federal, estatal y de entidades, o de municipios, condados y localidades, con sus respectivas características y conformaciones, sino que también se refiere a la unificación y homogeneización de las instancias gubernamentales en el contexto internacional, es decir, contar con modelos prototipo de eficiencia gubernamental, que puedan ser aplicados en todos los países, con algunas variantes, de acuerdo a los mismos estados y sus contextos. Esta unificación logrará, por ejemplo, que los estados más atrasados cuenten con los instrumentos necesarios y adecuados de gobierno para su desarrollo e interrelación, de forma igualitaria y competitiva en el dinámico y exigente contexto mundial.

Los estados medianos, en este sentido, también avanzarán sustantivamente, al igual que los estados y países desarrollados, cuyos esquemas de gobierno hayan servido como modelos para este proyecto de unificación mundial, ya que, como resultado de esta unificación, se contará con más estados que puedan interrelacionarse con ellos con el fin de ampliar los aspectos económicos, comerciales, políticos, sociales y culturales. La inserción de estos modelos en todos los países, especial y estrictamente en la conformación y desarrollo de los esquemas y procesos gubernamentales, más no en el ejercicio de la política, servirán, asimismo, para observar cómo evolucionan estos esquemas en los diferentes escenarios, para así corregir defectos y aprovechar los ejemplos de quienes avancen más, y de acuerdo a esto, tomar sus resultados para mejorar y perfeccionar estos modelos de sistemas. El aspecto complementario de la homogeneización del ejercicio gubernamental es la sistematización de estos esquemas de gobierno en todas sus formas y manifestaciones, ya que esto permitiría a las instancias contar con los sistemas, normativas, vertientes y procesos, políticas, programas e instrumentos, sistemas y esquemas para ejercer el gobierno y el poder público en su carácter funcional y administrativo, de forma sistematizada, reglamentada, transparente, dinámica y representativa, para la obtención de óptimos y efectivos resultados, de forma constante y unificada.

La sistematización de las estrategias y políticas públicas y gubernamentales tiene el objetivo, mediante esquemas, normativas, instituciones y actores, de unificar y hacer eficientes todos estos esquemas y sus procesos, mediante conceptos dinámicos, funcionales, transparentes y efectivos para el ejercicio de la función pública. La sistematización de los esquemas y procesos, leyes y normativas, instrumentos y políticas, programas y funciones gubernamentales, debe incluir parte de los esquemas que históricamente han demostrado su eficacia, desechando los malos procesos y métodos utilizados, ya que han estado basados en una serie de deficiencias estructurales y de objetivos que no han mostrado resultados positivos.

Además, el ejercicio de gobierno se convierte en un problema que se agrava de forma alarmante cuando los gobernantes y funcionarios sin visión, capacidad, compromiso y sensibilidad ejercen el poder a su libre albedrío, con lo que hacen un mal tan considerable que daña a su contexto durante años, décadas o más, ya que impiden el desarrollo integral, y todavía más grave, generan subdesarrollo, pobreza, marginación, inestabilidad económica, política y social, inseguridad alarmante, descontento social, falta de procuración de justicia, de libertades y derechos, de democracia y hasta escenarios de turbulencia, confrontación, inseguridad, guerrilla y guerras internas y externas. Por eso será fundamental establecer normativas institucionales y constitucionales al ejercicio del poder y a los esquemas gubernamentales, ya que, en su generalidad, no siempre gobiernan los mejores y más preparados, sino los que llegan por diferentes formas y métodos, como el amiguismo, el influyentismo y el compadrazgo, entre otros aspectos, con la consabida desgracia para las sociedades y sus sectores.

La sistematización establecerá esquemas obligatorios que tendrán que realizar los gobernantes y actores políticos y de gobierno, buenos y malos, con los márgenes y las vías que estos esquemas indiquen, los cuales contendrán amplias áreas de normativas, de atribuciones, de funciones, de esquemas y de procesos, que asimismo contengan los conceptos de eficiencia, sensibilidad, transparencia, justicia, honestidad, capacidad, compromiso, voluntad, visión y responsabilidad. Estos factores y condiciones de la sistematización harán que todo gobierno produzca y sea eficiente en sus funciones, independientemente del gobernante y los funcionarios en turno, quienes no podrán disminuir o eliminar los esquemas y procesos de esta sistematización, y solo podrán trabajar con estos esquemas y mediante nuevas propuestas que puedan ser insertadas a estos sistemas, previa aprobación de los órganos conducentes. Esto deja a los gobernantes el trabajo de la política, de las presentaciones personales y de la implementación de su visión y sus propuestas, para imbuir con su esencia a estos gobiernos, es decir, un gobierno sistematizado con buenos gobernantes lucirá aún más y producirá todavía más que con otros gobernantes. Aunque algunos gobernantes querrán manejar sus contextos y países a su antojo, no podrán, ya que existirán candados normativos y constitucionales que se los impidan, y con esto, todo gobierno trabajará de forma eficiente, con los resultados efectivos previstos y el ejercicio adecuado de los recursos en su justo tiempo. Esta sistematización se enfoca a los aspectos funcionales, de programas, de metas, administrativos y financieros, entre otros aspectos, dejando aparte la política y la forma personal de gobernar de cada individuo, los cuales podrán entonces, con estos esquemas, gobernar con una amplia base y plataforma de productividad y resultados, para beneficio del estado, de los mismos gobernantes y de la población.

Objetivo de la sistematización gubernamental

El objetivo básico de la sistematización gubernamental es conformar un amplio sistema de estructuras esquemáticas que contengan los conceptos y aspectos generales y específicos que generen las vías a seguir para lograr procesos eficientes, alto cumplimiento de metas y resultados óptimos y exitosos en todas las actividades y acciones para generar desarrollo en los contextos y beneficio de la colectividad. El objetivo fundamental es el de lograr, mediante esta esquematización estructural, que los gobiernos trabajen al cien por ciento y sean eficientes, y que los gobernantes y funcionarios sean capaces de generar las condiciones que propicien el desarrollo. Este objetivo implica lograr contextos de estados desarrollados, con escenarios de productividad, civilidad, empleo, derechos, libertades, leyes, democracia, beneficios sociales, educación, salud, vivienda, etc., para todos, mediante la construcción e inserción de las condiciones que eliminen para siempre las causantes del subdesarrollo, la pobreza y la marginación, con gobiernos capaces, eficientes y sensibles, y con sociedades más preparadas, participativas y exigentes con ellas mismas y con sus gobiernos.

Aplicación de la sistematización gubernamental

Mediante determinados lineamientos internacionales y de las naciones, que contengan principios y especificaciones de una sistematización gubernamental efectiva, se deberán de implementar esquemas de inserción de estos conceptos en los estados y países, de forma programada y estratégica, con la finalidad de que los países y sus entidades puedan tener y utilizar estos instrumentos para generar trabajo gubernamental eficiente.

Toda sociedad y gobierno que no cuenten con sistemas de trabajo de vanguardia y productividad, serán cada vez más ineficientes y generarán subdesarrollo y pobreza, sin embargo, al ser implementados los esquemas de vanguardia y eficiencia gubernamental y productividad en todo país y sus entidades, estos podrán transformar, cambiar y mejorar sus esquemas, instrumentos y procesos, para lograr una mejor funcionalidad, y más y mejores resultados, mediante las nuevas, organizadas y efectivas instancias, y los más preparados y capacitados gobernantes y funcionarios, lo que producirá, por lógica, gobiernos sensibles, con visión y compromiso, y sociedades con empleo, productividad y mayor calidad de vida.

Las sociedades de vanguardia, las menos, saben y conocen su papel en el estado y en la historia, por lo que son críticas, participativas y desempeñan un papel de alta importancia en las grandes decisiones de estado y de gobierno, y por consecuencia, contienen generalmente las vías institucionales para manifestarse y mostrar sus planteamientos y propuestas, además de contar con esquemas sistematizados en determinados grados, que son concebidos, modificados, perfeccionados y mejorados continuamente, lo que les permite también evaluar la aplicación de las políticas públicas y las acciones y resultados de gobierno, para aprobar o no el ejercicio gubernamental, político, legislativo y de gestión, para que, en su caso, manifestar o no su apoyo y reconocimiento al trabajo de gobierno y exigir mejores resultados, mediante las vías institucionales de estos esquemas sistematizados. Otras sociedades se encuentran a la mitad del camino, establecidas en países emergentes y en vías de desarrollo, con diferentes y variados contextos internos, que tienen esquemas de vanguardia en algunos ámbitos y ordenes, y esquemas intermedios en otros, mientras que en algunos de sus contextos no existen estos esquemas, por lo que el trabajo político y de gobierno es fundamental para insertar, de forma unificada y efectiva, estos esquemas en toda región y entidad.

La mayoría de las sociedades en el mundo se encuentran en contextos de subdesarrollo, e incluso de pobreza y marginación, y aunque en sus países se contengan algunas regiones de desarrollo y riqueza, estas serán las mínimas, mientras que la mayoría de la población se encuentra conformada por sectores económicamente bajos y en pobreza.

Estas sociedades, al igual que sus estados y países, se encuentran en subdesarrollo y pobreza, por lo que su lucha constante es y será por la subsistencia, por generar empleos, por combatir la marginación y pobreza, por dotar de beneficios básicos a la población y por eliminar la inseguridad, las delincuencias y todo tipo de tráfico ilegal, entre otros aspectos, y también por conseguir esquemas productivos para el desarrollo, por lo que no pueden, ni visualizan un mejoramiento estructural de los gobiernos y de las mismas sociedades, por los factores de urgencia y prioridad de subsistencia que tienen. Estas sociedades carecen total o parcialmente, en consecuencia, de la mayoría de esquemas para la productividad, para la democracia plena, para las libertades y los derechos de expresión y humanos, para la justicia social y el estado de derecho eficiente, y para la estabilidad económica, política y social, por lo que tampoco contarán, por lógica, con esquemas políticos y gubernamentales sistematizados para el desarrollo de las entidades y el beneficio de la sociedad. En el mundo globalizado actual existen grandes diferencias de contextos políticos, económicos, sociales y culturales entre países y entre sus regiones, entidades y localidades, así como entre la forma, concepción y comportamiento de las sociedades, por lo que el objetivo de aplicar esquemas políticos sistematizados es el de producir esquemas prototipo unificados que puedan ser implementados en todo gobierno, para que generen eficientes procesos políticos y de gobierno, con democracia y representatividad, y con gobernantes y legisladores capaces, con visión y compromiso para impulsar el desarrollo integral y los beneficios sociales en sus entidades, para que de esta forma los países avancen y se acerquen en sus diferencias de todo tipo, económicas, políticas y sociales, de acuerdo al contexto, a las condiciones y a las coyunturas de todo concepto. En base a estos fundamentales aspectos las diferencias entre regiones y países deberán de disminuir, estabilizando el entorno global e interno de los estados, permitiendo así un balance y eficiencia de todos los aspectos, que generen desarrollo sustantivo para la prosperidad, igualdad y paz mundial.

Perspectivas de conformación de un esquema de líneas gubernamentales efectivas

Es fundamental generar diversas perspectivas y proyecciones de cómo puede generarse una reforma de estado y gobierno que transforme y mejore los esquemas e instrumentos de gobierno, que los homogeneice y sistematice, para lograr así un amplio sistema integral teórico y funcional que produzca gobiernos eficientes, instituciones gubernamentales dinámicas, productivas y de alcance, y gobernantes y funcionarios capaces, comprometidos y con visión. Para estos efectos es básico manejar ideas, razonamientos y esquemas que emanen planteamientos y propuestas integrales y específicas para generar y construir los esquemas adecuados y necesarios para el mejoramiento del ejercicio gubernamental en todas sus facetas.

La perspectiva adecuada, en este sentido, permitirá generar y establecer proyecciones, resultados y escenarios del funcionamiento de este amplio sistema, con sus esquemas, políticas y programas. Con esta visualización se podrá corregir, implementar y mejorar este sistema, con la finalidad de establecer las condiciones necesarias y adecuadas para el desarrollo y la productividad de una entidad. Se sabe que existen infinidad de documentos de análisis de aspectos gubernamentales, políticos, económicos y sociales que establecen, de forma certera y apegada, la realidad, las situaciones y los aspectos de los diversos contextos de los países y regiones del mundo, y que sin duda tienen un gran contenido de realidades e información estratégica que permite analizar, enterarse y entender los asuntos y aspectos en estos campos, aspectos y escenarios, además de que también cumplen con el objetivo de documentar e informar a la sociedad en general de estos asuntos. Asimismo, existen una serie de documentos de análisis, estrategias, acciones y propuestas gubernamentales que buscan implementar mejores esquemas para generar gobiernos eficientes.

Este libro, por tanto, trata de establecer propuestas de mejores esquemas e instrumentos para el eficiente ejercicio gubernamental de todo orden y tipo, para generar mejores gobiernos y gobernantes, así como mejores representantes y legisladores. Asimismo, busca generar esquemas e ideas para el establecimiento de un proyecto equivalente a un sistema integral gubernamental y político, con su conformación e infraestructura, y sus vertientes para el efectivo y óptimo ejercicio del poder.

Este libro contiene ideas y propuestas teóricas basadas en esquemas y acciones que se consideren necesarias para la implementación de un sistema que genere gobiernos eficientes, sin tomar de forma literal nombres de actores e instituciones, ni hechos y sucesos en lo global o particular, y utilizará el contexto de forma general, con sus escenarios particulares, para derivar las proyecciones y establecer así el sistema y los esquemas requeridos de propuestas para este fin. Por lo tanto, este es un documento de ideas y estrategias, que en su conjunto establecerán un amplio esquema que englobe una proyección de posicionamiento y mejora sustantiva de las instancias gubernamentales y sus instituciones, así como de los gobernantes y los diversos actores. En conclusión, este libro es un ensayo de propuestas generales y específicas de líneas políticas y de gobierno para ser analizadas, implementadas y utilizadas en los contextos, de forma total o parcial, de acuerdo a los tiempos, ámbitos y condiciones, así como a los órdenes y formas de las instancias respectivas.

Un esquema básico de estas líneas políticas y de gobierno será el de generar y conformar diversas propuestas de lineamientos y esquemas por concepto, para moldearlos e insertarlos en un esquema congruente que busque hacer eficientes, de forma global y específica, estos conceptos, para que trabajen de forma conjunta, coordinada y funcional como un amplio sistema integral de trabajo político y gubernamental.

La conformación de un esquema teórico de trabajo gubernamental que pueda ser utilizado en la práctica se genera en base a una atracción, análisis y conjunción de los aspectos básicos del quehacer político y de gobierno, desglosando sus conceptos y aspectos en líneas y razonamientos emanados de sus esquemas, procesos y actividades, que puedan ser acomodados y organizados, para su mejora y eficiencia, en infinidad de esquemas y sistemas, de acuerdo a las condiciones, coyunturas y características de los contextos, y a las estrategias y objetivos requeridos.

Derivado de estos preceptos se pueden bosquejar diversos planteamientos que busquen hacer eficientes, o más eficientes, los esquemas y procesos de la actividad gubernamental, por lo que en este libro se establecen diversas líneas de estos conceptos para procurar un marco general y específico de trabajo, con sus esquemas, procesos y actividades. Para estos fines, a continuación, se presenta y comenta una propuesta de un sistema estratégico que conjunte una diversidad de conceptos, con sus estructuras, políticas y esquemas de funcionamiento sobre el quehacer político, electoral y gubernamental, para coadyuvar en la generación de instancias gubernamentales eficientes y sensibles que produzcan desarrollo integral sostenible y mejora de la calidad de vida de la población. Veamos entonces, en este ensayo, las líneas gubernamentales, políticas y electorales que conforman este amplio sistema estratégico integral.

Ensayo de un Sistema Estratégico Integral de Esquemas de Gobierno

El ensayo sobre la creación y conformación de un sistema estratégico integral incluye esquemas políticos, electorales y de gobierno. Este sistema es un amplio concepto que abarca los aspectos fundamentales de la realización de gobiernos eficientes y de los aspectos políticos y electorales para acceder al poder público. Este sistema estratégico es un amplio esquema que ha sido planteado en sus aspectos políticos y electorales en el libro de este mismo autor denominado "Líneas de Estrategias Políticas y Electorales", en el cual se han desglosado y conceptualizado las estrategias políticas de instituciones, partidos políticos y candidatos, desde la mejora al interior de sus instancias, hasta los planteamientos en la arena política de acceso al poder. Asimismo, se han planteado los esquemas electorales de las mismas instancias para ese mismo fin.

En ese libro se plantean estrategias, esquemas, análisis y proyecciones que generen escenarios políticos y electorales para la mejor toma de decisiones políticas, pero de forma fundamental se plantean esquemas estratégicos de integración, movilidad y acción política y electoral para mejorar las normativas, la infraestructura, las actividades y los resultados de las instancias políticas y electorales de todo ámbito y contexto.

El objetivo de las líneas estratégicas políticas y electorales establecidas en ese libro, es el de conformar instituciones y partidos dinámicos y funcionales, y candidatos políticos preparados y capaces para el triunfo electoral y para proveer a las instancias gubernamentales de gobernantes, funcionarios y legisladores con liderazgo, capacidad y visión. En virtud de que el sistema estratégico integral de esquemas políticos, electorales y de gobierno es sumamente amplio, en el libro anteriormente mencionado, se han especificado los conceptos políticos y electorales, mientras que en este libro que usted lee ahora se abarcan los aspectos y conceptos de gobierno. Por esta razón se presentará el concentrado teórico y un esquema gráfico que contienen todos los conceptos del sistema integral, tanto de esquemas políticos y electorales como gubernamentales.

La presentación general del sistema integral, con todos sus conceptos, se establece para que el lector pueda observar de forma global la composición de este gran sistema, del que se derivan sus conceptos y sus estrategias respectivas. Con respecto a los conceptos de gobierno, el sistema estratégico integral comprende esquemas, planificación, tiempos, estrategias, procesos y actividades políticas y gubernamentales, para la implementación de esquemas mejorados y efectivos en todo gobierno, de todo ámbito y orden.

El sistema estratégico integral se inserta, asimismo, a las leyes y normas de los sistemas políticos y gubernamentales de los diversos contextos y ámbitos de los estados, en los aspectos, conceptos, tiempos y procesos correspondientes, pero desarrolla también otros aspectos y conceptos alternativos, nuevos o coincidentes, complementarios, paralelos y simultáneos a determinados esquemas gubernamentales tradicionales, siempre en la búsqueda de la mejora de los esquemas de gobierno, por medio del diseño y la construcción, conformación e implementación de nuevos y mejores gobiernos.

El sistema estratégico integral comprende aspectos diversos, tales como los esquemas y procesos de gobierno, pero también abarca procesos electorales, de difusión, de promoción, de estrategias, de políticas, de atracción popular, de presentación de plataformas políticas y de gobierno, de interacción popular y sectorial, de informes, de movimientos, de procesos, de alianzas, de recursos y financiamientos, de construcción de plataformas gubernamentales, de los conceptos para el desarrollo integral, etc., con la finalidad de establecer propuestas de las vías a seguir por las instituciones, actores y partidos políticos, y por organizaciones y sectores diversos, independientemente del movimiento natural que se genere debido a las propias actividades de estas instancias.

Los conceptos y actividades del sistema estratégico integral de esquemas políticos y de gobierno se desarrollarán con la finalidad de conformar la base de los esquemas, políticas y estrategias de un gobierno efectivo que establezca las condiciones adecuadas para el desarrollo y el beneficio colectivo.

Objetivo del Sistema Estratégico Integral
de Esquemas de Gobierno

El objetivo fundamental es el de establecer los esquemas, vías y procesos de la actividad política y de gobierno para generar nuevos gobiernos eficientes, y con esto coadyuvar en lograr las condiciones para el desarrollo integral sostenible y beneficio para la sociedad. Como se ha observado, este sistema estratégico contiene propuestas de esquemas conformados por una serie de conceptos a seguir en los aspectos gubernamentales, políticos y electorales. El objetivo inicial, por lo tanto, es que estas instancias políticas y de gobierno puedan utilizar estos lineamientos y vertientes en la búsqueda de la generación de gobiernos capaces y productivos, con la inserción de esquemas gubernamentales responsables, reales y objetivos. Estas líneas y guías pueden ser mejoradas, adicionadas, rediseñadas o cambiadas, según cada instancia política o gubernamental así lo considere, y de acuerdo a sus preceptos y vías de acción, sin embargo, el diseño de estas líneas contiene los elementos para que su utilización adecuada permita producir el éxito y la obtención efectiva de las metas, ya que su contenido trata de abarcar los planteamientos necesarios para todo esquema, proceso y acción gubernamental.

La propuesta de estas líneas se ha basado en la observación de la vida gubernamental de los diversos órdenes, ámbitos y contextos, del funcionamiento de las instituciones gubernamentales, de la actuación y aplicación de sus gobernantes, funcionarios y trabajadores, así como de los legisladores y representantes políticos y de gobierno, además de los aspectos burocráticos, administrativos, financieros y de gestión gubernamental. También se basa en el análisis del ejercicio de las atribuciones y formas de trabajo de gobernantes y funcionarios, de su accionar en el ejercicio del poder ejecutivo y legislativo, y en los resultados que han generado, que por lo general, en muchos países y sus entidades, no han sido de calidad ni de resultados efectivos, ya que han llegado a ejercer el poder algunos individuos que han carecido de los elementos básicos de los aspectos de gobierno, entre ellos los de ejercer políticas públicas y legislar con visión, compromiso, sensibilidad y alcance.

Los resultados del mal ejercicio gubernamental, relacionados a gobernantes y funcionarios sin visión ni capacidad, han generado en diversos países, sino es qué en una mayoría de ellos, contextos de subdesarrollo, marginación y pobreza, falta de productividad e inconformidad social, inflación, devaluación de la moneda y falta de poder adquisitivo de la población, entre algunos de los muchos aspectos no deseados para ningún país ni región. Si observamos el mapa mundial, estamos plagados de estos contextos de subdesarrollo producidos lógicamente por sus gobernantes y grupos cupulares y de poder, y por sus sistemas políticos y de gobierno, y también por la falta de participación y reclamo de las sociedades civiles.

Para cambiar estos contextos se necesitan diversos aspectos vanguardistas e integrales que permitan generar buenos y mejores gobernantes y legisladores, así como gobiernos y estados de mayor capacidad de acción gubernamental y política, además de que las sociedades logren contar con una mejor preparación, educación y conocimientos para manifestarse, exigir y plantear sus propuestas, para conseguir los espacios y vías de interrelación, de trabajo y de solución de los asuntos, conjuntamente con sus gobiernos. El sistema de estrategias políticas y de gobierno busca establecer lineamientos que puedan convertirse en normativas y que puedan ser aplicados en todo sistema gubernamental, al interior de los gobiernos y de las instancias políticas, y de la sociedad y sus sectores, para establecer esquemas integrales que permitan a las instituciones y gobernantes contar con las vías eficientes necesarias y efectivas que desarrollen, mejoren y transformen no sólo los deficientes sistemas políticos y de gobierno utilizados mayoritariamente en la actualidad, sino que transformen también, con los procesos y resultados obtenidos, sus entornos, regiones y países. Esta transformación implica lograr gobiernos comprometidos y con visión, actores gubernamentales y políticos preparados y capacitados, y organizaciones políticas representativas y eficientes, así como sectores poblacionales capaces, comprometidos, involucrados e interrelacionados con sus gobiernos y sectores para generar cada vez mejores contextos y lograr que sus países y regiones generen, mantengan e impulsen el desarrollo integral sostenible y la mejora de la calidad de vida de la población. El objetivo básico es utilizar estas vías, esquemas y lineamientos, que son simples enunciados, pero que deben de seguirse para generar los contextos de éxito y desarrollo requeridos y programados. Veamos ahora los conceptos y aspectos generales que conforman los lineamientos del sistema estratégico integral de esquemas de gobierno para el desarrollo del estado y la mejora de la calidad de vida para la sociedad.

Sistema Estratégico Integral de
Esquemas Políticos, Electorales y de Gobierno

- *Sistema de Estrategia y Acción Política*
- *Sistema de Estrategia Electoral*
- *Sistema de Integración y Atracción Ciudadana*
- *Sistema de Construcción y Propuesta de un Gobierno Eficiente*
- *Sistema Estratégico para el Desarrollo Integral Sostenible*
- *Sistema de Control, Planificación, Evaluación y Estrategias de Esquemas Políticos y Electorales*
- *Sistema de Difusión y Promoción Estratégica*
- *Sistema para el Bienestar y Desarrollo de la Sociedad*

- *Esquema de Presentación e Inserción del Sistema Integral Estratégico de Esquemas Políticos y Electorales*

- *Esquema de Financiamiento del Sistema General Integral Estratégico*
- *Esquema de Transparencia y Eficiencia de Utilización de los Recursos*

- *Esquema de Responsabilidad de Plataformas y Propuestas Electorales, Planteamientos y Acciones*

Conceptos generales y lineamientos del
Sistema Estratégico Integral

El sistema estratégico integral comprende aspectos y conceptos de acción, movimiento, conformación y transformación de instancias políticas, electorales, gubernamentales y de la sociedad, así como aspectos generales de los esquemas de control y evaluación, de difusión y promoción de actividades y procesos que conformen las vías para la implementación de efectivos esquemas políticos, electorales y de gobierno que logren el desarrollo integral y el bienestar de la sociedad. Asimismo, cada uno de estos conceptos contiene diversos aspectos que comprenden una amplia gama de lineamientos, con sus políticas, normativas, esquemas, procesos y actividades, que permitan, asimismo, de forma dinámica, funcional e interrelacionada, integrar y complementar las ideas, esfuerzos y propuestas con el objetivo de establecer los mejores esquemas, vías, procesos y resultados de la actividad política, electoral y gubernamental, para así generar y lograr nuevos y mejores gobiernos.

Mapa del Sistema General Integral Estratégico de Esquemas Políticos, Electorales y de Gobierno

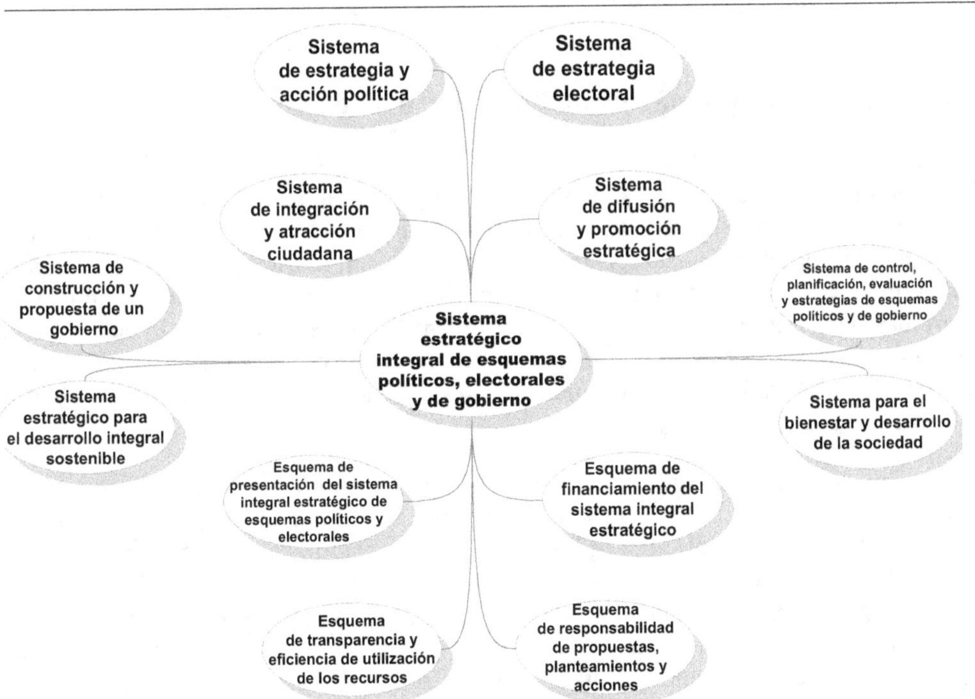

Pasemos ahora a introducirnos en los conceptos básicos y prioritarios de la actividad y los procesos para generar gobiernos eficientes y productivos, además de sensibles ante la sociedad. El Sistema Estratégico Integral de esquemas políticos, electorales y de gobierno contiene, por tanto, aspectos y conceptos para desarrollar y hacer eficientes los instrumentos y esquemas de gobierno, por lo que su análisis y mejora constante son importantes para lograr su eficiente utilización y aplicación. En el libro "Líneas de Estrategias Políticas y Electorales" de este autor, se exponen las temáticas políticas y electorales, por lo que en este libro de estrategias de gobierno se manejarán específicamente las temáticas de los aspectos de gobierno, las cuales están comprendidas en este amplio sistema, y cuyos conceptos de mayor importancia son los siguientes.

- *Sistema de Construcción y Propuesta de Gobiernos Eficientes*
- *Sistema Estratégico para el Desarrollo Integral Sustentable*
- *Sistema para el Bienestar y Desarrollo de la Sociedad*
- *Esquema de Transparencia y Eficiencia de Utilización de los Recursos*

Todos los conceptos políticos, electorales y de gobierno se encuentran interrelacionados en determinados aspectos, lineamientos y procesos, sin embargo, cada rubro contiene elementos que se desarrollan de forma particular y específica, y a su vez mantienen estos aspectos de interrelación, con la finalidad de lograr esquemas y procesos funcionales y resultados óptimos para el desarrollo del estado y el beneficio de la sociedad.

Estrategias y esquemas básicos para generar gobiernos eficientes

---

Todo gobierno necesita esquemas e instrumentos que le permitan mejorarse de forma constante en todos sus aspectos, y para esto es fundamental y necesario contar, entre otros conceptos importantes, con esquemas de planeación y desarrollo integral sustentable; con esquemas de propuestas de políticas públicas y programas de gobiernos para el desarrollo integral; con esquemas de interrelación y trabajo de sectores y gobierno; con sistemas de planeación y desarrollo; con sistemas de control y resultados; con sistemas de difusión de procesos y resultados y con esquemas de alianzas estratégicas.

Igualmente, son fundamentales para el estado y el gobierno los siguientes esquemas; de reforma y mejora de la estructura de gobierno; de conceptos y políticas de proyectos de gobiernos eficientes; de apertura y sensibilización gubernamental; de visión para la planificación y análisis integral; de control y mejora integral de políticas públicas, programas y acciones de gobierno; de capacitación y profesionalización de funcionarios y trabajadores; de atención de propuestas y necesidades ciudadanas; de seguimiento y rendición de cuentas a la sociedad, y de alianzas estratégicas de gobierno.

También son fundamentales los esquemas siguientes; para la estabilidad política y social; para la implementación de leyes y programas para el desarrollo e infraestructura gubernamental funcional y de alcance; para la operatividad y el trabajo político y de gobierno; para la generación de resultados de impactos favorables del ejercicio gubernamental; para la validación y reconocimiento sectorial y popular; para el posicionamiento gubernamental en el contexto nacional y local, y para la difusión y promoción del trabajo gubernamental.

Asimismo, también son básicos y prioritarios los siguientes esquemas; de alianzas estratégicas integrales; de mejora de sistemas y esquemas políticos, electorales y partidistas; de atención de problemáticas políticas y sociales; de generación de sociedades de vanguardia y de amplia democracia, justicia y estado de derecho, de efectiva seguridad pública y derechos humanos, así como de posicionamiento gubernamental en el contexto nacional e internacional.

Todos estos conceptos, tanto de forma específica y particular, como de forma global y general, así como de forma interrelacionada y coordinada, conforman la plataforma de aspectos, esquemas y sistemas para generar gobiernos que sean eficientes, debido al mejoramiento de toda la infraestructura integral gubernamental y al ejercicio efectivo de las funciones, atribuciones y procesos de gobierno.

Estos conceptos, y sus aspectos derivados, generan un importante sistema general, con su infraestructura y sus esquemas y procesos de vanguardia, que no sólo impulsan a los gobiernos a ser eficientes, sino que también, debido a la productividad integral generada, transforman los contextos de subdesarrollo en contextos con las condiciones necesarias y adecuadas para generar desarrollo integral y mejora de la calidad de vida de la gente.

Un aspecto fundamental para lograr un gobierno eficiente es el de establecer exigentes parámetros en la mejora sustantiva de la capacidad, visión y compromiso de los gobernantes y funcionarios de toda instancia gubernamental, por lo que se hace énfasis en el aumento de los conocimientos y en la transformación positiva de la mentalidad de los individuos aspirantes, para lograr producir mejores gobernantes y funcionarios, y mejores actores políticos y candidatos partidistas.

Cada uno de estos aspectos será comentado y analizado a lo largo de este libro, con la finalidad de aportar ideas, razonamientos y esquemas que permitan mejorar la infraestructura gubernamental y la visión y compromiso de los gobernantes. Veamos a continuación estos conceptos, en sus apartados respectivos, para la generación de gobiernos eficientes que produzcan desarrollo integral y beneficios a los pueblos.

Capítulo 1

Sistema de Construcción y Propuesta de Gobiernos Eficientes

Sistema de Construcción y Propuesta de Gobiernos Eficientes

1.   *Esquema de reforma y mejora de la estructura de estado y gobierno*

2.   *Esquema de conceptos y políticas de un proyecto de gobierno eficiente*

3.   *Esquema de apertura y sensibilización gubernamental*

4.   *Visión para el esquema de planificación y análisis integral*

5.   *Sistema de control y mejora integral de políticas públicas, programas y acciones de un gobierno eficiente*

6.   *Esquema de capacitación y profesionalización de funcionarios y trabajadores*

7.   *Esquema de atención de propuestas y necesidades ciudadanas*

8.   *Esquema de seguimiento y rendición de cuentas a la sociedad*

9.   *Esquema de alianzas estratégicas de un gobierno eficiente*

El gobierno, como parte del estado, tiene que ser un instrumento integral y altamente eficiente en sus esquemas, procesos y actividades, para obtener óptimos resultados y para cumplir con su misión y objetivos que son los de generar desarrollo global e integral en toda entidad y una alta calidad de vida de los pobladores. Todo estado desarrollado y de vanguardia debe contar, de forma prioritaria, con gobiernos eficientes, con sociedades participativas y preparadas y con territorios definidos, legales y productivos, por lo que el cumplimiento óptimo de estos conceptos genera países y estados, como se mencionó, de vanguardia y de alto desarrollo en todos sus sentidos. En una mayoría de países, los gobiernos nacionales y los gobiernos de sus entidades y localidades pueden ser en parte efectivos, o simplemente, total o parcialmente ineficientes, según el caso y características, mientras que, por otra parte, existen algunos países, los desarrollados, que son altamente eficientes y otros, los subdesarrollados y pobres, que son completamente nulos e ineficientes.

Es importante acercar y unificar en su infraestructura, acciones y resultados a los gobiernos ineficientes con los gobiernos eficientes y productivos, para lograr así una transformación masiva y sustantiva que permita pasar de malos a buenos gobiernos. Esta transformación positiva de los gobiernos debe incluir reformas de estado, implementación de instrumentos y procesos de vanguardia, mejora de esquemas, eliminación de instrumentos y esquemas ineficientes, así como diseños e implementación de nuevas alternativas de procesos e instrumentos, entre otros fundamentales aspectos. Esto incluye todos los conceptos, ya sean de leyes y normativas, de infraestructuras, de recursos y servicios, de equipamiento, de tecnologías, de sistemas y esquemas, y de forma prioritaria, de capacitación y preparación de los recursos humanos, sobre todo de gobernantes y funcionarios.

Un proyecto de gobierno eficiente debe establecer básicamente un sistema de construcción y propuesta gubernamental que genere una infraestructura global y específica de eficiencia y enlace, que implique trabajar conjuntamente con los sectores y la sociedad para generar desarrollo integral sostenible y mejora de la calidad de vida, y que contenga, por ende, esquemas funcionales y eficaces en sus procesos y resultados, que coadyuven sustantivamente a generar contextos favorables de seguridad, estabilidad y paz social, de productividad, de disminución drástica de la pobreza, de derechos sociales, de democracia, de derechos humanos, de libertades de pensamiento e ideologías y de una amplia justicia social, entre otros aspectos fundamentales. Lo anterior, debido a las carencias, pobreza y subdesarrollo en que se encuentran diversas entidades, regiones y localidades de muchos países, por lo que será prioritario y básico construir nuevos proyectos de gobierno para el cambio de estos contextos y la eliminación de estas carencias, sobre todo económicas, productivas y de satisfactores sociales, con la visión y compromiso de los gobernantes y los actores políticos para implementar políticas públicas y programas para el desarrollo, con esquemas que obliguen a generar crecimiento y funcionamiento eficiente de instituciones y gobiernos, y con esquemas dinámicos y efectivos de acciones, procesos y trabajos para la productividad y el empleo que funcionen de forma sistematizada, para contar así con una plataforma de trabajo gubernamental eficiente que genere óptimos resultados.

Todo país, y sus entidades y localidades, necesitan proyectos estratégicos de gobierno con visión y alcance, por medio de un efectivo gobierno nacional o federal y con esquemas de exigencia de productividad y trabajo para sus gobiernos estatales, municipales y locales. Estos aspectos de trabajo gubernamental deberán realizarse con respeto a la soberanía de cada entidad, mediante la implementación y aplicación de esquemas de alta capacidad, así como con actitud, sensibilidad y respeto en el trato e interrelación con la población, al igual que con compromiso, voluntad y determinación para insertar la visión de estado y las necesidades poblacionales en las políticas públicas y en los programas y planes de desarrollo correspondientes. También se necesita un esquema de planificación real, no sólo teórico enfocado como propaganda política, como sucede generalmente, sino que basado en una planificación con visión que verdaderamente se realice y ejecute, y que contenga políticas públicas, instrumentos y programas que incluyan las necesidades y propuestas de desarrollo de un país y de sus sectores productivos y sociales, basadas en análisis y estudios reales y efectivos y en una evaluación profesional, para ser integradas, programadas y ejecutadas de acuerdo a estos aspectos y conceptos.

Los conceptos de este sistema integral están diseñados para que, de aplicarse de forma óptima, generen gobiernos eficientes que logren establecer contextos de desarrollo, productividad, empleo, seguridad pública, estabilidad y paz social, con la aprobación y reconocimiento de la población, y con la interrelación consensuada y de concordia entre sectores, gobiernos, gremios, instituciones, trabajadores y sociedad.

Esto deberá lograrse, entre otros aspectos, con esquemas democráticos representativos, con libertades de manifestación, pensamiento e ideologías, con garantías individuales y derechos humanos, con un estado de derecho efectivo y con esquemas de productividad y competitividad, mediante efectivos programas y normativas de gobierno, que además obliguen a la capacitación y especialización de todos los recursos humanos de un país y de sus entidades, lo que permitirá, sin duda, avanzar sustantivamente en todos estos aspectos y objetivos. Aunque varios países y entidades cuentan con esquemas funcionales y exitosos en algunos rubros, en otros existen deficiencias y se producen bajos y nulos resultados, por lo que se deberán implementar y aplicar políticas, acciones y esquemas efectivos de gobierno, sobre todo en los rubros en los que la mayoría de los gobiernos fallan, como por ejemplo, en las áreas de seguridad pública y de procuración de justicia, debido a múltiples y diversos factores, como lo son la asociación policial con la delincuencia, la corrupción policial en general y la ineficacia por eliminar el narcotráfico, el contrabando y las delincuencias, para así también cambiar la percepción ciudadana de no confiar en la policía, en el sentido de que más bien obedecen a intereses propios y de sus jefes que a los de la sociedad, etc. Con la mejora sustantiva de esta área fundamental de seguridad pública, que se tomó como ejemplo, al igual que otros rubros de similar o mayor importancia, se generarían contextos de estabilidad, tranquilidad y paz social que atraerían inversiones y capitales, con lo que se fortalecerían e impulsarían así los conceptos y aspectos para el desarrollo, como la productividad, el empleo, las empresas de todo tipo, el turismo, la infraestructura básica social y la de servicios urbanos, la vivienda, la salud, la educación, etc., que de forma conjunta generen el desarrollo necesario para la mejora de la calidad de vida. Los proyectos de gobierno emanados de la plataforma de este sistema integral estratégico incluyen estos y otros aspectos y conceptos que coadyuven a impulsar a todo país y sus entidades a convertirse en estados desarrollados y competitivos, eliminando para siempre los contextos históricos de subdesarrollo y pobreza en sus ciudades, regiones y comunidades. Veamos a continuación estos conceptos.

1. Esquema de reforma y mejora de la estructura de estado y gobierno

Trabajo integral y estratégico de un gobierno eficiente

En todo país y en sus entidades se deben establecer esquemas y procesos para una reforma integral de estado y mejora continua, con propuestas que generen alcance, mejora y eficiencia en infraestructura, leyes, programas, políticas públicas e instrumentos para el desarrollo, que procuren establecer las vertientes para la consecución de recursos y servicios que permitan generar desarrollo integral sostenible y contextos de seguridad, productividad, empleo, estabilidad y paz política y social, con democracia y participación de gobierno y sociedad con unidad y compromiso, y con la utilización de los factores necesarios para el cumplimiento de estos objetivos.

Se sabe que, históricamente, en casi todos los países ha habido y se tienen limitaciones y escasez de recursos de todo tipo en aspectos de infraestructura, leyes, programas e instrumentos gubernamentales, especialmente en las entidades y localidades, sin embargo, los recursos humanos y económicos también han sido limitados, sobre todo los recursos humanos, con un alto porcentaje de falta de capacidad, visión y compromiso de burócratas, gobernantes y funcionarios para entender e interpretar la función pública que permita mejorar y aplicar eficientemente los instrumentos y programas de gobierno para el desarrollo y el beneficio popular. Una parte de la infraestructura gubernamental, nacional o federal, y de algunas entidades y localidades de varios países, si cuenta con áreas de vanguardia en el ejercicio gubernamental, con diseños, programas y leyes integrales y de alcance, que han sido implementadas por gobernantes con visión y capacidad, y consensuadas y reconocidas por sociedades avanzadas y preparadas, que permiten llevar a cabo con eficiencia las tareas de gobierno. Sin embargo, estas condiciones y esquemas no se tienen ni se aplican en una gran parte de la infraestructura gubernamental de una mayoría de países en el orden federal, y mucho menos en el orden local y municipal, salvo en localidades avanzadas y desarrolladas de estos contextos, por falta de visión, capacidad y compromiso de los gobiernos respectivos.

Una reingeniería de todo concepto gubernamental, que incluya una reforma de estado, política y de gobierno, así como de la administración pública, será fundamental para generar gobiernos eficientes y desarrollo integral, además para implementar, de forma prioritaria, áreas de diseño y de propuestas de mejora en cada una de las instancias y áreas gubernamentales para generar mejores leyes, programas e instrumentos, que puedan implementarse y aplicarse desde el corto y mediano plazo, de acuerdo a la estrategia y a las características y condiciones de cada estado y de sus gobiernos de todo orden. Aspecto importante también será la preparación y capacitación de los recursos humanos, que proporcionen personal de base, mandos medios, directivos y funcionarios, así como gobernantes y legisladores, con mayor capacidad, conocimiento, visión y compromiso para conseguir los mejores resultados que necesita todo gobierno para generar desarrollo integral sostenible, y para la aprobación de la sociedad y el reconocimiento general e internacional.

Esquemas gubernamentales, políticos, democráticos, electorales, productivos, sociales, estratégicos, de leyes y constitucionales, entre otros, deben de mejorarse en lo general y en sus particularidades, así como en sus diversas áreas, para contar con aspectos, instancias e instrumentos de mayor alcance e integración, ya que la dinámica moderna y las necesidades poblacionales y del estado, así como las nuevas expectativas de vida, rebasan las propuestas y las acciones de gobierno y el propio ejercicio gubernamental en la mayoría de los países y entidades, por lo que, aunque algunos países cuenten con esquemas y áreas de gobierno con conceptos y diseños generales y específicos buenos, deben también analizarse y evaluarse todos estos aspectos para lograr mejores instrumentos y procesos que generen con seguridad el desarrollo integral y la paz social.

Es fundamental para el desarrollo de todo país y sus sociedades implementar una reforma de estado que incluya reformas políticas, gubernamentales, electorales y administrativas, al igual que reformas a sectores productivos, económicos y sociales, además de establecer un sistema integral de trabajo gubernamental que permita mantener y generar esquemas de estrategias y proyecciones, de control, de planificación, de aplicación y seguimiento del ejercicio gubernamental, de obtención de resultados de acuerdo a proyecciones y objetivos, de aprobación sectorial y social, y de mejora de la calidad de vida de la población, para el fortalecimiento del estado y el reconocimiento general y popular del propio trabajo de gobierno. Las diversas y distintas reformas emanadas de la reforma integral del estado, como la política, la electoral, la administrativa y la del estado de derecho, entre otras más, conjuntamente con los sistemas de control, evaluación, estrategias y de políticas públicas, entre otros conceptos, conformarán el sistema integral para lograr la mejora sustantiva de la estructura y del trabajo gubernamental.

Reforma de Estado

Indudablemente que una reforma de estado integral y total abarca todos los conceptos globales y específicos del estado, por lo que es fundamental establecer las consideraciones de los conceptos a reformarse, mediante los análisis, evaluaciones, estrategias y proyecciones respecto a su alcance, trascendencia, amplitud, proyección e impacto deseado, para mejorar la eficiencia, funcionalidad y operación del estado y, por lo tanto, del gobierno y de la sociedad y sus sectores. Aspectos fundamentales de una reforma integral de estado y de una reforma política en todo país y sus entidades son los concernientes a la implementación de infraestructura, esquemas y políticas públicas que permitan la generación y aprobación de leyes, programas e instrumentos de alcance y efectividad, así como de su aplicación, seguimiento y obtención de resultados basados en objetivos, para generar condiciones apropiadas y necesarias que impulsen el desarrollo. Nuevos y mejores diseños, esquemas y conceptos, son necesarios para realizar un trabajo gubernamental con más atribuciones y mayor efectividad y resultados, que impacten de forma sustantiva y positiva no solo este ejercicio de gobierno, sino que también en el comportamiento y desarrollo de la sociedad.

Leyes e infraestructuras con mayores alcances y atribuciones son necesarias en todos los países del mundo, y aunque varios de ellos ya cuenten con efectivos sistemas gubernamentales y con sistemas políticos de alta representatividad democrática, y por tanto, con infraestructura, esquemas y leyes efectivas y vanguardistas, siempre se necesitarán más y mejores esquemas y políticas, ya que la solución de las viejas y nuevas necesidades sociales son urgentes, así como la atención y solución de los asuntos emanados de los nuevos planteamientos y retos derivados de los comportamientos y actividades de las sociedades y de los mismos gobiernos.

Estos aspectos generarán, de forma prioritaria, la necesidad ineludible de los gobiernos y sociedades de integrarse y acoplarse a los avances tecnológicos y del pensamiento humano, por lo tanto, los esquemas que generen propuestas, con sus sistemas y procesos respectivos, son necesarios y prioritarios, ya que los gobiernos y las instancias políticas deben de estar a la vanguardia con respecto a los avances sociales y tecnológicos, así como a la sinergia y a las necesidades y requerimientos de las sociedades, y no al revés, como sucede frecuentemente en la mayoría de países, y más aún, en sus regiones y localidades. Para estos fines será básico establecer una infraestructura gubernamental específica, que sería un instituto de innovación y desarrollo gubernamental y social.

Mejora, ampliación y transformación de los alcances del estado

El estado debe de ser siempre un concepto y un sistema integral que genere gobernabilidad, estabilidad, seguridad, democracia, estado de derecho, productividad, desarrollo y calidad de vida para los pobladores, por lo que debe de contar con infraestructura, instrumentos, políticas y esquemas integrales, generales y particulares, así como con leyes necesarias y adecuadas para estos fines. Por estas razones sus componentes tienen que ser dinámicos, eficientes y funcionales, y estar enlazados e interrelacionados para establecer las vías, las estrategias y las condiciones de trabajo efectivo, de productividad y de obtención de metas. Si el estado no cuenta con infraestructura, políticas, leyes e instrumentos eficientes, ni con gobernantes y personal con visión, no generará los resultados que toda sociedad requiere y necesita, por lo tanto, será importante dotar a todo estado de las instancias, los sistemas, la infraestructura y las leyes adecuadas para ser integradas a las vías que generen los contextos de desarrollo integral y de beneficio colectivo. Si no existen estas condiciones generales y específicas, los objetivos no se cumplirán, aunque los recursos de toda índole, sobre todo los humanos y económicos sean competitivos. Asimismo, y en el otro extremo de este planteamiento, aunque se tenga un estado con infraestructura, esquemas, políticas y leyes eficientes, si no contamos con los recursos humanos capacitados y preparados, y los recursos económicos suficientes, tampoco podrán cumplirse satisfactoria y completamente los objetivos. El estado, por tanto, deberá de contar con una serie de aspectos, infraestructura, leyes, instrumentos, programas, sistemas, esquemas y recursos de toda índole, sobre todo humanos y económicos, capacitados y suficientes, para generar las condiciones que impulsen el desarrollo integral, así como el propio desarrollo del estado y el de la sociedad.

Comparativos del estado en su conformación y tamaño

Estado mínimo e ineficiente

Muy probablemente un estado mínimo será ineficiente, quizás salvo en algunos contextos específicos con características especiales de desarrollo, ya que el control y la generación de sistemas para la gobernabilidad, la estabilidad, la seguridad, la democracia y la productividad, así como para la capacitación y el conocimiento serán insuficientes, y además no podrá generar sus esquemas de crecimiento y mejora, por lo que este concepto no es funcional ni requerido.

El estado mínimo contiene un gobierno mínimo, que puede ser política y estructuralmente fuerte y, sin embargo, aunque sea el eje rector y político de un país, siempre estará sujeto a las fuerzas estructurales y de grupos de poder, que serán las que dictarán las políticas económicas y sociales a seguir, lógicamente a través del gobierno mínimo. En este escenario, las fuerzas políticas gravitacionales se encuentran en áreas fundamentales, como lo pueden ser las económicas, empresariales e industriales, las militares, las religiosas y las magisteriales, entre otras, que implementarán los esquemas económicos, políticos y sociales, e incluso culturales e ideológicos, que sean convenientes para sus contextos. Para estos fines utilizarán al gobierno mínimo para cumplir con los aspectos de democracia, de un marco gubernamental y de derecho, y de integración a los aspectos modernos de representatividad de la sociedad.

Debido a estos aspectos, un estado mínimo, con gobierno mínimo, es un estado que debe de desaparecer de la realidad del contexto internacional, regional y local, sin embargo, está presente en muchos países y regiones, en los cuales, como se ha observado a través de la historia, los aspectos religiosos, políticos, militares, económicos e industriales, entre otros, son los que imperan mediante los grupos de poder de estas instancias, y por lo tanto, restringen al gobierno a una actividad básica mínima de representatividad política, democrática y social.

<u>Estado intermedio parcialmente eficiente e ineficiente</u>

En la actualidad se tiene una mayoría de estados intermedios, que pueden generar eficiencia en varios conceptos y aspectos, pero también ineficacia en otros, y que pueden estar sujetos a intereses de instancias locales, nacionales e internacionales, así como a intereses de grupos de poder. Por una parte, este modelo de estado se comporta de forma eficiente, porque cuenta con leyes e infraestructuras intermedias, que pueden no ser completas, pero que sirven para el trabajo gubernamental, aunque sea de forma parcial, además de que pueden mejorarse y ampliarse. Por otra parte, este mismo modelo se comporta de forma ineficiente, porque se tienen inmensas áreas por mejorar en leyes, en infraestructura, en políticas, en esquemas y en procesos, además de una aguda escasez de recursos humanos y económicos, por lo que, con estas condiciones, no es posible generar un estado productivo, desarrollado, eficiente y de alcance.

<u>Estado muy amplio, no funcional y deficiente</u>

El estado muy amplio, que estuvo en práctica en algunas regiones del mundo hace algunos decenios, y que aún se utiliza en algunos países, demostró que el fundamento y el objetivo teórico de estos esquemas de gobierno, aunque son aplicables en determinados aspectos en la realidad, generan resultados y cumplimiento deficiente de objetivos, ya que aunque amplía supuestamente los esquemas de la igualdad social, al final ésta no se logra, ya que la mayoría de la gente carece de los satisfactores básicos apropiados, lo que genera una baja calidad de vida. Este concepto implica que el estado abarca y controla aspectos económicos, políticos y sociales, de productividad y desarrollo, y de empresa y comercio, además de ejercer el control político, de gobierno, militar, religioso, sindical, magisterial y de todo sector y grupo político y social.

En este sentido, el estado es inmenso, lo que amplía la burocracia y la vuelve si no ineficiente, si conformista y poco sensible, además de que, en todos los aspectos y conceptos, disminuye sensiblemente toda competitividad, productividad y resultados óptimos, gracias al monopolio del estado en toda actividad. Aún existen estados con esta configuración política y de gobierno, en los que las sociedades generalmente no pueden plantear sus propuestas y necesidades, y tampoco pueden generar la sustentabilidad que les proporcione el logro de sus satisfactores, por lo que menos pueden exigir resultados de desarrollo y productividad a sus gobiernos. La reforma de estado es urgente en estas instancias, para transformarlas en estados balanceados, eficientes y exitosos en sus esquemas, procesos y resultados.

<u>Rectoría del estado eficiente</u>

Contando con los factores y condiciones adecuadas y necesarias propias de un estado justo, funcional, ágil y capacitado, con mejores leyes, infraestructura y recursos, es trascendente y necesaria la rectoría del estado, combinada con conceptos de la libre empresa y la productividad con alto contenido social, con esquemas amplios de democracia, justicia social, productividad, derechos humanos, estado de derecho, garantías y libertad de expresión e ideas. El estado rector es fundamental e insustituible, por lo que para funcionar eficientemente deberá estar siempre dirigido por gobernantes inteligentes, comprometidos, capaces y con visión de estado, y trabajado en su conjunto por funcionarios y personal capacitados. Asimismo, el estado también debe de contar con líderes económicos, sociales, populares y culturales, y con el compromiso de todos, para que el gobierno y la sociedad comulguen con los mismos intereses y expectativas en la búsqueda del desarrollo integral sostenible y la mejora de la calidad de vida. El estado rector que contenga políticas públicas con visión y sensibilidad, indudablemente que impulsará la actividad social y productiva de la sociedad y de sus sectores, así como del mismo gobierno, por lo que será necesario que las leyes y directrices emanen del propio estado y de las necesidades sociales, para fortalecer así a la propia sociedad, al sector privado y a la inversión internacional, además de impulsar el desarrollo integral y fortalecer el propio ejercicio del gobierno.

<u>Estado amplio, exacto y eficiente</u>

Por lo antes expuesto, es necesario mejorar la infraestructura de todo gobierno, eliminar las partes que no funcionan, que siempre son muchas, y crear nuevas infraestructuras que verdaderamente generen productividad y eficiencia, además de generar más y mejores leyes, procesos y esquemas de trabajo, con instrumentos y programas efectivos y de amplio alcance, y con recursos humanos capacitados que tengan visión y vocación, además de luchar siempre por más recursos, para poder implementar estas medidas y para generar las condiciones que propicien e impulsen el desarrollo integral y la mejora de la calidad de vida. Por esto, todo gobierno debe de ser exacto y eficiente en sus instrumentos y sistemas, así como en su administración pública, sin desperdicios ni escasez, sino lo adecuado y necesario, por lo que la visión y capacidad de gobernantes y de funcionarios será fundamental para estos fines.

Razones para la reforma del estado y sus alcances

Por los conceptos anteriormente comentados, siempre será necesaria una reforma de estado en todo orden y ámbito, aún en los estados más avanzados, que de por si manejan conceptos de reingeniería de procesos para la mejora continua, lo que los mantiene a la vanguardia en su desarrollo y en el logro de los satisfactores sociales. Para todos los demás estados, sobre todo los pobres y subdesarrollados, será urgente y necesaria una reforma integral que abarque e implique la mejora de las leyes y del estado de derecho, de infraestructura, instrumentos, programas, sistemas, esquemas y procesos diversos, que les permitan eliminar los esquemas y aspectos que no funcionan, mejorar aquellos que así lo ameriten y diseñar e implementar nuevos esquemas y políticas de eficiencia y de resultados de éxito. El alcance de estos conceptos abarca todo el esquema gubernamental y de la sociedad, especialmente los poderes de gobierno, como el ejecutivo, el legislativo, el judicial y el electoral, además de las leyes, programas y procesos respectivos. Asimismo, se deben de mejorar y hacer eficientes algunos esquemas y representatividades de la sociedad, como lo son los partidos políticos, las organizaciones, los sectores y los sindicatos, entre otros.

También deben de mejorarse y crearse nuevas leyes, tanto constitucionales como fundamentales y secundarias, así como sus reglamentos y normativas, ya que, aunque muchas de ellas están conformadas con una visión humana y sensible de respeto y defensa de los derechos, las libertades y la democracia, otras deben de actualizarse en varios aspectos, ya que no concuerdan con la realidad actual y los avances sustantivos en todos los aspectos de la vida y de la globalización.

<u>Congreso legislativo con comisiones para la reforma de estado</u>

De acuerdo a la profundidad y amplitud de la reforma del estado, esta podrá incluir reformas políticas, gubernamentales, impositivas, sociales, de sectores estratégicos, de leyes, constitucionales, entre otras, por lo que deberá establecerse en todo congreso legislativo federal un esquema especial de comisiones para la reforma del estado. Asimismo, los congresos locales deberán conformar las comisiones respectivas a la reforma de estado no solo en su sentido federal, sino que también local. Indudablemente que al generar una reforma de estado integral se logrará un gran avance para todo país, para sus sociedades y sus gobiernos, por lo que los gobiernos deberán establecer las vías necesarias para generar el esfuerzo, la visión y la capacidad de las instituciones y actores para llegar a este trascendente y fundamental concepto. Para los trabajos legislativos de una reforma de estado será necesario implementar esquemas específicos que generen procesos y resultados de éxito en este sentido, lo que se logrará mediante la captación de propuestas y la conformación de comisiones de trabajo para este fin.

<u>Mesas de propuestas legislativas para la reforma del estado</u>

Es necesario crear mesas de propuestas para una reforma de estado, para que en un tiempo específico se puedan captar y recibir propuestas, ideas y planteamientos de la sociedad y sus sectores, y del propio gobierno, que serán evaluadas, para que, en un consenso entre los actores gubernamentales y los representantes de la sociedad, se establezca el formato, tanto en lo general como en lo particular, del nuevo esquema de reforma del estado. Estas mesas para la reforma integral del estado podrán recabar todas las propuestas e ideas, para evaluarlas y estudiarlas, y así consensuar los puntos a favor y en contra y en determinado tiempo generar las iniciativas que produzcan los cambios y mejoras para el desarrollo del estado y el beneficio de la sociedad.

Planificación de la reforma de estado

Para lograr una reforma integral de estado efectiva, es necesario establecer una planificación adecuada y realista, basada en la visión y en las estrategias políticas que generen desarrollo integral y mejora del sistema de gobierno y de la calidad de vida de la gente. Para estos efectos será prioritario evaluar las políticas, esquemas y leyes de las instituciones del estado, con la finalidad de lograr la reforma que eficiente la actividad gubernamental y genere nuevas y mejores leyes, esquemas, procesos y programas en el funcionamiento del estado.

Muchos países han generado, en determinados tiempos y coyunturas, y sin una planificación real, reformas de todo tipo, que no generan los resultados necesarios para la mejora total del estado y, al contrario, producen una serie de reformas parciales, basadas en parches o modificaciones ligeras, que vuelven más inoperante el ejercicio de gobierno, y en el mejor de los casos, producen ciertas mejoras en algunas áreas y esquemas de gobierno, sin embargo, el impacto de mejora es mínimo y disperso. Por esta razón, y para lograr resultados efectivos, será necesario implementar esquemas de vanguardia que permitan planificar estratégicamente una reforma de estado y una reforma a los sectores productivos y estratégicos. Para estos efectos será necesario que los gobiernos generen un sistema de planificación e implementación de las reformas de estado y estructurales. Este sistema deberá contar con una coordinación general de planificación e implementación de las reformas del estado y estructurales, la cual contará, entre otras, con las subcoordinaciones; de planificación e implementación de las reformas del estado, y de planificación e implementación de las reformas estructurales de los sectores estratégicos.

<u>Sistema de planificación e implementación de las reformas de estado y estructurales</u>

- *Coordinación General del sistema de planificación e implementación de las reformas del estado y estructurales*

- *Subcoordinación de planificación e implementación de las reformas del estado*
- *Subcoordinación de planificación e implementación de las reformas estructurales*

Sistema de planificación e implementación de las reformas del estado y estructurales

El sistema integral de planificación e implementación de las reformas del estado y estructurales tiene por objetivo llevar a cabo los estudios, análisis, evaluación, esquemas, procesos, proyectos, aspectos técnicos, políticos, económicos, presupuestales, sociales, de trabajo general y específico, etc., para lograr las reformas de estado y estructurales de sectores estratégicos que todo país necesita.

En este sentido, deberá establecerse un sistema integral, que contenga esquemas de planificación, de procesos, de presupuestación, de reestructuración, de implementación de políticas y estrategias, de trabajos, de agendas, etc., para construir una verdadera y efectiva reforma de estado. Esto quiere decir que se deberá contar con grupos de trabajo de profesionistas, funcionarios, técnicos y especialistas de cada concepto, que llevarán a cabo las tareas de diseñar, proyectar, presentar en documentos y dictámenes, construir, implementar y aplicar las propuestas, iniciativas y proyectos de esta reforma de estado y de los sectores estructurales estratégicos. Para estos efectos, este sistema contará con una coordinación general, que tendrá el objetivo de hacer funcionar de forma eficiente, capaz y dinámica esta gran red denominada sistema de planificación e implementación de las reformas de estado. Esta coordinación general deberá contar con al menos dos subcoordinaciones, una para la reforma del estado y otra para la reforma estructural de sectores estratégicos.

La naturaleza de las diversas reformas es variable, y aunque todas buscan contener normativas, esquemas y proyectos que se apliquen en la realidad, algunas partes de estas reformas solo serán letra muerta, por diversos motivos, especialmente por la demagogia y la ineficiencia del diseño y fines de estas iniciativas, sin embargo, la mayoría trata de cumplir con el objetivo de mejorar el sistema de gobierno, en base a la modificación y creación de leyes y reglamentos, y de su aplicación e implementación adecuada, así como en base a la generación de propuestas de mejora de políticas, programas e instancias en general, lo que en muchos casos implica reformas constitucionales y modificaciones importantes en aspectos de leyes del estado y en conceptos políticos, sociales y electorales, que por consiguiente modifican tiempos, órdenes de gobierno, elecciones y procesos.

Asimismo, las reformas estructurales también pueden necesitar la creación de estructuras físicas y de esquemas estratégicos, como pueden ser los aspectos comerciales, productivos, de exploración, de inversión, de industria, de empresa, de servicios y de estudios, por lo que será necesaria la generación de proyectos técnicos y especializados para estos fines.

La reforma integral del estado y las demás reformas de los diversos conceptos tienen una gran trascendencia e importancia para el desarrollo de todo país y sus entidades, sin embargo, la reforma del estado siempre tendrá un mayor alcance y prioridad, ya que rige la vida de las instituciones y gobiernos, debido a que las reformas estructurales de los sectores estratégicos emanadas de esta reforma integral quedan adscritas e integradas, por su naturaleza, a las políticas públicas gubernamentales y al ejercicio del poder público desde todas sus áreas y ámbitos.

Sin embargo, también las reformas estructurales a los sectores estratégicos son fundamentales para el desarrollo integral sostenible, para la generación de mayor productividad, riqueza, empleo y beneficio para las sociedades, por lo que también su creación, implementación y aplicación son básicas para estos fines. La coordinación y las subcoordinaciones para la reforma del estado, por tanto, deberán estar conformadas por funcionarios gubernamentales y por especialistas y analistas técnicos y políticos capacitados, para llevar a cabo la creación y la proyección de las propuestas e iniciativas respectivas a esta reforma integral.

<u>Coordinación General del sistema de planificación e implementación de las reformas de estado y estructurales</u>

La coordinación general llevará a cabo el trabajo gubernamental, político, estratégico y técnico de las diversas reformas estructurales y del estado, sin embargo, el trabajo de creación y diseño, de proyectos y estudios, de detalles técnicos y especializados, de análisis y evaluación, y de proyecciones y estrategias, corresponderá a cada una de las subcoordinaciones, una para la reforma del estado y otra para las reformas estructurales de sectores estratégicos.

Cada una de estas subcoordinaciones, a su vez, se subdividirá en comisiones de trabajo, por reforma específica y particular, por lo que se tendrá una comisión por proyecto específico, que a su vez estará conformada por funcionarios de gobierno y por especialistas y técnicos de las instituciones y de los conceptos de la reforma, con sede en la institución a la que se encuentran adscritas e integradas las instancias de estas reformas estratégicas. Esto quiere decir que habrá tantas comisiones por reformas específicas y particulares que se generen.

<u>Subcoordinación de planificación e implementación de las reformas del estado</u>

- *Comisión para la reforma integral al sistema gubernamental*
- *Comisión para la reforma integral al sistema político y electoral*
- *Comisión para la reforma al gobierno federal y a la administración pública federal*
- *Comisión para la reforma a los gobiernos y a las administraciones públicas estatales*
- *Comisión para la reforma integral municipal y local*

- *Comisión para la reforma integral a las leyes e instituciones electorales, a los procesos electorales y políticos, entre ellas, reformas a escenarios políticos y electorales antes, en medio y después de los procesos electorales; reforma a la unificación de procesos electorales, al recorte al mínimo de campañas en tiempos, recursos y propagandas; etc.*

- *Comisión para la reforma integral a partidos políticos, entre ellas a la selección de candidatos, a la propuesta de candidatos a cargos de elección popular, a auditorías de los recursos que se les otorgan por ley, a mayor democracia y participación interna*

- *Comisión para la reforma al sector de la seguridad pública*
- *Comisión para la reforma al sector de la procuración de justicia*
- *Comisión para la reforma al sector de derechos humanos y libertades*
- *Comisión para la reforma al sector educativo*
- *Comisión para la reforma al sector salud*
- *Comisión para la reforma al sector de desarrollo social*
- *Comisión para las reformas sindicales y gremiales*
- *Comisión para la reforma de las leyes de la población indígena y nativa*
- *Comisión para la reforma al sector turístico*
- *Comisión para la reforma de los esquemas bancarios, de finanzas y valores*

Como se observa, existen infinidad de conceptos, que pueden ser más o menos, según el país y la entidad, así como una gran cantidad de aspectos que deben reformarse y mejorarse, sin embargo, los gobiernos escogerán que reformas serán estratégicas, de acuerdo a la importancia de sus contextos, y a los tiempos y a las coyunturas políticas y de gobierno. Respecto a lo anterior, desde el inicio deberán de establecerse varias reformas fundamentales de estado, que deben de implementarse de forma prioritaria, tal como la reforma integral a los sistemas políticos y electorales, al sistema educativo, a los gobiernos de entidades, municipios y localidades, permitiendo auditorías y esquemas de plebiscitos, y otras reformas importantes como la del sector salud, de la alimentación, del empleo y la vivienda, entre otras, por lo que estas podrían ser en algunos contextos las reformas que deberían comenzar a proyectarse para generar los estudios, programas y esquemas correspondientes.

<u>Subcoordinación de planificación e implementación de las reformas estructurales</u>

- *Comisión para la reforma al sector de la seguridad pública y del exterior*
- *Comisión para la reforma a sectores de seguridad nacional*
- *Comisión para la reforma al sector estratégico militar*
- *Comisión para la reforma al sector tecnológico*
- *Comisión para la reforma al sector de las comunicaciones*
- *Comisión para la reforma al sector estratégico electrónico*
- *Comisión para la reforma al sector computacional y del software*
- *Comisión para la reforma al sector de la investigación y desarrollo*
- *Comisión para la reforma a sectores de política interior*
- *Comisión para la reforma a sectores de medios de comunicación*
- *Comisión para la reforma a sectores sindicales*
- *Comisión para la reforma a sectores religiosos*
- *Comisión para la reforma al sector industrial y empresarial*
- *Comisión para la reforma de esquemas comerciales, franquicias y monopolios*
- *Comisión para la reforma de la inversión pública y privada nacional e internacional*
- *Comisión para la reforma del sector de exportación y de mercados*
- *Comisión para la reforma a sectores energéticos*
- *Comisión para la reforma al sector de la energía eléctrica*
- *Comisión para la reforma al sector de telecomunicaciones*
- *Comisión para la reforma al sector carretero*
- *Comisión para la reforma al sector minero y metalúrgico*
- *Comisión para la reforma al sector del campo y la agroindustria*
- *Comisión para la reforma al sector de comunicaciones y transportes*
- *Comisión para la reforma al sector de ciencia y tecnología*
- *Comisión para la reforma al sector de ecología y medio ambiente*
- *Comisión para la reforma de financiamiento a sectores productivos y de la construcción*

En este caso, también existen muchas reformas que pueden proponerse, sin embargo, las descritas podrán implementarse por su carácter y trascendencia para el desarrollo de todo país. Los proyectos, trabajos, esquemas y procesos de cada reforma estructural se generarán en sus comisiones y subcoordinaciones respectivas, para que a su vez la coordinación general realice la planeación, el control y los aspectos de cada una de las reformas que generen los gobiernos. Veamos ahora un breve esquema de planeación y de conformación de las reformas que deben de implementarse, y el tiempo en que deben de producirse. Estos tiempos tienen que ver con estrategias políticas y de gobierno, ya que es importante generar primero las reformas que tengan mayor viabilidad de lograrse, para que generen un alto impacto de aprobación de sectores y sociedad, lo que facilitará de algún modo el inicio de las reformas más difíciles de lograr.

<u>Reformas iniciales, intermedias y finales</u>

A continuación, veremos de forma sintetizada algunos ejemplos de conceptos y especificaciones de estas reformas por sectores, rubros y conceptos que, sin embargo, los analistas y estrategas gubernamentales, y las consultorías especializadas contratadas para estos fines, deberán de diseñar y generar en los proyectos respectivos.

Estos conceptos variarán de acuerdo al contexto de cada país, a sus estrategias gubernamentales, políticas, económicas y sociales, así como a sus recursos, necesidades y urgencias, entre otros múltiples factores. Veamos un ejemplo de un país, que en este caso se encuentre ubicado en un contexto entre subdesarrollo y emergente, en sus diferentes ámbitos y órdenes de gobierno.

Reformas iniciales

Reforma a un gobierno nacional o federal

- *Creación de nuevas secretarías de estado e instituciones gubernamentales*
- *Mejora y adecuación de diversas secretarías de estado e instituciones gubernamentales*

Reforma a la administración pública

- *Esquemas nuevos y con mayores alcances de las instituciones*
- *Esquemas de innovación y mejora continua*

Reforma a instituciones y leyes electorales

- *Unificación de procesos electorales federales, estatales, municipales y locales, para la estabilidad, gobernabilidad y representatividad de un país*

- *Disminución drástica de tiempos de campañas electorales federales, estatales y municipales, de todos los cargos a elección, incluso la presidencial*

- *Disminución de promoción y difusión de campañas electorales*

- *Disminución drástica de presupuesto a partidos políticos para campañas electorales*

Reforma al sistema político

- *Implementación de estrategias políticas y electorales, como por ejemplo una segunda vuelta electoral, en base a no alcanzar una diferencia del 10% de la votación entre el primero y segundo lugar*

- *Reforma a partidos políticos, con auditorias del gasto presupuestal; implementación de sistemas de elección de candidatos por medio de procesos de selección en base a capacidad, psicometría, examen antidrogas, antecedentes, perfil psicométrico, etc.; obligación de integrar mínimo un 35% de candidatos ciudadanos en su plataforma; apertura democrática reglamentaria en procesos internos de selección de dirigentes, de candidatos, etc., y muchas más*

- *Reforma para disminuir el número de legisladores*

- *Reforma para que los legisladores sean verdaderamente representativos del pueblo*

- *Reforma para permitir iniciativas de ley ciudadanas*

Reformas a sistemas educativos, sociales, etc.

- *Nuevas materias en sustitución de otras anacrónicas; implementar materias para la actividad de negocios y productividad, desde la educación inicial y básica*

- *Obligatoriedad de estudios hasta semiprofesionales y profesionales en algunos rubros*

- *Materias obligatorias en civilidad y orden; materias obligatorias de actividades artísticas, deportivas y culturales*

- *Implementación de esquemas de desarrollo integral, hasta volverlos profesionales, de las aptitudes de los estudiantes, desde la educación inicial y básica*

- *Inscripción de niños a primer año de educación inicial o primaria mínimo a los tres años y a más tardar a los cuatro años, para aprovechar el potencial de absorción de las enseñanzas, al revés de cómo se hace ahora en la mayoría de países, que se les obliga a entrar a primaria en edades tardías en que ya no se puede aprovechar en mucho la absorción natural del cerebro humano infantil*

- *Obligatoriedad de instalación de guarderías y desayunos escolares, etc.*

- *Reformas al sector salud, de vivienda, de implementación de factores básicos sociales y servicios básicos integrales, etc.*

Reformas intermedias

Reformas a sectores estratégicos

- *Reforma al sector carretero*
- *Reforma a sectores del petróleo y de fuentes energéticas*
- *Reforma al sector eléctrico*
- *Reforma al sector telecomunicaciones*
- *Reformas a partidos políticos*
- *Reformas al sistema político*
- *Reformas al desarrollo científico y tecnológico, de investigación y desarrollo*
- *Reformas al sistema gubernamental y social de ecología y medio ambiente*
- *Reforma al sector del campo y la agroindustria*

Reformas de estado

- *Reforma a gobiernos y administraciones públicas estatales y de entidades*
- *Reforma integral municipal y local*
- *Reforma a la ley indígena y nativa*
- *Reforma de los derechos humanos*
- *Reforma de los esquemas bancarios, de finanzas y valores*

Reformas finales

Reformas sindicales y gremiales

- *Reformas a sindicatos para insertar auditorías, democracia interna, rendición de cuentas, transparencia en el uso de recursos, evaluación de cuotas y destino de las mismas, etc.*

- *Democracias y auditorías en sectores y organizaciones gremiales*

Reformas a sectores estratégicos

- *Reforma al sector industrial*
- *Reforma de esquemas comerciales, franquicias y monopolios*
- *Reforma de la inversión pública y privada nacional e internacional*
- *Reforma de financiamiento a sectores productivos y de la construcción*

Como se observa, se tienen algunas de las reformas más representativas, que variarán según el país y el contexto, y que deberán de llevarse cabo al inicio, en medio y al final de todo tiempo de gobierno, de acuerdo a las estrategias para lograr estas reformas, ya que mientras algunas serán aprobadas por mayoría, otras tendrán diferencias en los enfoques y en las posturas políticas y de los sectores, por lo que siempre se buscará que se logren por consenso y de acuerdo a las condiciones de cada país. Sin embargo, está planificación está diseñada para implementar, de inicio, algunas reformas más fáciles de lograr, pero que tengan gran impacto de aprobación entre los sectores, además de sembrar algunas reformas de gran alcance y trascendencia, con alto grado de dificultad, que produzcan un mayor impacto para el desarrollo económico y la generación de contextos de estabilidad, y también para la aprobación general de la sociedad y los sectores nacionales e internacionales. En fin, existirán tantas reformas como se quiera y se necesite, sin embargo, las prioritarias para el avance democrático, productivo, político, gubernamental y social podrán plantearse según las necesidades, condiciones y expectativas de cada país y entidad.

Esquema de conceptos de la reforma del estado

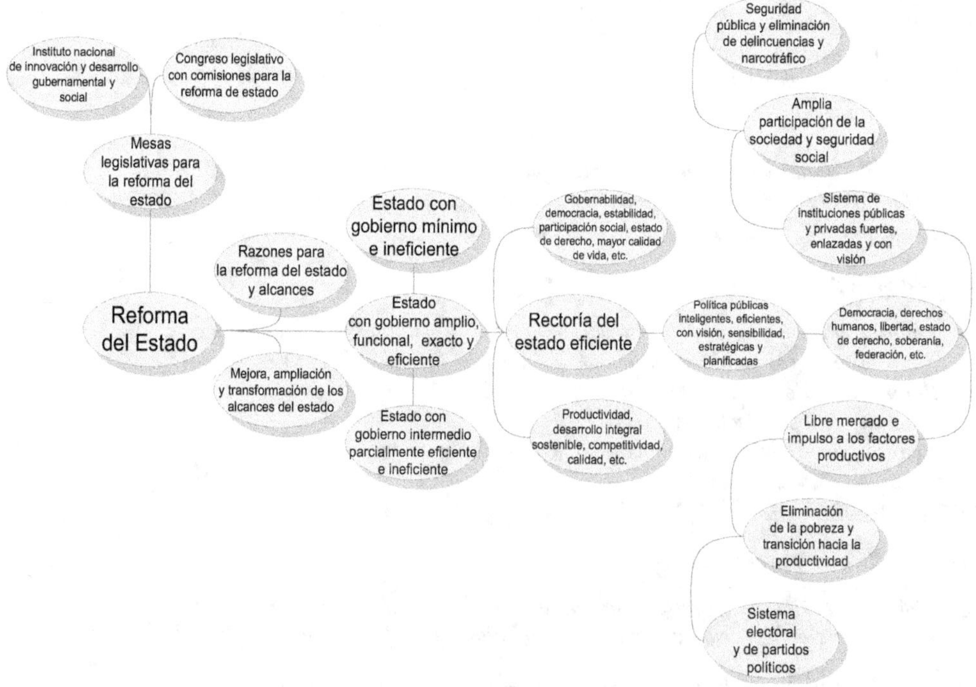

Organigrama para la reforma del estado

Como ya se analizó la planificación para la reforma del estado, a continuación, se analizará la infraestructura gubernamental para trabajar la reforma de estado.

Coordinación general de la reforma de estado

Reforma de estado integral

Reforma política
Reforma electoral
Reforma gubernamental
Reforma al estado de derecho
Reforma a la administración pública

Reformas laborales y sociales en beneficio de los trabajadores y empleados

Reforma migratoria integral
Reforma a la ley indígena y nativa
Reforma al sector productivo
Reforma a la educación
Reforma al campo y la agroindustria
Reforma al desarrollo científico y tecnológico

Reforma al sistema de salud
Reforma al sistema alimentario
Reforma cultural
Reforma a sectores estratégicos
Reforma a los esquemas productivos
Reforma integral al campo y la agroindustria

Reforma a los esquemas e infraestructura de satisfactores básicos sociales

Reforma legislativa
Reforma al sistema de seguridad pública
Reforma a la procuración de justicia
Reforma a la ecología y medio ambiente
Reformas diversas propuestas

La coordinación de la reforma integral del estado será presidida por gobernantes de países y entidades, y tendrá un coordinador general, que dirigirá los trabajos y enlaces con los subcoordinadores de las diferentes áreas a reformarse.

Coordinador general para la reforma integral de gobierno

Subcoordinadores para las siguientes reformas:

Integral de estado	*Al sector productivo*
Política	*A la educación*
Electoral	*Cultural*
A la administración pública	*A los esquemas productivos*
Al estado de derecho	*Integral del campo y la agroindustria*
Migratoria integral	*A la salud, alimentación y satisfactores sociales*
A la ley indígena y nativa	*Legislativa*
a sectores estratégicos	*Al sistema de seguridad pública*
A los sectores de seguridad nacional	*A la procuración de justicia*
A los sectores industriales y empresariales	*De sectores laborales y sociales*
A los sectores científicos y tecnológicos	*A esquemas de satisfactores básicos*
A los sectores de grupos de poder	*De conceptos y rubros necesarios, según los*
Gubernamental	*contextos y países*

- *Consejo consultivo ciudadano para la reforma del estado*
- *Consejo de especialistas para la reforma del estado*

- *Infraestructura de la reforma del estado en áreas integradas a las instituciones gubernamentales*

Como se observa, también se contará con un consejo consultivo ciudadano, para que la sociedad y los sectores propongan de forma real sus propuestas para la reforma del estado y busquen mejorar y balancear las propuestas de los especialistas y de las instituciones y organizaciones. Se tendrá, asimismo, un consejo consultivo de especialistas, que tendrán la facultad de presentar propuestas y de trabajar y mejorar las demás propuestas de las diversas áreas, a fin de presentar las iniciativas finales mejoradas para integrarlas a la reforma del estado. Toda reforma de estado tendrá que ser aprobada por el congreso legislativo del país y entidad respectiva. Otro instrumento para establecer las condiciones de mejora de la administración pública y de la infraestructura gubernamental será el sistema de control y mejora de políticas públicas, esquemas, programas y acciones de todo gobierno. La implementación de un sistema de control y mejora integral de políticas públicas, programas, esquemas y acciones generará una transformación de la estructura gubernamental, la que será más eficiente y productiva. Este impacto de mejora abarcará también a los funcionarios y empleados gubernamentales, lo que permitirá generar políticas públicas y planes de desarrollo con mayor alcance y efectividad, tomando en cuenta, de forma sustantiva, los proyectos y programas de estado y las propuestas ciudadanas para el logro de estos objetivos de eficiencia de gobierno y de los sectores, lo que sin duda establecerá una productividad integral que desarrolle al estado y a la sociedad.

<u>Generación de políticas gubernamentales consensuadas y aprobadas para implementar las reformas estructurales fundamentales y de los sectores estratégicos</u>

Todo país necesita, algunos en mayor o menor grado, no solo una mejora sustantiva en sus esquemas del ejercicio de gobierno y en sus políticas públicas y programas, sino que también necesita reformas estructurales que permitan mayor apertura a la inversión, nacional y extranjera, para lograr que diversos sectores estratégicos generen mayor productividad, empleo y desarrollo.

Las reformas estructurales deben lograr que la infraestructura de la productividad y de los sectores estratégicos sea altamente eficiente y exitosa, pero además deben de aumentar la soberanía de todo estado sobre estos sectores, por lo que será necesario diseñar esquemas de políticas públicas y de trabajo gubernamental con ese objetivo, ya que los sectores más radicales en contra de las reformas a sectores estratégicos, sobre todo los energéticos, en muchos países, son los que defienden los intereses de los opositores a los gobiernos establecidos, que además, a través de los medios de comunicación, atraen la solidaridad de determinados sectores poblacionales, que sin embargo, en su generalidad no saben ni tienen idea de las particularidades y especificaciones de los proyectos de estas reformas, simplemente simpatizan con los movimientos que creen que son populares, pero que en realidad son movimientos que defienden los intereses de grupos y personas, y no los del estado y de la sociedad.

Habrá entonces que generar estrategias diversas para lograr los consensos mayoritarios de aprobación en el tema de las reformas estructurales, sobre todo en los sectores estratégicos y prioritarios, además de las reformas políticas, electorales y del estado.

Para estos efectos deben implementarse diversos esquemas y estrategias de alianzas y de interrelación de trabajo gubernamental, político y social, así como de generación de redes y sistemas de organización para el trabajo y la funcionalidad del sistema, con esquemas y procesos de coordinación, enlace y representación, para que todos coadyuven en la inercia de las reformas hacia el desarrollo integral y la aprobación del ejercicio gubernamental.

Por lo anterior, en este apartado, se contemplarán algunas estrategias particulares para lograr las reformas estructurales para estos fines, además de todas las que propongan los sectores y el gobierno, por medio de los gobernantes, políticos, funcionarios, analistas y especialistas.

Los objetivos fundamentales y las estrategias a seguir para lograr las reformas estructurales de forma consensuada serán, entre otros, los siguientes.

- *Lograr que las reformas estructurales mantengan la soberanía del sector y la rectoría del estado*

- *Implementar esquemas de inversión popular globalizada hacia los sectores estratégicos para lograr consensos sociales a favor de las reformas estructurales*

- *Establecer una plataforma previa de reformas estructurales en fases iniciales e intermedias, de mejora y creación de leyes y de políticas públicas y programas secundarios que conformen la base de las reformas estructurales, que a su vez mejoren la eficiencia de los sectores estratégicos y que generen consensos mayoritarios de aprobación de la sociedad y de todos los sectores, y con esto, que se preparen y produzcan, como siguiente y estratégico paso, las reformas estructurales a fondo*

- *Establecer un esquema de cabildeo amplio con gran sensibilidad y visión de estado, basado en los resultados de éxito de una plataforma previa, para introducir la plataforma de la reforma estructural en los diferentes sectores energéticos*

- *Establecer esquemas de redes que impliquen la participación y aprobación de la mayoría de los gobiernos, sectores, partidos, organizaciones y sociedades en las reformas estructurales*

- *Establecer esquemas de trabajo institucional, creando un sistema de evaluación para las reformas estructurales y de comisiones gubernamentales especiales por sector estratégico para llevar a cabo las reformas estructurales*

- *Desarrollar y aplicar un sistema integral de evaluación para las reformas estructurales*

- *Establecer, por medio de cada una de las diversas comisiones para la reforma integral, las agendas con las reuniones y temas a seguir para cada reforma estructural, en base a la aprobación prioritaria del cabildeo nacional*

- *Establecer esquemas de difusión en los medios de comunicación de los trabajos y esfuerzos gubernamentales por lograr las reformas estructurales, y al conseguirse cada una de estas reformas, difundir del éxito de esta misión por parte del gobierno y de los actores e instituciones involucradas*

- *Establecer esquemas de presentación en todas las áreas gubernamentales y públicas, por medio de eventos y foros, de los objetivos y proyecciones de las nuevas reformas estructurales aprobadas*

En este apartado se analiza, por tanto, la implementación de estrategias y esquemas que permitan generar consensos y avances en el desarrollo de la infraestructura productiva estratégica para el convencimiento de los sectores y gobiernos, con el fin de implementar y conseguir las reformas estructurales necesarias para el desarrollo integral sostenible, el empleo y la mejora de la calidad de vida.

<u>Esquema gráfico de generación de políticas de gobierno para implementar las reformas estructurales fundamentales y de los sectores estratégicos</u>

2. Esquema de conceptos y políticas de gobiernos eficientes

El esquema de conceptos y políticas de gobiernos eficientes establece una serie de aspectos y objetivos prioritarios para producir desarrollo integral sostenible y generar contextos de seguridad, estabilidad y paz social, lo que permitirá avances sustantivos en todos los rubros del desarrollo, entre otros, en educación, vivienda y salud, en transporte, turismo, tecnología y software, en infraestructura urbana y construcción en general, en comercio, industria, empresa y agroindustria, en trabajo, empleo y logro de los satisfactores sociales, y en una serie de rubros, que al ser eficientes en sus procesos y resultados se conviertan en factores importantes para el desarrollo. Un proyecto de gobierno eficiente debe establecer diversos conceptos para lograr estos fines. Estos conceptos serán, entre otros, productividad, seguridad y estabilidad política y social, sistemas avanzados de leyes y programas, políticas públicas con visión para el desarrollo integral e infraestructura gubernamental que funcione integral y eficientemente.

También se tendrán, para estos objetivos, esquemas de operatividad del trabajo político y de gobierno, con amplia difusión en medios de comunicación de los avances y mejoras del sistema, así como esquemas de alianzas estratégicas integrales, esquemas de mejora al sistema político, a los partidos políticos y a los procesos electorales, esquemas de atención a las problemáticas y necesidades de la población, esquemas para generar sociedades de vanguardia y de mejor calidad de vida, esquemas para mejorar la democracia, la seguridad pública, los derechos humanos, el estado de derecho y la justicia, y estrategias que logren un posicionamiento gubernamental real y representativo favorable en el contexto local, nacional e internacional. Para estos fines será necesario implementar estos conceptos, y los que se consideren, por medio del trabajo conjunto de gobierno, sectores, sociedad y partidos, con capacidad, visión y compromiso para construir contextos de desarrollo, por lo que se deberá establecer una coordinación de trabajo para estos efectos, la cual se podrá implementar como un sistema integral de trabajo gubernamental, que englobe todo aspecto y concepto, y que trabajará con las instituciones gubernamentales, con los sectores y con la sociedad.

Este sistema, con su coordinación de trabajo gubernamental, deberá implementar y aplicar los aspectos y conceptos básicos y de vanguardia para el desarrollo integral, los cuales conforman, de forma global y específica, las consideraciones de mayor relevancia que deben de aplicarse para un ejercicio gubernamental de éxito y para el reconocimiento popular y sectorial, nacional e internacional. La importancia de este esquema es que engloba todos los sistemas que permiten a un país y sus entidades tener las condiciones para generar contextos de desarrollo integral sostenible y estabilidad política y paz social, por lo tanto, es prioritario utilizarlo e implementarlo, y contar con sus instrumentos y políticas públicas para el mejor ejercicio gubernamental y la mejora de la productividad en general.

Las consideraciones estratégicas y conceptos de estado y gobierno de mayor importancia para este objetivo serán los siguientes:

1. *Sistema integral para la estabilidad política y social*
2. *Sistema de leyes y programas para el desarrollo y la estabilidad*
3. *Infraestructura gubernamental funcional y de alcance*
4. *Sistema para la operatividad y el trabajo político y gubernamental*
5. *Esquema de resultados de impactos favorables del ejercicio gubernamental*
6. *Esquema de reconocimiento sectorial y popular, y de posicionamiento gubernamental en un contexto nacional y local*
7. *Sistema de difusión y promoción del trabajo gubernamental*
8. *Sistema de alianzas estratégicas integrales*
9. *Mejora de sistemas y esquemas políticos electorales y partidistas*
10. *Esquema de atención de problemáticas políticas y sociales*
11. *Esquema para generar sociedades de vanguardia*
12. *Esquema de amplia democracia, seguridad pública, derechos humanos, estado de derecho y justicia para todos*
13. *Esquema de posicionamiento gubernamental en el contexto regional e internacional*

Como se observa, los conceptos son globales y generales, e incluyen una serie de esquemas y aspectos específicos para su tratamiento y desarrollo, lo que deberá proporcionar un universo integral de políticas y acciones gubernamentales para obtener éxito en la generación de un gobierno eficiente y del desarrollo integral, además de obtener con esto el reconocimiento general. Estos conceptos pueden aumentar o disminuir, de acuerdo al país y sus entidades, y al contexto y sus escenarios, o a su aplicación de acuerdo a las condiciones, tiempo y ámbito, sin embargo, de forma general, son algunos de los más importantes conceptos y aspectos que se consideran necesarios y efectivos para un proyecto de gobierno eficiente y para generar desarrollo integral sostenible y mejora de la calidad de vida de la gente. Estos conceptos conforman, por tanto, la construcción de los esquemas del proyecto de gobierno, por lo que cuando se presente la plataforma de este proyecto, estos conceptos deberán de manejarse como los aspectos fundamentales de trabajo para la transformación y el desarrollo integral sostenible. Veamos de forma sintetizada estos conceptos con sus aspectos específicos prioritarios de atención y acción gubernamental.

---

1. Sistema integral para la estabilidad política y social

Este sistema integral tiene por objetivo lograr la estabilidad política y social del estado, por medio de estrategias, esquemas y políticas públicas que generen la interrelación, el trabajo y la coordinación del gobierno con los sectores, partidos, organizaciones y sociedad. Como se sabe, la estabilidad política y social permite generar mayor productividad, inversión y desarrollo y, por tanto, beneficio para la sociedad. Este esfuerzo y estrategia de gobierno deben establecerse mediante acuerdos de trabajo en unidad y compromiso, no solo para generar planteamientos, propuestas y estrategias consensuadas, sino que también para desactivar a grupos opositores a todo gobierno, mediante un ejercicio gubernamental en concordancia con las necesidades sociales que genere desarrollo integral sostenible, que mejore la calidad de vida y que produzca la seguridad pública, la estabilidad económica, el empleo y la paz social. Con estos conceptos habrá unidad y acuerdos consensuados que lograrán que los grupos adversarios y opositores de todo orden y ámbito disminuyan de forma drástica, por lo que la aplicación de esta estrategia es fundamental para el fortalecimiento del gobierno y para la aprobación y reconocimiento de la sociedad y sus sectores.

Este sistema integral es un concepto que integra el universo de las estrategias y trabajos de un gobierno eficiente para generar un ejercicio gubernamental de visión y sensibilidad ante el estado y la sociedad. Los conceptos más importantes que contiene este sistema tienen el objetivo de generar la estabilidad y paz social, por lo que contendrá, entre otros, algunos esquemas específicos para estos fines. Veamos algunos de estos conceptos.

- *Nulificar y disminuir drásticamente las tensiones de grupos políticos y poblacionales en el contexto de un gobierno, y también ante otras fuerzas políticas nacionales y locales, y generar escenarios de estabilidad política y social para el ejercicio gubernamental*

- *Establecer alianzas estratégicas gubernamentales con partidos políticos, con gobiernos y sectores poblacionales para construir escenarios de desarrollo constante, estabilidad económica, seguridad pública y paz social*

- *Establecer esquemas gubernamentales de coordinación y trabajo para generar las políticas públicas para el desarrollo integral, la estabilidad económica, la seguridad pública y la paz social*

- *Establecer esquemas de interrelación, enlace y trabajo entre los poderes del gobierno nacional o federal con las entidades y entre estos poderes con los sectores poblacionales, partidistas y organizacionales*

- *Generar esquemas organizacionales para la integración de la sociedad, que permitan una interrelación de avance, respeto y trabajo entre gobierno y sociedad*

- *Establecer esquemas de desarrollo partidista, para un mayor alcance y participación de estos en beneficio de la sociedad y de las relaciones y enlaces con los poderes del gobierno*

- *Establecer esquemas de difusión, promoción y amplia penetración en la población, sectores, organizaciones y gobiernos de todo orden y ámbito, e incluso en el contexto internacional*

La estabilidad y la unidad de un país se generarán en base al logro de la productividad, el empleo y la consecución de los satisfactores sociales, además de aplicar los planteamientos y las políticas adecuadas a la estrategia de la acción política, de los acuerdos y de las negociaciones efectivas y respetuosas de gobernantes con los sectores, organizaciones, agrupaciones y representaciones populares, de grupos de poder y ciudadanas. Una amplia mayoría de las organizaciones y sectores de un país y de sus entidades están a favor de impulsar proyectos de gobiernos eficientes para el desarrollo, la estabilidad y la justicia social, sobre todo con gobernantes con visión y capacidad, por lo que el acercamiento entre estas instancias, gobiernos y sociedades, permitirá construir las redes de alianzas, de trabajo y compromiso para desarrollar y beneficiar a los sectores y para impulsar proyectos de gobierno eficientes.

El establecimiento de diversos esquemas de reuniones estratégicas entre los grupos sectoriales, gubernamentales y de poder es fundamental para lograr la unidad, el consenso y el trabajo conjunto para generar contextos de estabilidad y paz social. Lo anterior permitirá que el gobierno pueda implementar las políticas públicas y programas necesarios que impulsen el desarrollo integral y generen empleo y beneficios para todos. El trabajo político es amplio y constante en todos los sentidos, así como también en cuanto al acercamiento y el trato respetuoso y sensible con las instancias populares y ciudadanas, por lo que los gobernantes deben realizarlo de forma inteligente y sensible para lograr los acuerdos, convenios y compromisos de trabajo conjunto que permitan fortalecer la productividad, la seguridad, la estabilidad y la tranquilidad y paz social.

A continuación, veremos el universo del sistema integral y de la estrategia general de trabajo, con respecto a las leyes, políticas y programas para el desarrollo y la estabilidad.

2. Sistema de leyes y programas para el desarrollo y la estabilidad

Los nuevos proyectos de gobierno para el desarrollo de los estados implican un estado de derecho vanguardista y eficiente, con un esquema de mejora permanente y de propuesta de leyes y programas e instrumentos eficientes para el desarrollo, así como la implementación de gobiernos con visión, políticas y compromiso para generar desarrollo integral y estabilidad económica, política y social, lo que sin duda alguna se podrá lograr mediante una serie de sistemas y esquemas de trabajo y acuerdos, tanto de los gobiernos y sus poderes, como de los sectores, organizaciones y sociedad en general. Para esto deberá establecerse un esquema de dos vías fundamentales, una que proviene de una reforma del estado y otra que proviene de un esquema de planificación que contenga la mejora de los instrumentos gubernamentales y la captación de propuestas del gobierno y la sociedad. Ambas vías implicarán el diseño de mejores leyes y programas, con más alcance y eficiencia, así como también el mejoramiento de las leyes y programas existentes que han mostrado servir al desarrollo y a la sociedad en sus contextos respectivos.

Mejores y nuevas leyes en aspectos y procesos políticos, electorales, gubernamentales, sociales, comerciales y administrativos, así como del sistema político, del estado de derecho, del sistema judicial, de la procuración de justicia, de los derechos humanos y de los migrantes, además de mejores instrumentos y programas gubernamentales para el desarrollo integral, para la productividad y competitividad, para el empleo y la especialización, para la calidad productiva, los mercados y la exportación, para la aplicación de los sistemas de calidad y de responsabilidad social, y para el desarrollo tecnológico y el desarrollo industrial, entre otros conceptos, son el objetivo prioritario para la implementación de este sistema de leyes y programas para el desarrollo y la estabilidad.

El trabajo de este sistema se llevará a cabo por medio de una coordinación gubernamental y ciudadana de leyes y programas para el desarrollo y la estabilidad, que contendrá, asimismo, la integración de diversas estructuras, como la coordinación de la reforma del estado y la coordinación para la creación y mejora del estado de derecho e instrumentos para el desarrollo y la estabilidad, y también con un instituto nacional de innovación y desarrollo gubernamental y social (INESINDES), que serán las vías y estructuras fundamentales para generar los trabajos, las propuestas, los procesos y los resultados para estos fines. Veamos esta coordinación y sus componentes.

Coordinación gubernamental y ciudadana del sistema de leyes y programas para el desarrollo y estabilidad

- *Coordinación de la reforma de estado*

- *Coordinación para la creación y mejora del estado de derecho e instrumentos para el desarrollo y la estabilidad*

- *Instituto nacional de innovación y desarrollo gubernamental y social (INAINDES)*

Coordinación de la reforma de estado

La coordinación de la reforma de estado incluye los conceptos de reforma política, gubernamental, electoral y administrativa, al igual que reformas a diversos sectores productivos, económicos y sociales, independientemente del establecimiento de un sistema integral de trabajo gubernamental que permita mantener y generar diversos esquemas de estrategias y proyecciones, de planificación, control, aplicación y seguimiento del ejercicio gubernamental, de obtención de resultados, de aprobación sectorial y social, y de mejora de la calidad de vida poblacional. Las propias reformas, como la integral del estado, la política, la electoral, la administrativa y la del estado de derecho, entre otras, conjuntamente con los sistemas gubernamentales de evaluación, de estrategias, de mejora de la infraestructura y de las políticas públicas, conformarán el sistema y los esquemas de gobierno para la mejora de la estructura gubernamental. Aunque ya se analizaron en su respectivo apartado los aspectos que conforman las propuestas de mejora del estado, es importante especificarlos nuevamente para su comprensión y utilización.

Coordinación general de la reforma de estado

Reforma política	*Reforma legislativa*
Reforma electoral	*Reforma al sistema de seguridad pública*
Reforma gubernamental	*Reforma a la procuración de justicia*
Reforma al estado de derecho	*Reforma para el medio ambiente y la ecología*
Reforma a la administración pública	
Reforma de migración integral	*Reforma para el desarrollo de la investigación científica y tecnológica*
Reforma a la ley indígena y nativa	
Reforma al sector productivo	*Reformas laborales y sociales en beneficio de los trabajadores y empleados*
Reforma a la educación	
Reforma cultural	
Reforma a sectores estratégicos	*Reforma a los esquemas e infraestructura de satisfactores básicos*
Reforma a los esquemas productivos	
Reforma integral al campo y la agroindustria	*Reformas que se consideren necesarias según países y entidades*
Reforma educativa	

Obviamos la descripción de las coordinaciones y subcoordinaciones de trabajo para la reforma del estado, en virtud de ya haberlas presentado en su apartado correspondiente, en la página 50 de este libro, y pasemos ahora al siguiente concepto, que es la descripción de una coordinación para la creación y mejora del estado de derecho e instrumentos para el desarrollo y la estabilidad de un estado.

<u>Coordinación para la creación y mejora del estado de derecho e instrumentos para el desarrollo y la estabilidad</u>

Esta coordinación será una institución gubernamental y ciudadana que contendrá una coordinación general y un consejo consultivo gubernamental, sectorial y ciudadano, con áreas integradas en todas las instituciones de gobierno e instituciones y organizaciones de los sectores representativos de la sociedad, para que desde estas instancias se generen las propuestas y los planteamientos para la mejora de leyes y programas para el desarrollo de los países y sus regiones. A diferencia de la reforma del estado, la cual tendrá una temporalidad específica, de acuerdo al país y entidad, la coordinación gubernamental y ciudadana funcionará de forma permanente en las administraciones gubernamentales, actuales y subsecuentes, porque la visión de estado implica el análisis del contexto de forma permanente en todas las áreas de las instituciones públicas y privadas, para poder generar las propuestas que permitan establecer de forma planificada y eficiente, los esquemas de leyes y programas para el desarrollo del estado y la sociedad.

Coordinación gubernamental y ciudadana para la creación y mejora del estado de derecho e instrumentos para el desarrollo y la estabilidad

- *Consejo consultivo gubernamental, sectorial y ciudadano para la creación y mejora del estado de derecho e instrumentos para el desarrollo y la estabilidad*

- *Unidades de análisis y propuestas de instituciones públicas y privadas para la creación y mejora del estado de derecho e instrumentos para el desarrollo y la estabilidad*

Este sistema gubernamental y ciudadano, con sus dos vías para la mejora y creación de leyes y programas gubernamentales, indudablemente que generará una alta calidad y productividad en la implementación y alcance de estas leyes y programas que, si son diseñados y utilizados de forma eficiente, podrán colocar a los estados a la vanguardia de estos esquemas con visión para lograr contextos de gran civilidad, estabilidad, productividad y justicia social. Algunos de los aspectos fundamentales que se estudiarán y analizarán se basan en las leyes y programas de toda índole, que se manejan, total o parcialmente, en los procesos gubernamentales, tanto federales como estatales, municipales y locales, y también del sector privado de estos ámbitos. Veamos algunos de estos conceptos.

Mejora de las leyes y programas gubernamentales y del sector privado	*Generación de políticas gubernamentales consensuadas y aprobadas mayoritariamente para implementar las reformas estructurales fundamentales y de los sectores estratégicos*
Diseño y desarrollo de nuevas leyes y programas gubernamentales	*Realización de una amplia reforma del estado y de sectores estratégicos en todos sus conceptos, especialmente en aspectos económicos, financieros, políticos y partidistas, electorales y de procesos, de la administración pública, de enlace organizacional, de integración y organización de la sociedad y sus sectores, sociales, educativos, etc.*
Diseño de políticas de combate a la pobreza y de mejora de las condiciones económicas y sociales poblacionales	
Generación de políticas públicas y acciones gubernamentales para el desarrollo integral sostenible y para la mejora de la calidad de vida de la población	

En base a estos aspectos básicos se deberá establecer la infraestructura necesaria que generará y analizará las propuestas de toda índole y ámbito para que se mejoren las infraestructuras, leyes, programas, instrumentos, sistemas y procesos de un sistema gubernamental, político, económico, social y cultural, y con esto generar también las reformas continuas generales y particulares necesarias para la eficiencia del sistema gubernamental y de la sociedad. Mediante este sistema y esta infraestructura e instituciones, se podrán obtener los mejores resultados para generar, proponer y concretar las ideas que impulsen sustantivamente la innovación y el desarrollo del contexto general y de los escenarios y áreas específicas y particulares. Veamos esta propuesta de estructura institucional.

Instituto nacional de innovación y desarrollo gubernamental y social (INAINDES)

Este instituto tendrá por objetivo generar sistemas, esquemas y conceptos, con sus normativas, procesos y atribuciones, que permitan innovar, mejorar, desarrollar, hacer eficientes y transformar de forma sustantiva los conceptos tradicionales del estado, del gobierno y de la administración pública, e incluso de los esquemas del sector privado, tanto en los conceptos de desarrollo productivo como en los conceptos de desarrollo político y social. La importancia de este instituto será fundamental, ya que establecerá propuestas de vanguardia para innovar y mejorar los esquemas, procesos y resultados de las actividades gubernamentales y de los sectores de la sociedad.

Justificación de la institución

Esta instancia y estructura gubernamental no será una institución más, que genere y contenga burocratismo dogmático en las bases y arribismo de compadres, amigos y recomendados en los mandos medios y la dirigencia, ya que la misma naturaleza de esta infraestructura y de su normatividad obligan a utilizar los mejores recursos humanos para qué las ideas, las propuestas y la visión, así como el compromiso y la calidad sean el común denominador, ya que los resultados de esta institución deberán mejorar sustantivamente no solo el desarrollo gubernamental de todo orden y ámbito, sino que también los esquemas del sector privado y los esquemas de las relaciones y las sinergias internas y externas de todo país, con lo que la generación del desarrollo productivo y social tendrá que ser, por lógica y por principios, siempre ascendente y sustantivo. Existen diversas unidades de innovación gubernamental en varios gobiernos en el mundo, que se considera que son un avance en el sentido de mejorar la normatividad, los esquemas, las estrategias y la productividad gubernamental, sin embargo, muchas de estas instancias se dedican a tratar de implementar esquemas de mejora de forma aleatoria y a generar cursos y capacitaciones de diferentes aspectos, que en la gran mayoría de las veces se pulveriza y difumina el objetivo y el esfuerzo, por lo que no cumplen con su objetivo, ni didáctico ni de visión gubernamental, aunque también en algunos casos si se logran estos objetivos, que producirán mejoras parciales o totales en diversas instancias gubernamentales.

Desafortunadamente, estas áreas de innovación gubernamental muchas de las veces funcionan solamente para el cumplimiento burocrático de metas, sin generar propuestas ni avances, además de que, en el peor de los casos, se dedican a otras actividades completamente ajenas a su naturaleza. En cualquier caso, los funcionarios de las oficinas de este concepto que ya existen, esperan órdenes gubernamentales de altos dirigentes para saber qué estrategia y actividades llevarán a cabo, y no funcionan siempre de acuerdo a normativas, esquemas, objetivos y metas, por lo que la urgencia será hacer funcionales, dinámicos y efectivos todos estos aspectos para lograr la eficiencia gubernamental.

El objetivo principal de esta institución será que tanto los directivos como los asesores y mandos medios generen propuestas e ideas de esquemas y procesos para transformar, hacer eficiente y mejorar la actividad gubernamental, los programas, las actividades, la eficiencia y los resultados, en beneficio del desarrollo del propio gobierno, de un país y de la sociedad. Esta generación de propuestas debe de plantearse a los gobernantes y a los titulares de las secretarías e instancias gubernamentales de cada concepto, para que a su vez se planteen en todo poder ejecutivo, legislativo y judicial de todo orden y ámbito. Será necesario el planteamiento de las propuestas, para la revisión de los especialistas, los directivos y gobernantes, para establecer el proceso de escenarios y de consensos para la toma de decisiones y la aprobación, operación y aplicación de todo nuevo concepto generado por estas unidades de innovación gubernamental. Este tendrá que ser el mecanismo y el objetivo real, ya que la eficiencia en la generación y aplicación de las políticas públicas, de los programas y de los recursos generarán los resultados óptimos necesarios a nivel particular y general, para que en conjunto se procure la eficiencia del ejercicio de gobierno y de los sectores de la sociedad, para generar e impulsar el desarrollo integral sustantivo.

<u>Atribuciones de la institución</u>

Las atribuciones de este instituto serán las de generar las propuestas necesarias a nivel general y particular del trabajo gubernamental, en todos los conceptos de los rubros y actividades gubernamentales, lo cual se tendrá que llevar a cabo por medio de estos institutos de innovación locales, municipales, estatales y federales, que estarán adscritos a los gobiernos respectivos. Asimismo, su atribución alcanzará la innovación general y de las propuestas de esquemas y programas de trabajos en todos los rubros de las actividades gubernamentales, por lo que se deberá contar con áreas específicas y necesarias de todo rubro y concepto en toda institución y área de gobierno.

<u>Conformación de la infraestructura del Instituto nacional de innovación y desarrollo gubernamental y social</u>

Este instituto nacional, en cualquier país, deberá estar conformado por unidades de innovación y desarrollo por cada concepto o rubro de todo orden de gobierno y también por sus instituciones gubernamentales estatales, municipales y locales.

Instituto nacional de innovación y desarrollo gubernamental y social

- *Unidades de innovación y desarrollo por concepto gubernamental*

- *Institutos estatales de innovación y desarrollo gubernamental y social*
- *Institutos municipales y locales de innovación y desarrollo gubernamental y social*

Con este esquema, cada instancia de gobierno contará con las unidades necesarias de innovación y desarrollo del rubro y concepto correspondiente. Por ejemplo, en la secretaría o ministerio de agricultura se tendrá la unidad de innovación y desarrollo para la agricultura; en la secretaría de economía, la unidad de innovación y desarrollo para la economía; en la secretaría de hacienda y crédito público, la unidad de innovación y desarrollo de hacienda y crédito público, y así, de igual forma, en todos los conceptos gubernamentales y de la administración pública.

Como se ha mencionado, el objetivo es generar ideas y propuestas de esquemas, programas y sistemas que permitan mejorar la propia infraestructura, tanto en lo general como en las diversas y específicas áreas internas y externas de la misma, pero también generar propuestas e ideas para crear nuevos programas e instrumentos para el desarrollo de esos mismos conceptos. Las propuestas e ideas podrán ser de todo tipo que se relacione con la actividad y el concepto de la institución correspondiente.

Se cuenta también con los institutos estatales, municipales y locales para la innovación y el desarrollo del gobierno y de los sectores de la sociedad, los cuales tienen los mismos objetivos, pero ubicados en su respectivo ámbito estatal, municipal y local. Estos institutos contarán con las unidades correspondientes a cada concepto de gobierno, y estarán insertadas en las áreas gubernamentales de cada uno de sus conceptos. Por lo anterior, se tendrá el siguiente esquema:

- *Institutos estatales de innovación y desarrollo gubernamental y social*
- *Unidades estatales de innovación y desarrollo de los conceptos correspondientes*

- *Institutos municipales y locales de innovación y desarrollo gubernamental y social*
- *Unidades municipales y locales de innovación y desarrollo de los conceptos correspondientes*

Como se observa, habrá áreas específicas de innovación y desarrollo en los sectores de entidades estatales, municipales y locales, las cuales tendrán las mismas atribuciones que las instancias del concepto nacional, sin embargo, sus propuestas podrán plantearse no solo en su ámbito y orden de gobierno, sino que también, de ser el caso, en los demás ámbitos de gobierno, ya que su diseño y alcance podrán ser utilizados, por su universalidad y beneficio, cuando se apliquen e implementen en todo sistema de gobierno y de la sociedad. Derivado de lo anterior se podrán tener propuestas en diferentes conceptos. Veamos.

- *Propuestas de innovación, mejora y desarrollo en las leyes*

- *Propuestas de innovación, mejora y desarrollo en la infraestructura gubernamental*

- *Propuestas de innovación, mejora y desarrollo en la infraestructura de la sociedad*

- *Propuestas de innovación, mejora y desarrollo en la infraestructura productiva del sector privado*

- *Propuestas de innovación, mejora y desarrollo en la infraestructura productiva del sector de la inversión internacional*

- *Propuestas de innovación, mejora y desarrollo en los instrumentos y programas gubernamentales*

- *Propuestas de innovación, mejora y desarrollo en la infraestructura del control, seguimiento y obtención de resultados del ejercicio gubernamental y del sector privado*

Estas son algunas de las propuestas generales más importantes de trabajo que esta institución debe de llevar a cabo en la búsqueda de la obtención y mejora de alternativas e instrumentos de trabajo para impulsar y hacer más eficiente el ejercicio gubernamental, conjuntamente con el ejercicio de los sectores de la sociedad, para la obtención de mejores procesos y resultados, y coadyuvar sustantivamente en la generación del desarrollo de un país y el beneficio de sus habitantes. Para llegar a generar las propuestas para el desarrollo gubernamental, y el desarrollo del marco legal de la sociedad y del estado, será necesario contar con un esquema de infraestructura, con sus normativas, atribuciones, funciones y objetivos, integrado en todas las áreas de todos los órdenes de gobierno, que permitan generar evaluaciones y escenarios que contemplen los aspectos cuantitativos y cualitativos de las leyes, de las posibilidades de creación de nuevas leyes, de las posibilidades de mejorar y adicionar nuevos aspectos a las leyes y de las posibilidades de adicionar hasta el más mínimo de los artículos o de las palabras por artículo de las leyes.

Este concepto de evaluación institucional permitirá también generar escenarios y proyecciones para así establecer las estrategias necesarias para la toma de decisiones. Derivado de este trabajo institucional, esta infraestructura tendrá por obligación proponer, por parte del poder ejecutivo, las nuevas leyes necesarias para qué el poder legislativo de todo orden y ámbito conozca, analice y apruebe o no las nuevas leyes y normativas.

Veamos ahora dentro de cada uno de estos conceptos generales, cuáles son las líneas y los conceptos subsecuentes a seguir.

<u>*Propuestas de innovación, mejora y desarrollo en las leyes*</u>

- *Propuestas de nuevas leyes para el desarrollo gubernamental*

- *Propuestas de adición y mejoras generales y particulares al concepto de las leyes establecidas del sistema gubernamental*

- *Propuestas de nuevas leyes para el servicio de la sociedad y del estado*

- *Propuestas de adición y mejoras generales y particulares a las leyes establecidas para el servicio de la sociedad y del estado*

<u>*Propuestas de innovación, mejora y desarrollo en la infraestructura gubernamental*</u>

- *Propuestas generales para el desarrollo gubernamental*

- *Propuestas por concepto y rubro para el desarrollo gubernamental*

- *Propuestas de innovación y mejora en áreas específicas de la infraestructura gubernamental*

- *Propuestas de innovación y mejora particulares en determinados conceptos y rubros de la infraestructura gubernamental*

<u>*Propuestas de innovación, mejora y desarrollo en la infraestructura de la sociedad*</u>

- *Propuestas generales para el desarrollo de la sociedad y sus sectores*
- *Propuestas por concepto y rubro para el desarrollo de la sociedad y sus sectores*

<u>*Propuestas de innovación, mejora y desarrollo en la infraestructura productiva del sector privado*</u>

- *Propuestas generales y particulares para transformar, mejorar y hacer eficiente la infraestructura de las organizaciones, cámaras y áreas del sector privado*

- *Propuestas generales y particulares para innovar, mejorar, hacer eficiente y transformar los sistemas, procesos, esquemas y normativas del sector privado*

<u>*Propuestas de innovación, mejora y desarrollo en la infraestructura productiva del sector de la inversión internacional*</u>

- *Propuestas generales y particulares para innovar, mejorar, hacer eficiente y transformar los sistemas, procesos, esquemas y normativas del sector de la inversión internacional en cada país*

- *Propuestas generales y particulares para innovar y mejorar la interrelación, los enlaces, los canales diplomáticos, gubernamentales, civiles, etc., entre el sector de la inversión internacional y cada estado*

Propuestas de innovación, mejora y desarrollo en los instrumentos y programas gubernamentales

- *Propuestas de nuevos instrumentos y programas de diversos conceptos y rubros para la mejora de la actividad gubernamental y del desarrollo del estado*

- *Propuestas de mejora y adición de conceptos a los programas e instrumentos ya establecidos en la administración pública gubernamental de todo orden de gobierno*

Propuestas de innovación, mejora y desarrollo en la infraestructura del control, seguimiento y obtención de resultados del ejercicio gubernamental y del sector privado

- *Propuestas de innovación y mejora de la administración, el control, los enlaces, el seguimiento, la evaluación, los resultados, la aplicación de los recursos, la corresponsabilidad de las instituciones y los sectores, etc., para el mejor funcionamiento de los programas y la obtención de los mejores resultados*

- *Propuestas de revisión de la aplicación de los recursos y de la obtención de resultados de los programas institucionales gubernamentales, por medio de la innovación y mejora de los aspectos de control, seguimiento y contraloría*

En conjunto, esta es la forma más adecuada que permitirá generar las propuestas de iniciativas de ley, de infraestructura y de políticas, instrumentos y programas para el desarrollo gubernamental y el desenvolvimiento social, ya que de otra forma, tal como se lleva a cabo en la actualidad en muchos países, solamente se generan propuestas parciales e híbridas, que en la mayoría de los casos no representan ni el sentir de la sociedad, ni una base sustantiva de funcionamiento de la infraestructura gubernamental que le permita hacerla eficiente y, asimismo, mejorar la productividad y el estado de derecho.

La trascendencia e importancia de esta institución de innovación y desarrollo es fundamental, ya que será la que transforme, mediante sus propuestas y esquemas, la infraestructura, las leyes y el trabajo gubernamental y de los sectores de la sociedad, mediante la eficiencia de los procesos y sistemas para la mejora de la productividad y de la calidad de vida de la gente.

Para estos efectos, es importante reiterar que quienes ocupen estos cargos dentro de esta institución deberán ser personas altamente capacitadas, con ideas, vocación y visión, ya que su función, en todas las áreas de la administración pública de todo orden gubernamental, será la de proponer, innovar y mejorar estos instrumentos y programas para la generación de mejores escenarios, con el objetivo de lograr el desarrollo del estado y una mayor calidad de vida para todos. A continuación, se muestran los esquemas que establecen los conceptos para llegar al objetivo de un mejor desarrollo del estado y una mejor calidad de vida de la gente.

<u>Esquema de conceptos para la innovación y desarrollo gubernamental</u>

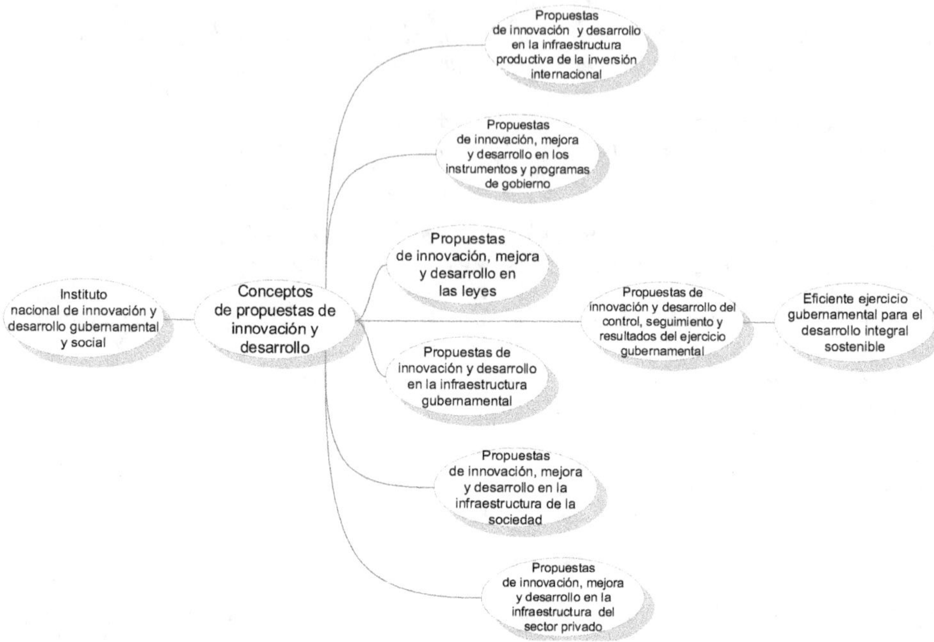

<u>Organigrama del Instituto de innovación y desarrollo gubernamental y social</u>

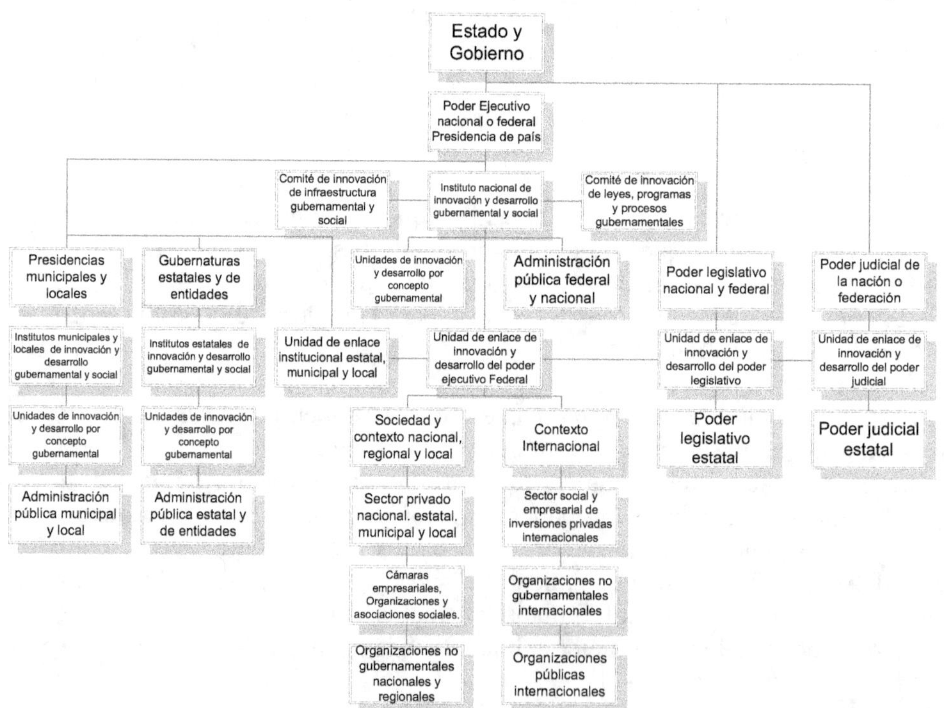

Vayamos ahora al siguiente concepto de esta visión para la construcción de nuevos gobiernos eficientes para los países y sus entidades, mediante el establecimiento de una infraestructura gubernamental funcional y de alcance que reditúe en una alta eficiencia en el ejercicio gubernamental.

3. Infraestructura gubernamental funcional y de alcance

Es fundamental y necesario mejorar la infraestructura, normativas, instrumentos y políticas de todo orden de gobierno de países y entidades, sobre todo de aquellos subdesarrollados y pobres, tanto del orden federal como estatal, municipal y local, eliminando los aspectos que no funcionan, que generalmente son demasiados, para crear una nueva y mejor infraestructura que verdaderamente genere productividad y eficiencia, por medio también de más y mejores leyes, procesos y esquemas de trabajo, y de mejores y nuevos instrumentos y programas bien diseñados y eficientes, y con recursos humanos capacitados, que tengan visión y vocación, además de conseguir más recursos de todo tipo, con ahorros y estrategias adecuadas y necesarias para estos fines.

En un nuevo gobierno eficiente, este análisis y propuesta de mejora y de creación de la infraestructura gubernamental funcional y de alcance se hará por medio de un instituto nacional de innovación y desarrollo gubernamental y social (INESINDES), el cual especificará sus objetivos y su conformación, estructura y funcionamiento, así como los conceptos que abarque esta propuesta. Mediante estos elementos se podrán, entonces, analizar los conceptos a desarrollar para la mejora de la infraestructura de gobierno y la generación de la nueva infraestructura gubernamental, para que sea funcional y de alcance. La misión, por tanto, es lograr una infraestructura y un ejercicio gubernamental de vanguardia y resultados de éxito, lo que deberá lograrse ya sea por medio de un instituto de innovación y desarrollo gubernamental o de una reforma integral administrativa, entre otros aspectos. Veamos.

- *Reforma a la administración pública*
- *Instituto nacional de innovación y desarrollo gubernamental y social (INESINDES)*

Por medio de la reforma administrativa se tendrán los siguientes conceptos.

Reforma a la administración pública

- *Mejora de la infraestructura gubernamental*
- *Diseño y desarrollo de nueva infraestructura gubernamental*
- *Sistema de productividad gubernamental*
- *Sistema de control, seguimiento y evaluación del ejercicio gubernamental*
- *Esquema de capacitación integral*

Y también mediante un instituto gubernamental tendremos las siguientes propuestas de mejora de la infraestructura gubernamental.

<u>Propuestas de innovación, mejora y desarrollo de la infraestructura gubernamental</u>

- *Propuestas generales para el desarrollo gubernamental*
- *Propuestas por concepto y rubro para el desarrollo gubernamental*

- *Propuestas de innovación y mejora en áreas específicas de la infraestructura gubernamental*

- *Propuestas de innovación y mejora particulares en las determinadas áreas de la infraestructura gubernamental*

Todos estos esquemas deberán analizarse, para su mejora continua, mediante la generación de propuestas de mejora de la infraestructura gubernamental en cuanto a sus sistemas, esquemas, normativas y procesos, así como por propuestas de mejora y capacitación del ejercicio de los gobernantes, funcionarios y empleados de gobierno.

- *Propuestas de mayor visión de los objetivos de las instituciones de gobierno*

- *Propuestas de mayor alcance en los esquemas y programas de las instituciones de gobierno*

- *Propuestas de implementación de sistemas eficientes, de leyes y normativas, de reglamentos, de programas, de procesos y esquemas de las instituciones gubernamentales*

- *Propuestas de obligatoriedad y capacitación a gobernantes, funcionarios y empleados para lograr una alta eficiencia en el ejercicio gubernamental y laboral*

- *Propuestas de implementación de sistemas de obligatoriedad en las actividades laborales, de sistemas de calidad y de sanciones y reconocimientos, entre otros, en los sistemas de las instituciones gubernamentales*

- *Propuestas de análisis de labores y de reasignación de funciones y atribuciones de gobernantes, funcionarios y empleados gubernamentales para evitar pérdidas de tiempo y ocio y para generar verdadero desarrollo y atención*

Mediante estas vías, y con la participación gubernamental de todo orden y ámbito, así como con los sectores y la sociedad, se generarán las propuestas para mejorar y crear nuevas instancias gubernamentales eficientes y de alcance. Esta infraestructura gubernamental nueva, eficiente y de alcance, surgida de una infraestructura nueva en parte y de una infraestructura mejorada por otra parte, implicará el funcionamiento de alta calidad de esta infraestructura gubernamental, con normativas, leyes, sistemas y procesos de cada institución, que impliquen un trabajo eficiente y resultados efectivos en todos los niveles gubernamentales, así como una mayor eficiencia, compromiso y visión en el trabajo de gobernantes, funcionarios, mandos medios, trabajadores y empleados. Esto quiere decir que la infraestructura gubernamental deberá contener también sistemas automatizados de productividad para el trabajo gubernamental, que obligarán a los funcionarios y empleados a ejercer sus actividades de forma positiva, eficiente y dinámica.

Además, estos sistemas de productividad se combinarán con sistemas de calidad y de mejora continua para lograr, en conjunto, un esquema gubernamental de trabajo que implique un desarrollo integral para toda nación y sus regiones, y una atención eficiente y generación de resultados adecuados de los asuntos y problemáticas de la sociedad. Esta nueva y sustantivamente mejorada infraestructura gubernamental contendrá también, entre otros, esquemas de gerencia y administración, de capacitación y servicios, así como de eficiencia laboral y de sistemas de calidad, integrados en las áreas de estas mejoradas instituciones. También se generará un esquema de mejora de atribuciones y actividades de empleados y funcionarios públicos, para reasignar las actividades de todos los que laboren en un sistema gubernamental, para evitar así largos períodos de ocio e improductividad de empleados, mandos medios e incluso de funcionarios de alto nivel y secretarios y ministros gubernamentales de todo orden y ámbito. La visión de los objetivos de las instituciones implicará también una renovación de sus programas e instrumentos, para dotarlos de un mayor alcance y hacerlos más integrales, de forma específica y conjunta, para que se genere una infraestructura funcional, dinámica y productiva.

---

4. Sistema para la operatividad y el trabajo político y gubernamental

---

En la actualidad los gobiernos de los países y sus entidades; en cualquiera de sus denominaciones, nacionales, federales, estatales, municipales, condales y locales; cuentan con infraestructura de administración pública y gubernamental para implementar y ejercer las políticas públicas y tareas de gobierno, con esquemas de evaluación, planeación, coordinación, interrelación y presupuestación, entre otros conceptos, para llevar a cabo las políticas, programas y acciones gubernamentales, sin embargo, estos esquemas no son en su generalidad ni suficientes, ni capaces, especialmente en contextos subdesarrollados, ya que no cuentan con los elementos adecuados y necesarios para analizar y aplicar una política de planeación real, de coordinación efectiva y de trabajo que genere más resultados efectivos que impulsen el desarrollo integral. Las instancias de gobierno en la mayoría de los países y en sus entidades, en el mejor de los casos, trabajan en base a la infraestructura, los esquemas y las atribuciones de cada área, además de coordinarse y reunirse para analizar resultados y hacer evaluaciones de sus trabajos, con la finalidad de lograr las mejoras necesarias para realizar las tareas de gobierno de forma óptima y eficiente, y para el cumplimiento, entre otros, de los aspectos fundamentales de las políticas, programas, presupuestos y objetivos de las instituciones.

Este esquema de trabajo establece ciertos resultados positivos del ejercicio de gobierno, que es variable según el contexto y las condiciones, pero en general, muchos países y entidades, especialmente pobres y subdesarrollados, no cuentan con la sistematización de políticas, de esquemas y del ejercicio de gobierno, para hacer más eficientes sus procesos y trabajos, y así obtener mejores resultados.

En cambio, los esquemas gubernamentales históricos heredados, y con los que se trabaja actualmente en muchos países, son insuficientes, por eso no se ha logrado aún disminuir el subdesarrollo y la pobreza y marginación, sin embargo, también en su generalidad, el trabajo gubernamental, político, legislativo y judicial, entre otros, se va adicionando y mejorando, en el mejor de los casos, de forma lenta y consuetudinaria, de acuerdo a asuntos, problemáticas y procesos coyunturales y contextuales, y no derivados de una estratégica reestructuración y planeación de estado. Por estas deficiencias y otras razones políticas, culturales, históricas y de representatividad y capacidad, también deficientes en su generalidad, tenemos estados, municipios y localidades completamente subdesarrolladas que generan pobreza, marginación y atraso integral, así como atraso en la educación, en la salud y en la sustentabilidad alimentaria, entre otros aspectos prioritarios. En cambio, un verdadero desarrollo se basará en una planificación real y congruente, de forma coordinada entre las instancias gubernamentales de todo orden y ámbito con los sectores sociales y productivos, para establecer verdaderos planes de desarrollo, basados en las necesidades del estado y de la población, y en los análisis y estudios que impliquen la visión y el compromiso para la creación e impulso de polos de desarrollo locales, regionales y nacionales de todo orden, rubro y concepto.

Las instituciones gubernamentales normalmente establecen esquemas de evaluación, que en la gran mayoría de los países y entidades subdesarrolladas más bien se realizan como una obligatoriedad burocrática y en cumplimiento forzado a normativas y reglamentos, pero con poca o nula participación y generación de propuestas de mejora de las atribuciones, normativas, programas y esquemas de las entidades y gobiernos. Esto implica que se obtengan resultados burocráticos, maquillados y disfrazados, de supuestos avances en base a metas y objetivos, sin embargo, esto es injustificable, además de ineficiente para generar desarrollo y productividad en cualquier estado. Existen instituciones, en países desarrollados y varios emergentes, con trabajo de gobierno de vanguardia, con buena interrelación gubernamental y con coordinación y procesos productivos y eficientes, debido a la naturaleza de sus políticas y a su forma efectiva de trabajo de gobierno, y aunque estas instancias son las mínimas en la mayoría de gobiernos y países, muestran un funcionamiento ejemplar que debe seguirse, difundirse y ampliarse a toda instancia de gobierno. Las mejoras a normativas, esquemas, atribuciones y funcionamiento de las instituciones se generan de acuerdo a las necesidades de las propias instituciones y a su misión, visión y objetivos de trabajo, así como a sus esquemas de interrelación gubernamental y política que les permitan generar las evaluaciones, estrategias y resultados de éxito, sin embargo, en gobiernos carentes de capacidad y visión, el diseño y aplicación de algunos nuevos instrumentos y programas se establecen de forma eventual, aleatoria, y de acuerdo a necesidades y a propuestas de funcionarios en la búsqueda de soluciones a problemáticas de trabajo de cada área, más no integrales, por lo que estas propuestas generalmente no implican planeación, esquemas y leyes integrales que impulsen el desarrollo por medio de sus instituciones, y mucho menos por medio de una relación interinstitucional.

Por esta razón es importante también implementar esquemas, infraestructuras y atribuciones para que existan estas áreas específicas en cada una de las entidades de los gobiernos, que tengan por objetivo la generación de ideas y nuevos diseños de instrumentos, infraestructuras, esquemas y políticas, además de lograr mejoras necesarias en las áreas gubernamentales, lo que lógicamente producirá instancias que verdaderamente logren establecer las condiciones para generar e impulsar el desarrollo integral sostenible. Asimismo, será fundamental crear y establecer nuevos esquemas de coordinación efectiva en la administración pública de todo orden y ámbito de gobierno, nuevas políticas públicas que se conjunten a las que tienen éxito, nuevas infraestructuras de atención para el desarrollo y nuevas áreas específicas que generen las condiciones para impulsar el desarrollo integral sostenible, la productividad y la mejora sustantiva de la calidad de vida de la gente.

Estos esquemas no implican un gran gasto, porque se podrá utilizar la infraestructura de toda administración pública, y solamente se crearán los nombres y las atribuciones y funciones de coordinaciones generales que impliquen un nuevo marco normativo y de enlace de los trabajos gubernamentales. Estas coordinaciones contendrán comisiones de trabajo y de enlace entre las instituciones por cada concepto y rubro, con el objetivo de producir verdaderos y efectivos esquemas de trabajo, de evaluación, de análisis, de estrategias, de proyecciones y de toma de decisiones, así como también para la mejora, implementación y aplicación de efectivos instrumentos y políticas de gobierno, y para la creación de nuevas políticas públicas, además de la aplicación responsable y capaz de programas y acciones de gobierno para el cumplimiento de objetivos y el logro de resultados de éxito que permitan establecer un nuevo y verdadero trabajo integral y eficiente en todos los órdenes de gobierno.

Es importante que estas coordinaciones cuenten con un marco normativo de calidad y con un esquema e infraestructura de trabajo de vanguardia, basado en comisiones gubernamentales que generen esquemas de trabajo interrelacionado y coordinado con todas las instancias de la administración pública de todo orden y ámbito. Por lo anterior, será fundamental y necesario un sistema de coordinación e interrelación gubernamental nacional y federal con visión, que coordine y opere este sistema de interrelación, enlace y productividad gubernamental. También será básico que cuente con esquemas de interrelación, coordinación y operatividad, ya que todo esto le permitirá, de forma conjunta, conformar un amplio sistema de vanguardia, alcance y visión. Veamos primero de forma sintetizada el sistema de coordinación y sus esquemas y conceptos, y posteriormente la coordinación entre instancias gubernamentales. Veamos estas instancias de trabajo y coordinación gubernamental.

- *Sistema de coordinación e interrelación institucional gubernamental*
- *Esquema de operatividad y trabajo político y gubernamental*

Cada uno de estos conceptos cuenta con diversos esquemas que se deben de desarrollar para alcanzar una alta eficiencia en la interrelación y enlace gubernamental para los diversos efectos, tales como la integración y sinergia de objetivos y metas, la conjunción, complementación y coordinación de programas e instrumentos para el desarrollo, la unificación y conjunción de conceptos para la planificación, los procesos y la obtención de resultados entre instituciones y organizaciones, con la finalidad de obtener los mejores resultados por institución y por coordinaciones de instituciones.

Este esquema general es el concepto que contiene la visión para generar la planificación integral, con objetivos globales y específicos que emanen del trabajo particular y conjunto de las instancias e instituciones gubernamentales.

Sistema de coordinación e interrelación institucional gubernamental

- *Esquema de leyes y reglamentos de coordinación*
- *Esquema de enlace y trabajo de coordinación institucional*
- *Esquema de control, evaluación y resultados del sistema de coordinación*

Esquema de operatividad y trabajo político y gubernamental

- *Desarrollo de contextos de estabilidad política y social*

- *Esquema de alianzas políticas, económicas y sociales para el trabajo gubernamental*

- *Esquema de análisis y estrategias para el trabajo político y gubernamental*

Veamos de forma sintetizada este esquema de coordinaciones y comisiones de gobierno para un trabajo efectivo, con visión y alcance, que genere desarrollo, empleo y productividad, además de contextos de estabilidad política y social.

Sistema integral de coordinación del trabajo gubernamental institucional e interinstitucional para el desarrollo integral sostenible y la estabilidad política y social

Presidente, primer ministro, jefe de estado, rey o líder de una nación

Consejo general del gobierno

- *Coordinación general de gobierno*

- *Coordinación general de política social*
- *Coordinación general para la productividad y el desarrollo integral*
- *Coordinación general de política económica*
- *Coordinación general de política interior y del contexto político y electoral*
- *Coordinación general de seguridad integral*
- *Coordinación general de política exterior y de estado*
- *Coordinación general de planeación, control y desarrollo de políticas públicas*
- *Coordinación general de diseño y proyección de políticas públicas para el desarrollo integral*
- *Gabinete general de gobierno*

Esta estructura normativa se dividirá en comisiones gubernamentales y áreas específicas para generar un trabajo gubernamental integral y efectivo. Veamos esta subdivisión de la estructura.

Consejo general de gobierno

- *Coordinación general de gobierno*

Coordinación general de gobierno

- *Comisión general de trabajo y enlace institucional*

- *Comisión general de trabajo y enlace de coordinaciones de gobierno del poder ejecutivo*

Coordinación general de política social

- *Comisión general para la educación integral de calidad*
- *Comisión general para la salud integral de calidad*
- *Comisión general para la erradicación de la pobreza y la marginación*
- *Comisión general para la vivienda integral de calidad*
- *Comisión general para el desarrollo urbano integral de calidad*
- *Comisión general de política social para el desarrollo social integral*

- *Comisión general de enlace nacional e internacional para el desarrollo de la política social*

- *Comisión general de planeación, control y desarrollo para la política social*
- *Comisión general de diseño y proyección para la política social*

Coordinación general para la productividad y el desarrollo integral

- *Comisión general para la transición hacia la productividad integral*

- *Comisión general para el desarrollo del sector productivo comercial, empresarial, industrial, de servicios integrales y anexos*

- *Comisión general para el desarrollo de la micro, pequeña y mediana productividad*
- *Comisión general para el desarrollo de la alta productividad*
- *Comisión general para el desarrollo y la productividad del sector exportador*
- *Comisión general para el desarrollo y la productividad del mercado interno*
- *Comisión general para el desarrollo de los sectores estratégicos*

- *Comisión general de enlace nacional e internacional para la productividad y el desarrollo integral*

- *Comisión general de planeación, control y desarrollo para la productividad y el desarrollo integral*

- *Comisión general de diseño y proyección para la productividad y el desarrollo integral*

<u>*Coordinación general de política económica*</u>

- *Comisión general para el desarrollo de la política macroeconómica*
- *Comisión general para el desarrollo de la política microeconómica*

- *Comisión general de política económica de control, aplicación y evaluación de las finanzas públicas gubernamentales*

- *Comisión general de política económica de finanzas, presupuestos e impuestos gubernamentales*

- *Comisión general de política económica financiera, bancaria y de valores*
- *Comisión general de política económica empresarial*
- *Comisión general de sectores económicos estratégicos*
- *Comisión general de planeación, control y desarrollo para la política económica*
- *Comisión general de diseño y proyección para la política económica*

- *Comisión general de enlace e interrelación con sectores económicos nacionales e internacionales*

<u>*Coordinación general de política interior y del contexto político y electoral*</u>

- *Comisión general del contexto político gubernamental*
- *Comisión general del contexto político partidista*
- *Comisión general del contexto político electoral*
- *Comisión general del contexto político social*
- *Comisión general de enlace e interrelación nacional de asuntos políticos*
- *Comisión general de planeación, control y desarrollo del contexto político y electoral*
- *Comisión general de diseño y proyección del contexto político y electoral*

- *Comisión general de atención al contexto de organizaciones, gremios, sindicatos, agrupaciones y representaciones diversas*

<u>*Coordinación general de seguridad integral y procuración de justicia*</u>

- *Comisión general de seguridad nacional*
- *Comisión general de seguridad pública*
- *Comisión general de procuración de justicia*

- *Comisión general para la erradicación del narcotráfico*
- *Comisión general para la erradicación del contrabando*
- *Comisión general para la erradicación de los contextos delincuenciales*

- *Comisión general de enlace e interrelación nacional e internacional para la seguridad integral*

- *Comisión general de enlace e interrelación nacional e internacional para la procuración de justicia*

- *Comisión general de planeación, control y desarrollo de la seguridad integral*
- *Comisión general de planeación, control y desarrollo de la procuración de justicia*
- *Comisión general de diseño y proyección de la seguridad integral*

- *Comisión general de planeación, control y desarrollo de la procuración de justicia*

Coordinación general de política exterior y de estado

- *Comisión general para asuntos de estado con el contexto internacional*
- *Comisión general de política nacional hacia el exterior*
- *Comisión general para el contexto internacional y para la migración*
- *Comisión general para asuntos con organizaciones internacionales*
- *Comisión general de enlace nacional e internacional para la política exterior*
- *Comisión general de planeación, control y desarrollo de la política exterior y de estado*
- *Comisión general de diseño y proyección de la política exterior*

<u>*Coordinación general de planeación, control y desarrollo de políticas públicas*</u>

- *Comisión general de planeación, control y desarrollo para la política social*

- *Comisión general de planeación, control y desarrollo para la productividad y el desarrollo*
- *Comisión general de planeación, control y desarrollo para la política económica*
- *Comisión general de planeación, control y desarrollo del contexto político y electoral*
- *Comisión general de planeación, control y desarrollo de la política exterior y de estado*

- *Comisión general de planeación, control y desarrollo de la seguridad integral y procuración de justicia*

- *Comisión general de planeación, control, desarrollo y sistemas de calidad para la administración pública*

- *Comisión general de enlace estructural e institucional nacional e internacional para la planeación, control y desarrollo de políticas públicas*

<u>*Coordinación general de diseño y proyección de políticas públicas para el desarrollo integral*</u>

Comisiones generales de diseño y proyección:

para la política social	*para el desarrollo educativo*
para la productividad y el desarrollo integral	*para el desarrollo social*
para la política económica	*para el desarrollo de la salud*
del contexto político y electoral	*para el desarrollo de la vivienda*
de la seguridad integral	*para el desarrollo de la infraestructura social*
de la política exterior y de estado	*para el desarrollo laboral*
para la administración pública	*para el desarrollo sindical*
para el desarrollo tecnológico	*para el desarrollo gremial*
para el desarrollo del software y computación	*para el desarrollo marítimo y fluvial*
para el desarrollo de la energía	*para el desarrollo de la aeronáutica y el espacio*
para el desarrollo de sectores estratégicos	*para el desarrollo de la electrónica*
para el desarrollo militar	*para el desarrollo de la construcción*
para el desarrollo científico	*para el desarrollo social*
para el desarrollo industrial y comercial	*para la aplicación de la responsabilidad social*
para el desarrollo empresarial	*para el desarrollo de los sistemas de calidad*
para el desarrollo de las empresas	*para el desarrollo de ecología y medio ambiente*
para el desarrollo biológico	*para el desarrollo de todo concepto estratégico y necesario de un estado y contexto*
para el desarrollo maquilador	
para el desarrollo turístico	
para el desarrollo de las comunicaciones	*Comisión general de enlace estructural e institucional nacional e internacional para el diseño y proyección de políticas públicas*
para el desarrollo de los transportes	
para el desarrollo de la procuración de justicia	

Este amplio sistema general para el desarrollo integral implica establecer un esquema de coordinación, planeación, trabajo institucional e interinstitucional con los mejores marcos normativos y de diseño para que la administración pública de todo orden, concepto y ámbito de un país, pueda generar, por medio de las mejores vías y esquemas, el desarrollo integral de toda entidad y localidad, la estabilidad política y social y el beneficio de los pobladores.

5. Esquema de resultados de impactos favorables del ejercicio gubernamental

Este esquema de resultados de impactos tiene por objetivo el análisis y la medición del trabajo de los gobiernos, de sus gobernantes y funcionarios, con el cumplimiento de objetivos y el alcance efectivo de las políticas públicas y programas gubernamentales, así como la interrelación del gobierno con la sociedad y la medición del desarrollo integral que se genere y de la mejora de la calidad de vida. Este esquema de medición es fundamental, porque permite analizar el desarrollo de un contexto, por medio de los indicadores globales y particulares respectivos, surgidos de instancias especializadas gubernamentales y privadas de cada rubro y en lo general, pero también por medio de los diversos instrumentos y esquemas de medición públicos y privados, como lo son, entre otros, las consultas ciudadanas, los sondeos, las encuestas, los índices de percepción popular y el marketing de impacto de diversos aspectos generales, específicos y particulares. Este esquema deberá estar dirigido de forma protocolaria por el poder ejecutivo de los estados, con los gobernantes fungiendo como presidentes honoríficos del sistema de resultados de impactos favorables del ejercicio gubernamental, y deberá ser operado por una coordinación del sistema de medición de impactos del ejercicio gubernamental. Aunque la coordinación sea una instancia de gobierno, esta deberá ser autónoma e independiente, además de que estará conformada por consejos ciudadanos y sectoriales para evitar cualquier manipuleo y desviación de la información.

El nombre de medición de impactos favorables no quiere decir que no se midan todos los impactos, especialmente los negativos, y que no se actúe para eliminarlos, sino que es el nombre estratégico de posicionamiento y penetración ante la ciudadanía y los sectores y medios de toda sociedad.

- *Coordinación del sistema de resultados de impactos favorables del ejercicio gubernamental*

Esta coordinación contará con subcoordinaciones específicas para atender los diversos conceptos y rubros de este sistema de medición del ejercicio gubernamental. Veamos entonces estos esquemas de conceptos de medición que buscan beneficiar al propio gobierno y a las sociedades.

Sistema de planeación y estrategias de resultados de impactos favorables del ejercicio gubernamental

- *Esquema de resultados de impactos favorables económicos*
- *Esquema de resultados de impactos favorables políticos*
- *Esquema de resultados de impactos favorables sociales*

Estos conceptos globales se distribuyen en diversos rubros de indicadores, que serán analizados y procesados por la coordinación gubernamental y ciudadana de resultados de impactos favorables, por medio de la contratación, entre otras, de empresas consultoras, de oficinas generadoras y evaluadoras de estudios, diagnósticos y análisis, y de instancias encuestadoras, además de empresas especializadas en la medición de índices sectoriales, ciudadanos, sociales, económicos, gubernamentales y de la productividad, entre otros aspectos.

Asimismo, también se utilizarán los índices globales nacionales, estatales, locales e internacionales de empresas e instituciones gubernamentales y privadas cuya función es la de obtener la información y generar los análisis y resultados correspondientes. Veamos cada uno de estos conceptos globales.

Esquema de resultados de impactos favorables económicos

- *Mejora sustantiva de la microeconomía*
- *Mejora de la macroeconomía*
- *Mejora de las finanzas públicas*
- *Mejora del sistema bancario y financiero*
- *Mejora de esquemas de deuda pública*
- *Mejora del manejo de la reserva financiera gubernamental*
- *Mejora de índices de empleo y productividad*
- *Mejora de la infraestructura de la industria y la productividad*
- *Mejora de la infraestructura empresarial y comercial*
- *Mejora de la infraestructura del desarrollo científico y tecnológico*
- *Mejora de la infraestructura comercial y de la exportación*
- *Mejora de la infraestructura de los mercados internos*
- *Mejora de la infraestructura de la seguridad laboral*
- *Mejora de la infraestructura de los sectores estratégicos*
- *Mejora de la infraestructura de la industria estratégica*
- *Mejora de índices de empleo y productividad*
- *Mejora de los aspectos de la migración*
- *Mejora de esquemas de apoyo económico a sectores*
- *Mejora de esquemas de servicios y recursos de todo tipo*
- *Mejora de la industria de idiomas y del software y la computación*
- *Mejora de marcos normativos, infraestructura e instrumentos de todo concepto relacionado*

<u>***Esquema de resultados de impactos favorables políticos***</u>

- *Manejo gubernamental con liderazgo, visión y decisión*

- *Esquemas de interrelación, trabajo, propuesta y resoluciones de asuntos políticos, de gobierno, de sectores, de partidos políticos, de organizaciones y de la sociedad*

- *Esquemas de prevención, atención y resolución de asuntos y problemáticas políticas y sociales*

- *Ejercicio gubernamental sensible, dinámico y comprometido*
- *Eliminación de la inseguridad pública en general*
- *Erradicación de la pobreza y marginación*
- *Impulso a la libertad, a los derechos humanos y a las garantías constitucionales*
- *Fortalecimiento de la democracia, de los procesos electorales y de la participación social*

<u>***Esquema de resultados de impactos favorables sociales***</u>

- *Más y mejor infraestructura de servicios básicos de todo rubro*
- *Mejora de los servicios sociales*
- *Mejora de acceso y aprovechamiento a los servicios sociales*
- *Mejores salarios y más empleos*
- *Mejora sustantiva de la seguridad pública*
- *Mejora de la ecología y el medio ambiente*

- *Mejora e impulso a la justicia social y al cumplimiento de los satisfactores básicos de la población*

- *Mejora de los aspectos religiosos, artísticos, culturales, deportivos, de minorías sociales, etc.*

- *Mejora sustantiva del desarrollo social, educativo, de la salud, la vivienda, la alimentación, etc.*

- *Mejora en calidad, servicio, tiempo, financiamiento y precios de programas, trámites y servicios públicos y privados*

- *Mejora de vialidades, tráfico y trámites de carreteras, avenidas y calles urbanas*

Estos diversos índices anteriormente mostrados son algunos de los más importantes, entre otros muchos, e implican los conceptos que generen e impulsen el desarrollo integral sostenible y la mejora de la calidad de vida, ya que el objetivo fundamental es el de impactar de forma favorable a las sociedades y sus sectores, además de lograr el desarrollo de los gobiernos diversos del ámbito local, nacional e internacional. Por esta razón, el sistema de medición de índices del desarrollo integral y de la mejora de la calidad de vida informará a la sociedad de forma mensual, trimestral, semestral y anual, de los avances específicos y particulares, globales e integrales, de las instituciones y del trabajo de gobernantes, funcionarios y personas involucradas en la actividad gubernamental en todas las regiones y localidades; y de cuales han sido los avances y las mejoras en el desarrollo y en la calidad de vida de la gente.

De acuerdo a los resultados, aún en caso de existir índices que no se hayan mejorado e incluso que hayan descendido, éstos se mostrarán a la población y se informará de las diversas causas de estos resultados, que podrán ser políticas, económicas e incluso sociales. También se especificarán cuáles serán las acciones del gobierno para revertir esta situación y generar una mejora sustantiva en los índices hasta lograr el avance y desarrollo sustantivo de los mismos.

Los gobiernos podrán seguir utilizando sus diversos índices tradicionales de medición, los que complementarán con los nuevos índices de medición y de información a la población y al ámbito local, nacional e internacional. El objetivo de informar a la población será, en primera instancia, que conozcan y sepan cómo el gobierno ha impulsado o no la mejora de su calidad de vida en diversos aspectos y como han sido beneficiados o no por el trabajo de sus gobiernos. También el objetivo será obtener el reconocimiento y la aprobación popular para los gobiernos, que obtendrán este reconocimiento de acuerdo a los resultados de los índices de medición, sin embargo, estos índices también serán la causa de la desaprobación gubernamental, y en casos extremos de ineficacia, de la remoción de los gobernantes y sus gobiernos. Este esquema de información masiva de los impactos favorables para la sociedad, en todos los medios de comunicación, generará una conciencia colectiva que impulse políticamente a los gobiernos y a sus instancias políticas, e incluso podrá influenciar no sólo el entorno local, municipal, estatal y nacional, sino que también podrá atraer el interés y la atención en el ámbito internacional, lo que implicará un impulso sustantivo a estos gobiernos y gobernantes, siempre y cuando los resultados sean altamente satisfactorios y benéficos para la sociedad y el propio estado.

6. Esquema de reconocimiento sectorial y popular, y de posicionamiento gubernamental en un contexto nacional y local

Todo estado con gobiernos eficientes deberá contar con un sistema de información de impactos favorables en base al desarrollo integral sostenible y a la mejora de la calidad de vida de la población. Estos esquemas de información de resultados y de los aspectos y políticas por las cuales los gobiernos han generado las condiciones y escenarios para fortalecer e impulsar desarrollo integral sostenible y la mejora constante de la calidad de vida de la población, cumplen con su objetivo de informar a la sociedad de sus avances y logros, los que serán reconocidos y validados de forma sectorial y popular, generando un alto posicionamiento gubernamental en el contexto local, nacional e internacional. Veamos entonces los conceptos necesarios de consolidación del sistema para el desarrollo integral sostenible y de la mejora de la calidad de vida y, por tanto, de los gobiernos que lo utilicen.

- *Esquema de validación y reconocimiento popular*
- *Esquema de posicionamiento gubernamental en el contexto nacional y local*

Estos esquemas contienen los aspectos sobre los procedimientos básicos que necesitará todo gobierno para fortalecerse y generar la estabilidad y el reconocimiento popular, lo que permitirá que obtengan el posicionamiento necesario para trabajar y generar las condiciones que impulsen el desarrollo integral sostenible y la mejora constante y continua de la calidad de vida. Esta deberá ser la visión de todo gobernante para la construcción de un gobierno de compromiso y capacidad para generar estos esquemas de desarrollo y productividad y establecer gobiernos de vanguardia y de alta eficiencia. Veamos ahora estos conceptos y los rubros que contienen, de forma global y específica.

Esquema de validación y reconocimiento popular

- *Esquema de encuestas y sondeos para el reconocimiento popular*
- *Esquema de giras y eventos de difusión e informes a sectores y a la sociedad*

- *Esquema gubernamental y partidista de informes a la población para el reconocimiento de los logros gubernamentales*

- *Sistema de promoción, difusión y penetración en medios de comunicación de logros gubernamentales*

- *Sistema del consejo popular de reconocimiento a la función gubernamental*

Esquema de posicionamiento gubernamental en el contexto nacional y local

- *Ejercicio constitucional exacto y de liderazgo del poder ejecutivo gubernamental*
- *Coordinación de gobierno y de trabajo gubernamental*
- *Generación de avances integrales del desarrollo y la estabilidad*
- *Eliminación de la inseguridad, la inestabilidad y la polarización política y social*

Veamos de forma sintetizada y breve estos conceptos fundamentales para el posicionamiento de todo estado y gobierno.

6.1. Esquema de validación y reconocimiento popular

El esquema gubernamental de validación y reconocimiento popular, como se mencionó, incluye esquemas de encuestas y sondeos de aprobación popular, giras y eventos de difusión e información a sectores y sociedad de esta aprobación popular, y foros y reuniones gubernamentales. Asimismo, estas estrategias y esquemas de reconocimiento deben ser realizadas también por los partidos y organizaciones políticas de las que emanan los gobiernos, con la finalidad de informar del avance de los trabajos y resultados de gobierno, en la búsqueda del reconocimiento masivo popular y de toda instancia pública y privada local, nacional e internacional. También se contará con esquemas de promoción y difusión en los medios de comunicación y, por supuesto, un esquema de consulta y valoración completamente ciudadana, que ratificarán o no este reconocimiento popular a los avances del desarrollo integral y de la mejora de los índices de la calidad de vida. Veamos cada uno de estos conceptos.

<u>Esquema de encuestas y sondeos para el reconocimiento popular</u>

La estrategia para la aplicación de estos esquemas tiene por objetivo posicionar favorablemente a los gobiernos con sus sociedades, con los grupos de poder y con toda instancia de gobierno y privada de todo orden y ámbito. Este objetivo permitirá fortalecer al gobierno, a sus instancias políticas y a sus gobernantes, para así tener las condiciones de control y poder, así como de confianza y seguridad política en el ejercicio de gobierno. Para estos efectos, los gobiernos deberán contratar empresas consultoras especializadas en sondeos y encuestas, con la finalidad de preguntar a la población si conoce los informes que su gobierno, en cualquier país, entidad o localidad, ha realizado para qué estén enterados, entre otros aspectos, de las obras públicas y de los programas de apoyo a la productividad, a la empresa, al comercio, a proyectos productivos, a la micro, pequeña y mediana empresa, a la industria, a los sectores estratégicos, al combate a la pobreza, a la ciencia y tecnología, a la cultura, arte y deporte, y a la protección del medioambiente, entre otros aspectos. Asimismo, si la gente conoce las mejoras, si las hay, de los servicios de infraestructura urbana como agua potable, drenaje, electricidad y vialidades, así como las mejoras en la salud, en la distribución y otorgamiento de medicinas, en la construcción de hospitales y centros de salud, en el otorgamiento de vivienda, en ayuda para la alimentación popular y en los derechos humanos que ha realizado su gobierno.

Estas encuestas también les preguntarán si tienen una mejora en su calidad de vida, si tienen mejores salarios o un mejor empleo, o si han logrado establecer un negocio o si tienen mejores financiamientos para sus proyectos, o si cuentan con mejores servicios de salud y vivienda. También se les preguntará si tienen mayor acceso a la educación, con mejores becas, si se les ha integrado a programas federales o locales diversos, que van desde los programas de apoyos al desarrollo tecnológico y la industria, hasta los programas asistenciales, o de alfabetización y educación, etc. En base a estas consideraciones se les preguntará si consideran que su gobierno está cumpliendo y si están satisfechos de que se pueda seguir avanzando con estos esquemas y apoyos para el desarrollo y el beneficio popular. Asimismo, se les preguntará si reconocen a su gobernante como un gobernante capaz y comprometido que quiere el desarrollo de su entidad. Los resultados de estas encuestas y sondeos generarán la decisión popular de reconocimiento y aprobación de sus gobiernos y de sus gobernantes, dirigentes y funcionarios.

<u>Esquema de giras y eventos de difusión e informes a sectores y sociedad</u>

Este esquema implica la ejecución de giras y eventos de difusión de la información de los avances de gobierno en el desarrollo integral y también de los resultados de las encuestas y sondeos de las empresas consultoras encuestadoras, para que la gente reconozca en todos los ámbitos de un país, durante todo tiempo, no sólo que su gobierno ha realizado un avance verdadero en el desarrollo integral, sino que también la misma población, sectores y sociedad reconozcan y aprueben mayoritariamente estos resultados.

Las giras deberán ser realizadas principalmente por el propio gobernante en las entidades, municipios y localidades, y a nivel nacional e internacional. También las giras las harán los líderes y altos funcionarios en sus entidades, regiones y localidades, con eventos y foros que incluyan a los sectores representativos de la sociedad de esos contextos. Este esquema implica lograr una mayor presencia de un gobierno y de las organizaciones y partidos políticos de donde surgieron. Esto servirá, por tanto, para un mayor posicionamiento de los partidos políticos que han producido a estos gobiernos, por lo cual también se fortalecerán las alianzas de todo tipo y se generará un mayor reconocimiento popular. Esta estrategia de reconocimiento favorable también tiene por objetivo el posicionamiento de los partidos políticos en el poder, cuyos efectos se verán reflejados con votaciones favorables en los diversos procesos políticos y electorales de gobernantes y legisladores en sus entidades, lo que generará, por consiguiente, un mayor respaldo general en las políticas, iniciativas y decisiones de gobierno.

<u>Esquema gubernamental y partidista de informes a la población para el reconocimiento de los logros gubernamentales</u>

Este esquema es similar al anterior, pero en este apartado se incluyen eventos y giras de funcionarios gubernamentales y líderes políticos, así como de instancias y partidos políticos de los cuales surgieron estos gobernantes, quienes mostrarán y difundirán la información y la difusión de los logros de sus gobiernos, para fortalecer la imagen gubernamental y la fuerza de estos partidos ante la sociedad. De igual forma, con la participación en reuniones y eventos de gobierno, y en eventos de sus partidos políticos y de sus aliados, este concepto incluye esquemas de realización de foros de análisis, de presentación de propuestas y de interrelación popular con los funcionarios gubernamentales y partidistas, de acuerdo a las reuniones correspondientes, con preguntas y respuestas, con planteamientos, propuestas y posturas positivas para lograr los acuerdos y consensos, en los que se enriquezca el proceso y el objetivo de reconocimiento popular. Los resultados de estos foros de interrelación popular con el gobierno y con sus partidos políticos y organizaciones aliadas en sus entornos respectivos, servirán para tomar las propuestas y las ideas de la sociedad, para incluirlas en los esquemas, políticas públicas y programas gubernamentales para el desarrollo, e incluso, de ser conducente, en los planes regionales y nacionales de desarrollo.

<u>Sistema de promoción, difusión y penetración en medios de comunicación de logros gubernamentales</u>

Este esquema implica un sistema de promoción, difusión y penetración en los medios de comunicación, con una planificación y calendarización masiva en estos medios, para que las sociedades conozcan de los avances que han logrado sus gobiernos con respecto al desarrollo integral sostenible y a la mejora de la calidad de vida. Este esquema de difusión masiva en medios de comunicación generará un amplio reconocimiento general y una amplia posición favorable de un gobierno ante la sociedad y ante el entorno internacional.

<u>Sistema del consejo popular de reconocimiento a la función gubernamental</u>

Dentro de un consejo consultivo ciudadano y popular o un órgano ciudadano de dirigencia, o de algún otro órgano ciudadano de alta representatividad de cualquier país y entidad, se deberá crear e integrar un consejo popular de reconocimiento a la función gubernamental, cuya labor específica será la de analizar la información emanada de los gobiernos nacionales, federales, estatales, municipales y locales, recabada y generada por las diversas empresas de encuestas y sondeos y de las empresas públicas y privadas encargadas de generar diversos indicadores y conceptos como el nivel de vida, la productividad, los satisfactores sociales, los trabajos gubernamentales, etc., para que la sociedad pueda conocer y evaluar los avances, o falta de estos, del ejercicio de gobierno y del desarrollo de sus entidades, y definir así su postura, mediante esta vía de alta representatividad, que es este consejo popular, con respecto a este conjunto de rubros del trabajo gubernamental y del desarrollo integral sostenible. El resultado del proceso y análisis se dará mediante un comunicado oficial del consejo popular, en el que se reconocerá que existen avances sustantivos o que no los existen, de acuerdo a su decisión, basada en los índices y resultados, derivados del trabajo gubernamental y del cumplimiento de objetivos, para ser comunicado a los gobiernos de todo ámbito y orden, y a la propia población, por medio de reuniones y de los medios de comunicación. El resultado de la evaluación de este consejo popular tendrá una decisión trascendente para la sociedad y para los gobiernos, por la credibilidad de los representantes ciudadanos de este consejo y por el trabajo especializado de quienes han sido encargados de los análisis y evaluaciones de este proceso de reconocimiento y de estos índices para el desarrollo.

Este consejo popular de reconocimiento a la función gubernamental estará presidido por un presidente del consejo, encargado a algún ciudadano de gran respetabilidad y honorabilidad en su entorno y región, que además podrá contar con un determinado número de vicepresidentes del consejo popular, y con un consejo ciudadano popular para el desarrollo, que estará integrado por al menos unos cincuenta ciudadanos representativos de las entidades respectivas, con una gran respetabilidad y reconocimiento por parte de la sociedad, en base a su forma de ser, a su historia personal, a su capacidad y al ejercicio de su profesión o trabajo, que no necesariamente tendrá que ser un trabajo muy difundido y de alcurnia, sino que podrán ser trabajos sencillos, pero realizados con capacidad, honestidad y resultados de éxito. El objetivo del gobierno será contar con el reconocimiento de una organización altamente representativa de la población, para un mayor posicionamiento y consolidación de su ejercicio y de sus políticas. El objetivo político será el reconocimiento al trabajo del gobierno y de los gobernantes, así como a las instancias y partidos políticos de los que surgieron, proveyendo a estas instancias políticas de más y mejores estrategias y reconocimientos para lograr más triunfos electorales, y también para disminuir políticamente a los grupos opositores y a los grupos radicales.

6.2. *Esquema de posicionamiento gubernamental en el contexto nacional y local*

Este esquema implica un trabajo gubernamental de posicionamiento en el contexto local y nacional, que lógicamente incluye las estrategias de información a la sociedad y de reconocimiento mediante encuestas y sondeos de la población. Por estrategia política, será importante fortalecer este posicionamiento y aumentarlo, en base al trabajo político y de gobierno, con visión, sencillez y talento, y con el objetivo de generar mayor desarrollo. Para cimentar estos resultados en un primer trimestre, semestre o año de todo gobierno, se deberá de seguir llevando a cabo un ejercicio gubernamental exacto y de gran liderazgo, así como una coordinación e interrelación efectiva del trabajo gubernamental, para una mayor organización y dinámica, y una mayor generación de avances integrales del desarrollo y de la estabilidad y, por lo tanto, la eliminación de la inseguridad, la inestabilidad y la polarización política y social.

Ejercicio constitucional exacto y de liderazgo del poder ejecutivo gubernamental

De acuerdo a los resultados de reconocimiento popular, los gobernantes y los funcionarios de las diversas áreas de gobierno deberán seguir generando políticas públicas e instrumentos para el desarrollo y realizar sus funciones con la mayor eficiencia, exactitud y liderazgo para seguir impulsando esta imagen y forma de trabajo. El objetivo es el de mejorar el trabajo y los resultados, para seguir contando con avances sustantivos que permitan continuar con el reconocimiento y la aprobación general hacia el gobierno, hacia los gobernantes y funcionarios, y también hacia las instancias políticas de donde surgieron.

Coordinación de gobierno y de trabajo gubernamental

Uno de los aspectos trascendentes e importantes de la generación de un excelente trabajo gubernamental es el establecimiento de una coordinación dinámica, organizada y efectiva para la interrelación de las instituciones de gobierno y entre los gobiernos de todo orden y ámbito, e incluso con gobiernos internacionales, para atraer inversión, programas y convenios de desarrollo, entre otros aspectos, que impliquen mayores recursos y programas de apoyo a los sectores populares.

Asimismo, la interrelación y coordinación entre instituciones de gobierno federal, y entre estas con gobiernos estatales, municipales y locales, implicarán una efectiva organización y un trabajo eficiente, basado en la capacidad y visión de gobernantes y funcionarios, así como en la implementación y aplicación de políticas, programas e instrumentos de desarrollo de estos gobiernos de todo orden y ámbito, por lo que la aplicación exacta de recursos y programas, así como el enlace, interrelación y coordinación efectiva, generarán los apoyos y estímulos necesarios para fortalecer y mejorar la infraestructura y los sectores productivos, y los esquemas para el desarrollo, el empleo y el beneficio popular.

La coordinación ordenada, organizada, planificada y funcional es uno de los factores básicos para la implementación de las políticas públicas de gobierno, para la eficiencia de los procesos y para la obtención de los mejores resultados, ya que esta interrelación permitirá que los aspectos y efectos de los programas e instrumentos ejercidos de forma adecuada y planificada se expandan y ejecuten con eficiencia y logro de objetivos y metas. Cuando no existe una interrelación y coordinación efectiva, los trabajos gubernamentales se pulverizan, y solo sirven para el cumplimiento burocrático de metas sin sentido, de aplicación de recursos de forma aleatoria y sin planificación, y como eventos y actos políticos de resultados que no benefician ni al estado, ni al gobierno, ni a la población, pero se difunden y promocionan como si el logro fuera sustantivo. La coordinación y la aplicación exacta de los programas, instrumentos y políticas públicas, por tanto, son fundamentales, ya que esto permite tener eficiencia en la visión, los esfuerzos, la programación y planificación, los procesos y los resultados del ejercicio gubernamental, logrando así generar las condiciones para impulsar en las entidades el desarrollo y el beneficio colectivo.

Generación de avances integrales del desarrollo y la estabilidad

Este esquema implica la generación de avances integrales del desarrollo y de la estabilidad, con una política gubernamental al interior de sus instituciones de exigencia en el ejercicio de las funciones y en la aplicación eficiente de los programas y recursos, así como en la capacitación y mejora de la calidad del trabajo de los representantes, funcionarios y trabajadores de las instituciones, con la implementación de sistemas de calidad y de esquemas de revisión y avance de los trabajos, además de la implementación de nuevos y mejores programas, y de la mejora de los programas institucionales ya establecidos, para lograr cada vez mayores avances en el trabajo gubernamental institucional, por medio de la administración pública y de las instituciones de la estructura gubernamental. Esto implica mejora en la infraestructura de la administración pública y de gobierno, en sus instituciones y programas, en la capacidad de funcionarios y trabajadores, en la atracción de mayores inversiones y en la aplicación eficiente de recursos, así como en el planteamiento, con visión y proyección, de mejores objetivos, cuyos logros generarán los avances integrales y de mayor envergadura para el desarrollo.

Eliminación de la inseguridad, la inestabilidad y la polarización política y social

Todos los esquemas de trabajo gubernamental, en su conjunto, tienen el objetivo de generar desarrollo integral sostenible y mejora de la calidad de vida de la población, pero también tienen el objetivo de generar estabilidad política y social, por lo que la misión también será la de eliminar la inseguridad y la inestabilidad en sus contextos, para erradicar toda posibilidad de polarización política y social, conjuntando a la sociedad y sus sectores a favor de un gobierno capacitado y eficiente que genere resultados de éxito y que evite que se establezcan las condiciones que producen escenarios no deseados.

El objetivo será también el de eliminar los aspectos nocivos que producen el crimen, la delincuencia, el narcotráfico, el contrabando, los secuestros y todos los nefastos aspectos de la inseguridad en todo territorio, para lograr así contextos de tranquilidad y desarrollo, que logren el reconocimiento por el trabajo realizado y por el cumplimiento y logro de los objetivos de bienestar y paz política y social.

7. Sistema de difusión y promoción del trabajo gubernamental

Este sistema de difusión y promoción del trabajo gubernamental implica una amplia difusión en todos los medios de comunicación, así como en reuniones, giras, eventos, foros y mítines, de todos los aspectos y resultados exitosos de un gobierno, la cual será realizada primordialmente por medio de los gobernantes y funcionarios, de forma directa, ante estos auditores, y también a través de las instancias de difusión y promoción gubernamental de todo tipo de medios de comunicación. Esta estrategia también implica una amplia difusión de estos logros en un sentido y aspecto político, por parte del partido político del cual surgió el gobierno en su ámbito nacional, estatal, municipal y local, y por parte de las organizaciones y partidos aliados, en los mismos términos. Los diversos procesos y objetivos de esta difusión tienen la finalidad de generar el reconocimiento popular y de los sectores locales, nacionales e internacionales. A continuación, se presentan algunos esquemas para difundir masivamente el trabajo de gobierno, sus resultados y el logro de objetivos para el reconocimiento popular. Por su naturaleza y contenido, la especificación de la actividad a desarrollar se encuentra descrita en el propio nombre del concepto, por lo que solamente se presentarán de forma nominativa estos esquemas de difusión de resultados del ejercicio gubernamental, para ser realizados por un gobierno como parte de su estrategia de promoción y consolidación.

- *Esquema de difusión de logros del trabajo gubernamental*
- *Esquema de difusión de expectativas reales del ejercicio gubernamental*
- *Esquema de difusión de la fortaleza y liderazgo del ejercicio gubernamental*

- *Esquema de difusión del posicionamiento local, nacional e internacional popular y sectorial del gobierno*

- *Esquema de difusión de aspectos negativos de las oposiciones gubernamentales, políticas y sociales*

- *Esquema de difusión de expectativas de subdesarrollo con el trabajo de oposiciones políticas en el poder*

- *Planeación y estrategias de la difusión política gubernamental*
- *Seguimiento, control e impacto de la difusión y promoción gubernamental*

Veamos a continuación el sistema que especifica el concepto y los aspectos de las alianzas estratégicas integrales.

8. Sistema de alianzas estratégicas integrales

Las alianzas estratégicas indudablemente que se han aplicado a través de la historia en infinidad de procesos gubernamentales, políticos y electorales, así como en otros conceptos de estado, gobierno y de los sectores, organizaciones y partidos políticos, al igual que en los sectores privados y sociales, sobre todo los empresariales, comerciales, de la industria de la publicidad, de mercados y marketing, etc. Independientemente de las fortalezas de los gobiernos, basadas en las políticas, estrategias y formas de trabajo de gobernantes capaces y con visión, además de los resultados exitosos que se obtengan, siempre será necesario generar alianzas gubernamentales de diversos conceptos y aspectos inherentes a la actividad y a los procesos de un estado. Estos principios y estrategias deben utilizarse más aún por aquellos gobiernos que no cuenten con fortalezas y si con deficiencias y múltiples instancias adversarias y opositoras. En razón de lo anterior es fundamental que los gobiernos establezcan, entre otras acciones y políticas, esquemas de alianzas estratégicas diversas, siempre con al menos un mínimo básico de estas, que produzcan unidad, consensos y acuerdos políticos para trabajar y mantener la estabilidad y gobernabilidad de un estado. Veamos algunas de estas alianzas.

- *Alianzas estratégicas de gobierno*
- *Alianzas estratégicas con partidos y organizaciones políticas de todo orden y ámbito*
- *Alianzas estratégicas con gobiernos de todo orden y ámbito*
- *Alianzas estratégicas con la población, sectores, organizaciones y representaciones ciudadanas*
- *Alianzas estratégicas con medios de comunicación*
- *Alianzas estratégicas con adversarios y opositores*
- *Alianzas estratégicas con representantes legislativos de todo orden y ámbito*
- *Alianzas estratégicas con personajes de influencia nacional y local*
- *Alianzas estratégicas con sectores de todo concepto, nacionales, locales e internacionales*

Veamos ahora de forma breve estas alianzas estratégicas generales y específicas.

Alianzas estratégicas de gobierno

Las alianzas estratégicas de los gobiernos se construyen desde un nivel nacional hasta los niveles, órdenes y ámbitos de entidades, estados, municipios y localidades, con el objetivo de que las diversas instituciones, organizaciones, gobiernos, partidos y sectores estén de acuerdo en la mayoría de las acciones, políticas y resultados del gobierno respectivo, de forma consensuada y aprobada mayoritariamente, ya que todo gobierno debe representar, gestionar y solucionar las necesidades y propuestas de las grandes mayorías políticas y sociales, así como de las minorías poblacionales.

Entre estas alianzas estratégicas de gobierno también existirán las alianzas no oficiales, que se establecen de diversas formas y conceptualizaciones, con gobiernos y sectores locales, nacionales e internacionales, y que además producen buenos resultados, pero que por diversos aspectos no pueden conformarse legal o políticamente a la vista de todos. Entre los aspectos que impiden una oficialización legal o política de las alianzas se tienen básicamente los aspectos legales, normativos y electorales, así como los aspectos políticos por provenir de instancias opositoras, adversarias y políticamente diferentes, por lo que no pueden conformarse de forma oficial, en la generalidad de los casos.

En este universo de instancias que no pueden mostrar sus alianzas con algunos gobiernos tenemos a instituciones, partidos políticos y organizaciones opositoras, a gobiernos emanados de partidos políticos adversarios y también a instituciones y representantes de religiones, de sectores militares, de sindicatos y de grupos gremiales y corporativos, entre otros, pero que sin embargo se trabajará de forma conjunta en objetivos comunes y coincidentes por diversas razones, según los contextos, las condiciones y los tiempos políticos. Estas alianzas estratégicas, por tanto, se conformarán mediante la suma de las alianzas oficiales y las alianzas no oficiales, entre otras, que conjuntamente llevarán a los gobiernos y gobernantes a ejercer el poder de forma consensuada, razonada, representativa y comprometida, para generar resultados conjuntos de éxito y beneficio.

Alianzas estratégicas con partidos y organizaciones políticas de todo orden y ámbito

En este concepto se deberán mantener y ampliar las alianzas de gobierno con los representantes de partidos y organizaciones políticas que siempre han sido aliados y han colaborado conjuntamente en diversos procesos políticos y de gobierno. Otras alianzas con representantes, dirigentes y militantes de partidos opositores deben buscarse y establecerse mediante los procesos de negociación necesarios, ya que aunque sus dirigencias a nivel nacional, estatal, municipal y local designen a sus propios candidatos en las contiendas electorales, siempre existirán grupos al interior de estos partidos que no estén de acuerdo con estas designaciones o con las políticas de sus partidos, ni con las decisiones y posturas de sus propios líderes, por lo que en estos escenarios se pueden generar alianzas parciales o totales con estos grupos inconformes. También podrá explorarse la conveniencia de buscar atraer a los partidos políticos opositores para que apoyen los proyectos de gobierno y establecer alianzas al interior de los mismos con quienes así lo decidan, que pueden ser algunos o todos, sin embargo, este escenario es difícil por los diversos intereses que se tienen en cada partido político y en sus grupos cupulares. Alianzas con organizaciones políticas y sociales de todo orden y tipo también son fundamentales, por lo que habrá de establecerse una agenda de acercamiento con los representantes de toda instancia, para generar las propuestas y planteamientos que produzcan las condiciones para lograr las negociaciones, los acuerdos y los consensos necesarios.

Todas las organizaciones políticas en su conjunto representan diversos aspectos de los sectores poblacionales, por lo que es fundamental sumar voluntades, coincidencias y adhesiones para verdaderamente representar a la mayoría de la población y conocer sus necesidades y planteamientos para sus soluciones positivas, y con esto lograr el reconocimiento general del trabajo gubernamental.

Alianzas estratégicas con gobiernos de todo orden y ámbito

Algunos gobiernos sostienen que, con su estructura, trabajo y resultados, además de la presencia y posicionamiento de sus gobernantes, tienen una sólida realidad y expectativa de posicionamiento político favorable en toda su administración, pero siempre será importante buscar acercamientos y negociar alianzas con todos. Por esta razón se deben analizar todas las alianzas que se pueden generar y lograr, especialmente las alianzas oficiales y no oficiales con gobiernos de todo orden y ámbito. Estas alianzas estratégicas deberán realizarse con todos los gobiernos que se consideren coincidentes, y por lógica, aunque en política no siempre funciona, con aquellos que son emanados de las mismas instituciones y partidos políticos, pero también se buscarán alianzas con los gobiernos neutrales e incluso adversarios, que sería prioritario para lograr una alianza que conforme un amplio bloque político a favor de todo gobierno que la construya. También deben de generarse con estos gobiernos las alianzas personales y de grupo, con sus representantes y gobernantes, en su carácter de personas y líderes de gobierno. Estas alianzas podrán establecerse en todos los niveles y conceptos de un gobierno, desde los propios gobernantes hasta los líderes laborales, y con los propios funcionarios y empleados de gobierno. Trabajar una amplia alianza con gobernantes de entidades, municipios y localidades, emanados de todos los partidos políticos, desde aliados y neutrales, hasta incluso adversarios, es prioritario para aumentar las expectativas y realidades del posicionamiento gubernamental y el de sus políticas y acciones. Las alianzas con representantes de los gobiernos pueden lograrse de forma integral, parcial o mixta, entre otros aspectos, lo que dependerá de la negociación, de los lineamientos y de la voluntad e intereses de los actores políticos, por lo que la suma de todas estas alianzas, por muy pequeñas que sean, es importante y prioritaria. Las alianzas deben construirse, lograrse y ejercerse para trabajar estrategias y acciones de gobierno que permitan generar gobiernos integrales y representativos que establezcan las condiciones reales y necesarias, para el desarrollo integral y el beneficio social.

Alianzas estratégicas con la población, sectores, organizaciones y representaciones ciudadanas

Las organizaciones sociales y ciudadanas, desde las más pequeñas hasta las más grandes, han sido fundamentales para reconocer los trabajos de los gobiernos, además de aportar y apoyar en diversos programas y acciones gubernamentales, al igual que han sido importantes, con sus alianzas, en los triunfos políticos y electorales de partidos y candidatos, por lo que las alianzas con estas organizaciones deben de ser amplias y mayoritarias, de todo orden y ámbito.

Los gobiernos y partidos de todo país y entidad han establecido alianzas con organizaciones nacionales, locales y mundiales, por lo que el seguimiento de esta estrategia es importante, así como la continuidad de esta tendencia, con la finalidad de aumentar la base de alianzas gubernamentales y la utilización de políticas estratégicas con estos sectores y organizaciones. Indudablemente que muchas organizaciones sociales se acercarán y adherirán a estas plataformas políticas por identificarse con determinados gobiernos y gobernantes, y con sus proyectos y propuestas, aunque habrá algunas organizaciones que permanecerán indecisas y otras se comportarán completamente opositoras. La estrategia será la de fortalecer y ampliar las alianzas con organizaciones sociales y ciudadanas afines y aliadas, y atraer a la mayoría de las organizaciones indecisas y neutrales, mientras se trabaje en lograr encuentros y acercamientos con organizaciones que han mostrado ser opositoras, pero que pueden ser atraídas, total o parcialmente, por diversas razones económicas y políticas, o por coincidencias de objetivos.

Alianzas estratégicas con medios de comunicación

También los medios de comunicación son fundamentales para los procesos políticos y del ejercicio gubernamental, y también existen y han existido alianzas entre partidos políticos, gobiernos y medios de comunicación, además de que muchos gobernantes y candidatos, en todo tiempo, generalmente han establecido múltiples y diversas alianzas con medios de comunicación de todo tipo y ámbito. Existen en todo el mundo alianzas de gobernantes con diversos medios de comunicación afines, específicamente con sus dueños y representantes, las que habrán de ampliarse a la mayoría de medios posibles, incluso con medios de comunicación completamente neutrales, y que pueden ser atraídos en el sentido de apoyar los trabajos y proyectos de gobierno, con tiempo-aire de difusión, con mensajes y promoción, y con áreas de influencia política y de difusión, entre otros aspectos. Existen también representantes de medios de comunicación que son adversarios, pero también habrá que explorar las posibilidades y formas de volverlos aliados, por lo que se podrán establecer los acercamientos y probables acuerdos con ellos, para realizar una planificación de difusión y promoción del trabajo gubernamental y de la agenda de los gobernantes. La mayoría de medios de comunicación venden difusión y publicidad a los gobiernos, algunos más y otros menos, lo que está bien, ya que es un negocio más, aunque de gran trascendencia política, social y global, por lo que es seguro el apoyo y difusión favorable de las acciones y resultados de gobierno de todos los medios que tienen negocios con estos gobiernos, aunque en el caso de no depender económicamente de ningún gobierno, también será seguro que no podrán existir alianzas con estos medios de comunicación, y por lo tanto no habrá difusión masiva y estratégica de los trabajos gubernamentales. Con los medios de comunicación que no deseen aliarse con los gobiernos se deberán negociar y generar acuerdos importantes de no agresión, en lo posible, para que no utilicen una guerra sucia en contra, ni lesionen intereses personales. De no lograrse estos acuerdos, habrá que estar muy atentos y establecer estrategias de respuesta rápida y de ataque a los opositores y adversarios.

Alianzas estratégicas con adversarios y opositores

En los diversos aspectos de las alianzas, existirán estas con grupos y personas, gobiernos y partidos, organizaciones y sectores, que sean neutrales e incluso adversarios y opositores, pero también que puedan tener objetivos comunes. Estas coincidencias de objetivos económicos, políticos, gubernamentales y sociales, entre otros muchos aspectos, podrán generar alianzas con grupos y personas emanadas de todo tipo de gobierno, organizaciones y partidos, por lo que habrá que especificar una lista de personajes importantes, organizaciones, gobiernos, partidos y sectores con influencia para establecer los acercamientos y acuerdos posibles.

Podrá haber otras coincidencias fundamentales como la afinidad e identificación con los trabajos y proyectos de gobierno, o la identificación con gobernantes y funcionarios, y el reconocimiento a sus trayectorias y comportamientos, así como a su visión, capacidad y conocimientos, y a su forma de gobernar, o por su trato a la gente, etc. Otras coincidencias tendrán que ver con las políticas públicas, con las expectativas de desarrollo y crecimiento, con las políticas y programas de impulso a sectores empresariales, sindicales, magisteriales y populares, o con la forma de atención y resolución de los asuntos, o la generación de proyectos integrales que desarrollen las entidades y mejoren la calidad de vida de la gente.

Otras coincidencias más se basarán en reconocimientos de la imagen, de valores familiares, de la moral y de otras diversas cualidades de los gobernantes, así como del comportamiento de dirigentes y representantes de las instituciones de gobierno y de los partidos políticos y organizaciones aliadas y afines a estos gobiernos. Más coincidencias, entre estas las negativas, son aquellas en que no se desee que otros gobiernos, partidos, grupos o personajes triunfen, por lo que habrá que cerrarles el camino mediante alianzas con los opositores de estas personas, o que determinados grupos o personas obedezcan a ciertos intereses económicos, políticos o comerciales, entre otros, adversos a determinadas propuestas y políticas de gobierno, o que son adversos a algunos funcionarios de gobierno o a algunos miembros de su partido, por lo que se hará todo lo posible porque esos grupos de intereses adversos no lleguen al poder.

Todas estas coincidencias en objetivos, específicamente las positivas, habrá que atraerlas con el trato personal y la movilidad y acción política, sin embargo, también se puede generar una amplia difusión en los medios de comunicación, en los que se especifique que la gente se identifica con los gobernantes porque son ganadores, porque son capaces, porque tienen visión, porque quieren el desarrollo del país, porque quieren llevar beneficios a la sociedad, porque tienen valores familiares y porque tienen moral y honestidad, y en fin, existirán una serie de propuestas que impulsen la difusión y los encuentros de acercamiento con sectores, personajes, gobiernos y sociedades, para atraer mayores simpatías y reconocimientos al ejercicio gubernamental.

Alianzas estratégicas con representantes legislativos de todo orden y ámbito

De igual forma, a nivel gubernamental, se pueden establecer alianzas con grupos parlamentarios, y en lo personal establecer alianzas, amistades, afinidades y coincidencias con legisladores nacionales o federales y estatales o locales, de todo ámbito, orden y afiliación política. En primer término, deben realizarse las alianzas estratégicas a nivel partido político con grupos parlamentarios de las cámaras legislativas nacionales y locales.

Cualquier alianza puede tener problemas en su conformación o en sus procesos, de forma grupal o personal, por lo que los gobernantes, independientemente de todas las alianzas estratégicas, aún con los adversarios, por coincidencias y objetivos, deben de estar siempre alerta por estos factores: traiciones, espionaje político, búsqueda de confrontaciones, siembra de información que no es real, chismes y otros aspectos no deseados.

Independientemente de estos aspectos, que seguramente se tienen contemplados en los equipos de los gobernantes de todo país y entidad, será importante establecer diversos grados de alianzas ante el poder legislativo nacional y local, ya que estas alianzas son estratégicas para influir en los destinos de las iniciativas y leyes propuestas por los gobernantes, además de los intereses políticos, electorales y legislativos inherentes, entre otros importantes aspectos.

Así, a nivel nacional y local deberá haber acercamientos con legisladores de su mismo partido y de otros partidos, para atraerlos de forma personal o grupal, aunque lo ideal sería una atracción global con línea partidista de todos los grupos parlamentarios, sin embargo, esto se maneja normalmente entre los líderes nacionales, por lo que de no existir un acuerdo para este fin, entonces el acercamiento con los diversos legisladores, en lo particular, es fundamental para atraerlos y que estos coadyuven en la difusión y promoción de los trabajos, proyectos y resultados de gobierno en el ámbito que ellos manejen y en el que se desenvuelvan. Todo esto es importante para la suma de simpatías y adhesiones, y para generar la difusión de estos representantes parlamentarios a favor del gobierno.

Alianzas estratégicas con personajes de influencia nacional y local

Las alianzas con personajes de influencia nacional y local también son básicas, por lo que será necesario establecer una planificación de personajes y líderes que coadyuven en la difusión de los trabajos, resultados y proyectos de gobierno y de la figura del gobernante. Veamos algunos conceptos de alianzas con personajes diversos del ámbito político, empresarial, económico, sindical y magisterial, entre otros.

- *Alianzas con personajes de influencia nacional y local, afines y con proyectos y objetivos comunes*

- *Alianzas con personajes de influencia nacional y local neutrales, que coincidan en proyectos y objetivos*

- *Alianzas con personajes de influencia nacional y local neutrales que, aunque no coincidan en proyectos y objetivos, puedan aliarse por otros aspectos*

- *Alianzas con personajes de influencia nacional y local adversarios y opositores, que puedan coincidir en objetivos, aunque no en proyectos*

- *Alianzas con personajes de influencia nacional y local adversarios y opositores que, aunque no coincidan en objetivos ni en proyectos, decidan aliarse por diversas razones*

- *Alianzas con personajes de influencia nacional y local, por diversos razonamientos, planteamientos, condiciones, coyunturas, sinergias y coincidencias de intereses y tiempos políticos*

Estas alianzas pueden establecerse en todo ámbito y concepto, sobre todo en lo político, gubernamental, legislativo, empresarial, sindical, educativo, magisterial, sectorial, popular, obrero, campesino, religioso, militar, de profesionistas y académicos, personal, etc.

Alianzas estratégicas con sectores nacionales, locales e internacionales

En este sentido amplio, las alianzas con los sectores nacionales, locales e incluso internacionales son fundamentales, por lo que se podrán tener alianzas como las siguientes.

- *Alianzas nacionales y locales con sectores gubernamentales, económicos, políticos, sociales, campesinos, indígenas, religiosos, militares, empresariales, transportistas, académicos, sindicales, magisteriales, de profesionistas, estudiantiles, populares, artísticos, deportivos, culturales, obreros, de comunicaciones, ambientalistas, de minorías sociales, etc.*

- *Alianzas nacionales y locales con sectores y representaciones ciudadanas, con organizaciones ciudadanas, no gubernamentales, ecológicas, de defensa a sectores, etc.*

- *Alianzas nacionales y locales con sectores productivos, estratégicos, tecnológicos, de ciencia y desarrollo, etc.*

- *Alianzas nacionales y locales con sectores corporativos, empresas trasnacionales, empresas de diversión y telecomunicación, medios de comunicación, etc.*

- *Alianzas nacionales y locales con grandes figuras representativas de los sectores gubernamentales, políticos, económicos y sociales*

- *Alianzas estratégicas internacionales con gobiernos, organizaciones, sectores, embajadas, representaciones, personas y grupos de todo orden, ideología y ámbito*

En el ámbito internacional, nacional y local, como se observa, se pueden lograr múltiples y efectivas alianzas y acercamientos, primordialmente con gobiernos y gobernantes, pero también con sectores, organizaciones y representaciones de la sociedad, adicionando estas alianzas con personajes de gran nivel internacional o nacional, o al menos con acercamientos con estos personajes importantes y mediáticos, que puedan difundirse masivamente en los medios de comunicación, para el conocimiento de la población, como por ejemplo, encuentros con grandes figuras artísticas, culturales, empresariales y con gobernantes y líderes populares.

9. Mejora de sistemas y esquemas políticos, electorales y partidistas

Todo proyecto político partidista debe contemplar una mejora a los sistemas y esquemas políticos y electorales, y también al sistema de partidos políticos y reformas al interior de los partidos políticos, con la finalidad de establecer un estado de derecho político, electoral y partidista que genere certidumbre, estabilidad y procesos eficientes, fiables y ordenados, que produzcan resultados de credibilidad y transparencia, lo que permitirá, por consiguiente, la implementación de los conceptos y esquemas políticos de estabilidad y orden, en marcos de unidad, consensos y paz política y social. Para estos efectos será necesario establecer una convocatoria que genere una reforma al sistema político y al sistema electoral, y también al sistema de partidos políticos en todo país, salvo en aquellos que ya cuentan con esquemas de mejora y sistemas políticos de vanguardia, pero si en países y entidades atrasadas y subdesarrolladas en muchos sentidos. El objetivo será eliminar los procesos que adolezcan de una normatividad adecuada y que tengan imprecisiones jurídicas que permitan injusticias por el aprovechamiento de la suposición y la ambivalencia de los preceptos normativos y de leyes para evitar, entre otros aspectos, la falta de reconocimiento de los procesos y resultados electorales y políticos. El objetivo también será el de lograr una mayor integración, participación y acción de la sociedad en los esquemas políticos y electorales.

- *Reforma al sistema político y electoral*
- *Reforma a partidos políticos*

Para lograr una reforma de estado en lo que respecta a un sistema político y electoral, se deberá contar con una infraestructura gubernamental, partidista y ciudadana que coordine los trabajos para la reforma política, electoral y del sistema de partidos políticos. Se deberán establecer áreas de análisis, propuestas, evaluación y planteamiento de trabajos para estas reformas, así como áreas de procesos y resultados para la aprobación de las diversas iniciativas por medio del congreso legislativo respectivo. Veamos algunos conceptos que podrán ser propuestos para estas reformas, ya que es un tema muy amplio para su desarrollo e implica un trabajo conjunto, en base a las propuestas de la sociedad, de los partidos políticos, y de las organizaciones y gobiernos.

Propuesta de conceptos que deben de considerarse en una reforma política y electoral, así como al sistema de partidos políticos y al interior de los mismos.

Reforma al sistema político y electoral de un estado

Reforma a la institución nacional o federal electoral

- *Propuesta de nueva infraestructura electoral para la instancia electoral*
- *Ámbito del referéndum y plebiscito*

Presupuestos, gastos y transparencia

- *Disminución de presupuesto a partidos políticos*
- *Disminución de gastos en campañas electorales*
- *Transparencia en aplicación y ejercicio de los recursos*

Representatividad democrática

- *Representatividad de partidos políticos y candidatos ante la sociedad*
- *Representatividad de la sociedad en los procesos electorales*

- *Necesidad del estado de establecer espacios determinados para la participación directa de la sociedad en el ámbito legislativo y de gobierno*

Temporalidad de campañas y unificación de procesos electorales

- *Disminución de tiempos y amplitud de campañas electorales de todo orden*

- *Esquema de disminución de tiempos de procesos y campañas electorales y de sus aspectos y gastos inherentes*

- *Unificación de procesos electorales*
- *Esquema de unificación de procesos electorales federales, estatales y municipales*

Costos y recursos igualitarios

- *Ampliación, por normatividad, de recursos para difusión en los diversos medios de comunicación y publicidad móvil y fija*

- *Costo unitario del voto electoral*
- *Estrategia de igualdad de recursos para el proceso electoral*

- *Especificación de mínimos conceptos de tipos de publicidad y propaganda y espacios de difusión y colocación*

Disminución de legisladores y esquemas de rendición de cuentas

- *Disminución de candidatos a cargos de elección popular para el poder legislativo federal y estatal o local*

- *Necesidad de rendición de cuentas y de aprobación o desaprobación de gobiernos y sus instancias partidistas, ejecutivas y judiciales*

Interrelación gobierno-sociedad y esquemas de cambios de gobiernos y funcionarios

- *Vías institucionales para la interrelación gubernamental con la sociedad*
- *Sistema de diálogo y propuestas entre sociedad y gobierno y sus instancias*
- *Conceptos de problemáticas contra representantes gubernamentales*

- *Conceptos de inconformidad y desacuerdo social en contra de actividades gubernamentales, permitiendo el acceso a las impugnaciones y demandas ciudadanas*

- *Sistema de procesos de evaluación, aprobación, desaprobación, resolución y calificación de los representantes de los gobiernos y sus instancias ejecutivas, partidistas y judiciales*

- *Sistema de ejecución de cambios y renovación de los representantes de los gobiernos y sus instancias ejecutivas, partidistas y judiciales*

- *Esquema de sustitución de gobernantes, funcionarios y legisladores, y de tiempos de aplicación de procesos de evaluación y remoción*

Representatividad y participación ciudadana en las instancias gubernamentales del ejecutivo y legislativo

- *Representatividad de la sociedad en instancias de gobierno de todo orden*

- *Aprobación de la sociedad, por medio de procesos de las instituciones electorales, a las listas presentadas por los partidos políticos de selección de candidatos a cargos de elección popular*

- *Sistema de aprobación de plataformas de gobierno o de trabajo y de las propuestas de candidatos*

Modernidad y credibilidad en el sistema y los procesos electorales

- *Padrón electoral real, confiable y transparente*
- *Credibilidad, confianza y certeza de votaciones y resultados electorales*
- *Nuevos y efectivos sistemas de votación*
- *Presupuesto y gastos para implantar sistemas digitalizados en los procesos electorales*
- *Historial del voto mediante la credencial digitalizada*
- *Credencialización con chips computarizados y padrón electoral integral computarizado*

- *Conceptos básicos de funcionalidad de la digitalización del sistema de votación electoral*

Conceptos de normatividad, participación y procesos

- *Mejor normatividad de los conceptos electorales en general y en procesos, tiempos, gastos, revisiones, debates, difusión y resultados*

- *Normatividad de participación obligatoria igualitaria en determinados aspectos de la planificación y esquemas de las campañas electorales*

- *Esquemas de gestión de la calidad y mejora continua, así como de responsabilidad social, en los procesos y campañas electorales*

Estructura para evaluación de procesos de gobiernos y sus instancias partidistas, ejecutivas y judiciales de todo orden, emanadas de procesos electorales

- *Comisión de acceso a la evaluación y resolución primaria de asuntos y problemáticas para cambiar a representantes de gobiernos y sus instancias*

- *Comisión de evaluación del proceso y resolución final para cambiar gobiernos y sus representantes, y la aplicación de plebiscito y referéndum*

- *Comisión de ejecución de cambios e instalación de nuevos gobiernos y representantes de sus instancias ejecutivas, legislativas y judiciales*

- *Comité de propuestas generales, de análisis y razonamiento de valor del voto popular*
- *Comisión de evaluación y aplicación del plebiscito y el referéndum ciudadano*
- *Nueva estructura general de un sistema electoral*

Reforma legislativa

Reforma a las cámaras legislativas

- *Estrategia de ampliación de tiempos políticos partidistas y subdivisión y delegación del trabajo parlamentario y de la legislación de leyes*

- *Ampliación de periodos de sesiones ordinarias y de trabajo en comisiones*
- *Conformación de la estructura de comisiones partidistas*

- *Conformación de nueva división del trabajo en las cámaras de representantes, diputados y senadores*

Obligatoriedad en el trabajo político y en la generación de leyes

- *Reforma a reglamentos y leyes para establecer la obligatoriedad de trabajo político y partidista*

- *Obligatoriedad de proponer determinada cantidad mínima de iniciativas de leyes fundamentales, secundarias y reglamentarias, por comisión y comité político y partidista*

- *Obligatoriedad de participación de legisladores en tribuna*
- *Obligatoriedad de ejercicio de gestión en los distritos electorales*

Estas son algunas de las diversas propuestas que seguramente se van a generar con la conformación de una coordinación para la reforma del sistema político y electoral de un país y estado, para mejorar los procedimientos, leyes y esquemas políticos y electorales que establezcan las condiciones que generen confianza, credibilidad, estabilidad, unidad, desarrollo y paz política y social.

10. Esquema de atención de problemáticas políticas y sociales

- *Prevención, atención y solución a problemáticas políticas*
- *Prevención, atención y solución a problemáticas sociales*

Este esquema está diseñado para atender las problemáticas políticas y sociales de un país y sus entidades, con la finalidad de llevar a cabo, mediante la información respectiva, un diagrama de los asuntos y aspectos de un contexto, ya sea general o particular, para que, de forma sistematizada, insertarlos en los procesos de atención de los mismos, mediante el involucramiento de las partes respectivas, para el planteamiento de los puntos de vista y las propuestas que permitan lograr los mejores acuerdos para la terminación y solución de todo asunto y problemática. Mediante este esquema se buscará atender todos los escenarios y asuntos con problemáticas, y por lo tanto, los focos rojos gubernamentales, políticos y sociales que se tengan o que llegaran a surgir o a intentar surgir, para desactivar la mayoría de ellos y lograr así contextos políticos y sociales de estabilidad y tranquilidad, que conjuntamente con las políticas públicas para el desarrollo integral por parte de un gobierno eficiente, permitan el establecimiento de escenarios sin conflictos ni problemáticas sustantivas, lo que propiciará un entorno de tranquilidad y estabilidad para el trabajo y la productividad, para la inversión y el comercio, y por consiguiente, para la mejora de la calidad de vida. Para estos efectos, el gobierno de un país deberá establecer una coordinación nacional de atención a problemáticas políticas y sociales, y una infraestructura específica para este fin.

Coordinación nacional de atención a problemáticas políticas y sociales

- *Subcoordinación nacional de atención a problemáticas políticas*
- *Subcoordinación nacional de atención a problemáticas sociales*
- *Consejo consultivo ciudadano y de gobierno de atención a asuntos políticos y sociales*

- *Comité de atención a problemáticas de asuntos políticos*
- *Comité de atención a problemáticas de asuntos electorales*
- *Comité de atención a problemáticas de organizaciones políticas*
- *Comité de atención a problemáticas de partidos políticos*
- *Comité de atención a problemáticas políticas ancestrales e históricas*
- *Comité de atención a problemáticas de asuntos sociales*
- *Comité de atención a problemáticas de organizaciones sociales y populares*
- *Comité de atención a problemáticas sociales ancestrales e históricas*
- *Coordinación estatal de atención a problemáticas políticas y sociales*
- *Consejo consultivo estatal de atención a problemáticas políticas y sociales*
- *Coordinación municipal de atención a problemáticas políticas y sociales*
- *Consejo consultivo municipal de atención a problemáticas políticas y sociales*
- *Comités locales de atención a problemáticas políticas y sociales*
- *Comisión nacional de dictamen y resolución de problemáticas políticas y sociales*
- *Comisiones estatales de dictamen y resolución de problemáticas políticas y sociales*
- *Comisiones municipales de dictamen y resolución de problemáticas políticas y sociales*
- *Comisiones locales de dictamen y resolución de problemáticas políticas y sociales*

Como se observa, este esquema cuenta con una infraestructura que comprende una red de estructuras gubernamentales y ciudadanas para la atención de problemáticas políticas y sociales en un país, con la finalidad de atender todas las diferencias, problemáticas y asuntos políticos y sociales desde las mismas localidades en donde se produzcan, hasta el ámbito municipal, estatal y nacional o federal, e incluso las problemáticas y asuntos propios en el exterior de un país. Con este esquema se busca la atención y resolución de las problemáticas de forma directa en las propias localidades, pero cuando rebasen su ámbito puedan ser atendidas y solucionadas en la infraestructura municipal y estatal, según el asunto, pero de rebasar estos ámbitos, se procederá a la atención del asunto en la coordinación federal o nacional de atención y resolución a problemáticas políticas y sociales. El objetivo, por lo tanto, es resolver, y sobre todo prevenir, todos los asuntos políticos y sociales que se puedan generar en un estado por diversas causas, o mejor aún, antes que se puedan generar estos conflictos, que en la mayoría de los casos pueden llegar a la solución y al acuerdo de todas las partes, desde el propio ámbito local, para así eliminar desde un principio que cualquier asunto pueda crecer, desarrollarse y afectar al medio local, municipal, estatal y nacional. La importancia de esta infraestructura de red de redes se especifica en la coordinación y en el trabajo para lograr eliminar todos los asuntos de problemáticas políticas y sociales de una entidad, para así coadyuvar en generar un contexto con escenarios de estabilidad económica y paz política y social, lo que permitirá generar, asimismo, los procesos de la productividad, el empleo y el comercio, entre otros aspectos, para el desarrollo integral y la mejora de la calidad de vida de los pobladores.

11. Esquema para generar sociedades de vanguardia

Otro de los proyectos políticos fundamentales de un gobernante con visión es el de mejorar la calidad de vida de forma integral, para que, asimismo, se conforme una sociedad más avanzada, preparada y de vanguardia. Esto quiere decir que toda sociedad deberá de ser clasificada de acuerdo a su preparación general, a sus condiciones de estudios, a su comportamiento social y político, y también a su condición socio-económica, con la finalidad de diseñar al menos tres esquemas de preparación y capacitación poblacional, de acuerdo a su condición socioeconómica y educativa, para lograr en el corto, mediano y largo plazo la unificación y mejora generalizada de la gente en cuanto a su calidad de vida y a su preparación personal y poblacional, para conformar una sociedad de vanguardia y de compromiso con el desarrollo y la estabilidad social, con la misión y el objetivo de continuar la preparación y mejora de todas sus condiciones personales y globales. Este esquema de gobierno deberá implementarse por medio de una coordinación gubernamental para la mejora de la calidad de vida, con coordinaciones estatales, municipales y locales, que serán las estructuras y organizaciones encargadas de los procesos, planificación, calendarización y aplicación de los programas, esquemas y cursos respectivos.

Asimismo, este instrumento de gobierno de superación integral y de capacitación de la sociedad se coordinará con los mismos sectores económicos, políticos, sociales y culturales, para planificar las acciones y el desarrollo de estos programas y esquemas. El gobierno deberá establecer una convocatoria específica de información y promoción en los medios de comunicación, para el conocimiento e integración de la población, que será registrada y evaluada en los propios centros de trabajo y en los hogares, para la agilidad del sistema, siempre con el consentimiento de la propia población y con la finalidad de llevarles un beneficio general y particular.

Esta capacitación estará planificada para realizarse durante el tiempo que sea necesario, por lo que la gente de cualquier estado del mundo podrá capacitarse y estar más cerca de una unificación de su capacidad y civilidad, con respecto a sí mismos y al conjunto de la sociedad, con el fin de generar también contextos de estabilidad, seguridad, satisfacción, unidad y armonía. Por otra parte, se deberá contar también con diversos aspectos para mejorar la calidad de vida de la gente y transformarla en su conjunto en sociedades más capacitadas, con mayor visión, discernimiento y razonamiento de los asuntos y contextos, para lograr la sociedad de vanguardia que todo país necesita.

- *Esquema integral de capacitación y preparación de la sociedad*
- *Implementación de esquemas de educación y civilidad en la sociedad*
- *Generación e implementación de los servicios básicos integrales para la población*
- *Empleo y expectativas de mejora de la población*
- *Desarrollo de la productividad para los sectores poblacionales*
- *Vías legales y reglamentarias de manifestación y expresión popular*
- *Vías institucionales para establecer, calificar y modificar el ejercicio gubernamental*
- *Vías institucionales para aprobar o cambiar gobiernos y gobernantes*

Esquema integral de capacitación y preparación de la sociedad

Todo gobierno deberá implementar esquemas especiales de mejora integral y de capacitación para la población que carece de estudios y preparación, y que se ubican sobre todo en zonas empobrecidas y marginadas, además de que también deberá haber esquemas para sectores poblacionales de nula y baja educación y capacidad. De igual forma, también se contará con esquemas de capacitación y educación para sectores de educación media y condición socioeconómica baja y media, y también un esquema para capacitar en algunos aspectos a los sectores sociales preparados, con educación profesional y mejor capacidad de análisis y discernimiento de los asuntos. Estas capacitaciones se llevarán a cabo de forma integral y constante en lo que respecta a esquemas educativos, de civilidad, de comportamiento social, de aspectos básicos de negocios, de productividad y de análisis y mapas mentales, entre otros muchos aspectos, con la finalidad de conformar avances y mejoras que unifiquen a los sectores sociales y que mantengan un alto nivel en la capacidad de análisis de toda la población.

<u>Implementación de esquemas de educación y civilidad en la sociedad</u>

Para estos efectos se deberá implementar un esquema especial de educación integral, que comprenderá una serie de programas gubernamentales educativos y productivos, que van desde la alfabetización y la educación para los adultos, hasta programas para la productividad y los negocios. Con estos esquemas no solo se buscará preparar y capacitar a la gente para su superación y sustentabilidad, sino que también se tendrá el objetivo de lograr y mantener la asistencia de la población escolar en los centros educativos para erradicar al máximo todo rezago educativo. Asimismo, se deberán implementar programas gubernamentales de educación para la civilidad, integrados a los programas básicos de educación social, así como materias y cursos de administración y contabilidad básica, de comprensión e inteligencia emocional y de generación de negocios, entre muchos otros, con la finalidad de lograr una educación integral que implique la obtención del conocimiento para ser emprendedores en negocios y autosustentables, aunado al logro de un comportamiento de civilidad y sensatez, que en conjunto generarán individuos y sociedades más capaces y preparadas, y con esto, gobiernos eficientes y estados y países desarrollados.

<u>Generación e implementación de servicios básicos integrales para la población</u>

Todo gobierno eficiente tendrá que generar una planificación estratégica integral que comprenda diversos programas gubernamentales para la implementación de servicios básicos efectivos para la población, tales como el suministro de drenaje, agua potable, energía eléctrica, luz eléctrica, vialidades, banquetas, seguridad pública, servicios educativos y de salud, vivienda, alimentación, etc., con la finalidad de que más habitantes cuenten con más y mejores sistemas de infraestructura social básica que mejoren su calidad de vida. Indudablemente que un entorno con los satisfactores básicos resueltos, o en vías de resolverse, va a generar particular y globalmente personas y sociedades mejor preparadas para su comportamiento social, empresarial, productivo, de sustentabilidad y cívico, lo que transformará los entornos y el contexto de todo estado, el cual será heredado a los futuros habitantes, quienes mejorarán aún más su conformación socioeconómica y cívica para el desarrollo de la sociedad y del estado.

<u>Empleo y expectativas de mejora de la población</u>

Con los programas, propuestas y esquemas para el desarrollo anteriormente comentados, todo gobierno, conjuntamente con los sectores y la sociedad, deberán generar las condiciones favorables que propicien el crecimiento de la infraestructura productiva, así como de las empresas, negocios, industrias y comercios, entre otros rubros y conceptos, lo que, aunado a la implementación de esquemas de capacitación y especialización laboral en toda planta productiva, no solo generarán más y mejores empleos y salarios, sino que también una alta capacidad laboral y una importante especialización y calidad en el trabajo y los productos, lo que también impulsará el desarrollo productivo de cualquier estado.

Tanto el sector público como el privado tendrán que implementar programas de capacitación y especialización para tener mejores expectativas de empleo en las diversas instancias laborales de sus países. Contar con altos índices favorables de empleo, de infraestructura industrial, comercial, empresarial, de servicios, de proyectos productivos, de obras públicas y de servicios profesionales, entre otros aspectos, indudablemente que generarán sociedades con mejores condiciones generales y mayor calidad de vida de la gente, con más espacios para su preparación laboral y con mayores índices de civilidad poblacional.

<u>Desarrollo de la productividad para los sectores poblacionales</u>

Las políticas públicas de todo gobierno deben generar las condiciones, factores y escenarios adecuados para incrementar la productividad en todos los sectores poblacionales, mediante esquemas y programas de vanguardia sobre aspectos y rubros laborales, de negocios, de capacitación integral básica y avanzada, y de auto sustentabilidad, entre otros aspectos, para qué la productividad se extienda y se integre a todos los esquemas de trabajo de los sectores laborales y directivos de un contexto. Esto quiere decir que el objetivo será el de integrar a todos los pobladores en actividades productivas de negocios, aunque sean micros y pequeños, y también de autoempleo, ya que esto generará una expansión del comercio de todo tipo, lo que producirá una mayor reactivación económica y productiva local y nacional. Esto implica también una población ocupada en actividades productivas que impidan el desarrollo de delincuencias y ocio poblacional, mejorando, por lo tanto, el entorno y los escenarios, lo que generará estabilidad económica, política y social, que en su conjunto establecerán estados desarrollados y sociedades avanzadas con mejores niveles en la calidad de vida.

<u>Vías legales y reglamentarias de manifestación y expresión popular</u>

Este esquema implica la planificación y la conformación de las vías legales que debe tener la población para manifestarse y expresar su sentir, para generar sus planteamientos y sus propuestas ante sus gobiernos y sectores privados respectivos, y con esto, establecer un comportamiento civilizado y organizado de manifestación y expresión popular. En cada país, entidad y localidad se deben analizar los reglamentos y leyes correspondientes para estos efectos de manifestación y expresión popular, para evaluar las condiciones de cada contexto y así poder plantear esquemas de atención y evaluación inmediata, por parte del gobierno, de los asuntos y problemáticas poblacionales y de los sectores, para generar propuestas y resoluciones eficientes y rápidas que obtengan el reconocimiento popular, y que aunque no llegaran a ser del todo favorables a las necesidades ciudadanas, debido a diversos factores y a la falta de recursos y viabilidad, quedaría establecida la intervención directa, sensible y comprometida del gobierno en la búsqueda de la resolución de estos asuntos y el agradecimiento poblacional por esta atención y solución de los intereses y planteamientos populares, aunque siempre el gobierno tratará de que las resoluciones sean completamente favorables a todas las necesidades de los pobladores.

El pueblo debe de tener la tranquilidad de poderse expresar de forma civilizada e inteligente, evitando desorden, manipulación y destrucción, ya que esto es completamente reprobable desde todo punto de vista, por lo que todo gobierno deberá atender y resolver los asuntos, produciendo así el reconocimiento ciudadano y la generación de esquemas de estabilidad y paz política y social.

<u>Vías institucionales para establecer, calificar y modificar el ejercicio de gobierno</u>

Este esquema implica contar con las normativas y reglamentos, así como con la infraestructura gubernamental y ciudadana, para presentar, de forma efectiva, denuncias contra el gobierno en aspectos de abuso de poder, de mal ejercicio del poder, de ejercicio gubernamental ineficiente, de violaciones a los derechos humanos, entre otros puntos, que la población quiera que se analicen y evalúen, por medio de un consejo consultivo ciudadano y de la implementación de un proceso que logre sancionar o destituir a gobernantes, legisladores y funcionarios públicos que hayan cometido faltas graves en el ejercicio de sus funciones.

Este esquema implicará un mecanismo para una sociedad avanzada y de vanguardia, que analizará el ejercicio gubernamental y procederá, de ser conducente, a la canalización de las denuncias a los consejos ciudadanos de alta calidad para el análisis, dictamen y resolución de estos asuntos.

<u>Vías institucionales para aprobar o cambiar gobiernos y gobernantes</u>

Este esquema también implicará las vías institucionales de leyes e infraestructura que analizarán las faltas graves de los gobernantes, legisladores y funcionarios públicos, para la emisión del dictamen correspondiente. Este proceso integral pasará a las instancias legislativas para su aprobación o no, y en su caso, para la generación de un mecanismo especial, o un plebiscito o referéndum, para tratar y solventar la decisión popular última.

Las vías también podrán ser eminentemente legislativas, sin un plebiscito popular, creando las instancias respectivas, por medio de comisiones o comités de revisión y análisis del ejercicio de los gobiernos y de la actitud de los gobernantes. Asimismo, se deberá establecer la vía institucional para la captación de denuncias de la ineficacia gubernamental, por medio de una normatividad y estructura, así como de esquemas que permitan realizar todo un proceso con la finalidad de evaluar los aspectos y generar los dictámenes, que irán desde amonestaciones y sanciones, hasta la destitución de los gobernantes, por medio de los congresos legislativos respectivos.

Estos esquemas muestran a una sociedad preparada y de vanguardia, que buscará que sus gobernantes y funcionarios realicen un trabajo eficiente, con visión y compromiso para el desarrollo integral y el beneficio de la sociedad.

12. Esquema de amplia democracia, seguridad pública, derechos humanos, estado de derecho y justicia para todos

Todo gobierno que se considere eficiente, con visión, capacidad y de vanguardia, deberá contener las mejores políticas, instrumentos y esquemas para el desarrollo de la democracia, de la seguridad pública, de la justicia integral, de los derechos humanos, del estado de derecho y de oportunidades para el desarrollo de la sociedad, entre otros conceptos básicos. Estos esquemas tienen la finalidad de conformar contextos de desarrollo integral, que comprenda todos los conceptos y rubros del crecimiento económico, político y social de todo estado y sociedad.

Democracia

En cuanto a la democracia, todo gobierno deberá contemplar la implementación de reformas políticas y electorales que impliquen una mayor certeza, transparencia, representatividad y seguridad en los procesos políticos y electorales, por medio de esquemas democráticos transparentes y dinámicos que permitan una amplia participación ciudadana. Será fundamental, asimismo, contar con una infraestructura humana y tecnológica amplia, capaz y eficiente que genere resultados inmediatos de todos los procesos electorales, especialmente aquellos que definan a sus gobernantes, y a todos los triunfadores de cualquier tipo o cargo, con legalidad, certeza y credibilidad ante la sociedad. Estas reformas deberán mejorar los marcos democráticos normativos, de infraestructura, de tecnología, de esquemas, de recursos, de instancias y de todos los aspectos que logren generar contextos con representaciones democráticas, partidistas y electorales de vanguardia, con sociedades más capacitadas y participativas y con esquemas que propongan a la sociedad a los mejores candidatos por parte de las instancias políticas. Todo país que cuente con estados democráticos eficientes deberá eliminar todos los aspectos que enturbian, vuelven lentos y opacos a los procesos electorales y a los resultados de los mismos, y que se generan en muchos países del contexto internacional. Incluso en países de alto desarrollo se llegan a generar procesos electorales y resultados turbios que obedecen a intereses poderosos y que permiten manejar o dirigir en determinadas vías las tendencias y hasta los resultados. Las reformas deben de ser sustantivas en todas y cada una de las áreas del concepto democrático, político y electoral, así como al interior de las organizaciones y partidos políticos, y de las instancias electorales, para que de esa forma se ofrezcan los mejores conceptos para que la sociedad elija a los mejores candidatos.

Seguridad Pública

Para la seguridad pública deben establecerse diversos esquemas que contengan una estructura que cuente fundamentalmente con instancias de contraloría y de evaluación de asuntos internos que verdaderamente realicen su trabajo, de forma imparcial y justa, ya que en muchos países, y peor en sus localidades, muchos aspectos y procesos sobre la seguridad pública y la procuración de justicia son ineficientes y dejan mucho que desear, permitiendo, por ejemplo, que existan asociaciones secretas y obscuras de algunos individuos y grupos de los sistemas policíacos y judiciales con la delincuencia, que en algunos casos son tan fuertes y organizadas, que pueden abarcar a casi todo un sistema policíaco, fenómeno que se observa mayormente en países subdesarrollados y pobres, aunque esto puede generarse en cualquier país, por lo que el crimen y la delincuencia trabajan con y para sus jefes, que pueden pertenecer en varios de los casos, como se ha observado, a sectores policíacos y judiciales de todo orden y tipo.

Existen también países, sobre todo los desarrollados, con esquemas policíacos de alta eficiencia y con muy poca corrupción y deshonestidad al interior de estos cuerpos de seguridad pública, los cuales deben de ser los modelos a seguir, independientemente de que aún en estos se generen muy pocos focos de corrupción, los cuales también deberán de ser eliminados. Un aspecto fundamental para poder establecer estados con esquemas de seguridad pública de vanguardia es el de contar con infraestructura, recursos, equipos y sistemas de alta tecnología, pero más importante aún es la generación de policías capacitados, preparados y honestos en el ejercicio de sus funciones, y sobre todo de los jefes policíacos, ya que en muchos países, sobre todo en los pobres y subdesarrollados, y en las localidades de estos países, los jefes policíacos hacen de la delincuencia y de la corrupción su trabajo cotidiano, con lo que además perciben muchísimo más dinero de lo que reciben por sus honorarios. Los honorarios también deben de aumentarse, para otorgar una vida digna a los servidores públicos policíacos, ya que también este es un factor que les impulsa a cometer y asociarse en actos delictivos. Por otro lado, aunque los policías decidan actuar de forma honesta, los altos mandos policíacos que son corruptos y que forman parte de este negocio, los obligan a generar un tipo de cuotas piramidales de pago de dinero para ellos, sus jefes, cada determinado tiempo, que se derivan de varios aspectos, como el soborno y el chantaje a individuos, empresas y grupos, así como mediante la práctica de la corrupción en sus diversos tipos y las asociaciones con el narcotráfico y el crimen organizado. Asimismo, también deben mantener en secreto estos aspectos, ya que por un lado pueden ser despedidos de sus cargos de forma inmediata, cuando el asunto es de mínima importancia, y por el otro, hasta ser eliminados físicamente, cuando se consideran que son asuntos de relevancia en muchos sentidos. Este es el verdadero cáncer de muchos sistemas policiacos en el mundo, sobre todo en los países subdesarrollados y atrasados en todos los sentidos, aunque aún en los países desarrollados se generan también algunos aspectos en este sentido, sin embargo, en estos países sus sistemas judiciales y policiacos, y de la justicia en general, hacen que sea muy difícil lograr estas asociaciones delincuenciales sin ser descubiertos, procesados y enjuiciados. Por otra parte, será fundamental establecer una estructura de seguridad pública con una dirigencia y mando único nacional, interrelacionada y coordinada de forma directa y funcional con todos los esquemas policíacos de las entidades, estados, municipios y localidades, con sistemas tecnológicos y con equipo y armamento avanzados, con software y computación especializados, y con sistemas, programas, estrategias y acciones de vanguardia que permitan un verdadero combate al crimen y a la delincuencia con altas expectativas de éxito.

En muchos países y sus localidades, los sistemas policiacos no cuentan con esquemas de enlace, interrelación y de intercambio de información con otros sistemas policiacos de otras entidades y localidades, y ni siquiera cuentan con bases de datos, o si las tienen, que estas sean creíbles y actualizadas, y que puedan ser consultadas al día, ya que por una parte se encuentran sumamente atrasadas y desfasadas, y por la otra parte, cada entidad tiene una base de datos que no se la facilita a la otra entidad por diversas razones, que van desde el celo profesional hasta la supuesta estrategia política, por el simple hecho de que sus gobernantes han surgido de partidos políticos opositores, y por lo tanto no existe relación, o al menos no se transmiten la información, para qué la entidad gobernada por opositores a ellos no tenga las facilidades para resolver los asuntos y queden mal ante la ciudadanía. Esto es increíble y ridículo, sin embargo, es la realidad y pasa en muchos países y en sus entidades, y esto es peor aún en localidades subdesarrolladas con caciques que ordenan y mandan absolutamente. Otro ejemplo de esta insensatez que se genera de diversas formas en los sistemas de seguridad pública y en todos los rubros de gobierno, es que en pleno siglo veintiuno se genere una amplia difusión, en este caso de un convenio, en el que se especifica que se va a contar con una base de datos que integre información de aspectos del crimen, de delincuentes y de vehículos robados, o de algún otro aspecto respectivo a la seguridad pública, lo que está bien, pero es ridículo, porque esto debería estar establecido desde mediados del siglo anterior como un esquema normal de trabajo y no exhibirlo en la actualidad en actos políticos y publicitarios como un gran logro de gobierno, que además exhibe como demagogas, atrasadas e inoperantes a las instancias gubernamentales de seguridad pública y procuración de justicia que aplican estas desfasadas estrategias.

Otros aspectos de mejora a los sistemas policiacos deben contener esquemas de una capacitación especializada importante de todos los cuerpos policiacos en sus diversos conceptos y actividades, como se ha mencionado, además de que, y como un aspecto fundamental, deben de percibir mejores salarios y contar con esquemas de premiaciones, de sanciones y de reparto de utilidades verdaderas y efectivas, para que todo policía se motive y pueda aspirar a mejores condiciones laborales y mejores percepciones, justas y motivacionales, que además se merecen, ya que arriesgan su vida permanentemente en estas actividades. Los bienes que son productos del crimen y la delincuencia en todos sus rubros, como el narcotráfico, el contrabando, el secuestro y el robo, entre otros muchos más aspectos, son requisados por el gobierno y son derivados por ley a las oficinas de bienes asegurados a la delincuencia, o a otras áreas en caso de no contar con estas oficinas, las que evalúan y canalizan estos recursos y bienes asegurados al área de gobierno respectiva, para la reinversión de estos recursos en programas para el desarrollo y para la mejora de la infraestructura gubernamental, sin embargo, en algunos países y sus regiones se sospecha que estos recursos pasan en parte a los bolsillos de algunos malos funcionarios públicos, lo que implica actos deshonestos de estos personajes que impiden canalizar estos recursos a las áreas que de forma urgente necesitan de recursos para su mejora. Estos recursos, en un determinado porcentaje, por ley, deberían de ser derivados a los policías que arriesgan su vida y que luchan en verdad contra estas delincuencias, por lo que entonces el dinero sería repartido de forma más justa, quedando otro porcentaje para el estado, con la finalidad de ser reinvertido de forma transparente en programas de fomento al desarrollo y a la educación, la salud y la seguridad social. Para que el sistema de seguridad pública funcione de forma eficiente, como se mencionó anteriormente, deberá existir una dirigencia estructural única de policías, con una coordinación nacional interrelacionada con coordinaciones estatales, municipales y locales, y con una infraestructura, leyes y esquemas mejorados sustantivamente en diversos conceptos prioritarios, como la investigación, el análisis, la capacitación policiaca, los sistemas de inteligencia, el intercambio de información, la generación de sistemas de investigación y de bases de datos efectivos, la lucha contra la corrupción interna, la lucha contra las delincuencias, contra el narcotráfico y el contrabando, entre otros aspectos, que establecerán una mayor seguridad pública para el estado y la sociedad.

Derechos Humanos

En los aspectos de derechos humanos deben de contemplarse diversas propuestas de leyes, esquemas y procesos de vanguardia que le otorguen mayor sensibilidad y alcance jurídico y social a las entidades encargadas de estos preceptos fundamentales, con la finalidad de proteger mejor a la sociedad, por medio de un mayor protagonismo y decisión en los conceptos y asuntos de la defensa de los derechos humanos, con la obligatoriedad legal y jurídica que tendrán los gobiernos, los sectores públicos y privados, y las personas, de acatar por ley todas las resoluciones emanadas de las instancias de derechos humanos. En este concepto hay mucho que avanzar en el mundo, ya que en muchos países se atropellan de forma brutal los derechos humanos, mientras que en otros ni siquiera se ejerce este concepto, por lo que la sociedad se encuentra indefensa y a expensas de dictadores y caciques sin escrúpulos, así como de gobernantes y funcionarios corruptos y deshonestos, entre otros nefastos individuos con poder, que defienden sus cotos de poder y de intereses por sobre todo, aún por sobre la vida de inocentes y de líderes políticos y sociales, entre otros. Por estas incongruentes y no deseadas situaciones de violaciones a las libertades y derechos humanos que aún se generan en muchos ámbitos del mundo en pleno siglo veintiuno, es urgente que las grandes instancias internacionales y los países avanzados en la defensa de los derechos humanos generen esquemas, que sean un modelo y prototipo, que puedan insertarse y aplicarse en todos los países y localidades del mundo, con leyes y normativas sensibles y justas, y con procesos de atención a la gente y acceso absoluto a toda queja e injusticia en lo general y particular, además de contener verdaderos aspectos de contraloría y seguimiento de los asuntos, así como de justicia total en la resolución de los mismos.

También se deberá de contar con un esquema de vigilancia y de visores internacionales, que atiendan y logren el efectivo funcionamiento de este sistema de procuración de derechos humanos en toda localidad, con la facultad de dirimir y solucionar asuntos que salgan fuera del ámbito respectivo por diversas causas, como el no acatar las resoluciones locales por parte de cualquier individuo o gobierno, o no establecer los procedimientos adecuados, entre otros aspectos. Con estos esquemas hasta los más poderosos caciques tendrán que respetar las leyes, las libertades y los derechos humanos, porque de no ser así, con este sistema de alcance, podrán ser denunciados sin temor a represalias, las que le generarían un mayor castigo, además de que podrán ser enjuiciados y sentenciados con severidad y justicia en bien de la sociedad.

Estado de derecho y procuración de justicia

Todo gobierno debe impulsar reformas al estado de derecho, en la búsqueda de mejores leyes de protección y desarrollo para el estado y la sociedad. Asimismo, deberán implementarse esquemas eficientes, ágiles y honestos de procuración de justicia, que otorguen seguridad a la sociedad de que los asuntos serán evaluados y atendidos en procesos y juicios conforme a derecho y no conforme a intereses y conveniencias de personajes y de grupos poderosos, ni a la corrupción de algunos funcionarios y trabajadores de las instancias de impartición de justicia de todo país y de sus entidades. Estos esquemas deben de implementarse, por parte de los gobernantes, como una prioridad para coadyuvar en la generación del desarrollo y mejorar la calidad de vida de los pobladores, con la seguridad, confianza y certeza de que los procesos y esquemas anteriormente descritos se llevarán a cabo con imparcialidad, justicia y honestidad.

---

13. Esquema de posicionamiento gubernamental en el contexto regional e internacional

---

El objetivo fundamental de un gobierno es el de mejorar la calidad de vida de la gente y de generar desarrollo integral para su país o entidad, con múltiples y diversos esquemas y conceptos, y con políticas públicas de alcance y efectivos programas e instrumentos gubernamentales, así como con un trabajo eficiente de gobierno y una coordinación dinámica y efectiva con las instituciones públicas y privadas, y con los sectores y la sociedad, además de una relación y coordinación de trabajo con gobiernos, sociedades y sectores de estados, municipios y localidades, y del contexto internacional.

Todos los esquemas que se especifiquen para la mejora del ejercicio gubernamental tienen por objetivo establecer un trabajo eficiente de gobierno y mejorar el que ya exista en sus respectivos rubros, por medio de los gobiernos, la administración pública y las diversas instancias ejecutivas, partidistas y judiciales. Este trabajo aplica también en la generación de infraestructura productiva, social, económica y política de vanguardia y eficiente, cuyos resultados sean palpados y reconocidos por la población y por el contexto internacional. Indudablemente que los resultados de todo este trabajo gubernamental y político contarán con un amplio reconocimiento y aprobación de las sociedades, los medios de comunicación y los sectores, así como el contexto internacional. Este reconocimiento regional, nacional e internacional, conllevará a generar y lograr relaciones gubernamentales y personales efectivas y fraternales, las que producirán convenios de trabajo y acuerdos generales y específicos que atraerán la inversión a los países y sus regiones, además de que atraerán infraestructura productiva, empleo, comercio y mejora de la economía, entre otros aspectos, lo que impulsará a mejores niveles el desarrollo y la productividad, así como la calidad de vida de la gente. A continuación, se comentará el apartado respectivo al sistema general, que especifica un esquema de apertura y sensibilización gubernamental, como parte básica del concepto global del desarrollo de un estado.

3. Esquema de apertura y sensibilización gubernamental

- *Esquema de apertura gubernamental*
- *Esquema de sensibilización y respeto de gobernantes y funcionarios hacia la sociedad*

3.1. Esquema de apertura gubernamental

El esquema de apertura y sensibilización gubernamental tiene por objetivo mostrar a la población la información y el uso de los programas de gobierno, así como la utilización de los recursos, presupuestos y financiamientos, además de la información, actividad y resultados de las dependencias e instituciones públicas, y de la utilización y transparencia de sus recursos, programas e instrumentos, con el objetivo de que la gente observe la exacta aplicación de estos programas y recursos, lo que generará una mayor eficiencia y compromiso en el trabajo gubernamental y en las actividades de gobernantes y funcionarios de todo ámbito y orden. Este esquema incluye también, por obviedad, a los poderes de gobierno, como lo son el poder legislativo y el poder judicial, y en su caso, el poder electoral, por lo que los congresos legislativos, que incluyen a los congresos locales, al igual que los tribunales de Justicia y sus instituciones, así como las instancias electorales, podrán ser analizadas y evaluadas directamente por la población y los sectores ciudadanos en todos sus aspectos, ya sean de trabajo, de recursos y de presupuestos, de programas, de financiamientos y de resultados. Este esquema implica generar una mayor responsabilidad en el ejercicio gubernamental por parte de los gobernantes, funcionarios y empleados y, por ende, un trabajo eficiente, con capacidad y voluntad. La normatividad de este esquema de apertura gubernamental establecerá diversas amonestaciones y sanciones para los gobernantes y funcionarios que no cumplan de forma eficiente su trabajo y no generen desarrollo y beneficio en todo orden y ámbito. El sistema prevé incluso la destitución y sustitución de gobernantes y funcionarios que no cumplan de forma eficiente su función. Este proceso de exigir a los funcionarios y gobernantes la responsabilidad de generar de forma eficiente su trabajo y la utilización de los recursos se analizará de forma amplia en este libro en el apartado siguiente: Esquema de seguimiento y rendición de cuentas a la sociedad, en la página 133. El esquema de apertura gubernamental deberá, por tanto, conformarse por un programa específico que contenga una instancia gubernamental denominada coordinación general de la apertura y transparencia de gobierno. Veamos.

Programa y coordinación general del sistema de apertura y transparencia de gobierno

Este programa especifica que los gobiernos deberán de establecer un esquema que permita a la sociedad tener acceso a la información de toda la actividad gubernamental, así como de presupuestos, gastos, programas, cumplimiento de metas y de programas, mediante procesos transparentes y mecanismos efectivos de certidumbre y confianza instalados en todas las instituciones gubernamentales.

El esquema contendrá también una normativa que contemple los tiempos en que este sistema deba ser implementado en todo estado, mediante un proceso de capacitación, introducción y aplicación del esquema en todo ámbito y orden gubernamental. El esquema implica también el organigrama y su procedimiento, que contiene una coordinación nacional o federal de apertura y transparencia de información gubernamental, la cual contará con oficinas específicas para el funcionamiento y la interrelación del programa. Cada institución del gobierno federal, en sus tres o más poderes, según el país o entidad, contará con una coordinación específica de apertura y transparencia de la información hacia la sociedad. También existirán coordinaciones estatales, municipales y locales de apertura y transparencia de la información.

Coordinación nacional de apertura y transparencia a la información del gobierno

- *Coordinación del poder ejecutivo de apertura y transparencia a la información*
- *Coordinación del poder legislativo de apertura y transparencia a la información*
- *Coordinación del poder judicial de apertura y transparencia a la información*
- *Coordinación de otros poderes de gobierno, según país y entidad*

- *Coordinaciones estatales de apertura y transparencia a la información*
- *Coordinaciones municipales y locales de apertura y transparencia a la información*

- *Unidades de apertura y transparencia a la información, instaladas en todas las instituciones, secretarías, direcciones, etc., de los órdenes de gobierno en sus ámbitos*

Este esquema funcionará de forma directa al público, a través de un módulo de información de apertura y transparencia, instalado en un área determinada en todas las instituciones e instancias gubernamentales de todo orden y ámbito, a las que la gente podrá acceder solicitando la información al personal del módulo, el cual dependerá de la unidad de apertura y transparencia de la información, de la institución en que se encuentre instalado este módulo de información.

Estas unidades de apertura y transparencia de las instituciones estarán coordinadas por la coordinación del gobierno o el poder correspondiente, y estas a su vez, dependerán de la coordinación nacional, cuyo presidente será el ejecutivo de un país y tendrá un coordinador general para el funcionamiento y la aplicación de los procesos correspondientes.

3.2.   *Esquema de sensibilización y respeto de gobernantes y funcionarios hacia la sociedad*

Este esquema deberá implementar y aplicar un esquema y estilo de trabajo y de interrelación de respeto y sensibilidad del gobierno con la sociedad, con vocación de trabajo y cordialidad, eliminando prepotencias, discriminación y desplantes, y erradicando para siempre la figura omnipresente del jefe en turno en todos los niveles de la cadena de oficinas e instituciones, además de que también deberá existir una reciprocidad en el trato, con respeto y colaboración, hacia los mandos superiores.

Este esquema, aunque pueda parecer que no debe de ser considerado, y de que no tenga la importancia suficiente, si tiene una gran trascendencia e importancia, porque la naturaleza humana suele ser deficiente, y no es prudente minimizar aspectos y asuntos con potencialidad y expectativas de crecimiento negativo, que generen amplios y grandes movimientos sociales de descontento, de enconos y de odios entre sectores sociales laborales, políticos y sociales, generalmente en contra del gobierno de todo orden y ámbito. Por esta razón, todo gobierno con visión y entendimiento deberá implementar esquemas de respeto y sensibilidad recíproca entre funcionarios y empleados y entre estos y las sociedades y sus sectores. Este esquema es fundamental, ya que, de acuerdo a la unidad, tranquilidad y armonía, se genera mayor eficiencia y productividad, además de contar con escenarios de estabilidad y unidad, lo que impactará positivamente en la productividad de la función pública, y por lo tanto en el desarrollo integral. Un esquema de capacitación integral especializado, de acuerdo a cada estándar, implementado desde los niveles gubernamentales y directivos, hasta los básicos laborales y sociales, pasando por todos los conceptos y aspectos de la sociedad y del sistema político de un país y de sus entidades, es fundamental y necesario, por lo que los esquemas de capacitación generales y específicos deben de ser impartidos en todas las instituciones, empresas e instancias públicas y privadas.

Todo gobierno federal, estatal, municipal y local de un país, mediante empresas especialistas, deberá implementar la impartición de cursos avanzados sobre respeto y sensibilización, dirigidos a gobernantes, dirigentes, empleados y clases laborales, para que se genere un entendimiento de lo que debe ser el trabajo de conjunto y de respeto entre sectores y gobiernos, y de la igualdad de seres humanos, diferenciados solamente por aspectos laborales. Estos esquemas, aplicados con trato respetuoso y digno, generarán escenarios de estabilidad y armonía en todas las instancias e instituciones públicas y privadas, y con esto, también generarán un gran ambiente de estabilidad y armonía social y laboral, además de política y gubernamental. Este esquema general deberá abarcar todos los conceptos y sectores, pero estará enfocado principalmente a los funcionarios públicos y privados de todos los niveles, incluyendo los altos niveles de dirigencia, que tengan a sus órdenes a personal y que tengan trato con sectores, organizaciones y personas, ya que es en este núcleo específico en donde se germinan muchas de las inconformidades y diferencias que generan reclamos sociales, que muchas de las veces trascienden y generan falta de productividad, reclamos continuos e inestabilidad social y política para los gobiernos y para la sociedad. Por esta razón también es importante implementar esquemas de capacitación y sensibilización en las áreas de gobierno de atención a problemáticas, y en general en las áreas de trato directo con la gente, y con grupos y sectores. También implementar aspectos de sensibilización y visión de gobernantes y funcionarios públicos de todo nivel, con atención, compromiso, seguimiento y solución de los asuntos y procesos de la gente y sectores, aunque sean opositores. Veamos a continuación este esquema de atención de problemáticas y sensibilización en el trato que debe dar toda oficina gubernamental a la sociedad y sus sectores.

<u>Esquema gubernamental de atención de problemáticas y sensibilización en el trato para con los sectores diversos</u>

- *Esquema de atención eficiente a asuntos de la población y a problemáticas y asuntos de sectores en general*

- *Esquema de capacitación en aspectos de sensibilización y visión de los funcionarios públicos y gobernantes*

- *Esquema de compromiso y seguimiento en la resolución de los asuntos y procesos de la sociedad y de los sectores en general*

Veamos estos conceptos de forma breve.

<u>Esquema de atención eficiente a asuntos de la población y a problemáticas y asuntos de sectores en general</u>

En toda área de todo orden y ámbito de gobierno, el trato de funcionarios, gobernantes y jefes con los empleados y la gente que solicita servicios o apoyos, o que cumplen con sus deberes fiscales, de impuestos y de servicios, debe de ser de alta calidad, respeto y dignidad, tal y como lo realizan los gobiernos de vanguardia y las empresas altamente exitosas, que deben parte de su desarrollo a estos esquemas de calidad, de eficiencia y de atención y solución de los asuntos y problemáticas. La atención a los planteamientos, necesidades, problemáticas y asuntos de la sociedad y sus sectores debe ser general, incluidos los grupos e individuos opositores políticos y sociales, no solo como un aspecto normativo de verdadero ejercicio de gobierno, sino que también como una estrategia política de atracción de nuevos grupos políticos y sociales hacia el gobierno y hacia sus propuestas políticas, además, para generar y establecer una buena relación entre el gobierno y estos grupos, y asimismo, desactivar sus probables posturas de inconformidad, convirtiéndolos en probables aliados del gobierno. Además, se pueden desactivar los movimientos sociales generados por los grupos y partidos políticos opositores, al menos a menores escalas y alcance, hasta desactivarlos completamente. Esta estrategia de atención a los grupos opositores con sensibilidad, respeto y trato digno, generalmente da excelentes resultados en todos los sentidos, más de los que se cree, por lo que deberán generarse dentro de los esquemas de sensibilización y atención a los planteamientos de las necesidades de la población.

<u>Esquema de capacitación en aspectos de sensibilización y visión de los funcionarios públicos y gobernantes</u>

Este concepto implica establecer estrategias gubernamentales de capacitación integral de vanguardia en cuanto a la sensibilización y trato de los funcionarios, gobernantes, dirigentes y trabajadores de las instancias gubernamentales en todas las áreas, y más importante, en las áreas que cuentan con trabajadores, empleados y servidores públicos que tienen que atender a personas, agrupaciones y sectores sociales, económicos y políticos, y al público en general.

El objetivo tiene dos vertientes internas; la primera será para establecer ambientes de armonía y tranquilidad en toda área de trabajo, entre dirigentes, trabajadores y colaboradores, y la segunda, para establecer un marco de atención y de trato respetuoso y digno hacia todas las personas e instancias que acuden a las oficinas a realizar servicios, deberes ciudadanos, solicitudes de información y pago de impuestos, planteamientos y solicitudes diversas, peticiones de trabajo, búsqueda de apoyos financieros y de apoyo a proyectos productivos, así como de solución a sus problemáticas, entre otros muchos aspectos. Se debe de cumplir con estos dos objetivos de relación humana, y lograr que todas y cada una de las personas y agrupaciones salgan contentas y agradecidas al menos con el trato que se les otorga, con dignidad y respeto, con amistad e involucramiento en sus problemáticas, aunque en muchos de los casos no se logren los objetivos de generar resoluciones completas a los asuntos, sobre todo por carecer de los programas, instrumentos y recursos económicos para estos fines. El trato de sensibilidad de gobernantes y funcionarios atraerá grandes simpatías hacia todo gobierno, por lo que al menos puede establecerse como estrategia política, aunque el objetivo será siempre el respeto a las personas y la resolución de los asuntos con atención, seguimiento y compromiso.

<u>Esquema de compromiso y seguimiento en la resolución de los asuntos y procesos de la sociedad y de los sectores en general</u>

Otro factor fundamental para generar reconocimiento de la población hacia un gobierno y sus instituciones, es el establecimiento de un esquema de compromiso y seguimiento de los asuntos poblacionales en la administración pública federal, estatal, municipal y local, así como en todas las organizaciones y partidos políticos, con esquemas de atención a los planteamientos de la gente y con un verdadero seguimiento y compromiso de solución de los asuntos planteados por los sectores poblacionales en general, aunque estos asuntos provengan de personas y sectores poblacionales opositores, ya que el buen gobierno debe ser para todos. En general, en muchos gobiernos e instituciones federales, estatales, municipales y locales, la falta de interés en los asuntos de la población y los sectores, la tardanza en la atención inicial, intermedia y final de los asuntos, con tramitología dispersa y burocrática, y con falta de resoluciones, de trato y de sensibilidad, generan la mayor parte de las inconformidades poblacionales contra sus gobiernos y gobernantes, por lo que esta situación debe ser atendida y solucionada como una obligación constitucional, y también como una estrategia política de gobierno de atracción del reconocimiento popular.

Estos aspectos, de no atenderse y preverse, generan inconformidad social, la que puede crecer de forma alarmante y peligrosa, ya que producen manifestaciones políticas y sociales, generalmente organizadas por partidos políticos opositores, con infinidad de asuntos en contra de sus gobiernos y dirigentes, y del partido político en el poder, por eso será fundamental implementar este esquema de capacitación integral de gobernantes, funcionarios y empleados de gobierno, para evitar estos escenarios, que incluso pueden crecer y derrocar gobiernos.

Lo fundamental es que el pueblo cuente con el cumplimiento de los satisfactores sociales y tenga expectativas de crecimiento y de mejora de calidad de vida, y en general que esté contento y agradecido con su gobierno, y con sus gobernantes, por esta visión y voluntad de tratar que la gente se desarrolle y tenga beneficios, además de atender y tratar de solucionar sus asuntos con respeto y dignidad.

4. Visión para el esquema de planificación y análisis integral

En lo que respecta al desarrollo integral sustentable de un estado, tenemos que, para efectos de eficiencia y practicidad del diagnóstico y del análisis, al igual que de las soluciones de las problemáticas, será importante subdividir un contexto general de un estado en varios grandes contextos conceptuales; uno de los cuales deberá ser necesariamente el contexto de alta marginación y subdesarrollo; otro será el contexto de subdesarrollo y un tercero será el contexto de desarrollo emergente, mientras que un cuarto escenario será el de alto desarrollo integral sustentable. También se tienen contextos mixtos, que son la mayoría, con desarrollo en algunas regiones y localidades, y subdesarrollo y pobreza en otras, en un mismo país, región, ciudad y localidad. Asimismo, tenemos contextos de alto desarrollo y productividad en países del primer mundo, que avanzan de forma sustantiva generando esquemas, infraestructura, políticas y programas que aumentan este desarrollo y las condiciones que lo producen. El porqué de esta subdivisión es simplemente para tener una mejor planificación e implementación de políticas y programas efectivos para generar este desarrollo integral local, regional, estatal y nacional, y para el seguimiento, evaluación y obtención de resultados positivos de estas estrategias de gobierno.

En el primer escenario se deberá implementar un tratamiento específico para erradicar la pobreza, la alta marginación y el subdesarrollo ancestral que se tiene en muchos países y regiones, y en sus localidades rurales y urbanas, así como en los cinturones de miseria de las ciudades, con un alto rezago económico, político y social que impide contar con los mínimos satisfactores sociales, así como tampoco con infraestructura productiva, ni urbana, y ni siquiera con redes de drenaje, agua potable y electricidad, etc. En un segundo escenario, también de subdesarrollo, aunque con escenarios de medio desarrollo, se deberá contar con un plan para el desarrollo integral, y con los estudios y proyectos necesarios para la evaluación de este contexto, que permita definir las políticas públicas de desarrollo que se implantarán en estas regiones. En este segundo escenario de carácter mixto, el cual ya cuenta al menos con una infraestructura incipiente o semidesarrollada en los aspectos urbanísticos, comerciales, económicos, políticos y sociales, se debe de generar una estrategia con mayores alcances, por lo que la estrategia, en este sentido, tendrá que ser no sólo la de generar las condiciones de la productividad, sino que también la de desarrollar los factores e infraestructuras existentes e impulsarlas a mayores aspectos de crecimiento, competitividad, calidad, posicionamiento y reconocimiento.

Un tercer escenario, que será de desarrollo emergente y mixto, ya cuenta con avances sustantivos en los sectores productivos, pero deberá incluir una serie de programas que generen e impulsen nuevos esquemas de productividad para las regiones que aún no se encuentran desarrolladas, así como para fortalecer e impulsar las regiones ya desarrolladas. Este es el objetivo general para el desarrollo integral de un estado mixto, el cual tendrá diversas y múltiples facetas contextuales, similares o diferentes a las de otros contextos, las que deberán ser analizadas y evaluadas, para que, mediante programas y esquemas de gobierno, sean planificadas e implementadas con el objetivo de generar las condiciones y vertientes para el logro del desarrollo integral y la mejora de la calidad de vida en toda sociedad, así como también para insertar, mantener y ampliar las vías del desarrollo económico, de la competitividad y de la mejora de la productividad, además de establecer esquemas efectivos de interrelación y dinamismo para ser competitivos en la globalización. Será importante manejar un contexto mixto, de escenarios, para la coordinación y planificación del desarrollo económico de un país de estas características, por estrategia y para la generación de políticas públicas adecuadas, ya que este contexto incluye parte de todos los escenarios básicos que deben ser tratados para volverlos productivos, desde aspectos de zonas altamente marginadas y subdesarrolladas, hasta aspectos de zonas más productivas y competitivas, que ya cuentan con un desarrollo medio y avanzado. La mayoría de países, entidades y localidades se encuentran insertadas en esta diversidad de escenarios, aunque los estados altamente desarrollados cuentan con los esquemas, infraestructura y políticas que les permiten avanzar rápido hacia más desarrollo, por lo que el enfoque, por necesidad, será el de establecer esquemas que impulsen el desarrollo en las entidades subdesarrolladas y pobres, y en las de carácter medio y mixto, e incluso en estados emergentes.

Todo gobierno cuenta con cartografía de su territorio, que puede ser mínima o hasta vasta, con diversidad de mapas de regiones y microrregiones, y con el estatus y conformación de cada una de estas zonas y regiones, las que deberán ser integradas en un nuevo y efectivo orden zonal estratégico que permita implementar, con visión y planificación, los programas y acciones necesarias para el desarrollo. Todo mundo se pregunta, ¿qué es lo que necesita una comunidad en subdesarrollo para crear y ejercer una infraestructura de desarrollo?, y la respuesta es que seguramente tener una planificación adecuada, con los programas y acciones adecuados para generar y fortalecer el desarrollo integral. En las regiones altamente marginadas y empobrecidas no se cuenta con el más mínimo concepto de planificación para el desarrollo, ni tampoco infraestructura, si acaso algunas pequeñas tiendas de abasto gubernamentales o pequeñas tiendas privadas, algunos pequeños productores de autoconsumo agrícola, pecuario y de la construcción. Con este estándar, tanto de vida como de productividad, no se puede esperar casi nada. No se puede esperar que este micro nivel pueda por sí solo impulsarse, transformarse y ser sustentable, por eso es fundamental una planificación efectiva que permita la implantación de infraestructura y de esquemas integrales de la productividad, mediante programas gubernamentales y privados para lograr estos fines.

Diversos programas para el desarrollo se ejecutan actualmente en todo el mundo en zonas altamente marginadas, los que han tenido éxitos parciales en algunos casos, lo que es un avance, pero no es suficiente, ya que el objetivo de gobierno es el de generar desarrollo total al corto, mediano y largo plazo, mediante la implantación de la infraestructura productiva de forma planificada, escalonada y permanente. En general, las regiones altamente marginadas y empobrecidas necesitan, como mínimo, apoyos para el desarrollo de infraestructura básica, para la generación de estudios y diagnósticos de crecimiento de toda microrregión y para la definición de políticas públicas que deban implementarse, así como para trabajos especializados de consultoría para la elaboración de diversos estudios, de acuerdo a los rubros por apoyar. También se necesitan apoyos para proyectos productivos y comercios, para el impulso de todas las microindustrias y microempresas, y para la implantación de sistemas financieros locales de apoyo a la microempresa y a la pequeña empresa de todo rubro, y a la micro y pequeña agroindustria. Asimismo, se necesitan apoyos para el establecimiento de centros de vinculación comercial y empresarial, para la comercialización de productos, para la capacitación de personas y para el establecimiento y creación de nuevas micro y pequeñas empresas integradoras y comunitarias, así como también para la implantación de sistemas de calidad y de responsabilidad social, y para el establecimiento de sistemas mínimos bancarios. También se necesitan apoyos para implementar y mejorar servicios como drenaje, agua potable, electricidad, calles, viviendas, centros de salud y hospitales, centros alimentarios, caminos y transportes, y centros educativos y plazas comunitarias con equipo de computación e Internet, entre otros aspectos, y todo esto, insertados en un escenario de civilidad, democracia, estabilidad y tranquilidad política y social.

Todos estos conceptos son solamente una parte incluyente de los programas e instrumentos que deben de ser implantados de acuerdo a una planificación profesional para llegar a este objetivo. Como sabemos, la diversidad de estos programas es similar a la diversidad de instituciones que los generan, por tanto, es importante la interrelación de las mismas, la coordinación general y las reuniones de planificación, de evaluación y resultados de la utilización de estos programas. Como se analizará en el esquema de planificación para el desarrollo integral de un estado o país, todo contexto necesita esquemas que impliquen el desarrollo de escenarios diversos, como los de alta marginación y pobreza, de pobreza y subdesarrollo, de desarrollo medio, de desarrollo mixto y de desarrollo alto sostenido. El esquema se conformará de la siguiente forma.

Esquema de planificación para el desarrollo integral

- *Desarrollo integral de zonas marginadas y de extrema pobreza*
- *Desarrollo integral de zonas en pobreza y en subdesarrollo*
- *Desarrollo integral de zonas en medio y desarrollo*
- *Desarrollo integral de impulso a zonas de alto desarrollo*

Veamos cada uno de estos conceptos de desarrollo en los diversos contextos de un país y sus regiones y ciudades.

Desarrollo integral de zonas marginadas y de extrema pobreza

Políticas públicas integrales y programas gubernamentales para:

- *Eliminar la pobreza extrema y la marginación*
- *Generar esquemas de productividad inicial en zonas improductivas y empobrecidas*
- *Implantar infraestructura productiva y elevar la productividad inicial*

Desarrollo integral de zonas en pobreza y en subdesarrollo

Políticas públicas integrales y programas gubernamentales para:

- *Combatir la pobreza y generar esquemas de productividad inicial*
- *Generar productividad media y proyectos productivos de alcance medio y alto*

- *Implantar de forma planificada la infraestructura para la productividad y elevar la productividad inicial, además de implementar esquemas iniciales de calidad, mejora continua y responsabilidad social*

Desarrollo integral de zonas en medio desarrollo

Políticas públicas integrales y programas gubernamentales y privados para:

- *Fortalecer e impulsar la productividad media y buscar la alta productividad y la exportación*

- *Generar e implantar proyectos productivos y proyectos estratégicos de media y alta productividad para los mercados internos, nacionales y de exportación*

- *Políticas públicas integrales y programas gubernamentales y privados, con la utilización de programas federales y extranjeros, para implantar infraestructura de media y alta productividad para el mercado interno y de exportación, con sistemas de calidad, mejora continua y responsabilidad social*

Desarrollo integral de impulso a zonas de alto desarrollo

- *Políticas públicas integrales y programas gubernamentales y privados, con uso de los programas federales y extranjeros, para fortalecer e impulsar la alta productividad, la industria, los parques industriales, la empresa, etc., para los mercados internos, nacionales y de exportación*

- *Políticas públicas integrales y programas gubernamentales federales y privados, así como de sectores públicos y privados extranjeros, para implementar grandes proyectos estratégicos para el desarrollo de las regiones y de un país, con la implantación de infraestructura para la alta productividad, las cadenas productivas, la especialización, la competitividad, la calidad, la mejora continua y la responsabilidad social*

- *Políticas públicas integrales y programas gubernamentales nacionales y extranjeros, así como de la inversión privada estatal, nacional y extranjera, para los megaproyectos de gran alcance para el desarrollo productivo, comercial, turístico, de parques industriales, de corredores productivos, industriales, comerciales, de maquiladoras, etc., para establecer zonas de productividad y calidad mundial y de exportación en todo estado*

5. *Sistema de control y mejora integral de políticas públicas, programas y acciones de un gobierno eficiente*

El objetivo de un sistema de control y seguimiento del ejercicio de gobierno es precisamente contar con el máximo posible de control, de planificación y de obtención de resultados óptimos gubernamentales, por medio de instrumentos y programas efectivos para el desarrollo integral y la estabilidad general, ya que la inercia y dinámica de la actividad política y social pueden desbordar y rebasar las funciones y resultados de gobierno, generando reacción e improvisación en la respuesta de todos los sectores y áreas, con los consecuentes fallos, que podrán ser utilizados por los opositores políticos para desacreditar la forma de trabajo y los logros gubernamentales. Por estas razones será fundamental la realización de un ejercicio de gobierno de gran control, estrategia y de obtención de buenos resultados, con sensibilidad y unidad, y así lograr los objetivos de generación del desarrollo integral y la aprobación popular. Un gobierno eficiente necesitará establecer un sistema integral que contenga los diversos conceptos y esquemas generales y específicos que cuenten con el diseño, la planificación, los instrumentos, los procesos, las leyes, la visión y el compromiso para lograr el desarrollo integral sostenible y el beneficio para la sociedad. Independientemente del funcionamiento del gobierno y de su estructura en todas sus áreas, es fundamental conformar un sistema integral que englobe los aspectos y conceptos necesarios para hacer eficiente y desarrollar de forma sustantiva este ejercicio gubernamental. Para estos efectos se deberá contar con una infraestructura encargada de esta misión estratégica de funcionamiento del gobierno. Esta estructura sería una coordinación nacional del trabajo integral y estratégico de gobierno, que tendría a su cargo la implementación de este sistema integral. Veamos a continuación las especificaciones y conceptos, así como los objetivos y la misión de este sistema integral.

Sistema integral y estratégico de trabajo de gobierno (SIEST)

El sistema integral y estratégico de trabajo de gobierno será la vía y el esquema que genere las estrategias, las proyecciones, la planificación, los procesos, el control y las propuestas, así como el propio trabajo gubernamental, para contar con escenarios de unidad y estabilidad, de desarrollo integral, de aprobación poblacional y sectorial, y de reconocimiento local, municipal, estatal, nacional e internacional. Este ejercicio gubernamental de estrategia, proyección y resultados, es un ejercicio con visión global y específica de aplicación de políticas, esquemas y procesos que permitirán obtener también una reforma integral que fortalecerá el trabajo de gobierno, lo que generará el reconocimiento y aprobación de la gran mayoría de la sociedad y sus sectores. Gracias a estos aspectos se eliminará de forma drástica la posibilidad de surgimiento, en toda entidad, de manifestaciones y acciones de grupos de choque patrocinados por partidos, gobiernos y políticos opositores, que buscarán desestabilizar a un país y al trabajo gubernamental.

Este sistema y sus esquemas de construcción de un proyecto de gobierno establecen propuestas para generar estrategias y políticas, así como proyecciones y evaluaciones para conformar esquemas, procesos y programas que permitan al gobierno obtener un alto desarrollo integral, una estabilidad económica y paz política y social, y un reconocimiento local, nacional e internacional. Para estos efectos, el gobierno nacional o federal contará con un sistema central nervioso del cual fluirán las ideas, esquemas y propuestas para establecer las estrategias, acciones y políticas a desarrollar, siempre de forma planificada, consensuada y ordenada, para la mejor obtención de resultados de éxito. El sistema integral y estratégico de trabajo de gobierno debe de proporcionar las vías y esquemas para establecer las políticas, estrategias y procesos necesarios para llevar a cabo no sólo el mejor ejercicio gubernamental posible, sino también las mejores políticas públicas y los mejores esquemas económicos, sociales, electorales, políticos y culturales. Este sistema integral y estratégico de trabajo del gobierno (SIEST) contendrá el centro de control y mejora de políticas públicas, programas y acciones del gobierno de un país o estado.

Centro de control y mejora de políticas públicas, programas y acciones de gobierno

<u>Objetivo del centro de control y mejora</u>

Para todo gobierno que se precie de ser estratégico y eficiente es fundamental contar con la información real de su contexto en tiempo real, así como la información histórica de todas las actividades de las instancias del mismo gobierno y de los demás gobiernos de su estado y país, independientemente del orden, ámbito, importancia, tamaño y procedencia. Asimismo, el gobierno deberá contar con la información de las actividades surgidas de las diversas instancias del escenario político, como lo son organizaciones, partidos políticos y sectores de la sociedad, mediante el conocimiento del contexto general y los escenarios particulares de cada una de estas instancias, para así tener la posibilidad de saber, conocer, interpretar, evaluar, dar seguimiento, establecer resultados y generar estrategias y acciones para mejorar estos contextos, y así reforzar o establecer, en su caso, nuevas políticas públicas y partidistas, y acciones y estrategias para posicionar al gobierno, a sus gobernantes y a sus instancias políticas. Todo gobierno además deberá generar esquemas que produzcan e implementen las condiciones que permitan lograr avances sustantivos en el desarrollo integral y en los satisfactores sociales, para beneficio de la población y del estado. Una de las razones más importantes para generar proyecciones y estrategias efectivas de gobierno es la de tener el diagnóstico y la información real, analizada y evaluada, que permita tener la visión al instante de los contextos, de su problemática, de sus puntos buenos y malos, de la atención de las problemáticas, del análisis de cómo evolucionan las estrategias y los aspectos aplicados en la resolución de los asuntos, para así lograr tener un panorama general que permita manejar varios escenarios y tomar las decisiones adecuadas de los asuntos y sus problemáticas.

Esto permitirá también poder manejar las negociaciones y acuerdos de forma analizada y consensuada, con mejores perspectivas y expectativas de éxito, tanto del ejecutivo como de todas las instancias del gobierno. Por otra parte, una razón de peso es que se hará más eficiente el trabajo y las horas de trabajo efectivas del personal en todas las instituciones públicas, ya que esto permitirá tener más tiempo de trabajo efectivo de funcionarios y empleados, además de que se podrán generar más actividades sustantivas que pudieran ser cuantificadas, y con esto permitir más horas de capacitación para todos.

Este funcionamiento se puede lograr con la implantación de estos instrumentos de la administración pública moderna, de los sistemas de gestión de la calidad y de los sistemas de evaluación y los tableros de control, conjuntamente con una capacitación general y específica sobre los conceptos y las áreas en que se trabaja. Sin duda alguna este esquema transformará la administración pública de los países pobres y subdesarrollados, y también mejorará la de muchos países mixtos, y también a las instituciones y organizaciones que lo requieran y que se integren. La difusión de estas estrategias será fundamental, ya que toda sociedad y gobierno, y toda institución política y social de un país, sabrán que su propio gobierno trabaja con estos sistemas efectivos y de vanguardia para ser mejores, lo que les permitirá dirigirse a la sustentabilidad, a la autoevaluación y a la mejora de los procesos, así como a la modernización, transparencia y eficiencia general.

<u>Objetivo básico</u>

El objetivo básico de este sistema es que los gobernantes tengan la información real en tiempo real de las actividades de las instituciones del gobierno federal, de los gobiernos estatales y municipales, de los congresos legislativos e instancias judiciales, y de los partidos políticos, además de otras instituciones que accedan a integrarse a este sistema, para así contar con la información y situación de los contextos y el diagnóstico respectivo, así como con las proyecciones de escenarios y posibilidades para su evaluación, lo que permitirá tomar las mejores decisiones. Esta estrategia se puede presentar ante la sociedad como un esquema para evaluar y dar seguimiento a las instituciones de gobierno, para que estas instituciones generen los mejores beneficios a la población y al estado, en la búsqueda del desarrollo integral y la mejora de la calidad de vida, así como del logro de los satisfactores sociales.

Los gobernantes también contarán con la información de las instancias neutrales y opositoras de toda índole, ya sean partidos políticos, organizaciones, gobiernos, empresas y personas, así como también de los sectores de la sociedad, lógicamente con información obtenida de los esquemas y programas de investigación y de los servicios de inteligencia del sistema, con lo que se generará e integrará la información requerida para contar con los escenarios y las propuestas de acción para la toma de decisiones más acertada y con menos costo político para los gobiernos respectivos.

<u>Modelos de esquemas</u>

El primer modelo de este esquema será para tener la información cuantitativa y cualitativa del propio gobierno nacional o federal, pero la finalidad también será la de integrar a los demás gobiernos y organizaciones de toda índole y ámbito de un contexto. Este modelo deberá de constar de diversos rubros, con sus respectivos espacios o campos, que puedan ser llenados por los empleados que manejan la información básica y por los titulares de las áreas que manejen información reservada y hasta confidencial, al día, para así tener un esquema total actualizado, que permita a las instituciones mejorarse sustantivamente.

<u>Conceptos que debe de tener el sistema de evaluación y el tablero de control</u>

<u>Campos a evaluar y evaluaciones por conceptos</u>

Es importante utilizar los métodos de evaluación adecuados y necesarios por actividades, procesos y conceptos, mediante los aspectos, rubros y campos que generen las evaluaciones diarias de cada institución y área, además de utilizar todos los aspectos que se consideren adecuados para el contexto respectivo.

Evaluación cuantitativa y cualitativa de una institución	*Evaluación del impacto ante la sociedad y los sectores productivos de la institución*
Evaluación general de una institución	*Evaluación ante los medios de comunicación de las actividades de la institución*
Evaluación de las diferentes áreas de una institución u organización	*Evaluación de la institución ante los poderes constitucionales*
Evaluación de los programas de una institución u organización	*Evaluación de instituciones por utilización de recursos humanos, financieros y materiales*
Evaluación de las actividades de las áreas interrelacionadas con la institución	*Evaluación de la institución ante otros gobiernos*
Evaluación de las actividades del personal de una institución	*Evaluación de la institución ante organizaciones nacionales e internacionales*
Evaluación de las reuniones y actividades de una institución	*Evaluación comparada con la misma institución, con otras instituciones gubernamentales, con otras instituciones del ramo nacional e internacional, etc.*
Evaluación de los aspectos administrativos, laborales, sindicales, etc., de una institución	*Evaluación del movimiento y acción política de gobiernos, organizaciones y partidos políticos*
Evaluación de las actividades con diferentes instituciones u organizaciones	*Evaluación de actividades de organizaciones y partidos políticos*
Evaluación de las actividades de capacitación	*Evaluación de escenarios de las organizaciones y partidos políticos*
Evaluación de las actividades de promoción y de asesorías	*Evaluación general en tarjetas sintetizadas.*
Evaluación de la difusión de las instituciones	*Evaluaciones que sean necesarias con respecto a las actividades de cada institución*
Evaluación de los impactos de difusión en las instituciones	
Evaluación del impacto de la generación de los programas de las instituciones	

<u>Instrumentos y actividades a verificar</u>

Este sistema permite verificar el proceso y el avance de los diversos instrumentos y servicios de las instituciones, al igual que sus problemáticas, por lo que así se podrán evaluar los esquemas y los programas, cómo funcionan y cuál es su impacto, es decir, se podrán evaluar todos los esquemas, programas, servicios y actividades de la institución y la actividad de las personas que la conforman. Así se tendrá que, en cuanto al personal de las instituciones, estos podrán ser evaluados con respecto a sus actividades y resultados, lo que generará una dinámica positiva y motivadora al interior de las instituciones, cuyos procesos y resultados podrán ser tratados en las diversas reuniones internas de evaluación, para lograr una mejora continua en beneficio de las personas y las instituciones. En este rango de actividades se integrarían también los altos funcionarios y secretarios o ministros de gabinete, los coordinadores generales, subsecretarios, directores generales, directores de área, jefes de unidad, coordinadores, jefes de departamento y personal de confianza y sindicalizados. Esto implica que todas las actividades podrán ser cuantificadas y evaluadas, para su mejora continua.

<u>Alcance del sistema y contenido del software</u>

Los resultados del trabajo de estas reuniones podrán modificar y mejorar las normativas, el marco legal, la operatividad y logística, los programas e instrumentos y las actividades en general y en particular de cada institución y, por tanto, del gobierno en sí. Igualmente, el objetivo y el alcance serán dirigidos hacia la mejora continua y la eficiencia de las instituciones y los gobiernos. También impactará en los medios de comunicación, en los sectores y en la sociedad local, municipal, estatal, nacional e internacional. El software debe de contener conceptos que tendrán espacios y campos para el vaciado de la información, tanto cuantitativa como cualitativa, de los diferentes programas y actividades de todos y cada uno de los trabajadores, mandos medios, directivos y gerentes de una institución, en los que se generará la información sustantiva de sus actividades diarias. En virtud de que el sistema central conecta, enlaza e interrelaciona toda la información generada y registrada en los campos y rubros respectivos, la oficina central podrá establecer resultados particulares y globales, producto de esta información, que permitan producir una información estratégica sintetizada de diagnóstico y soluciones, así como gráficas y esquemas de evaluación y proyección, lo que permitirá tomar las decisiones necesarias a gobernantes y funcionarios, para un mejor resultado de las políticas públicas.

<u>Funcionamiento y conformación del tablero de control y del sistema de evaluación</u>

El sistema contará con un software que contendrá los rubros y campos correspondientes a las actividades de todas las instancias, los cuales tendrán espacios para ser llenados con la información. Toda persona que tenga que rellenar su campo podrá hacerlo cada día, para que de esta manera se pueda tener la información cualitativa y cuantitativa actualizada y al instante.

Esta información registrada por cada rubro generará una información acumulada de cada área, la que se interrelacionará con las demás áreas y producirá una información cualitativa y cuantitativa global y específica por área y por institución al día, al mes, al trimestre y al año, que podrá ser generada en gráficas y porcentajes de actividades, para su comprensión y análisis global, al mismo tiempo que se calificarán y evaluarán las actividades que se presentarán en las reuniones conducentes. Debido a este proceso, cada institución generará informes integrales, globales y particulares, que de forma simultánea se conocerán en todos los centros de conexión del sistema, en caso de así requerirse y de acuerdo a la tipificación de la información, ya que si ésta es secreta o clasificada, solo podrá generarse en el tablero de control central nacional o de las entidades respectivas, para que la reciban los gobernantes de las entidades o el mandatario de un país, de acuerdo al contexto respectivo y a la problemática, concepto o asunto. Para estos efectos, el sistema tendrá un control maestro interconectado que estará ubicado en el centro de control gubernamental, para que desde este lugar se pueda obtener la información al instante de toda institución, programa y actividad de gobierno, ya sea de forma particular o en conjunto, según la necesite el gobernante o directivo para cualquier reunión o análisis, independientemente de que el titular de la misma institución presente esta información, que deberá estar actualizada y certificada como real y actual.

<u>Planificación con visión</u>

El sistema permite, mediante resultados de evaluación, generar las gráficas y esquemas de información que deberán ser analizadas para la mejor toma de decisiones, además de que establece una interrelación funcional y dinámica de las instituciones para el vaciado y registro de la información y la generación de resultados, para así poder contar con un panorama global que produzca un contexto con sus diversos escenarios, los cuales se analizarán para aplicar las estrategias gubernamentales con las políticas públicas adecuadas y lograr así los objetivos de éxito con respecto al desarrollo de un país y de sus entidades. En las reuniones estratégicas del sistema se podrán observar los diagnósticos, avances y problemáticas de las instituciones relacionadas, por lo que se podrán planificar las acciones y procesos de forma eficiente y dinámica.

<u>Estrategias para el desarrollo</u>

Este sistema permitirá conocer todas las actividades y avances de los programas específicos y de los programas interrelacionados de las instituciones, por lo que se podrá planificar de manera estratégica, tanto al interior de las instituciones como de forma coordinada y enlazada con otras instancias públicas y privadas. De esta forma, se podrá planificar con visión y se podrá saber en qué regiones y localidades se deberán implementar determinadas estrategias, políticas, esquemas y programas de desarrollo. Se sabrá, por tanto, que instancias del sector público y privado, e internacionales, realizarán estos trabajos y objetivos, así como que programas e instrumentos deberán utilizarse para estos fines.

Este procedimiento sin duda será trascendental, ya que permitirá generar diversas estrategias dentro de un plan nacional de desarrollo, y de igual forma permitirá enfocar y generar los polos de desarrollo que sean necesarios y adecuados para el desarrollo integral sostenible. También se podrán establecer las condiciones para generar el desarrollo estatal, municipal y local, que son muy importantes, ya que permiten generar también fuentes de empleo y actividades productivas, educativas y sociales en estos ámbitos. Estas estrategias, planificación y resultados, impactarán en la sociedad y en los diversos sectores de un estado.

<u>Coordinación y beneficios del sistema</u>

El gobierno contará con un coordinador general del sistema de evaluación, que dependerá directamente del poder ejecutivo de gobierno. Este coordinador general deberá de tener coordinadores de área y asesores, quienes deberán hacer funcionar el sistema y vigilar que siempre sea funcional. Para estos efectos será siempre necesario capacitar y especializar al personal y a los directivos de las áreas respectivas. Asimismo, este sistema implicará la realización de una serie de aspectos básicos, entre estos, uno muy importante será la revisión de los asuntos, avances y problemáticas de cada institución, para evaluar, conjuntamente con los asesores de estas instituciones, como mejorar, organizar, hacer más eficientes y producir resultados óptimos en estas instancias de gobierno. Al igual que la coordinación general, habrá coordinadores del programa por institución, que contarán con el personal necesario, que saldrá del mismo personal registrado de la plantilla de cada institución, pero que podrán realizar estas funciones siempre con el compromiso de que el programa funcione. Los beneficios serán inmediatos y muy sustantivos, ya que establecerán una nueva dinámica de funcionamiento y de operación de la administración pública federal, estatal, municipal y local. Aunque parezca que será necesario elaborar un trabajo muy amplio y que se utilizarán recursos públicos para pago de sueldos, papelería, computadoras, sistemas de software, espacios de oficinas, pagos de servicios como teléfono, luz, etc., y que la operación podría ser onerosa y difícil de implementar, y que podría no funcionar adecuadamente, generando una instancia inoperante y mayor burocracia, será todo lo contrario, porque al sistematizar los esquemas de trabajo de las instituciones, partidos políticos y diversas organizaciones de toda índole, la problemática será no la instalación del sistema, sino la aplicación del mismo por parte de las personas, sin embargo, ya instalado y con las personas adecuadas operándolo, el sistema producirá grandes beneficios para la mejora y eficiencia del trabajo de gobierno, y para generar las condiciones para el desarrollo integral sostenido. Inicialmente provocará que la burocracia sea eficiente y activa, desde las bases hasta los dirigentes. También establecerá las problemáticas de los programas y actividades de una institución y de todo gobierno, diagnosticándolas y corrigiéndolas, para su funcionamiento efectivo. Asimismo, habrá reuniones para el análisis y evaluación de las propias instituciones y reuniones entre instituciones, para revisar y planificar los trabajos y proyectos conjuntos, además de analizar y tratar de mejorar todo programa y actividad, así como presupuesto y gasto, para que se ejerzan de forma efectiva.

Diversas áreas de gobiernos e instituciones de todo orden y ámbito, sobre todo de países y localidades subdesarrolladas y pobres, cuentan con muchos trabajadores, tanto de base como de confianza, y funcionarios que casi no hacen nada en todo el día laboral, lo que implica un gran gasto para los gobiernos e instituciones, además de una falta de productividad, de voluntad y de ideas y, por tanto, de resultados, por lo que no se cumplen los objetivos ni la misión de estas instancias y gobiernos. Por tanto, un gobierno deficiente e inoperante debido a toda una serie de factores como el anteriormente descrito, entre otros muchos aspectos, no podrá lograr su objetivo fundamental de generar desarrollo integral sustentable y de dotar a las sociedades de una mayor calidad de vida y de las condiciones para que estas logren una alta y efectiva sustentabilidad y productividad. El resultado de la implementación de esta coordinación de control y seguimiento estratégico implicará una nueva visión de trabajo en la administración pública de un país y sus estados, municipios y localidades, así como en las diversas organizaciones de toda índole, y por tanto el impacto de la imagen pública de un gobierno y de sus gobernantes, así como de toda instancia que utilice este sistema, será sustantivo ante la sociedad, medios de comunicación y sectores de todo ámbito.

<u>Resultados del sistema</u>

Toda la información que se recabe en este sistema será evaluada, estudiada y mejorada en las reuniones internas de cada institución y en reuniones interinstitucionales, lo que permitirá que las mismas sean más efectivas y se obtengan mejores resultados. En el concepto del software del sistema existirán apartados específicos que permitan obtener resultados sintetizados cuantitativos y cualitativos, los que servirán para generar las tarjetas informativas estratégicas para los gobernantes respectivos, y en su caso, para los titulares y mandos medios de las instituciones que sean necesarios, según el asunto y su importancia. Con la impresión de estas tarjetas informativas al día, y de la información estratégica de todos los programas de todas las instituciones, todo gobernante podrá observar de forma cuantitativa, cualitativa y gráfica, cuáles son los resultados de los trabajos de gobierno, además de que podrá tener tarjetas de síntesis con posibles escenarios y estrategias a seguir, ya sea para mejorar los resultados o para utilizar los recursos en otros programas y acciones que vayan debajo de sus metas, o en su caso, para el fortalecimiento de actividades que estén generando buenos dividendos para la ciudadanía, lo que le permitirá a los gobernantes tomar las mejores decisiones, en base a estos análisis de escenarios. Algunos gobiernos y organizaciones en el mundo aplican sistemas similares diseñados por ellos mismos o por empresas e instituciones especializadas, y aunque el alcance de este software es amplio e importante, será necesario implementarle siempre más esquemas de información interactiva y un tablero de control integral que organice al sistema y al gobierno. El software similar que utilizan algunos gobiernos y organizaciones en el mundo es un instrumento que ayuda a los gobiernos a contar con los elementos necesarios para tomar decisiones estratégicas, así como para la planeación, control y seguimiento de sus políticas, programas y actividades y para hacer eficientes sus áreas e instancias.

6. *Esquema de capacitación y profesionalización de funcionarios y trabajadores*

Para construir contextos de desarrollo, todo gobierno deberá implementar esquemas efectivos de productividad, de políticas públicas, de empleo, de programas y de competitividad, entre otros conceptos, además de capacitar y preparar a funcionarios, dirigentes y trabajadores de los sectores productivos públicos, privados y de gobierno, para que se involucren de forma sustantiva en todos los aspectos del desarrollo y entiendan la visión y el compromiso conjunto y específico para lograr este objetivo.

Muchos gobiernos de todo orden y ámbito cuentan con una gran mayoría de funcionarios y empleados que no tienen una preparación adecuada, ni visión, ni conocimientos, y tampoco compromiso para cumplir con sus trabajos, por lo cual se producen procesos y resultados laborales deficientes, lo que implica sumar una serie de factores que impactan negativamente en el desarrollo de sus contextos, ya que el objetivo de la mayoría de los presupuestos de gobierno, que son derivados a esquemas y programas, es el de propiciar y generar las condiciones para este desarrollo. Un ejemplo específico de lo anterior, que además es trascendente, es cuando no se cumple en tiempo y forma con el ejercicio presupuestal anual de las instituciones para apoyar, entre otros, a proyectos productivos, comercios, negocios, aspectos de atención a las necesidades básicas y sociales, entre otros aspectos. Este ejercicio parcial y altamente deficiente de la aplicación de los recursos presupuestados de gobierno, por falta de capacidad, compromiso y voluntad no logran ser utilizados y aplicados en el periodo respectivo, lo que obliga que al término del mismo, estos se tengan que regresar al área de gobierno que los proveyó, lo que implica que no hubo aplicación de recursos en programas para el desarrollo, a pesar de la urgencia y necesidad de la gente para generar su sustentabilidad y sus proyectos, además de que se evita apoyarlos en programas de vivienda, de salud, de educación, de infraestructura urbana, etc., lo que es imperdonable para cualquier institución y gobierno.

El ejercicio de las atribuciones y funciones de todo funcionario y toda área, así como el cumplimiento de los presupuestos de los programas y esquemas de muchas de las instituciones gubernamentales de todo orden y ámbito en el mundo que se dedican al desarrollo y la productividad y otros rubros, son aplicados generalmente de forma ineficiente y aleatoria, sin una planificación sectorial, solamente para cumplir lo más que se pueda con las metas y objetivos, si es que los hay, y por la obligación normativa de utilizar los recursos, los que además se usan de forma aleatoria y normalmente para ayudar a determinados proyectos productivos aislados, entre otros aspectos, lo que implica la pulverización de una gran cantidad de recursos, ya que en su generalidad alrededor de la mitad o un 30% se devuelven sin utilizarse. Éstos son aspectos básicos que deben eliminarse y volverse eficientes y exactos en todo gobierno de todo país y entidad.

Existen, sin embargo, varios gobernantes, dirigentes, funcionarios y trabajadores qué si están capacitados, conocen su trabajo, y tienen visión y compromiso para generar sus funciones y, en el caso de los gobernantes, ejercer de forma eficiente sus políticas y programas para generar las condiciones que propicien el desarrollo y la mejora del ejercicio gubernamental. Por esta razón, y en la búsqueda de la mejora de este ejercicio de gobierno, es importante evitar tiempo ocioso e inútil de trabajadores y funcionarios de gobierno, por eso, para mejorar al menos un 70% del personal que no es eficiente parcial o totalmente en toda instancia pública, sobre todo en países pobres y subdesarrollados, donde en su generalidad no existe la cultura de la capacitación planificada, es básico establecer capacitación y profesionalización para dirigentes, funcionarios y trabajadores de gobierno de todo orden, pero también para organizaciones productivas y sectores diversos, para que de forma conjunta se comprendan, interpreten y utilicen de forma exitosa los esquemas de trabajo gubernamental. Por lo anterior, este esquema de capacitación abarca aspectos de capacitación básica, productiva, empresarial y de alta dirigencia, de productividad, especialización y de normatividad, etc., que será dirigida a sectores gubernamentales y privados para establecer procesos de mayor eficiencia y productividad en la función pública y privada. Veamos este esquema de forma sintetizada.

Esquema de capacitación de gobierno

Capacitación gubernamental

- *Capacitación especializada a gobernantes federales, estatales, municipales y locales*

- *Capacitación básica y avanzada a dirigentes, funcionarios, empleados y trabajadores de todo orden y ámbito de gobierno, para más eficiencia en el ejercicio de las funciones*

- *Capacitación e implementación de esquemas de gestión de la calidad y mejora continua, así como de responsabilidad social en las instituciones gubernamentales de todo orden y ámbito*

Capacitación de sectores y organizaciones públicas y privadas

- *Capacitación básica y especializada a sectores productivos, empresariales, agrícolas, industriales, comerciales, laborales y sindicales, etc., para una mayor productividad y competitividad*

- *Capacitación básica y especializada a funcionarios y militantes de partidos y organizaciones políticas para una mayor comprensión y eficiencia en la productividad política, electoral y social*

- *Capacitación básica y especializada a sectores y organizaciones ciudadanas para impulsar la productividad, por medio de la creación e implementación de negocios propios, de autoempleo, de desarrollo empresarial de la micro y pequeña empresa, etc., para generar mayor productividad comercial y productiva*

- *Capacitación especializada en esquemas de gestión de la calidad y de responsabilidad social, para fortalecer las empresas, comercios, negocios, etc., y lograr una mayor productividad y competitividad*

Este esquema de capacitación integral de vanguardia debe planificarse y programarse para llevarse a cabo todos los años en sus diferentes etapas, desde la capacitación básica, de acuerdo con el nivel de los gobernantes, funcionarios y empleados, y de los dirigentes y trabajadores, hasta llegar a una unificación de capacitación que produzca gobiernos con gobernantes, dirigentes, funcionarios y trabajadores de alta capacidad.

El objetivo es implementar esta capacitación en los gobiernos de todo orden y ámbito, en los cuales se tiene, sobre todo en los gobiernos locales y municipales de contextos subdesarrollados en el mundo, una preparación básica mínima y en su generalidad deficiente, tanto de funcionarios y dirigentes como de empleados, e incluso de gobernantes, por eso existen un sinnúmero de dificultades en la forma de gobernar estas regiones y localidades, así como en la utilización de los recursos, en el trato e interrelación con la ciudadanía, y en un sinnúmero de aspectos que implican subdesarrollo y atraso para todo contexto.

Este proyecto también abarca la capacitación de representantes y personas de todos los sectores de la sociedad, como por ejemplo, productores, comerciantes, empresarios, industriales, emprendedores y prestadores de servicios, entre otros, de cualquier estatus y tipo, en diversos esquemas básicos y de especialización, según el caso, ya que esto implica lograr una mayor productividad en los escenarios correspondientes y contar con mejores expectativas y resultados en los negocios, en la competitividad y en el comercio de los productos y de su colocación en los mercados, lo que implica que, conjuntamente con la capacitación de personajes de todos los demás sectores económicos, políticos y sociales de un país y entidad, se conforme una amplia plataforma de productividad, de empleo, de satisfactores sociales, de desarrollo y de beneficio colectivo. Capacitación para sectores y organizaciones sociales, y para sectores poblacionales, deben de ser programadas, en aspectos básicos y avanzados de negocios, de administración y contabilidad, de desarrollo tecnológico y científico, de tramitología y obtención de servicios y recursos públicos y privados, de comercialización y productividad, de competitividad y calidad, de software y computación, de idiomas y de actividades artísticas, deportivas y culturales, entre muchos otros aspectos.

Lo anterior, para que todas las personas puedan ser productivas y autosustentables, y puedan establecer y crear nuevas instancias empresariales y de negocios de éxito en sus respectivos ramos y rubros, así como para conformar nuevas industrias, empresas y negocios de todo tamaño, tanto micros, como pequeños y medianos, que impulsen la productividad, la comercialización y el empleo, con un mayor desarrollo económico. Este programa es básico para un proyecto de gobierno, por lo que los gobernantes deberán implementar esquemas de capacitación básica y profesional en la productividad y en los negocios, y en el ejercicio de la función pública, para conformar una nueva visión poblacional y de los gobernantes para llevar a los países y sus entidades al desarrollo integral sostenible.

7. *Esquema de atención de propuestas y necesidades ciudadanas*

Otro aspecto fundamental para un ejercicio de gobierno incluyente, de vanguardia y con objetivos de alto desarrollo es conjuntar la visión del estado y de la sociedad, derivada de las necesidades y percepción de cada uno de estos entes y de la generación de propuestas basadas en las necesidades populares y del estado, por lo que será básico implementar esquemas de gobierno y de la sociedad en los que se generen las propuestas respectivas para el desarrollo y la mejora de los contextos mediante esquemas que permitan recabar, analizar, evaluar, consensuar, implementar y aplicar estas propuestas de forma ordenada y planificada. Otro aspecto es el de la atención a las necesidades poblacionales por parte de las instancias gubernamentales, ya que, a estas necesidades, en determinados casos, no se les da la atención ni el seguimiento de forma eficiente y en muchos casos solamente se reciben las peticiones y no se hace gestión alguna, lo que afecta la imagen de las áreas gubernamentales y las expectativas de la población. Veamos estos conceptos de atención de propuestas.

Esquema de atención de propuestas y necesidades ciudadanas

Sistema gubernamental de atención y gestión de peticiones ciudadanas

- *Esquema gubernamental de atención, gestión, seguimiento y resultados de las peticiones y necesidades ciudadanas*

Sistema ciudadano de captación, planificación, presentación y seguimiento de las peticiones ciudadanas

- *Esquema ciudadano de captación de necesidades ciudadanas*

- *Esquema ciudadano de planificación, control y presentación de propuestas ante las instancias respectivas, con seguimiento y resultados de éxito*

Veamos ahora, de forma breve y sintetizada, cada uno de estos esquemas que implican no solo la atención a las peticiones ciudadanas, sino que también su integración a planes y programas para el desarrollo local y nacional.

Esquema gubernamental de atención, gestión, seguimiento y resultados de las peticiones y necesidades ciudadanas

Aunque en muchos de los gobiernos de todo orden en el mundo existen oficinas de atención y gestión ciudadana, estas instancias funcionan solamente como una oficina de captación de peticiones que se remiten de forma automática a diversas dependencias, según el rubro concerniente a la petición, y en las que estas solicitudes no son tomadas en cuenta en la mayoría de los casos, por lo que se archivan sin siquiera ser evaluadas, y mucho menos se les da seguimiento para su atención y solución. Debido a estas generalidades no se cuenta con un proceso de seguimiento real y de resolución de los asuntos de la ciudadanía por parte de los gobiernos, salvo contados casos y asuntos.

En este sentido, se entiende que la falta de presupuesto y recursos hace que la mayoría de las peticiones no puedan ser apoyadas de forma inmediata, pero la atención y análisis de sus probables soluciones si deben de generarse, además de que varias de estas propuestas si podrán ser presupuestadas en el ejercicio siguiente y así poder apoyar las necesidades de las sociedades y sus sectores.

La postura del gobierno, en todo caso, debe ser de atención y respeto a la gente, sin discriminar ni desechar ninguna petición propuesta, es decir, que los funcionarios y burócratas no solamente deban decir de forma repetitiva que no se tienen recursos, y que ya se remitió la solicitud y petición a otra institución, y desde esta otra institución será lo mismo, ya que no se atiende ni se resuelve dicha solicitud en ninguno de sus aspectos, lo que genera una gran inconformidad social, ya no solo por la atención, seguimiento y resolución de los asuntos, sino por la falta de atención de los empleados de gobierno, por lo que ahora se debe de tratar y de obligar, con una nueva visión e imagen de gobierno, de que estas peticiones, al llegar a las dependencias respectivas, se analicen verdaderamente y se generen la posibilidades de integrarse de forma particular o conjunto a algunos de los programas y esquemas presupuestales de la actualidad o del siguiente ejercicio presupuestal. Veamos entonces las áreas y los aspectos a seguir en estos esquemas de apoyo gubernamental a las peticiones ciudadanas.

Dirección de atención y gestión de las propuestas y peticiones ciudadanas

- *Áreas de captación de peticiones y de atención al público en general*
- *Áreas de análisis de las peticiones y remisión a las instancias correspondientes*
- *Áreas de seguimiento y resultados de las peticiones ciudadanas*

Unidades de integración de propuestas y peticiones ciudadanas de las instituciones

- *Áreas de recepción, análisis e integración de propuestas en programas institucionales*
- *Áreas de seguimiento y resolución de las peticiones e información a la población*

Como se observa, en todas estas áreas se generan las resoluciones de integración de los asuntos de la gente, y se les informa, con respeto y atención, de cómo se resolvió la petición, según las condiciones y probabilidades y, en su caso, como se generó su integración a programas institucionales.

<u>Esquema ciudadano de captación de necesidades ciudadanas</u>

Un proyecto de gobierno eficiente debe contener políticas integrales de captación, tramitación, seguimiento y apoyo de las necesidades, propuestas y peticiones de la sociedad, mediante esquemas que permitan planificar y ordenar la inserción y agenda de atención y respuesta de las propuestas ciudadanas ante las respectivas instancias gubernamentales de gestión. Estos esquemas tendrán una guía de organización y seguimiento que explique la tramitología desde que las peticiones llegan a las instancias de gobierno, con un seguimiento en las diversas áreas que tengan que ver con el asunto, hasta generar su resolución final.

Asimismo, las dependencias emitirán resoluciones específicas de cada asunto, para que la población se entere en todo momento de cuál es el estatus de su petición, al igual que se establecerán reuniones, entre dependencias, de evaluación y conjunción de coincidencias de las propuestas, para ser insertadas en los programas conjuntos o en los propios de cada institución. El objetivo será tratar de que todas las solicitudes y peticiones puedan integrarse en los diversos programas de gobierno, y darles soluciones positivas en beneficio de la gente.

<u>Esquema ciudadano de planificación, control, presentación ante instancias, seguimiento y resultados</u>

Este esquema ciudadano comprende una organización que permite captar, gestionar y presentar las peticiones y propuestas a las instancias correspondientes, y generar respuestas satisfactorias a los ciudadanos. Veamos la conformación de este esquema ciudadano de gestión.

Sistema e infraestructura de captación, análisis, clasificación, presentación y gestión de las propuestas y peticiones ciudadanas, con esquemas de seguimiento y resolución de asuntos.

- *Áreas de captación, análisis y gestión de las propuestas ciudadanas*
- *Áreas de seguimiento y resolución de las propuestas ciudadanas*
- *Áreas de información de los resultados y trámites de las peticiones a los ciudadanos*

Veamos ahora la estructura ciudadana de generación y atención de las propuestas y peticiones de la población, que estará integrada en una infraestructura denominada consejo consultivo nacional popular (Coconapo).

Consejo consultivo nacional popular (Coconapo)

Este consejo consultivo nacional popular tiene por objetivo plantear los aspectos, necesidades y problemáticas de la población y sus sectores, de todo rubro y concepto, ante las instancias gubernamentales y privadas de todo orden y ámbito, y constará de infraestructura y recursos, así como de normativas y esquemas.

El consejo consultivo nacional popular no estará dirigido por representantes populares políticos, sino que estará representado por personajes reconocidos por su trabajo y honestidad, o porque hayan destacado en su actividad o rubro, excluyendo a los líderes políticos de los sectores populares. Esto quiere decir que cualquier persona con reconocimiento a su forma de trabajo, representatividad y ascendencia en su contexto, será quien tenga las posibilidades de presidir este consejo consultivo nacional popular, al igual que en los consejos de sus diversos ámbitos y ordenes. Por lo anterior, los miembros de este consejo podrán ser representantes de toda actividad de la sociedad, como obreros, campesinos, científicos, académicos, comerciantes, empresarios de todo orden, especialmente micro y pequeños, amas de casa, estudiantes, trabajadores de todo concepto, minorías poblacionales, etc., quienes podrán establecer las causas y motivos que generen sus propuestas, ideas e iniciativas.

El objetivo fundamental de este consejo será el de promover y gestionar las causas populares, y las necesidades y problemáticas, por medio de propuestas, iniciativas, ideas y planteamientos, para su evaluación y aprobación en el seno del consejo, con la finalidad de remitir los asuntos desde esta instancia al sistema consultivo nacional para su aprobación, y de ahí plantearse ante la dirección de atención de las peticiones ciudadanas del gobierno, para su análisis e implementación. El consejo consultivo nacional también contará con un comité coordinador popular, que será el encargado de enlazar ante las instancias gubernamentales, sociales e internacionales, todos los aspectos relacionados a las propuestas ciudadanas y su tramitología y solución, además de establecer los esquemas de enlace, coordinación, agenda y trabajo del sistema.

Conformación del consejo consultivo popular

Este consejo estará conformado por un comité coordinador popular y sus comités de trabajo, así como por el consejo nacional popular y los consejos estatales, municipales y locales populares, además de la infraestructura correspondiente, con inmuebles, recursos, leyes, normativas, esquemas, procesos, etc. Veamos la conformación de este consejo.

Consejo consultivo nacional popular (Coconapo)

Consejo consultivo nacional popular *Consejos consultivos estatales populares* *Consejos consultivos municipales populares* *Consejos consultivos locales populares*	*Infraestructura integral, leyes, normativas y reglamentos*
	Recursos humanos, materiales, servicios integrales, etc.
Comité coordinador popular del consejo nacional popular	*Sistema, esquemas y procesos de trabajo* *Inmuebles, oficinas y equipamiento integral*
Comité de trabajo del consejo nacional popular	*Servicios integrales diversos y sistemas*

Para generar los procesos de trabajo en las entidades, y ante los sectores de la sociedad, este consejo nacional popular también contará con una serie de comités de atención de los diversos rubros y conceptos del desarrollo para captar las propuestas y necesidades ciudadanas. Veamos estos comités.

Comités populares de trabajo

- *Comité de combate y erradicación de la pobreza*
- *Comité de transición popular hacia la productividad*
- *Comité de desarrollo integral de la empresa e industria estratégica*
- *Comité de desarrollo integral sostenible popular*
- *Comité del trabajo y la vida digna*
- *Comité de desarrollo social*
- *Comité de leyes ciudadanas*
- *Comité de justicia y derechos humanos*
- *Comité de seguridad pública*
- *Comité de movimientos populares*
- *Comité de la educación y la superación integral popular*

- *Comité para el desarrollo tecnológico y científico*
- *Comité para el desarrollo de los recursos estratégicos*
- *Comité para el desarrollo del software, computación y electrónica*
- *Comité para el desarrollo industrial, empresarial, comercial y de servicios*
- *Comité para el desarrollo de la industria de la construcción*
- *Comité para el desarrollo artístico, deportivo, literario, cultural*
- *Comité para el desarrollo de las actividades agrícolas y agroindustriales*
- *Comité para el desarrollo y protección de la ecología y el medio ambiente*
- *Comité para el desarrollo democrático y participativo*
- *Comités populares necesarios a los rubros y contextos de cada país*

Como se observa, este consejo consultivo nacional popular contiene un sistema con infraestructura, esquemas y procesos de trabajo para llevar las propuestas populares a los gobiernos de todo ámbito, mediante procesos de captación, evaluación y aprobación, y ser implementadas, de así considerarse, como políticas públicas, instrumentos, programas y acciones para el desarrollo integral.

<u>Alcance del consejo consultivo nacional popular</u>

Indudablemente que el alcance del consejo consultivo nacional popular deberá ser trascendental, ya que generará propuestas e iniciativas emanadas del sentir popular, de la realidad del contexto de cada país y sus regiones, y del entorno de las personas que viven la vida desde los aspectos más fundamentales, con las problemáticas y necesidades inherentes, que generalmente se encuentran ubicadas en el rango de los sectores económicamente bajos, muy bajos y también en los sectores económicos medianos y altos, porque el objetivo es el de conocer las necesidades de todos estos sectores poblacionales. Otro objetivo primordial del alcance de este consejo es el de integrar sus propuestas e iniciativas tanto en los planes de desarrollo como en las políticas públicas gubernamentales y en las políticas laborales del sector privado, para que coadyuven a mejorar la calidad de vida, con mejores y más empleos, con mayor capacitación y preparación, y con mayores expectativas y realidades de apoyo a las necesidades populares y a los satisfactores sociales. El alcance, por lo tanto, será fundamental, ya que indudablemente transformará la capacidad, la percepción y el sentir de los pobladores, y con esto mejorará sustantivamente su calidad de vida y coadyuvará en el desarrollo de sus regiones y países.

<u>Sistema de red de los consejos consultivos estatales, municipales y locales populares</u>

La red de consejos consultivos estatales, municipales y locales populares estará coordinada por el comité coordinador popular en cada uno de esos ámbitos respectivamente, y tendrá a su cargo la funcionalidad y operatividad del sistema. Los conceptos necesarios para esta operatividad serán, entre otros, la planeación y programación, la agenda, la coordinación y el enlace, las reuniones y eventos, los acuerdos y las sesiones, así como la generación de asuntos y propuestas de cada consejo consultivo popular y su seguimiento ante las diversas instancias públicas y privadas, e internacionales.

Cada consejo consultivo estatal, municipal y local popular estará constituido por personas y trabajadores de la sociedad, por lo que serán democráticos, representativos y funcionales. Estos representantes populares conformarán, asimismo, los comités de trabajo de cada contexto.

<u>Conformación e infraestructura de los consejos consultivos estatales, municipales y locales populares</u>

Como se observa, la red de consejos consultivos estatales, municipales y locales populares será el primer concepto, sin embargo, también se contará con un comité coordinador popular y con comités de trabajo.

- *Red de consejos consultivos estatales, municipales y locales populares*

- *Comité coordinador popular de la red de consejos consultivos estatales, municipales y locales populares*

- *Comités de trabajo de los consejos estatales, municipales y locales de notables*

- *Reuniones al interior y exterior de la red*

- *Reuniones al interior y exterior de cada consejo consultivo estatal, municipal y local popular*

- *Periodo de sesiones y acuerdos*

- *Trabajo diario con funcionarios y representantes populares en cada consejo estatal, municipal y local popular*

- *Iniciativas y propuestas que generen leyes, programas e instrumentos para el desarrollo integral sostenible del estado, del municipio y de la localidad, que planteen los problemas, las necesidades y las soluciones a los asuntos de la población*

Vayamos al siguiente concepto que es el del seguimiento y rendición de cuentas de los gobernantes y gobiernos ante la sociedad.

8. *Esquema de seguimiento y rendición de cuentas a la sociedad*

Los gobiernos deben establecer esquemas vanguardistas y progresistas de relación, coordinación y trabajo entre el gobierno y la sociedad, para generar los planteamientos, aspectos y necesidades de ambos sectores, y lograr consensos y acuerdos sustantivos para el desarrollo del estado y el beneficio de la gente. Asimismo, esta relación se basará en el compromiso, la credibilidad y el respeto, con la información y transparencia del ejercicio gubernamental, de la utilización de los presupuestos y de la aplicación exacta de los recursos, así como con la implementación de esquemas de rendición de cuentas de gobernantes y funcionarios hacia la sociedad, y con esto, generar un trabajo gubernamental productivo, de más eficiencia y compromiso.

El ejercicio gubernamental tendrá, con este esquema, una mayor obligatoriedad de generar desarrollo integral sostenible y de procurar una mejora de la calidad de vida de la población, mediante un trabajo gubernamental eficiente, con visión y compromiso, con esquemas de rendición de cuentas e informes permanentes, para confirmar el buen trabajo del gobierno o para mejorar los malos trabajos.

Existirán esquemas que informen de los resultados de los trabajos institucionales de gobernantes y funcionarios, cada determinado tiempo, anuales o semestrales, pero también habrá, como propuesta, esquemas en forma de plebiscito o referéndum al que se someterán solamente los gobernantes que hayan sido descalificados de su trabajo gubernamental, y que se realizarán cuando sea necesario, mediante juicios de procedencia jurídica y legislativa, así como por medio de un consejo consultivo de análisis político de especialistas y ciudadanos para estos fines.

Este esquema, de exigencia y seguimiento del ejercicio de gobierno, permitirá generar cada vez mejores trabajos de los gobernantes y funcionarios, y con esto, una mejor aplicación de los presupuestos, recursos, programas e instrumentos para el desarrollo integral.

Vías institucionales para la interrelación gubernamental con la sociedad

Será necesario entonces establecer varias vías institucionales para estos fines, una será la implementación de un esquema institucional para reunirse y escuchar a la población, ya sea en el planteamiento de asuntos y necesidades, o de inconformidades de actividades de sus gobernantes y representantes, otra vía será la de medir, evaluar, calificar y emitir resoluciones del ejercicio gubernamental y de la actividad de los representantes de todo orden de gobierno y de sus poderes, ejecutivo, legislativo, judicial, y en su caso, electoral, en todo espacio y contexto.

Una tercera infraestructura institucional podrá hacer valer las resoluciones de la sociedad, con la aprobación o desaprobación de estos representantes y gobiernos, y proceder al cambio total o parcial de los mismos, según el caso y el escenario.

- *Sistema de planteamiento de inconformidades de actividades gubernamentales*

- *Sistema de procesos de evaluación, aprobación, desaprobación, resolución y calificación de los representantes de los gobiernos y de las instancias ejecutivas, legislativas, judiciales, electorales y partidistas*

- *Sistema de ejecución de cambios y renovación de los representantes de los gobiernos y de las instancias ejecutivas, legislativas, judiciales, electorales y partidistas*

Vayamos ahora a analizar estos conceptos de rendición de cuentas y de obligatoriedad de generar trabajo gubernamental eficiente y comprometido.

Sistema de planteamiento de inconformidades de actividades gubernamentales

Una instancia de gobierno para el diálogo y los acuerdos con la sociedad tiene el objetivo de establecer una vía de interrelación con la gente, para conocer y solucionar en lo posible sus necesidades, planteamientos y propuestas, así como de recibir, analizar y resolver las denuncias contra el mal ejercicio de gobierno, además de solventar estas diversas inconformidades en sus diferentes ordenes y conceptos de gobierno, ejecutivo, legislativo, electoral y judicial, según sea. Para estos efectos deberá instaurarse en las leyes y normativas respectivas la implementación de una oficina de atención y diálogo poblacional en este sentido, en la que se recibirán y plantearán todas las demandas, denuncias, propuestas, planteamientos y necesidades de la gente, para analizarlas y evaluarlas, y definir y dictaminar si proceden o no, y en su caso, generar los procesos que corrijan, en primera instancia, estas supuestas anomalías, y así, de ser conducente, ejecutar los instrumentos de reconocimiento o desaprobación y sustitución de gobernantes y funcionarios públicos.

Estas estructuras de rendición de cuentas de gobernantes y funcionarios serán la coordinación federal, estatal o municipal de atención a denuncias del ejercicio gubernamental, según su ámbito, y dependerán de las instancias electorales del orden y ámbito respectivo.

- *Coordinación nacional de atención a denuncias y demandas del ejercicio gubernamental. (Conadeg).*

- *Coordinación estatal de atención a denuncias y demandas del ejercicio gubernamental. (Cesadeg).*

- *Coordinación municipal de atención a denuncias y demandas del ejercicio gubernamental. (Comuadeg).*

En esta propuesta que debe surgir de un gobierno sensible y comprometido con el desarrollo, se especificará que en las diversas áreas de cada institución deberá existir una verdadera interrelación con la población, mediante áreas de trabajo específicas para estos fines, por medio de reuniones que generen acuerdos, diálogo y resolución de asuntos, y con una atención sensible y respetuosa para las personas, grupos y asociaciones. Para estos efectos se deberán establecer reglamentos específicos en estos conceptos de atención y resolución de asuntos.

Los asuntos deberán de ser atendidos y canalizados a la coordinación del respectivo orden y ámbito, según el caso, de atención de denuncias y demandas del ejercicio gubernamental de las instancias electorales respectivas, federales, estatales y municipales, para generar los procesos de revisión, procedencia, deshecho o aprobación, amonestación, suspensión, inhabilitación y sustitución de gobernantes y funcionarios gubernamentales.

<u>Conceptos de problemáticas contra representantes gubernamentales</u>

La coordinación nacional o federal de atención a denuncias y demandas del ejercicio gubernamental atenderá los casos de los pobladores y ciudadanos que tengan quejas graves comprobadas contra sus gobernantes, por asuntos derivados de su forma de gobernar o de ejercer el poder en todos los órdenes. Esta coordinación contará con una infraestructura de atención a las problemáticas y quejas contra gobiernos, con personal de atención de los asuntos mediante entrevistas y reuniones de evaluación, así como de tratamiento y resolución de los asuntos, en base a una normatividad específica. De acuerdo a esta normatividad, que incluya la figura de referéndum y plebiscito, el tratamiento y la resolución de los asuntos será el factor básico para derivar estos resultados hacia la siguiente instancia, que será la de un sistema de procesos de evaluación y resolución de los asuntos, es decir, en esta área se procederá a dar entrada a los asuntos y se evaluarán de manera inicial, para que, de proceder, de acuerdo con el cumplimiento de las normativas, se procederá a canalizarse a la infraestructura del sistema de evaluación y resolución final.

La entrada de estos asuntos y problemáticas iniciales deberá de ser en la instancia nacional, estatal, municipal y local, según el caso, para evaluarse en primera instancia y aprobarse o no, para así desecharse o aprobarse y canalizarse hacia la segunda etapa de evaluación que estará en la instancia federal electoral y en los institutos estatales y municipales electorales que correspondan. Posteriormente se tramitará el caso al congreso legislativo federal o a los congresos estatales, según el caso, para que se apruebe o no y se implementen los mecanismos para juicio político, desafuero y destitución de gobernantes y funcionarios públicos, lo que se aplique en su caso respectivo. En el caso de gobernantes, las denuncias solo podrán aplicarse cada dos años, por lo que se acumularán hasta que se abra el periodo del proceso de destitución. De esta forma, un gobernante podrá ser removido por medio de la instancia electoral o del congreso legislativo local y nacional como instancia última, a través de la figura del plebiscito o del referéndum, aplicable cada determinado tiempo, según las leyes y aspectos políticos de cada país, o en cualquier tiempo, y de forma inmediata, en caso de existir las denuncias y los procesos legales y populares que lo demanden y ameriten, con una justificación de alta gravedad en el ejercicio de gobierno. También habrá muchos casos de denuncias ciudadanas, o de diversas instancias públicas y privadas, que no procedan o no se justifiquen para aplicar este sistema de denuncias por su falta de congruencia o importancia, porque también en lo general se podrá observar que varios gobernantes cuestionados si ejercen un gobierno sensible que trabaja y produce, y que estas denuncias provienen de grupos opositores que desean desprestigiar a estos gobernantes por estrategia política. Este concepto de exigencia y denuncia ciudadana, puede abarcar también la remoción de presidentes y jefes de estado, de ministros y secretarios de gabinete, de senadores y diputados, de gobernantes estatales, delegacionales, municipales y locales y de sus equipos de trabajo, por lo que su importancia será trascendental para la gobernabilidad y democracia en todo país.

<u>Conceptos de aceptación de solicitud de cambio de funcionarios y gobiernos</u>

Para que se proceda a iniciar una evaluación primaria de solicitud de cambio de funcionarios y gobiernos, deberán de existir fuertes y poderosas causas de abandono del ejercicio gubernamental o de malos manejos y mala aplicación de las políticas públicas, además de desordenes y aspectos como el de una vida pública disipada, alejamiento del pueblo, corrupción, autoritarismo, marginación y pobreza no atendida, reclamos masivos sociales continuos, traición a los principios de gobierno para todos, traición a la patria, etc. En estos y otros casos se deberán de comprobar completamente estas faltas o conjunción de ellas, para que el paso inicial se lleve a cabo en las instancias de los institutos electorales de los ámbitos respectivos. No cualquier demanda sin sustento o débiles casos particulares podrán ameritar que los asuntos procedan para la amonestación o remoción de personas y gobiernos, por lo que la sustentación y realidad de las problemáticas será fundamental. Por ejemplo, los reclamos masivos populares continuos basados en gobiernos dictatoriales e insensibles que generan pobreza indudablemente qué si procederán para el proceso de cambio y desafuero, el cual deberá de llevarse a cabo en los ámbitos políticos y legislativos correspondientes.

<u>Conceptos de inconformidad social en contra de actividades gubernamentales en todo ámbito, que permitan el acceso a las impugnaciones y demandas ciudadanas</u>

- *Mal gobierno, con defensa de intereses de grupos cupulares, sin atención a la población y sin programas gubernamentales de generación de esquemas para el desarrollo integral sustentable; con un alto grado de inconformidad social que generen inestabilidad política y social e ingobernabilidad*

- *Actividad y actitud de gobernantes y funcionarios públicos sin aplicación de leyes, con actitud de desdén a las necesidades populares y para el desarrollo productivo*

- *No aplicación de la ley de forma igualitaria*
- *Gobierno dictatorial, caciquil y coercitivo en contra de las garantías individuales*
- *No aplicación de los derechos humanos ni la libertad de expresión*
- *Violación de leyes y de su utilización para fines personales y de grupos cupulares*
- *Falta de decisión gubernamental y carácter para el ejercicio público*
- *Traición a la patria y al país*
- *Gobierno provocador de inestabilidad política al interior y exterior de su contexto*
- *Falta de rendición de cuentas e informes*
- *Gobierno que practica el nepotismo, compadrazgo, amiguismo y recomendaciones*
- *Gobierno que permite a los subordinados no trabajar con compromiso y capacidad*
- *Gobierno falto de productividad en todo concepto*
- *Gobiernos con prácticas monopólicas injustas en general*
- *Gobiernos represores de los medios de comunicación y de la sociedad*
- *Gobiernos vanos, insulsos, con actitudes tipo malas monarquías, cortesanas, oligárquicas*

- *Gobiernos que generan subdesarrollo y pobreza y que no implementan programas y políticas públicas para el desarrollo*

- *Gobiernos que desvían los recursos de los programas para el desarrollo y los conceptos sociales, con enriquecimiento ilícito y corrupción*

Una evaluación de este tema sería importante para sumar o disminuir las vías de acceso a las inconformidades sociales que generan el proceso de evaluación de gobernantes, legisladores y representantes públicos ante la sociedad.

Sistema de procesos de evaluación, aprobación, desaprobación, resolución y calificación de los representantes de los gobiernos y de las instancias ejecutivas, legislativas, judiciales, electorales y partidistas

Este esquema tiene por objetivo recibir, evaluar, procesar y tramitar los asuntos contra representantes de gobierno, ya sean del poder ejecutivo, legislativo, judicial o electoral, o el que corresponda, así como del orden federal, estatal, delegacional, municipal y local, los que podrán ser atendidos desde sus instancias de origen en los municipios y estados, para pasar de ahí a la instancia nacional electoral. La primera instancia de acceso podrá darse en el ámbito electoral de origen, para evaluarse y canalizarse, de así dictaminarse, a la instancia electoral inmediata superior, en la que se volverá a evaluar y dictaminar el asunto, para su tránsito final a los congresos legislativos respectivos. Esta instancia legislativa deberá realizar un procedimiento y un proceso amplio y específico, que permita tratar el asunto en sus particularidades y generar así una resolución final lo más justa y apegada a la realidad, para aprobar o desechar la iniciativa o denuncia. En caso de su aprobación, la instancia electoral nacional, estatal y municipal, en donde se genere la inconformidad, podrá aplicar la normativa directamente, lo que implica iniciar los procesos de un referéndum o un plebiscito para conocer el sentir de la población en contra de determinados funcionarios de todo orden y ámbito de gobierno. De acuerdo a los resultados y al trámite en los congresos, se procederá a aplicar el plebiscito para mantener o cambiar a los gobernantes y funcionarios públicos respectivos. Como se observa, mediante este esquema se pueden generar cambios de gobiernos completos o de una sola persona, ya sea un gobernante, representante, diputado, senador o dirigente de alto perfil. Este esquema incluye a los partidos políticos, por lo que sus directivos podrán ser enjuiciados y sancionados según esta ley. Para estos efectos, la iniciativa aprobada para la destitución del funcionario pasará a la comisión legislativa de ejecución de cambios y renovación de representantes e instancias de gobiernos.

Sistema de ejecución de cambios y renovación de los representantes de los gobiernos y de las instancias ejecutivas, legislativas, judiciales, electorales y partidistas

Mediante este concepto y esquema se procederá a aplicar la normativa y reglamentación respectiva para implementar los procesos que tengan lugar. Esta normativa se derivará de la constitución política de cada país y de cada una de sus entidades, en lo que respecta a los procedimientos electorales, que irán desde amonestaciones y recomendaciones a gobernantes y funcionarios, hasta la aplicación del plebiscito o referéndum, en su caso, para obtener la decisión final de la voluntad popular, pasando también por otros aspectos como destituciones e inhabilitaciones parciales o permanentes, multas, etc.

La utilización directa de una orden de remoción del cargo que se ejerce se aplicará a todos los funcionarios y representantes de todo poder, ya sea ejecutivo, legislativo, judicial y electoral, así como a los cargos políticos y partidistas en todos sus ordenes y ámbitos, salvo la figura del jefe de estado o presidente de un país, de los gobernantes de naciones, de entidades, de estados, de delegaciones y de municipios, quienes podrán ser removidos directamente mediante una orden de remoción, en caso de ser contundente la resolución final y en caso de aprobarse en los congresos legislativos locales respectivos y en el congreso legislativo nacional o federal, pero de no ser aprobado por estos congresos, entonces se procederá, por parte de la instancia electoral en su ámbito conducente, a aplicarse el plebiscito o el referéndum para decidir el proceso final de cambio o restablecimiento de estos gobernantes.

9. Esquema de alianzas estratégicas de un gobierno eficiente

Establecimiento de alianzas estratégicas con gobiernos, partidos políticos y sectores poblacionales, para construir escenarios de desarrollo integral constante y estabilidad política y social

Todo gobierno necesita establecer alianzas estratégicas y políticas con instancias y sectores económicos, políticos, gubernamentales, sociales y culturales de su contexto y entorno local, nacional e internacional, para implementar y aplicar las políticas públicas, programas e instrumentos de gobierno en escenarios de trabajo conjunto, compartido, consensuado y aprobado mayoritariamente, lo que permitirá, asimismo, lograr más condiciones adecuadas y necesarias para generar desarrollo integral sostenible y contextos de estabilidad política y social.

Un proyecto de gobierno eficiente, dirigido por gobernantes capaces, debe especificar que no sólo es necesario trabajar con visión y compromiso para generar las condiciones que permitan el desarrollo de su entidad, sino que también es fundamental producir escenarios y contextos de estabilidad política y económica, con unidad y paz social, por lo que será necesario establecer toda una serie de estrategias, esquemas, leyes, estructuras y políticas gubernamentales para estos fines, y entre ellas se encuentran las alianzas estratégicas. Para aprovechar esta inercia de estrategias y acciones, es necesario establecer más alianzas estratégicas políticas y sociales que las que se puedan tener previstas, ya que la suma de todas estas alianzas, por muy pequeñas que sean, generarán amplios contextos de expectativas y realidades para la estabilidad, la paz social y el reconocimiento y aprobación mayoritaria de las sociedades hacia sus gobiernos y gobernantes.

Estas alianzas producirán fortalezas y apoyos políticos, económicos, culturales y sociales, entre otros, en todo ejercicio y administración, no sólo de un gobierno actual, sino que también de los siguientes.

Estas fortalezas y apoyos podrán estar basados en alianzas con sectores partidistas y políticos, con sectores gubernamentales internacionales, nacionales, estatales, y locales, y con sectores sociales y productivos de todo orden y tipo, incluidos sectores empresariales, populares, campesinos, indígenas y nativos, migrantes, de diversidades y minorías, ecologistas, ambientalistas, científicos, tecnológicos, industriales, banqueros, religiosos, gremiales, sindicales, políticos, magisteriales, de la construcción, etc. La construcción de una red de alianzas estratégicas de un gobierno coadyuvará de forma significativa para establecer contextos de desarrollo integral y de estabilidad y paz social, y también permitirá llevar a cabo, en entornos propicios y de unidad, los trabajos de gobierno. Gracias a estos escenarios de consenso y aprobación general, un gobierno puede mostrar su fuerza y firmeza, y sus políticas constructivas para el desarrollo de un contexto y el beneficio de la sociedad. Asimismo, se podrá desactivar de forma sustantiva a todos los grupos, partidos y gobiernos opositores que buscan la desestabilización mediante instrumentos y esquemas políticos radicales de confrontación. Enseguida se analizan, de forma sintetizada, los conceptos que conforman este esquema de alianzas estratégicas para el trabajo y el desarrollo.

Sistema de alianzas estratégicas con gobiernos, partidos políticos y sectores sociales para construir escenarios de desarrollo y estabilidad política y social

Esquema de alianzas estratégicas para el trabajo y el desarrollo y para la construcción de escenarios de estabilidad y paz social

- *Esquemas de alianzas políticas partidistas para el trabajo y el desarrollo*
- *Esquema de alianzas políticas gubernamentales para el trabajo y el desarrollo*
- *Esquema de alianzas políticas de gobierno en los contextos locales, nacionales e internacionales para el trabajo y el desarrollo*
- *Esquema de alianzas sectoriales y sociales para el trabajo y el desarrollo*

A continuación, vamos a comentar, de forma breve, cada uno de estos conceptos que conforman este esquema de alianzas para construir escenarios de desarrollo constante y paz social.

Esquemas de alianzas políticas y partidistas para el trabajo y el desarrollo

Las alianzas de los gobiernos con los partidos políticos son esenciales, por lo que habrá que establecerlas y ampliarlas para generar puentes y enlaces con estas instancias, desde las que en su generalidad han sido aliadas, hasta con las neutrales y opositoras, para construir una plataforma de acuerdos políticos, partidistas, de gobierno y de propuestas para impulsar las políticas y programas de gobierno en un contexto de unidad y consenso político. Como se observa, la importancia de las alianzas con partidos políticos recae no sólo en la generación de espacios y ámbitos para la estabilidad política y social, sino que también en la construcción de acuerdos, consensos, planteamientos e iniciativas para implementar las políticas, de forma consensuada, para el desarrollo de un estado.

Estos acuerdos y consensos serán necesarios para que los gobiernos generen no solo contextos de unidad con las fuerzas políticas de un estado, sino también para aprovechar al máximo las alianzas y acercamientos, incluso con las instancias opositoras, para impulsar iniciativas de leyes, de reformas y de políticas públicas, entre otras, tanto en el campo de los partidos y organizaciones políticas como en las áreas legislativas, que es en donde se aprueban o no una buena parte de las iniciativas del gobierno y del ejecutivo de un país. Es importante buscar las alianzas en el ámbito gubernamental, legislativo, político y social, para lograr que las iniciativas y reformas sean consensuadas con las fuerzas políticas y partidistas, antes de pasar a las instancias legislativas para su aprobación final, ya que los temas de las iniciativas y reformas, salvo muy pocas, siempre cuentan con una oposición que impide los acuerdos y, por tanto, que estas se conviertan en leyes y políticas para el desarrollo de un país.

La mayoría de las reformas fundamentales generalmente dividen a las instancias políticas y partidistas de un país y una entidad, sobre todo en conceptos de reformas a sectores estratégicos y sectores sociales, productivos, industriales, comerciales, de energéticos, de inversión extranjera, etc., que por lo general defienden sus intereses de grupo y de sus sectores. Únicamente mediante el cabildeo inteligente, la negociación, los consensos y los acuerdos, estas iniciativas y reformas pueden convertirse en leyes, políticas e instrumentos para que el gobierno las utilice en beneficio de la nación y de la sociedad. Las diferencias vienen de las ideologías y principios de las diversas instancias políticas, y generalmente antes que defender los intereses de un estado, defienden los intereses de sus grupos y líderes, ya que de otra forma el partido político en el poder saldría beneficiado con estas iniciativas y reformas y, por tanto, se fortalecería en el poder. Por esta razón son altamente importantes las alianzas y al menos los consensos y acuerdos con todas las instancias políticas, aliadas, neutrales y opositoras.

Las alianzas también deberán de producir esquemas democráticos, electorales, de estado de derecho, de combate a la pobreza, de productividad, de mejora de las relaciones exteriores, de impulso a los sectores privados, de fortalecimiento de los mercados y de apoyo y respeto a los derechos humanos, entre otros aspectos, que establezcan los esquemas precisos, eficientes, dinámicos, funcionales, creíbles y transparentes que un estado requiere y necesita para generar escenarios de desarrollo, de estabilidad y de beneficios para la sociedad.

En caso de no lograrse los acuerdos necesarios y mínimos, entonces el trabajo gubernamental tendrá complicaciones políticas que impidan lograr políticas públicas que puedan aplicarse de forma eficiente y productiva, además de que se tendrá la amenaza de que se generen contextos diversos de polarización y confrontación política. Por lo anterior, será necesario siempre invertir recursos, capacidades y habilidades de parte de los gobernantes para lograr el máximo de acuerdos y alianzas con partidos y organizaciones políticas en sus diversas representaciones, órdenes y ámbitos.

Esquema de alianzas políticas gubernamentales para el trabajo y el desarrollo

Este apartado especifica las alianzas que los gobernantes deben establecer con los diversos gobiernos de todo tipo, orden y ámbito, tanto al interior de un país y estado, como lo son los gobiernos estatales, municipales y locales, como al exterior, con los gobiernos de otros países y de sus entidades y localidades.

Los gobiernos de los estados del mundo generalmente están compuestos por el poder ejecutivo, legislativo y judicial, y en varios casos por el poder electoral, en sus diferentes órdenes y ámbitos, por lo que las alianzas en este sentido estarán encaminadas a estos fundamentales conceptos. En el caso de estos tres poderes, el legislativo, el judicial y el electoral, por su naturaleza, no se pueden establecer alianzas de ley, pero si acuerdos y suma de voluntades para realizar el trabajo institucional de forma eficiente y en unidad, además de establecer amistades con los representantes de estas instancias, aunque en el poder legislativo, por ser los legisladores de diversas instancias políticas, si se podrá llegar a acuerdos políticos, sin embargo, esto no será así en el caso del poder electoral y del poder judicial, por la naturaleza de estas instancias, ya que no es posible establecer alianzas políticas, por ley y porque los conceptos electorales y judiciales son apartidistas, y son los árbitros y jueces neutrales e imparciales de los esquemas y procesos electorales y judiciales, respectivamente, sin embargo, si se podrá establecer un contexto de trabajo, con unidad y consensos, para coadyuvar en el mejor de los trabajos y resultados con estas instancias electorales y judiciales.

- *Alianzas con el poder legislativo nacional o federal*
- *Alianzas con los gobiernos de los estados de un país y sus poderes*
- *Alianzas con los gobiernos municipales y locales*

Dentro de estos esquemas de alianzas, existirán gobiernos y poderes surgidos de partidos políticos aliados, neutrales y opositores a un gobierno, por lo que la diversidad de instancias será muy amplia, de acuerdo a sus orígenes e intereses y, por lo tanto, el trabajo político deberá ser de estrategia, de inteligencia y de búsqueda de coincidencias para llegar a los consensos, que serán sustantivos y diversificados, con el objetivo de generar el mayor número de posibilidades de atracción y de alianzas con todas las instancias gubernamentales de un país y sus entidades y localidades.

Alianzas con el poder legislativo nacional o federal

Todo gobierno eficiente deberá llevar a cabo políticas de amplio acercamiento y trabajo con el congreso federal o nacional, así como con el poder judicial federal. Este trabajo de acercamiento hacia los legisladores y hacia los representantes del poder judicial acarreará buenas expectativas de trabajo conjunto para un gobierno, ya que es importante sumar voluntades y puntos de vista, incluso de los opositores, para avanzar en las iniciativas, propuestas y políticas de gobierno, así como en las iniciativas de ley propuestas por el ejecutivo federal, además de avanzar en los acuerdos políticos y partidistas generales y particulares.

También deben de establecerse alianzas de amistad con representantes del poder judicial y del poder electoral, por supuesto de forma personal, y también por medio de convenios de trabajo, de forma institucional, tanto con los ministros y consejeros, hasta con los funcionarios representantes de estos sectores, con la finalidad tener una buena relación que genere inercias de trabajo y de resolución favorable de los diversos asuntos y conceptos que se tratan con estas instancias.

Alianzas con los gobiernos de los estados de un país y sus poderes

Las alianzas de un gobierno nacional se deben de establecer tanto con gobiernos estatales surgidos del mismo partido político, como con los gobiernos surgidos de partidos aliados, neutrales e incluso opositores, y también de forma particular con cada gobernante, por lo que las estrategias serán diferenciadas y de acuerdo a cada una de estas instancias y sus particularidades.

Estrategias de atracción de intereses mutuos, de trato de amistad y de respeto con los gobernantes de las entidades serán fundamentales para llegar a acuerdos y convenios de cooperación mutua o multilateral para el beneficio y desarrollo de un estado y de sus entidades. Contar con el respeto y aprecio; y por tanto con las mejores expectativas para lograr consensos y la aprobación mayoritaria de los asuntos; por parte de todos o de la mayoría de los gobernantes surgidos de todos los partidos políticos es básico y prioritario para un gobierno federal, para contar con una plataforma política de gobernantes amigos y aliados que apoyen, aprueben e impulsen las propuestas e iniciativas del jefe de estado o presidente de un país.

Alianzas con los gobiernos municipales y locales

De igual forma, se deben de tratar de realizar las mayores alianzas posibles con los gobernantes municipales y locales, incluso surgidos de cualquier partido político, de forma directa por parte de los gobernantes de un país o por medio de sus funcionarios y gobernantes estatales y municipales aliados, para abarcar más posibilidades de alianzas y acuerdos en los múltiples ámbitos y localidades. Todo este amplio esquema de alianzas de un gobierno federal le redituará beneficios de todo tipo, sobre todo políticos y de trabajo, ya que se podrá establecer una gran red de alianzas que generen una amplia aprobación del trabajo gubernamental y también un contexto de trabajo amplio, con unidad, consensos y acuerdos.

Esquema de alianzas políticas de gobierno en los contextos locales, nacionales e internacionales para el trabajo y el desarrollo

Las alianzas estratégicas de un gobierno federal en los rubros de trabajo y desarrollo con otros gobiernos son importantes y estratégicas, y deben establecerse, al interior de su entorno, con gobiernos estatales, municipales y locales, y también al exterior con gobiernos internacionales, ya sean estos nacionales, regionales y locales.

También deben establecerse alianzas con organizaciones nacionales y mundiales de todo orden, económico, político, social y cultural, así como con sectores productivos, sociales y económicos, para el desarrollo y la paz, lo que implica que la diversidad en la interrelación será de una gran complejidad, pero se logrará, con este esfuerzo estratégico, un importante fortalecimiento y apoyo a las acciones, políticas y resultados de todo gobierno. Todo eje importante de las políticas gubernamentales de todo país y entidad, debe establecer esquemas de relaciones en el ámbito nacional e internacional con visión e inteligencia, con gran importancia a la relación entre gobiernos y sectores sociales y productivos que generen una interrelación dinámica de asuntos comerciales, económicos, culturales, sociales y políticos que impulsen, mediante convenios y acuerdos de trabajo bilateral y multilateral, el desarrollo de un país y el beneficio de los habitantes.

Todo gobernante con visión debe llevar a cabo un esquema político nacional e internacional de amplio dinamismo económico, político, cultural, empresarial, industrial, comercial, científico, tecnológico y social, en la búsqueda de los acuerdos que beneficien a su estado y a sus regiones, sumando voluntades y amistades de gobernantes y representantes de sectores públicos y privados, así como de organizaciones políticas y sociales, y empresas de todo tipo y ubicación, ya sean nacionales, locales o mundiales.

La relación estratégica de un país con aquellos que puedan generar un amplio y fuerte intercambio y negociaciones de todo tipo será fundamental, por lo que se deberán tener muy buenas relaciones con los gobiernos y sectores sociales, culturales, políticos y productivos de todo país, ya que esto implica también contar con aliados estratégicos que apoyen las políticas de gobierno en todos los sentidos, siempre y cuando sean posturas positivas, pero sobre todo, para obtener beneficios en los diversos asuntos de las entidades gubernamentales y privadas de estos países. Esta relación estratégica puede generar una infinidad de aspectos favorables, como por ejemplo, acuerdos de conveniencias económicas, políticas y sociales, trabajos conjuntos, consensos mayoritarios y acuerdos de migración, de negocios y exportaciones, de industria y comercio, de seguridad pública, de combate al narcotráfico y erradicación del crimen, delincuencia y contrabando, de cultura y arte, de ecología y medioambiente, y de desarrollo científico y tecnológico, entre muchos otros, además de toda una serie de aspectos generales y particulares, que indudablemente son conceptos que conforman esquemas fundamentales para el desarrollo sustentable.

La relación con organizaciones de todo tipo y concepto también será trascendente como, por ejemplo, con las organizaciones de migrantes de un país, que residen en diversas entidades del mundo, para ayudarles en sus planteamientos y posturas ante los gobiernos de esos países donde residen, porque es importante generar alianzas que mejoren las leyes y condiciones para el bienestar y seguridad de los migrantes en cualquier parte del mundo.

Estos aspectos también harán que se atraiga el interés de los medios de comunicación y de la opinión local, nacional e internacional en favor de todo gobierno que apoye las posturas migratorias, independientemente de la atracción de inversiones que se genere y de los esquemas de trabajo para el desarrollo de los migrantes y para un país.

La amistad con gobernantes y con representantes de sectores de países, así como con representantes de organizaciones mundiales internacionales de todo orden y tipo, generarán una inercia favorable de reconocimiento hacia todo gobierno y sus gobernantes, por lo que el trabajo político, diplomático y gubernamental en el sector internacional será amplio y arduo, pero que, sin embargo, será uno de los más importantes y que mayores beneficios aporten a los países y sus sociedades.

Esquema de alianzas sectoriales y sociales para el trabajo y el desarrollo

Indudablemente que las alianzas con la sociedad y con sus sectores y organizaciones son muy importantes y trascendentes para lograr acuerdos y lograr también la implementación de políticas públicas para el desarrollo de las comunidades y regiones de un país, así como para la generación de empleo, para el desarrollo de la educación, la salud y los servicios básicos, pero también son muy importantes para generar acuerdos de apoyo a las políticas de un gobierno federal y de todo orden, así como para generar escenarios de estabilidad política y social.

Sectores económicos, políticos, sociales, religiosos, culturales, de migrantes, artísticos y gremiales, y todos los que integran el universo de los sectores de las sociedades quedarán conformados en un esquema de alianzas por sectores, con sus líderes y miembros representativos, para coadyuvar en la realización de los esquemas para el desarrollo y la estabilidad política y social.

Asimismo, la estrategia de gobierno con sus aliados buscará la desactivación de las alianzas sociales y sectoriales de gobiernos, organizaciones y partidos políticos opositores, con la finalidad de generar vertientes de alta aprobación y reconocimiento a las políticas y a los resultados de gobierno. Este concepto se analiza de forma amplia en el capítulo: "Sistema de alianzas estratégicas integrales" de este libro en la página 87.

Capítulo 2

Sistema Estratégico para el Desarrollo Integral Sustentable

Sistema Estratégico para el Desarrollo Integral Sustentable

1.   Esquema de planeación y desarrollo integral sustentable

2.   Esquema de propuestas de políticas públicas y programas de gobierno para el desarrollo integral

3.   Esquema de interrelación y trabajo de sectores y gobierno para el desarrollo integral
4.   Sistema nacional de planeación y desarrollo integral sostenible
5.   Sistema de control y resultados del desarrollo integral sostenible
6.   Sistema de difusión de procesos y resultados del desarrollo integral sostenible
7.   Esquema de alianzas estratégicas para el desarrollo integral sostenible

Este sistema estratégico para el desarrollo integral sostenible podrá ser implementado por gobernantes que aspiren a un crecimiento económico y productivo sustantivo y sostenido de sus contextos, quienes tendrán que aplicar una visión de estado, con capacidad, compromiso, honestidad y transparencia en el ejercicio del poder público, que implique también mejora continua en el propio trabajo de gobierno y de los funcionarios y empleados, de respeto y sensibilidad, de atención a las propuestas y necesidades de la población, de seguimiento a las peticiones populares, de resolución de los asuntos, de generación de propuestas de estado, de implementación de esquemas democráticos, de libertades y derechos, de estado de derecho de calidad, de trabajo en las leyes y el congreso legislativo, de seguridad pública y social, de una justa procuración de justicia, de impulso a los sectores productivos y sociales, de impulso a los sectores tecnológicos, científicos, ecológicos, académicos, culturales, artísticos y deportivos, y en fin, de todos los aspectos para el desarrollo de los países y la mejora de la calidad de vida de la gente.

El objetivo fundamental de todo gobierno es el de lograr las condiciones en sus contextos para generar desarrollo integral sostenible, por medio de estrategias, instrumentos y programas gubernamentales, y mediante esquemas generales y específicos con visión y alcance, como la creación e implementación de un sistema estratégico integral de trabajo gubernamental, conformado por esquemas que se basan en conceptos y procesos diversos que implican planeación, trabajo e interrelación de gobierno y sectores, políticas públicas con visión y compromiso, estrategias para impulsar la productividad y la competitividad, y políticas y programas para eliminar la pobreza y el subdesarrollo. Estos conceptos también implican fortalecer y apoyar, mediante diversos instrumentos y programas, a los diversos sectores de todo estado, además de implementarse, para su efectividad, esquemas de control, seguimiento y cumplimiento de objetivos de estas actividades y procesos. Asimismo, estos conceptos implican la implementación de esquemas para el fortalecimiento de alianzas estratégicas, de infraestructuras, de proyectos, de competitividad, de sistemas de calidad y mejora continua, de responsabilidad social, de trabajo de gobierno efectivo y sensible, de estudios, capacitación y aprovechamiento de consultorías especializadas.

También implica la planeación general y de proyectos estratégicos y la aplicación y utilización efectiva de programas para el desarrollo de los sectores, así como la generación de propuestas para el diseño y la implementación de nuevos y mejores programas y acciones que coadyuven e impulsen el desarrollo integral.

Un esquema de planificación estratégica para el desarrollo deberá ser implementado por todo gobierno nacional y local, especialmente de contextos de subdesarrollo y pobreza, para que el rezago general pueda ser revertido y se generen instancias para la productividad, la sustentabilidad y el desarrollo. Mientras tanto, en países y regiones emergentes y en países desarrollados este esquema deberá fortalecer e impulsar las vías para mejorar su productividad y desarrollo. En la gran mayoría de las regiones del mundo, sobre todo en entornos de subdesarrollo y pobreza, la dispersión, tamaño, cantidad y pulverización de muchas de sus localidades, a veces muy pequeñas, es un factor que impide una atención general por parte de sus gobiernos, ya que los recursos de toda índole son insuficientes, y los que se logran conseguir y presupuestar se dispersan y casi no generan beneficios, y lo que es peor, no se cuenta con la preparación de gobernantes y pobladores de estas entidades y localidades para hacer frente a este gran reto de implementación de los esquemas para el desarrollo integral y la auto sustentabilidad productiva y general. El concepto de la escasez de todo tipo de recursos, especialmente económicos, es un problema mundial, sobre todo con las crisis internacionales recurrentes, que siempre son actuales y que afectan los presupuestos de los gobiernos nacionales, y por consiguiente, de los gobiernos de sus entidades y localidades, ya que en su generalidad todo estado prevé a sus gobiernos federales de las facultades para administrar los recursos de un país y distribuirlos en sus entidades, de acuerdo a sus leyes, a sus políticas públicas y a su planificación respectiva. Para las entidades, estados, municipios y localidades de la gran mayoría de los países, es fundamental no sólo contar con los recursos provenientes del gobierno nacional o federal y del sector privado, vía presupuestos, impuestos y conceptos para la productividad, sino que también es fundamental lograr la sustentabilidad y contar con sus propios recursos, mediante la fortaleza de su productividad, además de conseguir recursos provenientes de organismos e instituciones mundiales para el desarrollo, que prestan u otorgan recursos para estos fines, tales como la ONU, el BID, el Banco Mundial y el Fondo Monetario Internacional, entre otros.

Para transformar escenarios de pobreza en contextos de productividad, es importante generar un esquema que permita frenar los índices de marginación y pobreza, para después implementar los instrumentos que inicien y generen la productividad y el desarrollo integral, y posteriormente impulsar los programas y acciones que generen un estado altamente productivo y competitivo, con un desarrollo sostenido que mejore sustantivamente la calidad de vida de sus pobladores. El problema es que la gran mayoría de las entidades, regiones y localidades de muchos países no tienen la infraestructura necesaria para el desarrollo, y por lo tanto es obligatorio y urgente implementar estas vías en sus diversos escenarios, especialmente sociales y económicos.

1. *Esquema de planeación y desarrollo integral sustentable*

Un gobierno necesita un sistema de planificación efectivo, que contenga elementos y conceptos de vanguardia, así como visión de estado y políticas públicas de alcance que le permitan lograr y consolidar un trabajo de gobierno eficiente y generar resultados exitosos, mediante la planificación estratégica de proyectos, procesos, programas, instrumentos y políticas públicas basadas en las necesidades del estado y de la sociedad, con la finalidad de ser evaluadas y consideradas para su integración en los planes de desarrollo respectivos. En la gran mayoría de países y regiones las necesidades de la gente son inmensas, y debido a esto existen muchos proyectos personales y de grupo de todo tipo, por lo que las solicitudes son innumerables y el otorgamiento de estos apoyos sólo pulveriza los recursos, los esfuerzos y los programas respectivos de gobierno. Por eso es necesario planificar en base a la realidad, con proyecciones, estudios, escenarios y planes para el desarrollo con visión integral y estratégica que generen y fortalezcan los factores y condiciones para este desarrollo. El estado debe contar con esquemas de planificación real en todos los sectores, específicamente en los prioritarios para el desarrollo, según cada país y sus condiciones. Para estos efectos es necesario contar con un esquema que genere e implemente grandes proyectos de estado y que evalúe las propuestas basadas en las necesidades populares, para que puedan integrarse, de ser conducente, en los proyectos y planes de desarrollo. Para planificar estratégicamente se necesita la capacidad, las políticas, la visión y la generación de proyectos de estado y programas efectivos de gobierno, así como la captación, evaluación y promoción de las necesidades poblacionales y del estado. También se requieren la inversión, los recursos y los presupuestos para estos fines, por lo que un proyecto de gobierno debe contar, para el logro de estos objetivos, con un esquema de captación de recursos e inversión local, nacional e internacional. Veamos este esquema de planificación de políticas y proyectos para el desarrollo.

Plan nacional o federal gubernamental para el desarrollo

Esquema de planificación para el desarrollo integral

- *Desarrollo integral de zonas marginadas y de extrema pobreza*
- *Desarrollo integral de zonas en pobreza y en subdesarrollo*
- *Desarrollo integral de zonas en medio desarrollo*
- *Desarrollo integral de impulso a zonas de alto desarrollo*

Desarrollo integral de zonas marginadas y de extrema pobreza

Políticas públicas integrales y programas gubernamentales para:

- *Eliminar la pobreza extrema y la marginación*
- *Generar esquemas de productividad inicial en zonas improductivas y empobrecidas*
- *Implantar infraestructura productiva y elevar la productividad inicial*

Desarrollo integral de zonas en pobreza y en subdesarrollo

Políticas públicas integrales y programas gubernamentales para:

- *Combatir la pobreza y generar esquemas de productividad inicial*
- *Implantar la infraestructura para la productividad y elevar la productividad inicial*
- *Generar productividad media y proyectos productivos de alcance medio y alto*

- *Políticas públicas integrales para insertar esquemas iniciales para el desarrollo tecnológico, científico, educativo, académico, cultural, artístico, deportivo y ecológico*

Desarrollo integral de zonas en medio desarrollo

- *Políticas públicas integrales y programas gubernamentales y privados para fortalecer e impulsar la productividad media y buscar la alta productividad y la exportación*

- *Políticas públicas integrales para impulsar esquemas intermedios y avanzados para el desarrollo tecnológico, científico, del software, de sistemas computacionales, educativo, académico, cultural, artístico, deportivo, ecológico, etc.*

- *Políticas públicas integrales y programas gubernamentales y privados, nacionales y extranjeros, para implantar infraestructura de media y alta productividad sustentable para el mercado interno y de exportación*

- *Políticas públicas integrales y programas gubernamentales para generar e implantar proyectos productivos y proyectos estratégicos de media y alta productividad sustentable para los mercados internos, nacionales y de exportación*

Desarrollo integral de impulso a zonas de alto desarrollo

- *Políticas públicas integrales y programas gubernamentales y privados, locales, estatales, nacionales y extranjeros, para fortalecer e impulsar la alta productividad, la industria, los parques industriales, la tecnología, la ciencia, el software, la empresa, la electrónica, etc., para los mercados internos, nacionales y de exportación*

- *Políticas públicas integrales y programas gubernamentales y privados, nacionales y extranjeros, para implementar grandes proyectos estratégicos para el desarrollo de un país, con implantación de infraestructura para la alta productividad, las cadenas productivas, la especialización, la competitividad, la calidad y la mejora continua*

- *Políticas públicas integrales y programas gubernamentales nacionales y extranjeros, así como la inversión privada nacional y extranjera, para los megaproyectos de gran alcance para el desarrollo productivo, comercial, turístico, de parques industriales, de corredores productivos, industriales, comerciales, científicos, educativos, tecnológicos, de maquiladoras, ecológicas, etc., para establecer zonas de productividad sustentable y calidad mundial y de exportación*

- *Políticas públicas integrales para impulsar esquemas avanzados y de vanguardia para el desarrollo tecnológico, científico, del software, de electrónica, de biotecnología, educativo, académico, cultural, artístico, deportivo, ecológico, etc.*

Este esquema contiene los escenarios y conceptos para implementar las políticas públicas, los instrumentos y programas gubernamentales, así como los recursos y procesos específicos para generar desarrollo integral en las localidades y regiones de un país. Este desarrollo debe generarse en todos los sectores y contextos socioeconómicos, y de conseguirse, será un gran logro para los gobernantes. Los sectores de un país deben ser apoyados e impulsados por las políticas públicas y los programas gubernamentales, así como por la inversión pública y privada nacional e internacional. Veamos estos sectores de forma breve, y cuál será el objetivo y la proyección de desarrollo, y como podrán ser impulsados por estos diversos instrumentos de gobierno.

2. Esquema de propuestas de políticas públicas y programas de gobierno para el desarrollo integral

Para un país y su gobierno es fundamental el desarrollo integral sostenible, con propuestas de políticas públicas de estado que implementen esquemas, sistemas y programas para estos fines en todos los sectores, desde los rubros empresariales, productivos, industriales, científicos, tecnológicos, computacionales, agrícolas, turísticos y de la salud, entre otros, hasta los aspectos prioritarios para combatir la pobreza y marginación. Todo gobierno debe generar esquemas de trabajo y de funciones en los diversos conceptos y rubros para el desarrollo, los cuales deben estar integrados en las diversas áreas e instancias de la administración pública y de gobierno, lo que permitirá contar con esquemas de planificación, presupuestación, coordinación y proyección, que deberán ser aplicados por gobernantes y funcionarios capaces, con compromiso y con visión, para lograr los objetivos y las metas de generar desarrollo y contextos de productividad.

Cualquiera de estos factores que falle de forma total o parcial, o en conjunto, producirá un trabajo de gobierno deficiente, inoperante, sin compromiso y sin visión y, por lo tanto, no se producirán las condiciones para el desarrollo y, al contrario, si se establecerán los gobiernos y los gobernantes deficientes, y las sociedades complacientes y faltas de crítica y de instrumentos de manifestación y protesta en contra de estos bajos resultados de gobierno. Los rubros y conceptos para generar desarrollo integral en un país y sus regiones se encuentran especificados en las políticas y programas de gobierno, y funcionan de acuerdo a su planificación, utilización y seguimiento, por lo que los resultados pueden variar, desde el éxito total cuando existen las condiciones para su ejecución, hasta el fracaso rotundo cuando no son aplicados de forma eficiente, ni con capacidad e inteligencia. Todo rubro y programa para el desarrollo, cuenta con diversas ramificaciones y conceptos, derivados de las condiciones de los contextos y de los esquemas normativos, de recursos, de planificación y de ejecución gubernamental, por lo cual los resultados siempre serán diferentes y variables en cada país, y al interior de estos en cada región y localidad.

Un factor importante a considerar será el de tratar de escoger, establecer e implementar las propuestas más adecuadas, necesarias e importantes, con la finalidad de buscar generar los esquemas que permitan homogeneizar y sistematizar la conformación y la aplicación de las políticas públicas y de los instrumentos y programas de gobierno para el desarrollo en general, convertirlos en ley y normativa, y aplicarlos como un modelo de seguimiento en todos los países y localidades del mundo. Claro que en algunos casos estos esquemas se aplicarán con pocos recursos, mientras que en otros casos será con suficientes recursos, para obtener el máximo éxito, sin embargo, aún con la aplicación de pocos recursos, estos programas deben de generar desarrollo y cumplir sus objetivos en todo contexto. Esto se deberá a que la sistematización permitirá aplicar de forma homogénea los esquemas y procesos, para obtener los resultados programados en tiempo, forma y porcentajes, siempre considerando que estos serán resultados positivos y benéficos para el estado y la sociedad.

Independientemente de que ya existan infinidad de instrumentos y programas para el desarrollo en el mundo, algunos de vanguardia y exitosos, y otros no tanto, siempre habrá que generar propuestas y mejoras de los programas y esquemas, con mejores procesos y funciones en la búsqueda de la eficiencia general. Veamos algunos de los conceptos y rubros más importantes que siempre deben de ser considerados para el desarrollo de los contextos. Para efectos de una estrategia que permita visualizar y generar planteamientos de vanguardia, este análisis y propuesta de los conceptos se planteará de forma breve y sintetizada, ya que cada rubro y aspecto por sí mismo equivaldría a todo un documento.

<table>
<tr><td>

Marco legal eficiente

Desarrollo económico, productividad y competitividad

Infraestructura productiva y desarrollo industrial, empresarial y comercial

Proyectos estratégicos y de estado
Desarrollo integral del sector turismo

Desarrollo de los conceptos del campo y la agroindustria

Seguridad pública
Combate a la pobreza y marginación

Estrategia de desarrollo de las micro, pequeñas y medianas empresas

Estructura productiva tanto de vocación regional como de diversos conceptos

Sectores estratégicos
Sector energético

Ecología, medio ambiente y desarrollo sustentable

</td><td>

Sector textil

Estrategia de siembra de empresas sociales e integradoras

Sector comercial
Sector artesanal
Legalización del comercio informal
Sector de la Salud
Educación para todos

Desarrollo científico y aplicación de la tecnología

Cultura y arte
Sistemas deportivos

Desarrollo de infraestructura urbana y rural de satisfactores sociales

Sector de infraestructura carretera
Sector minero y metalúrgico
Alimentación para todos
Vivienda digna para todos
Seguridad social

Estructuras financieras y fondos para el desarrollo

</td></tr>
</table>

2.1. Desarrollo económico, productividad y competitividad

Para generar desarrollo económico en un contexto, es necesario mejorar sustantiva y constantemente todos los rubros y conceptos del desarrollo, mediante la implementación y aplicación de esquemas de vanguardia y eficiencia que permitan la generación de las condiciones necesarias para el impulso de este desarrollo. Asimismo, será fundamental coordinar y mejorar la infraestructura, las instituciones y programas ya existentes de los sectores, además de crear nueva infraestructura y programas que permitan establecer una estrategia de integración y coordinación de esquemas para la productividad. Inicialmente será básico establecer el diagnóstico respectivo del contexto y sus entornos, mediante análisis y resultados que permitan generar las estrategias y esquemas a seguir para fortalecer e impulsar el desarrollo, la productividad y la competitividad.

Para estos efectos, deberán utilizarse los esquemas que han probado ser exitosos y desechar aquellos que no funcionen adecuadamente, de acuerdo a procesos y cumplimiento de objetivos. De forma simultánea deberán diseñarse nuevos instrumentos, estrategias, esquemas y programas que permitan generar nuevas vías hacia esta productividad. Lógicamente estos esquemas deberán incluir conceptos de una mejora constante y amplia de todos los recursos y servicios, especialmente en el rubro de la capacitación y preparación de las personas y del avance y desarrollo científico y tecnológico, así como de los servicios diversos. Estos aspectos, conjuntamente con las políticas públicas adecuadas y el compromiso y la visión del gobierno y la sociedad, indudablemente que serán prioritarios para el cumplimiento de estas metas y objetivos.

Actualmente, en muchos países existen programas, infraestructura y normativas que son buenas en su concepción y presentación, pero en su generalidad se ejecutan de forma deficiente, parcial o totalmente, ya sea por una supuesta justificación de gastos y presupuestos, o por presiones de grupos que demandan apoyos para sus proyectos, o por la necesidad del total cumplimiento de metas mínimas de las instituciones, entre otros muchos aspectos. Además, estos conceptos y programas de gobierno se aplican generalmente de manera aleatoria y aislada, sin ninguna planeación ni proyección, lo que pulveriza el esfuerzo, los recursos y los resultados, ya que estos se utilizan para apoyos de proyectos individuales, aislados, políticos demagógicos o de procesos que no tienen sustentos para el fortalecimiento de la infraestructura y del sector, por lo que todo el gasto, el esfuerzo y la aplicación de los programas e instrumentos para apoyo a la productividad se diluyen de manera constante, sin producir desarrollo y mejora de la calidad de vida. En la mayoría de los países y sus gobiernos existen programas de apoyo a la productividad, sobre todo en esquemas del gobierno nacional o federal, pero de acuerdo a los índices estadísticos y resultados, falta mejorar estos conceptos y crear otros de mayor visión y alcance. Aún con los programas e instrumentos que se tienen, no se ha aplicado a fondo una coordinación y planeación necesaria para el sector productivo en sus aspectos micro, pequeño, mediano y de gran empresa, industria y comercio.

Debido a este y otros factores, como falta de presupuesto, recursos y capacidad de una mayoría de emprendedores y empresarios, es que muchas micro, pequeñas y hasta medianas empresas han tenido que cerrar sus negocios y, por tanto, su productividad, lo que impacta en un mayor subdesarrollo, desempleo y falta de productividad y competitividad. Por lo tanto, para contar con una infraestructura, normatividad y esquemas de vanguardia que proyecten las políticas públicas y estrategias para el desarrollo de todo contexto, será necesario establecer una coordinación general que funcione eficientemente y planifique, implemente, fortalezca y expanda de forma integral la infraestructura productiva de todo tipo y sector poblacional en todo país y sus regiones. Si no se realizan cambios sustantivos, la productividad seguirá igual o peor en la mayoría de países y entidades, aunque siempre existirán algunos cuantos empresarios con visión que logran conseguir el éxito gracias a su visión, esfuerzo, capacidad e inteligencia para los negocios y la empresa, con lo que indudablemente impulsan el desarrollo y el empleo en sus contextos, pero estos son ejemplos aislados y no producto de una política federal, estatal, municipal o local de generación de talentos y de infraestructura productiva, por lo que es urgente el establecimiento y mejora de esta infraestructura y de sus conceptos para lograr el desarrollo integral sustentable de forma efectiva. Para estos efectos, entre otros aspectos y conceptos, será básico contar con una infraestructura de planificación y coordinación gubernamental para el desarrollo integral. Veamos de forma sintetizada la conformación de esta infraestructura de coordinación para el desarrollo de un gobierno eficiente.

Coordinación nacional o federal para el desarrollo económico integral

- *Coordinación nacional de planeación de infraestructura productiva (COPLAINP)*

- *Coordinación nacional de fortalecimiento y desarrollo de la infraestructura productiva*

- *Dirección general de expansión empresarial*

- *Dirección general de competitividad y calidad*

- *Instituto empresarial para el desarrollo integral productivo (IEDEPRO)*

- *Unidad para el desarrollo del emprendedor y la unidad de integración de conceptos empresariales para la reforma educativa*

- *Programa de integración de esquemas y materias sobre infraestructura productiva y empresarial, y de negocios y empresas, en el sistema educativo escolar nacional*

Como se estableció anteriormente, esta coordinación estratégica de gobierno, así como de la sociedad, deberá establecer los lineamientos, esquemas, instrumentos, políticas públicas y acciones de todos los rubros y conceptos del desarrollo que propicien la productividad y la competitividad en todo contexto y sus entornos. De igual forma será prioritario desarrollar o contar con marcos constitucionales y legales integrales y de alcance, y con esquemas de calidad, responsabilidad social y eficiencia en todos los conceptos. Algunos de los rubros más importantes serán los siguientes; procuración de justicia, derechos humanos, libertades de expresión y pensamiento, y democracia efectiva y justicia social.

También lo serán la transparencia, la contraloría, la rendición de cuentas, los buenos presupuestos y las finanzas sanas y efectivas, así como la estabilidad económica, política, social y cultural, entre otros rubros, además de que la sociedad deberá estar más preparada para procurar elegir siempre gobiernos con visión y capacidad. Asimismo, estas sociedades deberán ser más participativas en los asuntos de gobierno y ser más capaces e interesadas de sus contextos, así como de las formas de mostrar sus planteamientos, necesidades y propuestas. En fin, el conjunto de todos estos aspectos, y su utilización eficiente, deberán definir las condiciones para que exista un desarrollo de los estados, de los gobiernos y de las sociedades, con la mejora consecuente de la calidad de vida y del respeto social. Veamos estos aspectos que deben propiciar productividad y desarrollo.

2.2. Infraestructura productiva y desarrollo industrial, empresarial y comercial

Para todo gobierno y sociedad es fundamental lograr y mantener en altos estándares la productividad de su contexto, ya que esto implica generación de empleo y, por tanto, fortalecimiento y ampliación de la base de poder adquisitivo de todo tipo, lo que permite implementar, fortalecer y mejorar los factores y las condiciones para el desarrollo integral sustentable, lo que a su vez genera mayor seguridad y estabilidad política y social, entre otros fundamentales aspectos. Asimismo, todo estado debe contar con una amplía y segura base de recaudación de impuestos, lo que le permitirá contar con más recursos para mejorar los procesos y alcances del ejercicio gubernamental. Todas las vertientes y vías a seguir para que un estado y gobierno lleguen a ser eficientes y productivos son difíciles, debido a infinidad de factores, aspectos y condiciones que impiden lograr su organización y funcionamiento sistematizado, ordenado y con alto cumplimiento de objetivos. Tan difícil es, que la mayoría de los países del mundo la padecen, ya sea de forma total o parcial, o en su contexto general o en algunos de sus escenarios y ámbitos. Aún los países desarrollados cuentan con algunos escenarios de bajo desarrollo, aunque estos tienen mayores posibilidades de integrarse a la inercia del desarrollo de su propio contexto general. Asimismo, existen países subdesarrollados en todo su contexto o en casi todas sus regiones y entidades, por lo que la implementación de políticas públicas y la generación de condiciones para la productividad serán más difíciles de lograr, por lo que estos contextos se encuentran en un completo estado de indefensión ante el avance de la pobreza, del subdesarrollo y de la falta de productividad.

Podrá haber muchas propuestas teóricas para la productividad, algunas muy serias y potencialmente efectivas, otras, la mayoría, carentes de lógica y sentido común, sin embargo, son esfuerzos conjuntos y particulares de grupos y gobiernos por lograr que las propuestas teóricas se conviertan en realidad. Estas propuestas y planteamientos teóricos en algunos países y en algunas de sus regiones si se han cristalizado, logrando una especialización efectiva y resultados de éxito en determinados conceptos de la productividad, lo que ha permitido generar desarrollo y mejora de la calidad de vida poblacional.

Lógicamente la teoría para la productividad y las propuestas de estos conceptos se han basado la mayoría de las veces en estudios y análisis serios e inteligentes, logrados especialmente porque se ha tratado de establecer una visión de estado que ha permitido conjuntar todos los aspectos y conceptos para generar un diagnóstico acertado del contexto. Esta conjunción de aspectos deberá generar los planteamientos y esquemas para conformar e implementar sistemas efectivos que coadyuven sustantivamente en el logro del desarrollo y la productividad. Esta es la fórmula aparentemente lógica y sencilla para lograr los planteamientos y esquemas que generen e impulsen la productividad, contando siempre, aunado a estos esquemas, con la capacidad, honestidad y responsabilidad de gobernantes, funcionarios y especialistas del ramo, así como con los recursos necesarios para establecer la proyección, la planificación y la implementación de los esquemas e instrumentos para esta visión de gobierno para el desarrollo. Aspectos fundamentales para todo gobierno serán evitar la desviación de los recursos, la corrupción, la falta de transparencia y la ineficiencia al realizar y ejercer los presupuestos, ya que en muchos países y sus regiones estas son varias de las causas por las que el ejercicio efectivo gubernamental y los diversos proyectos, entre otros aspectos, no pueden realizarse con éxito. Es decir, la desviación de los recursos es tan alta y constante en una mayoría de gobiernos, sobre todo subdesarrollados y pobres, que merma considerablemente los presupuestos y el cumplimiento de objetivos de programas y proyectos. Por lo anterior, será necesaria la aplicación de esquemas de contraloría y transparencia efectivos para eliminar de forma sustantiva esta alta corrupción, y de esta forma contar con recursos completos para el desarrollo de las entidades y países. Resulta increíble, pero esta es una de las causas principales para que no se logre el desarrollo de los pueblos y exista pobreza y miseria sin grandes posibilidades de erradicarse. Otros aspectos que generan improductividad general son la falta de capacidad y sustantividad de los recursos, ya sean humanos, presupuestales, tecnológicos, educativos, de infraestructura, de equipo, científicos y de otros diversos tipos, que en su conjunto conforman, como resultado, un escenario desolador para todo gobierno, incluso para aquellos que sean entusiastas y que verdaderamente deseen generar crecimiento en su entidad. Factores políticos, sociales, culturales, económicos y naturales, y aún hasta legales y nacionalistas, como los casos de diferencias para la conformación de límites de un territorio, inciden para generar este subdesarrollo, sin embargo, aún con todas estas adversidades, cuando existe capacidad y visión de gobernantes y funcionarios, y voluntad y compromiso, es posible planificar las etapas de un crecimiento sostenido, y con esto, generar productividad, desarrollo y mejora de la calidad de vida.

El factor humano debe estar preparado y capacitado en todos los aspectos para ejercer las políticas y programas de gobierno, sin embargo, en muchos países, y más aún, en sus regiones y localidades, este factor tiene una altísima incapacidad, no solo para gobernar o para ejercer las funciones de gobierno, sino que también para ejercer su vida social, lo que implica que se establezcan y multipliquen gobiernos que en lo general no están preparados para gobernar, ni para planificar la productividad.

Asimismo, tenemos grandes sectores de sociedades, sobre todo subdesarrolladas, que no tienen la capacidad de ejercer sus derechos, ni de pedir efectividad a sus gobernantes, ni tampoco cuentan con civilidad y la capacidad necesaria para exigir, de forma institucional, que sus gobiernos generen los esquemas y políticas de productividad, trabajo, justicia y representatividad. Aún con todos estos aspectos, que lógicamente pueden y deben ser transformados para bien, todo estado, gobierno y sociedad deben trabajar conjuntamente en el esfuerzo para llegar a ser civilizaciones cada vez más avanzadas de forma integral, y esto se logra con mayor capacidad, entendimiento y razonamiento de los aspectos y conceptos, así como de los asuntos y las necesidades de todos.

Los países con sociedades avanzadas así lo han hecho en el transcurso de su historia, logrando resultados positivos que les permitan contar con marcos de gran civilidad y respeto, y con gobiernos democráticos y comprometidos, además de establecer las vías institucionales adecuadas para generar sus planteamientos de necesidades y propuestas para la mejora de las condiciones de la sociedad. Todo estado, con sus gobiernos y sociedades, debe establecer aspectos básicos y prioritarios para generar las condiciones que logren impulsar la productividad, en este caso, mediante la implementación de esquemas que puedan ser utilizados en todo contexto como modelos y prototipos para generar toda una propuesta de desarrollo, que desde una primera etapa establezca las condiciones iniciales para el logro de este objetivo. Este esquema se ramificaría en diversos esquemas de redes y sería el siguiente.

Esquema integral general para el desarrollo de la productividad y su infraestructura

- *Análisis y diagnóstico del contexto productivo y sus entornos*

- *Análisis y diagnóstico de los esquemas, instrumentos e instancias públicas y privadas para el desarrollo productivo*

- *Estudios de esquemas y proyecciones de potencialidades del sector productivo, para su desarrollo eficiente*

- *Análisis y evaluación de las estrategias y lineamientos a seguir del sector productivo*

- *Generación de políticas, instrumentos y programas para la productividad y el desarrollo*

- *Propuesta, aprobación e implementación de las políticas públicas para la productividad y su infraestructura integral*

- *Generación y medición de resultados y de las expectativas y sus alcances*
- *Escenarios transformados en contextos altamente productivos*

Derivado de este amplio esquema general integral, que contiene una amplia visión de todos los conceptos y las condiciones para el desarrollo de la productividad en un contexto, se tendrán esquemas específicos y particulares de los mismos, los cuales mostrarán e implementarán estrategias, políticas, instrumentos y programas en todos estos aspectos de la productividad.

Algunos de ellos establecen lineamientos, programas, instrumentos y esquemas teóricos y reales para generar y fortalecer estas estrategias y políticas. Un ejemplo de esquema de los conceptos específicos básicos para la productividad, entre otros importantes, será el siguiente.

Esquema integral específico para el desarrollo de la productividad y su infraestructura

- *Programas y proyectos estratégicos para el desarrollo económico*
- *Implantación de corredores industriales, comerciales, empresariales y de servicios*
- *Implantación de fábricas, industrias, sistemas comerciales, sistemas de servicios, etc.*
- *Libertad de mercados y apoyos integrales*
- *Esquemas de calidad, responsabilidad social y capacitación productiva*
- *Esquemas estratégicos para los sectores de exportación*
- *Esquemas estratégicos gubernamentales para la productividad y el desarrollo*
- *Esquemas estratégicos para la legalización de sectores comerciales y productivos informales*

Todo este sistema de esquemas, políticas y estrategias debe ser implementado por los gobiernos y sectores de las sociedades en sus diversos contextos, sean de todo tipo de configuración, generalidad y particularidad, utilizado de forma específica o plural y diversificada, de acuerdo a diagnósticos y estudios, y al análisis de conveniencias y efectividad surgido de la proyección de escenarios. Por tal razón, desde que un gobierno ha sido electo tiene la obligación constitucional y legal de analizar y evaluar el contexto de su estado, gobierno y sociedad, con sus escenarios y entornos, para conocer las condiciones, aspectos, instrumentos, programas y políticas públicas, así como los esquemas de la administración pública, con la finalidad de generar las proyecciones, agendas y escenarios que le permitan iniciar el gobierno de forma activa, eficiente y comprometida. Los conceptos son múltiples y diversos, los programas e instrumentos también lo son, por lo que habrá que establecer esquemas derivados del análisis de los conceptos en las reuniones entre el gabinete saliente y el entrante, lo que sin duda permitirá un conocimiento básico de las políticas y acciones a seguir y a implementar en todo nuevo gobierno.

De igual forma, todo gobierno, en cualquiera de sus etapas y fases, tiene la obligación de generar, de forma permanente y constante, análisis, evaluaciones y proyecciones para definir las políticas y estrategias a seguir, para mejorar sustantivamente sus esquemas e instrumentos que logren impulsar y fortalecer la productividad y competitividad. En toda transición de gobierno, los aspectos básicos como los satisfactores populares y la seguridad social, los mercados y la productividad, los esquemas de desarrollo, el estado de derecho, las libertades y todos los conceptos de gobierno y de la administración pública deberán seguir sus procesos y actividades normales, pero siempre con el objetivo, por parte de todo gobierno entrante, de ser mejorados y de dotarlos de mayor visión y alcance, además de generar nuevos instrumentos para un mayor desarrollo y efectividad.

Mientras esto sucede, todo gobernante se preguntará qué más debe de hacer para mejorar el ejercicio gubernamental, independientemente de la aplicación sistematizada y mecanizada de los procesos, instrumentos y programas de gobierno, por lo que es en este escenario donde se establece y observa la diferencia de un gobernante con visión y capacidad a un gobernante del montón, ya que estos últimos generalmente defienden primero sus intereses particulares y de grupo, y después los de su nación o entidad.

Aquellos gobernantes deshonestos, como los que se tienen en muchas localidades y regiones del mundo, e incluso en gobiernos nacionales, sobre todo en países pobres y marginados, e incluso subdesarrollados y emergentes, deben ser exigidos para que cumplan su trabajo, porque de otra forma, la misma sociedad podrá destituirlos, en la búsqueda de la justicia y el desarrollo. En una mayoría de países, este escenario aún no es posible, ya que no se tienen, o están controladas por el aparato gubernamental, las instituciones y vías de gobierno y de la sociedad para que la población reclame y plantee sus necesidades, y por lo tanto no es posible exigir de forma civilizada, y mediante vías institucionales, que los gobernantes y sus funcionarios ejerzan su trabajo de servicio al estado y a la sociedad de forma eficiente, y para el cual fueron electos. De todas formas las sociedades avanzan, y actualmente, con el desarrollo de las comunicaciones y de la interrelación entre organizaciones, países y sus gobiernos, es más factible presionar tanto desde el interior como desde el exterior a estos gobiernos, para que implementen esquemas de productividad y desarrollo, así como políticas públicas efectivas de combate a la pobreza y marginación, con procesos de transparencia, de responsabilidad social y de seguimiento y revisión de los términos de todo proyecto, y con programas y presupuestos para el ejercicio efectivo de las políticas de gobierno en todos los rubros. Será básico también el establecimiento de vínculos de grupos, organizaciones, sociedades y gobiernos aliados y amigos, para que desde el exterior presionen a los gobiernos no eficientes en sus propias entidades, con la finalidad de mostrar sus deficiencias al mundo y obligarles a gobernar y ejercer de forma efectiva y transparente los recursos y presupuestos.

Independientemente de todo este esfuerzo en el contexto mundial por parte de organizaciones, sociedades y gobiernos visionarios y comprometidos para transformar y mejorar gobiernos deficientes y sociedades faltas de capacidad y de cultura de muchos países y sus regiones y localidades, existen también gobiernos y gobernantes que van de regulares a excelentes, que realizan trabajos eficientes y que buscan constantemente la calidad y mejora en sus instrumentos y políticas, logrando mejores resultados, con el objetivo primario de desarrollar sus entidades y generar beneficios a la sociedad. Estos gobernantes generalmente buscarán la forma de generar infraestructura de desarrollo en sus localidades y regiones, por lo cual establecerán esquemas y estrategias diversas emanadas del análisis, de los diagnósticos y de la evaluación de los diversos escenarios que pueden producirse en sus contextos y generar así las proyecciones y los objetivos necesarios, adecuados y pertinentes.

En el aspecto de la infraestructura productiva es importante implementar todo un esquema de siembra de corredores de la productividad, con industrias, empresas, servicios y comercios distribuidos estratégicamente en una entidad y en sus ciudades y regiones. El problema es saber cómo hacerlo, cuales son los tiempos y espacios justos para implementarlos, cual deberá de ser su planificación, mediante que esquemas y proyecciones, con qué recursos y estrategias y con qué elementos se cuenta para este fundamental y estratégico objetivo.

Lógicamente, mediante el diagnóstico y análisis respectivo, se evalúan los diversos factores para generar las proyecciones de factibilidad de estos esquemas. Los resultados y escenarios generados deberán producir las vías de cada entidad hacia el desarrollo integral. También serán factores importantes los análisis y la factibilidad de los recursos económicos y de todo tipo, de los presupuestos, de la capacidad del gobierno, de la capacidad de los funcionarios y de las instancias y sectores de la sociedad para generar las proyecciones de posibilidades de implementación de esta infraestructura productiva, la cual deberá generarse, básicamente, para tener mayores probabilidades de éxito, de forma conjunta entre el gobierno, la sociedad y las diversas organizaciones e instancias locales, nacionales e internacionales. Aún de acuerdo al diagnóstico, los análisis y las proyecciones de mayores probabilidades de éxito, los gobiernos sin visión ni capacidad, decidirán seguir trabajando con las mínimas acciones y esfuerzos como cualquier gobierno improductivo y subdesarrollado, sin buscar los elementos y las estrategias que se les proponen en los análisis y estudios para modificar sus deficientes esquemas de trabajo e impulsarlos hacia otros con mayores expectativas de desarrollo. En cambio, los gobernantes con visión y capacidad, en todo contexto y entorno, ya sea de pobreza, de economía subdesarrollada, media o muy desarrollada, y con sociedades de todo tipo y clase, establecerán y aplicarán los esquemas y acciones convenientes emanadas de los estudios y las proyecciones para generar desarrollo y productividad, empleo y mejora de la calidad de vida, ya que cuentan con la visión, la capacidad y el compromiso de estadistas inteligentes y sensibles que requiere y necesita todo país y entidad para su crecimiento. Estos gobernantes con visión deberán establecer una serie de estrategias para lograr avanzar de forma sustantiva en el desarrollo de sus entidades. Veamos algunas propuestas de estas estrategias.

- *Generar diagnósticos, estudios, consultorías y proyecciones en base al contexto actual de cada país, entidad, región y localidad, y en base a la inyección de nuevos recursos*

- *Generar reuniones que analicen los diagnósticos y estudios respectivos para decidir los esquemas a seguir y los proyectos a desarrollar*

- *Establecer proyectos estratégicos y proyectos específicos para el desarrollo*

- *Generar grupos gubernamentales de trabajo para promocionar cada uno de estos proyectos ante instancias públicas y privadas, gubernamentales y de la sociedad, locales, municipales, estatales, nacionales, federales e internacionales*

- *Conseguir apoyos y recursos de todas las instancias públicas y privadas posibles, para la generación de los proyectos de gobierno*

- *Generar una planificación y planes de desarrollo derivados de los aspectos generales del gobierno en las entidades, con la integración de nuevos proyectos estratégicos*

- *Establecer agendas de trabajo gubernamental basadas en los planes y proyecciones de desarrollo*

- *Generar los mecanismos de atracción de recursos económicos, financieros, materiales, humanos y de servicios*

- *Establecer esquemas de difusión, con la integración de proyectos estratégicos para el desarrollo de la entidad y el beneficio de la gente*

- *Establecer esquemas de alianzas económicas, políticas y sociales, además de atraer sociedades y organizaciones locales, nacionales e internacionales para la construcción de los proyectos*

- *Construir y generar los proyectos estratégicos y específicos*

- *Implementar los proyectos y las obras, ejercerlos ampliamente, y generar empleo y productividad*

- *Ya con los proyectos y obras terminadas, generar la productividad y el desarrollo que impacten el crecimiento de una nación*

Estos son los pasos y los esquemas generales a seguir por todo gobierno, ya que esto le permitirá a todo gobernante y funcionario generar infraestructura, marcos legales, políticas y esquemas de alcance y efectividad para sus países y entidades, ya que aún si las metas y las expectativas son altas y no se llegan a cumplir en su totalidad, de todas formas, y gracias a la planificación, que permitirá los ajustes necesarios para la culminación exitosa de los objetivos, todo porcentaje importante de implementación de infraestructura y esquemas para la productividad, generará avances importantes para el desarrollo de las regiones y localidades de un país. Por tal razón es importante impulsar estos instrumentos y esquemas para el desarrollo, así como generar ideas, aplicarlas a la realidad, y establecer las estrategias y las proyecciones que se deriven, para así lograr la aprobación de los proyectos, y su planificación y presupuestación, y conseguir recursos de todo tipo y lograr el cumplimiento óptimo de los objetivos, porque de otra forma, los gobernantes irresponsables y sin capacidad y visión, además de corruptos, solamente cosecharán riquezas para su propio beneficio, derivadas del erario público, manteniendo un trabajo gubernamental de perfil muy bajo en cuanto a la productividad, más no al protagonismo, que solamente les permitirá mantener a una burocracia también de nivel bajo y aplicar lo necesario de los programas para llegar al mínimo de metas gubernamentales, con el objetivo de ejercer de cualquier forma los presupuestos, generalmente basados en programas y esquemas tradicionales, sin buscar generar nuevos programas e instrumentos con visión, además de aplicar estos programas sin planificación y objetivos, ejerciéndolos de forma burocrática y pulverizada, lo que desperdiciará los escasos recursos y los mínimos esfuerzos de estos malos gobiernos y, por consiguiente, aumentar el subdesarrollo y la pobreza y marginación.

De acuerdo a la consecución de los diversos recursos por parte de los gobiernos, y mediante estrategias y acciones efectivas como las descritas anteriormente, se deberán establecer esquemas integrales que contengan la visión, capacidad y esfuerzo de gobiernos y sociedades y sus sectores para la implementación de la infraestructura productiva necesaria y proyectada para el desarrollo, el empleo y la mejora de la calidad de vida.

La implantación de más y mejores industrias, y parques y corredores industriales en zonas y regiones estratégicas, de acuerdo a estudios especializados, será una propuesta esencial que permitirá integrar un gran sistema de productividad y empleo que enlace a las regiones y entidades de un país, además del sector internacional, con lo que se logrará una amplia y eficiente dinámica interna y externa de generación de productos, servicios, empleo, productividad y competitividad. Este esquema de implantación de parques y corredores industriales y comerciales será una de las partes fundamentales de un concepto integral general para la atracción de inversiones y la generación de empresas locales, estatales, nacionales y extranjeras, ya que todos los gobiernos, ya sean del orden federal, estatal, municipal o local, deberán estudiar los planes y mecanismos de incentivos, de promoción, de marketing y de proyecciones de expectativas de éxito de todo tipo, para atraer inversiones e infraestructuras que transformen los contextos y generen empleo, especialización, productividad y competitividad. Asimismo, y como atracción y confianza para el sector de los inversionistas de todo concepto, se les podrá especificar que además de la industria y los parques industriales de alto nivel y alcance en zonas específicas planificadas para el desarrollo, también se contemplará la implantación de infraestructura básica productiva de manera sistemática y planificada en las zonas marginadas y empobrecidas, para generar muchas micro y pequeñas empresas, comercios y proyectos productivos, y generar una dinámica que permita crear empleo y generar productividad y crecimiento económico en estas zonas, regiones y localidades, para convertir el contexto de subdesarrollo y pobreza en escenarios de mayor productividad y de estabilidad económica, política y social, lo que establecerá ambientes de tranquilidad y seguridad no solo para los gobiernos y la sociedad, sino que también, y muy importante, para los inversionistas y los empresarios, así como para los organismos financieros del desarrollo y la productividad de todo ámbito.

<u>Proyectos estratégicos y programas para el desarrollo económico</u>

Las propuestas para el desarrollo económico y la infraestructura productiva en todo país estarán basadas en los diagnósticos, estudios, análisis, potencialidades y proyecciones de la productividad y la competitividad, así como en las estrategias y la planificación de los instrumentos y programas que se deriven de todos estos conceptos. El análisis de los escenarios de todo rubro de la productividad establecerá, por tanto, las diversas vertientes a seguir para lograr estos objetivos, de acuerdo a las condiciones de cada contexto.

El diagnóstico, los análisis y las proyecciones para la productividad, por lógica, variarán de acuerdo a cada país y de acuerdo a cada uno de los contextos específicos y a sus entornos regionales y locales, por lo que todo esquema efectivo de proyección de escenarios y de marketing de la productividad es esencial de implementarse y aplicarse, ya que esto generará vías y procesos para estos objetivos. Los países con contextos de alto desarrollo y productividad constantemente aplican estas estrategias, lo que sin duda les ha permitido crecer exponencialmente y lograr estándares muy altos de competitividad y calidad en su productividad, además de que generan estrategias de mejora de los diseños y esquemas de estos rubros de forma permanente. En los países emergentes y en etapas de desarrollo se manejan estos esquemas de efectividad, que han logrado alta productividad en algunos de sus contextos locales y regionales, aunque también tienen contextos de subdesarrollo, e incluso en algunas regiones de pobreza y marginación, por lo que el tratamiento general es de carácter mixto y diversificado. En cuanto a los países y regiones subdesarrolladas, estas cuentan con algunas áreas de alto desarrollo, mientras que en su generalidad todo el contexto es de subdesarrollo, pobreza y marginación, por lo que se deben aplicar estrategias vanguardistas de generación de productividad y riqueza, claro que siempre de acuerdo a las condiciones y proyecciones de cada entorno y localidad. Derivado de esto, los programas y proyectos estratégicos para el desarrollo económico variaran de acuerdo a los países, y dentro de estos, de acuerdo a las regiones, entidades, municipios y localidades, por lo que se contará con una gran diversidad de esquemas para el desarrollo, desde los generales y globales, hasta los pequeños esquemas locales, sin embargo, todos estos esquemas deberán de estar integrados en planes maestros de desarrollo que contemplen estrategias con visión de crecimiento al corto, mediano y largo plazo, para lograr así una planificación y proyección que permita y genere el desarrollo integral.

Actualmente en la mayoría de países, y más aún, en sus regiones y localidades, no existe, salvo en determinados casos, una visión integral para el desarrollo, por lo que los proyectos, programas e instrumentos se aplican de acuerdo a las necesidades de algunos grupos productivos y empresariales, de forma aleatoria y a las conveniencias de cada gobierno y de los sectores de su sociedad, por lo que muchas de las veces los proyectos verdaderamente potenciales ni siquiera se imaginan y consideran, y en cambio los recursos presupuestales se pulverizan al ser otorgados a varios pequeños proyectos disímbolos y aleatorios, de acuerdo a las gestiones y los compromisos diversos. Debido a esto, los escenarios, lejos de convertirse en productivos, solamente generan alguna pequeña productividad aleatoria en determinado momento, para extinguirse en el corto tiempo y generar así mayor subdesarrollo, falta de empleo e inutilización de los recursos. Por esta razón los estudios, la planeación y las proyecciones son fundamentales para generar verdaderos planes y mapas de desarrollo, ya que solamente de esta forma se podrá contar con esquemas e instrumentos que implementen estrategias y proyectos para crear, fortalecer e impulsar el desarrollo en todo tipo de contexto, ya sean de alto desarrollo, o subdesarrollados y de pobreza extrema.

Como vemos, los programas y proyectos estratégicos para el desarrollo económico y productivo deberán generarse mediante estos diagnósticos, estudios y análisis, que serán tan variados y diversos como las proyecciones y el marketing de productividad así lo requieran y especifiquen. Todo programa y proyecto estratégico, quedarán enmarcados en una planificación estratégica en planes de desarrollo del contexto y entidad, ya que esta será la forma para lograr la potenciación de los esquemas para el desarrollo y el empleo, así como para la competitividad y la productividad.

Los proyectos estratégicos deberán contener elementos que contemplen la generación de un amplio desarrollo nacional, regional y local, por lo que su estructura podrá contar con un esquema global que contenga diversos esquemas conjuntados en varios aspectos para el desarrollo y la productividad. Un proyecto estratégico lógicamente transformará su contexto y los entornos de forma radical, generando empleo y ocupación desde su concepción hasta su concreción, y posteriormente la productividad contemplada y especificada, de acuerdo a su diseño y sus objetivos. Los proyectos estratégicos se conforman de diversas formas, ya sea de acuerdo a su envergadura y alcance, a sus conceptos y rubros, a sus contenidos y estrategias, a su ámbito geopolítico y a su proyección, durabilidad y expectativas. Por tanto, estos proyectos podrán asimismo impactar a una localidad, a una región, a una entidad, a un país o a varios países y regiones mundiales, por lo que la implementación de estos sistemas y proyectos estratégicos es fundamental, por eso todo gobierno tendrá la obligatoriedad de implementarlos, de acuerdo a sus condiciones y especificaciones, para generar desarrollo y empleo. Asimismo, los proyectos estratégicos podrán concebirse pensando en un concepto general, con elementos periféricos y adyacentes que funcionen como satélites del gran proyecto, pero también podrán estar diseñados por diferentes y diversos conceptos complementarios que podrán desarrollarse de forma individual y en su conjunto, de acuerdo a una planificación por estratos y tiempos de inicio de actividades de cada módulo integral, generando también desarrollo y empleo. De igual forma, estos proyectos podrán ser diseñados de acuerdo a la vocación productiva de una región o entidad, o a las expectativas de éxito de explotación de determinados conceptos regionales, locales y nacionales, o de acuerdo a una implementación estratégica de diversos productos y conceptos ajenos a estas regiones, pero que simplemente contengan los elementos y las condiciones para generar el desarrollo requerido. Todo proyecto estratégico deberá, por tanto, impactar ampliamente a sus regiones, especialmente por medio de la conformación de una nueva infraestructura exitosa de la productividad, el empleo y el desarrollo, que sirva asimismo como una amplia base estructural para la conformación de nuevos esquemas de proyectos estratégicos, que se irán adhiriendo al esquema original, en un tipo de inmensas cadenas productivas y clústeres empresariales, comerciales, industriales y de servicios, para conformar así una amplia red de redes visionaria de proyectos estratégicos de diversos conceptos, conjuntados en un universo planificado, creciente y ampliado de la productividad, que lógicamente generarán desarrollo integral sostenible y transformarán favorablemente a países, entidades y regiones.

Para generar proyectos estratégicos y de clústeres, será necesaria la conjunción de gobiernos, sociedades e instancias de todo ámbito y de diversos rubros, para que todas aporten su parte correspondiente, sin embargo, la visión y compromiso de los representantes de estos sectores será fundamental para generar los diseños de estos proyectos, por lo tanto, será necesario contar con áreas gubernamentales y privadas de gran capacidad, conocimiento y visión para generar estos proyectos, por lo que será básica la capacitación y especialización para el logro de estos objetivos. Áreas de diseño y proyecciones de todo tipo y concepto deberán trabajar para conformar los proyectos que toda nación requiere para insertarse en los esquemas de la productividad y el desarrollo integral. Todo gobierno debe contar con políticas públicas de alcance, con instrumentos y programas efectivos y de vanguardia en todos los rubros del quehacer gubernamental, que contengan y abarquen aspectos económicos, políticos, sociales y culturales de su contexto, entre otros, para establecer las plataformas de esquemas, programas y acciones de gobierno para generar crecimiento en todos y cada uno de estos rubros.

Independientemente de contar con gobernantes y funcionarios capaces y comprometidos, es fundamental contar con recursos presupuestales, así como con recursos materiales, y equipamiento y servicios de vanguardia, para producir los mejores resultados en todos los aspectos de cada uno de estos rubros. Es básico también contar con esquemas, sistemas, procesos, estrategias, proyecciones y escenarios para generar el análisis y la evaluación global y específica para la obtención de resultados óptimos, así como para la mejora constante y permanente de estos rubros gubernamentales. Aspecto fundamental serán los programas de gobierno, así como los proyectos estratégicos, que conjuntamente establecerán los aspectos básicos de los planes de desarrollo de un país y sus regiones. Los programas de gobierno constan de diversos conceptos y aspectos que determinan su funcionalidad y alcance, ya que, aunque la mayoría de ellos están diseñados para generar resultados de éxito, no todos contienen los elementos necesarios para lograr este resultado, pero pueden ser mejorados de forma sustantiva para lograr este objetivo. Existen programas, sin embargo, de visión y alcance, que generalmente son productivos y se convierten en la punta de lanza de la eficiencia de un gobierno. También existen programas deficientes y que carecen de profundidad y de identidad con el gobierno y la sociedad, pero que se siguen utilizando por causas inexplicables en muchas partes. Todo el universo de los programas de gobierno debe mejorarse hasta lograr instrumentos óptimos que permitan a los gobiernos desarrollar y fortalecer todos los rubros, especialmente los productivos y de impulso a los sectores de la sociedad. Existen programas de gobierno que cuentan con esquemas de cumplimiento de metas en diversos aspectos, mientras que otros programas no contienen metas ni objetivos básicos, sino que simplemente son aplicables mediante diversos aspectos y conceptos, como por ejemplo, la asistencia social, los apoyos a la productividad y los apoyos a rubros y sectores sociales diversos, entre otros, sin un mínimo fin planificado, más que él de ayudar a los sectores y a las personas con necesidades o que desean generar algún tipo de productividad.

La diversidad de los programas gubernamentales ejemplifican una pulverización de resultados y de recursos de toda índole, por eso un factor fundamental será el de esquematizar los programas en grandes conceptos y una planeación inteligente que permita que estos programas sean ejecutados no de forma particular y específica, sino como parte de un complejo y funcional esquema de conjuntos de programas con un mismo objetivo, que es el de impulsar los diversos rubros y procesos de los sectores productivos y sociales. Establecer una planificación inteligente y estrategias de aplicación de los programas de forma global y conjunta, así como también de forma específica y particular, será fundamental para unificar, dirigir y hacer eficientes los esfuerzos de todas las instancias involucradas, como las áreas gubernamentales y todos los actores y recursos, con la finalidad de lograr objetivos que generen polos de desarrollo que logren mayor productividad y competitividad. Esta estrategia de ampliación de los alcances de los programas, en forma teórica de anillos circundantes, conforman una base y plataforma de productividad y desarrollo, la cual se debe de ensanchar permanentemente, hasta lograr grandes esquemas conjuntos para el alto desarrollo y la mejora sustantiva de la calidad de vida de la población. Este razonamiento está basado en la lógica de la aplicación y cumplimiento de objetivos para la productividad por parte de los programas, pero también es básico y fundamental producir esquemas integrales de gran alcance e importancia para el desarrollo global de países, entidades y regiones, como lo son, indudablemente, los proyectos estratégicos de todo concepto y tipo.

Todo gobernante y sus equipos de trabajo deben mejorar y diseñar nuevos y mejores programas de gobierno para cumplir objetivos y obtener mejores resultados, pero también deben diseñar proyectos estratégicos de gran alcance en cada uno de los conceptos de la productividad, ya que la conjunción de grandes proyectos de cada rubro generará una gran productividad y detonará la potencialidad nacional, regional y local. Proyectos estratégicos en la productividad serían: la instalación de cadenas de parques industriales, la instalación de industrias de determinados sectores, la explotación de sectores estratégicos como los energéticos, el petróleo, la electrónica, la tecnología, etc. Los grandes proyectos estratégicos están definidos por las características geopolíticas estratégicas de todo país y sus regiones y localidades, como por ejemplo el proyecto del canal de Panamá, el proyecto del desarrollo integral de Dubái, los proyectos de grandes presas hidroeléctricas, el proyecto de la creación de grandes centros de infraestructura turística, el proyecto de la construcción de grandes refinerías del petróleo, los proyectos de exploración de recursos energéticos y mineros, los proyectos de grandes centros urbanos, aeropuertos y edificios, los proyectos de la aviación, la marina, la industria cultural, artística y deportiva, los proyectos aeroespaciales, tecnológicos, científicos, ambientales y de toda la gama de megaproyectos con visión que impulsen el desarrollo y la productividad, pero también de proyectos que detonen las regiones y localidades como grandes centros agrícolas, ganaderos, artesanales y piscícolas, entre otros, ya que estos también transforman sus contextos locales y regionales, potenciando las habilidades y condiciones productivas zonales.

Todos estos grandes proyectos, algunos solos y otros en conjunto, deben de contemplarse, evaluarse y generarse en todos los países y en sus regiones, para un verdadero desarrollo y beneficio para la sociedad, por lo que ni los gobiernos ni los sectores deberán conformarse de seguir con los programas y acciones deficientes, ni utilizar una administración pública al mínimo de esfuerzos y de aplicación de sus programas. Es importante que los gobiernos no solamente generen algunos proyectos estratégicos de regular y mayor importancia en el término de su administración gubernamental, sino que deberán buscar la implementación de varios proyectos estratégicos de gran envergadura por cada uno de los rubros y conceptos de gobierno. Así se podrá lograr que los países y localidades subdesarrolladas puedan contar con proyectos estratégicos de gran alcance de diversos conceptos y rubros, como por ejemplo, la erradicación de la pobreza y la marginación, mediante diversas estrategias como la siembra de infraestructura productiva en localidades marginadas, estableciendo polos de desarrollo y de inversión y comercio, para generar una atracción que permita que todas las comunidades y localidades pobres se integren a la productividad y a estos nuevos centros de desarrollo.

Todos los sectores pueden y deben producir grandes proyectos estratégicos para su propio desarrollo y el de sus contextos en los diversos rubros, ya sean educativos, científicos, alimentarios, de la salud y vivienda, de la infraestructura urbana social, de los proyectos productivos, del desarrollo tecnológico y del software y la computación, entre otros.

Otros proyectos estratégicos de gran alcance internacional serán fundamentales para el desarrollo de los países y sus regiones, entre ellos, la infraestructura de parques eólicos, industriales y comerciales de todo concepto y rubro, del sector energético y del petróleo, del sector aeronáutico, de la construcción, de la minería de alto alcance, de la producción de combustible orgánico y de muchos más conceptos, los cuales se deberán de visualizar y trabajar para su proyección, planificación y establecimiento, con el objetivo de generar e impulsar un alto desarrollo integral.

En fin, todo gobierno debe establecer una agenda de análisis, evaluación y probabilidades de implementación de proyectos estratégicos que permitan, mediante una planificación con visión, generar la infraestructura necesaria que impacte el desarrollo, no solo durante el gobierno en turno, sino que también en los gobiernos subsecuentes. Los programas de gobierno, más los proyectos estratégicos de gran alcance y visión, indudablemente que van a generar polos de desarrollo en todo país y sus regiones, por lo que los gobernantes deben de contar con la inteligencia, la capacidad, los recursos, la voluntad, el compromiso y la visión para establecer esquemas de diseño y mejora de los programas, así como esquemas de análisis, estudios y proyección de expectativas y escenarios de los proyectos estratégicos y del propio desarrollo integral en sus contextos.

Generar y fortalecer los programas e instrumentos de gobierno, así como las políticas públicas para el desarrollo económico, son aspectos prioritarios, por lo que los gobernantes deben implementar mejores esquemas para fortalecer las empresas, la industria, los comercios, los servicios y los esquemas productivos, entre otros, ya que los programas y esquemas de financiamiento en gran parte del mundo han sido y son insuficientes para estos fines, además de que solamente han servido como paliativos, por lo que es básico proponer un amplio sistema integral de fortalecimiento y creación de nueva infraestructura para el desarrollo por medio de programas e inversión mixta, con el involucramiento de todos los actores, instituciones públicas y privadas, nacionales e internacionales para impulsar al sector productivo de un país. El objetivo también será el de establecer un gran sistema de redes y cadenas productivas que generen el empleo y la estabilidad económica, política y social. Los gobernantes, por tanto, deberán implementar también esquemas de apoyo a todos los sectores productivos, especialmente para impulsar a la micro, pequeña y mediana empresa, mediante el incremento de programas que integren y fortalezcan a los pequeños comercios y empresas, con la finalidad de evitar su pulverización y eliminación, coadyuvando sustantivamente en la generación de cadenas de pequeñas empresas que conformen, mediante su conjunción y fusión teórica y práctica, empresas y comercios integrales de mayor magnitud, para así generar grandes cadenas comerciales y una dinámica económica con generación y especialización de empleo y aportación de impuestos al gobierno.

Implantación de corredores industriales, comerciales, empresariales y de servicios

Los países altamente desarrollados cuentan con grandes corredores y parques industriales, así como con grandes esquemas comerciales y de servicios, que indudablemente impulsan la productividad, el empleo y el desarrollo de sus entidades y regiones. Los países emergentes y en vías de desarrollo también cuentan con estos corredores y esquemas industriales, comerciales y de servicios en algunas de sus regiones y ciudades, sin embargo, también carecen de estos esquemas en otras zonas, lo cual les genera también escenarios de subdesarrollo e incluso de marginación y pobreza, mientras que los países y regiones subdesarrolladas definitivamente carecen en un alto porcentaje de estos esquemas y corredores de la productividad, por lo que la mayoría de sus contextos son completamente de subdesarrollo, con marginación y pobreza. En cada uno de los diversos contextos deben de llevarse a cabo los diagnósticos, estudios y proyecciones correspondientes para establecer los factores y las condiciones que permitan la implementación de los esquemas y los corredores de la productividad, siempre de acuerdo a las especificaciones de las regiones y los entornos. La estrategia, por tanto, es diversificada, ya que el tratamiento de los proyectos de corredores industriales y de otros aspectos de la productividad es completamente diferente en las áreas altamente desarrolladas que en las de otros contextos, ya que, en este caso de contextos desarrollados, se buscará mejorar su infraestructura y sus condiciones, e implementar nuevos diseños y mejoras que aumenten todavía más la alta productividad que ya se tiene.

En cambio, en escenarios de subdesarrollo o en emergentes, la visualización y las proyecciones serán diferentes, de acuerdo a las especificaciones y condiciones de sus propios contextos, al igual que en los escenarios de pobreza y marginación.

El objetivo en todos los casos será el de implementar, de acuerdo a los contextos y las condiciones, corredores y esquemas de la productividad que generen, fortalezcan e impulsen el desarrollo, el empleo y la competitividad en todo país y sus regiones. Estos corredores industriales, comerciales, empresariales y de servicios, entre otros conceptos básicos para la productividad, se evaluarán de acuerdo a diagnósticos, análisis, proyecciones y estrategias basadas también en los rubros adecuados y necesarios para que puedan ser proyectados e implementados. Grandes franjas territoriales de corredores de la productividad, ubicadas en lugares y zonas estratégicas, potenciarán el desarrollo local, regional y nacional de todo estado, por lo que su visualización, estudio y generación, así como las de sus proyectos, presupuestos y financiamientos, serán fundamentales para su creación e implementación.

<u>Implantación de fábricas, industrias y sistemas comerciales y de servicios</u>

Será prioritario realizar estudios, análisis y proyecciones de escenarios de desarrollo económico y social contextual, así como esquemas de viabilidad de marketing, con amplias expectativas de éxito, que permitan generar diversos y múltiples polos de desarrollo en los diferentes rubros de la productividad. Estos esquemas de análisis deberán contener, por lógica, propuestas de estrategias y procesos de atracción de inversiones para implantar y desarrollar fábricas de diversos rubros y conceptos, tanto de productos y recursos que se manejan en las entidades y que son de vocación regional, como de aquellos conceptos que no se manejan en las regiones, y que habrá que atraerlos e importarlos, total o parcialmente, según las condiciones y particularidades del contexto y de los estudios y expectativas de éxito, y que indudablemente beneficiarán a todo estado, gobierno y sociedad, y a todo país y sus entidades, regiones y localidades.

Históricamente, y en la actualidad, cada país y región han tenido y tienen que generar sus propios esquemas hacia la productividad, algunos han tenido éxito y han logrado construirse y desarrollarse como países y entidades altamente productivas, mientras que otros se encuentran en proceso de desarrollo y otros se han quedado en el subdesarrollo, y peor aún, algunos se estancaron o decayeron en escenarios de pobreza y marginación. Habrá que conocer e implementar los esquemas de los países que han sido exitosos en este sentido y buscar implementar sus esquemas, de acuerdo con los análisis y particularidades de cada región, con la expectativa de lograr este desarrollo y éxito. De acuerdo a estas consideraciones, los países deberán desarrollar esquemas, diseños y procesos que impulsen sus plantas productivas, con nuevas tecnologías y estrategias de producción, que mejoren sustantivamente su productividad y competitividad.

En aquellos países emergentes o en vías de desarrollo que cuentan con escenarios mixtos, con contextos altamente productivos, pero también con entornos de subdesarrollo, se aplicarán diversos esquemas, según la zona y las condiciones, mientras que en los países subdesarrollados deberán establecerse esquemas que inicialmente impulsen la productividad de recursos regionales, pero también, y de acuerdo con una planeación estratégica, podrán importar esquemas ajenos que han sido exitosos en varios países y regiones, y que cuenten con las condiciones y expectativas para lograr ese mismo éxito en otros contextos.

Así tendremos que, en los países subdesarrollados y empobrecidos, la estrategia será mixta y diversa, con la implementación de esquemas de impulso productivo de conceptos y rubros de vocación regional, pero también con esquemas iniciales de implementación de esquemas e industrias ajenas a las regiones, pero que tengan las fortalezas para ser exitosas en estos nuevos escenarios. Básicamente los rubros de vocación regional en la mayoría de contextos de subdesarrollo son la agricultura, ganadería, minería, artesanías, servicios y comercios, por lo que la alta industria es ajena a estos escenarios, sin embargo, las industrias de nuevos rubros tecnológicos son fundamentales de implementarse, aún en escala mínima, para impulsar el desarrollo de los países y sus regiones.

Algunas de las industrias de alta tecnología que pueden ser implementadas en escenarios de subdesarrollo serían, entre otras, de aeronáutica, de seguridad, militar, de construcción de vehículos de todo concepto, de refacciones y maquinaria, de electrodomésticos, de sistemas computacionales y software, de sistemas electrónicos, de desarrollo tecnológico y científico y de otros conceptos que podrán valorarse para estos fines.

Asimismo, se deben buscar atraer conceptos como el de la energía, la minería, la construcción y el desarrollo urbano, el gas y el petróleo, la energía en todas sus modalidades, la fabricación de viviendas, la producción de plásticos, la industria de bebidas, la industria turística, entre otros muchos aspectos, siempre cuidando el entorno ecológico, buscando un desarrollo integral sostenido en beneficio de todos. Aspecto muy importante será, como se ha observado, la atracción de empresas e industrias para el desarrollo tecnológico y científico en todas sus modalidades, así como de investigación y desarrollo de varios rubros, entre ellos el farmacéutico, el biológico, la nanotecnología y la robótica.

Para los sistemas comerciales de un país y sus localidades, es importante generar un amplio sistema de corredores y de tiendas en cadena, que pueden asimismo contar con inversión internacional para su expansión y conformación, en las cuales se distribuyan prioritariamente los productos nacionales y locales, pero también los productos internacionales con altas perspectivas de ventas, lo que provocará que estas estructuras diseminadas en todos los países y regiones del mundo puedan comercializar los productos con competitividad y calidad.

El objetivo será el de lograr establecer un gran sector industrial y empresarial de diversos conceptos, tanto de vocación regional, como de otros rubros que sean importados del contexto internacional, porque el objetivo siempre será que la infraestructura industrial, empresarial, comercial, de servicios y productiva sea instalada en la mayoría de las regiones y localidades de los países, aunque en muchos casos estas industrias pertenezcan a sectores públicos y privados de otros países, ya que en primera instancia van a generar empleo, van a capacitar y especializar a obreros, mandos medios, directivos y dirigentes nacionales y de todo ámbito, van a producir productos, se van a establecer procesos y esquemas de productividad, se van a generar aspectos de mercado, marketing, tecnología, ventas, negocios, finanzas, administración, apoyos laborales y satisfactores sociales, y se va a tener el conocimiento, o Know How, además de impulsar el sector exportador, entre otros múltiples aspectos que beneficien y desarrollen a un país y a sus gobiernos y sociedades. Es decir, en un país subdesarrollado, que en algunas o muchas de sus regiones solamente se producen, de forma mínima, mediana o regular, productos de vocación regional, o los que históricamente han producido, ya sean exitosos o no, en su contexto y particularidad, si no generan nuevas estrategias y no se cambia la visión gubernamental y de la sociedad, implementando y aplicando esquemas nuevos de productividad mixta, entonces ese país y sus regiones seguirán produciendo lo mismo y seguirán en la pobreza, en la marginación y en el subdesarrollo. En cambio, sin un país de cualquier condición y estatus, ya sea pobre, mediano, emergente o rico, genera, amplía y mejora el desarrollo integral en su contexto, tendrá mejores expectativas para producir riqueza o se enriquecerá más, según el caso, si instala infraestructura productiva y capacita a su gente para llevar a cabo estas actividades productivas. Al utilizar estos esquemas de productividad, los países podrán contar con infraestructura eficiente y productiva, con gente preparada y especializada, y con el conocimiento de aspectos necesarios para establecer sus propias industrias nacionales y locales, y competir con las industrias internacionales, lo que generará productividad y competitividad, y mayor riqueza y beneficio para un estado y su sociedad. Es prioritario implementar infraestructura productiva e impulsar y crear sectores industriales de vocación regional y con rubros y conceptos del sector internacional en toda entidad, ya que la infraestructura de productividad mixta es la fórmula para que un país se desarrolle de forma integral y sustentable.

<u>Libertad de mercados y apoyos integrales</u>

Todo gobierno eficiente, ya sea nacional, estatal, municipal o local, deberá impulsar en su contexto las actividades productivas mediante esquemas mixtos de productividad, tanto gubernamentales como del sector privado nacional e internacional, con marcos regulatorios de apertura e inversión, vanguardistas y eficientes, y con esquemas de libre mercado y de libre empresa, industria, comercio y servicios, así como con programas de apoyos sustantivos para estos fines. Lo anterior porque es la fórmula para lograr ser competitivo y alcanzar desarrollo en los esquemas de libre mercado y de globalización.

En la actualidad, e históricamente, los gobiernos y sectores productivos privados buscan siempre proteger sus esquemas empresariales, industriales y comerciales y, por ende, sus productos, especialmente cuando la competitividad derivada de la globalización es implacable y amenazante para los sectores y grupos con menos posibilidades de marketing y venta de sus productos. Esto es derivado de que los sectores industriales y comerciales, sobre todo de áreas desarrolladas, cuentan con procesos que les permiten lograr productos de alta calidad y bajo precio, además de poderlos distribuir y publicitar en todo el mundo, al contrario de empresarios y productores que aún dependen de esquemas locales e incluso artesanales y que, por lo tanto, aunque sus productos tengan calidad, los precios no pueden ser competitivos. También existen otros conceptos que impiden a los productos su competitividad, como lo son la falta de marcos regulatorios, de incentivos fiscales e impositivos, de apoyos financieros y de servicios básicos como la electricidad y el agua, y de impuestos prediales y de todo tipo. También la lentitud y exceso de tramitología comercial, empresarial y de la productividad en general, en todas las etapas y procesos, desde el inicio de un comercio, empresa e industria y de un punto de venta, hasta la elaboración y colocación del producto en el consumidor final, disminuye notablemente la afluencia de los productos y su colocación en los mercados de todo tipo y de todo el mundo, afectando seriamente a los comercios y las empresas que no tienen en sus países y localidades servicios y esquemas de trámites ágiles, mínimos y eficientes. Los esquemas de exportación de las diversas regiones y países también frenan e impiden, con sus excesivos marcos regulatorios y la falta de incentivos de todo tipo, la agilización y eficiencia en la producción y distribución de los productos. Asimismo, los deficientes esquemas de difusión, promoción y publicidad de los productos, indudablemente que disminuyen su alcance y proyección, ya que, por el contrario, los buenos esquemas de difusión estratégica, innovadores y de vanguardia, penetran en todos los sectores sociales, no solo de las propias localidades, sino que también en las regiones, entidades y países, e incluso en el contexto internacional. En fin, existen un sinnúmero de factores que impiden a los empresarios y comerciantes lograr productos de alta calidad y de competitividad en los precios, sobre todo ante otros productos emanados de contextos vanguardistas en todos los conceptos y esquemas de la productividad y el desarrollo. Por eso, mientras existan estas diferencias, muchos países serán proteccionistas de sus productos y de sus empresas y comercios, aunque esto impida un desarrollo local y regional exponencial, ya que aunque los pequeños y medianos productores y comerciantes podrán colocar sus productos y servicios en sus contextos, siempre estarán atenidos a un bajo crecimiento que solamente les permitirá la subsistencia, o en el mejor de los casos, avanzar y generar ganancias menores, más no de forma alta y eficiente. Todo gobierno visionario deberá implementar esquemas de apoyos e incentivos, conjuntamente con los sectores productivos, la sociedad y los sectores inversionistas y financieros de su ámbito y del contexto internacional, para que generen los factores y las condiciones que permitan el desarrollo de más empresas y de mejores productos, con la mejor calidad y precio y, por ende, de mayor competitividad y venta ante los consumidores.

Por estas razones, los gobernantes con visión tendrán que impulsar los factores y las condiciones que permitan que sus contextos, sus empresas y sus productos se conviertan en altamente competitivos y de gran calidad, lo que se logra con visión, compromiso, negociaciones, consensos, capacitación, voluntad y esquemas vanguardistas legales, regulatorios y de incentivos de todo tipo, que generen una gran calidad, productividad y competitividad. Es comprensible entonces que todo gobierno busque por un lado protegerse y por otro establecer una planificación para transformar de forma favorable su contexto y permitir que la competitividad globalizada se integre en su ámbito, la cual deberá ser de forma paulatina, mediante convenios internacionales balanceados entre países y regiones, para lograr al menos una igualdad y diversificación de movimientos y colocación de los productos en los mercados, para contar con una justicia y equidad que lógicamente generará paridad y competitividad en las transacciones y en los resultados, así como en las ganancias de los países y las regiones, al igual que de los empresarios, de los productores y de las sociedades en general. Al llegar a estos escenarios de mayor igualdad, entonces la libertad de comercio y de productividad tendrá una competitividad mayor y una justicia que hará que todos ganen, y que los países y las sociedades se desarrollen de forma integral sustentable.

Esquemas de calidad, responsabilidad social y capacitación productiva

Prioritaria será una propuesta integral para insertar como política pública para el desarrollo de este sector a los esquemas de capacitación, de sistemas de calidad, de mejora continua y de responsabilidad social en toda la infraestructura económica, política, social y productiva de todo país, con la asesoría de las mejores empresas consultoras en estos rubros y con el aprovechamiento de las experiencias de las industrias y empresas nacionales, locales e internacionales con mayor éxito en estos conceptos. El objetivo es que todos los esquemas productivos de todo país y sus entidades ofrezcan calidad en su conformación, esquemas y procesos, así como en sus productos, en el servicio y en la atención al cliente. También es fundamental que la planta de la productividad de todo contexto cuente con esquemas de responsabilidad social y respeto a los trabajadores, ejecutivos y personal de todo tipo, cualquiera que sea su condición económica, política y social, sin distingos y con sensibilidad y afabilidad, porque el trato y la atención siempre será un aspecto prioritario y fundamental dentro de los esquemas de desarrollo de todo gobierno y empresa. Veamos la importancia de implementar estos conceptos en los esquemas de la productividad.

Esquemas de gestión de la calidad en el sector productivo

Existen contextos de productividad, calidad y alto desarrollo integral porque los gobiernos y empresas, industrias, comercios y servicios cuentan con una amplia y constante aplicación de esquemas de la calidad y de mejora continua, así como de reingeniería de procesos y de responsabilidad social en su infraestructura, normativas, procesos, esquemas, instrumentos y productos, lo que implica sectores gubernamentales, empresariales, industriales, comerciales y de servicios efectivos y exitosos.

Otros contextos productivos son aquellos cuyo desarrollo es de carácter medio, con sus derivaciones al alza y a la baja, pero manteniéndose en un rango de una zona que genera una productividad aceptable, pero que indudablemente puede y debe ser mejorada, además de procurar que no decaiga ni disminuya en sus resultados ni en sus procesos. Estos contextos cuentan, en determinados aspectos y porcentajes, con la implementación de algunos de los diversos esquemas de gestión de la calidad, de mejora continua, de reingeniería de procesos y de responsabilidad social, por lo que son el ejemplo, ante las demás empresas, de cuáles son los caminos a seguir para mejorar y ser más competitivos y exitosos. En estos contextos mixtos y diversificados se tienen también escenarios en los cuales aún no se han implementado estos esquemas de gestión de la calidad como una política de desarrollo, por lo que existen y se generan constantemente escenarios de subdesarrollo en todos los sentidos. También se tienen contextos de subdesarrollo en los cuales muy pocos gobiernos y empresas cuentan con algunos esquemas de gestión de la calidad, mientras que un alto porcentaje no cuenta con estos esquemas que incentivan a lograr el éxito y la calidad de los productos y servicios, por lo que en el sector productivo los resultados de ventas, negocios y de atención al cliente son defectuosos y deficientes. Aun así, muchas empresas pueden obtener determinadas ganancias, debido a las necesidades poblacionales de obtener estos productos a cualquier costo.

En los contextos de pobreza y marginación a duras penas se encuentran empresas, sobre todo pequeñas, que puedan ser productivas, por lo que es altamente improbable que cuenten con algún tipo incipiente de esquemas de gestión de la calidad, aunque pueden existir, por lo que su entorno, productividad, resultados e interrelación con la clientela son aleatorios y están basados en la buena voluntad y en el trueque de los pequeños comerciantes y de la sociedad. Por otra parte, existen contextos, en su gran mayoría, que son mixtos y que cuentan en su mismo espacio con una diversidad de escenarios que van desde los altamente desarrollados hasta, incluso, los de subdesarrollo y de pobreza. Por tal razón, las políticas gubernamentales y del sector privado deben contemplar la implementación de todos los conceptos de gestión de la calidad en sus esquemas e infraestructura productiva, pública y privada. Estos sistemas de calidad deben ser implementados en sus diversas versiones y con sus diferentes objetivos, que abarcan a todos los grupos y esquemas gubernamentales, sociales y productivos, con la finalidad de implementar una política visionaria de aplicación y utilización de la calidad y la responsabilidad social para generar desarrollo y mejora sustantiva de los propios gobiernos y empresas, así como de sus productos y servicios, y con esto, impulsar la competitividad y lograr el aprovechamiento de difusión y ventas en todos los mercados, desde los locales y nacionales, hasta los mercados de exportación e internacionales. Derivado de esta política gubernamental, estos instrumentos y programas de gestión de la calidad indudablemente que impulsarán la conformación, el desenvolvimiento y el desarrollo de la industria, la empresa, los servicios y el comercio de todas las entidades y localidades de un país, desde los aspectos micro y pequeños, hasta los medianos y grandes. La transformación del sector productivo indudablemente que cambiará también la forma de conformación, de desarrollo, de procesos y de resultados de las empresas, en su imagen y proyección, y también en aspectos fundamentales como la capacitación y preparación de su personal, pareciéndose con esto cada vez más a las empresas de alta calidad que ya existen y que son exitosas, lo que logrará que todo país genere empleo, productividad y desarrollo.

Los gobiernos y sectores privados que generan contextos productivos altamente exitosos, aplican como fundamento y prioridad los esquemas de eficiencia en la productividad, además de que siempre seguirán en la búsqueda e implementación de conceptos vanguardistas que permitan aumentar aún más su calidad, su productividad y su competitividad, por lo que siempre contarán con la visión y el compromiso para investigar y experimentar esquemas de altas expectativas, que posteriormente puedan aplicarse en todos los demás contextos del mundo. Estos conceptos y esquemas que generan contextos exitosos, por tanto, siempre seguirán desarrollándose hasta alcanzar mayores esquemas de calidad y servicio, y puedan servir a todo país y entidad, para transformar de forma favorable sus escenarios.

Los gobiernos y sectores de los demás contextos, incluyendo los de pobreza y marginación, tendrán que asumir su responsabilidad y aplicar e implementar estos esquemas de gestión de la calidad. La gran mayoría de pequeños y microempresarios piensan que estos esquemas no pueden ser utilizados en sus pequeños negocios, pero es todo lo contrario, ya que estos esquemas contemplan su aplicación para hacer eficientes desde una pequeña y micro empresa, hasta las más grandes y exitosas. Los contextos conformados en su mayoría por micro, pequeñas y medianas empresas, que tienen regular y generalmente problemas de diseño, conformación, consolidación y proyección, se transformarán en escenarios de mayor productividad con la implementación de esquemas de calidad, ya que se evitará la pulverización y la quiebra de la gran mayoría de ellas, que es lo que sucede en la actualidad en muchos países y sus regiones en todo el mundo, porque no pueden ser competitivos en cuanto a diseño, conformación, difusión, producción, precio y calidad, debido a diversos factores. Uno de estos factores es la falta de utilización de estos esquemas de calidad, ya que de aplicarse estos, harán eficientes desde la concepción y los procesos de una empresa, hasta los servicios y productos que ofrezcan. Como se observa, los gobiernos tienen la obligación de impulsar estos esquemas y de generar políticas públicas para que todo el sector productivo se integre en la aplicación de la gestión de la calidad y sus derivados, ya que esto hará que toda la infraestructura del sector productivo cuente con altos estándares de productividad y desarrollo.

Mejora continua y reingeniería de procesos

Al igual que los esquemas de gestión de la calidad, estos procesos, que pertenecen a estos esquemas de calidad, también deben ser implementados de forma permanente y constante en todo gobierno y en el sector productivo, ya que la mejora continua implica el análisis, el diagnóstico y el diseño de mejores propuestas y diseños para la productividad, que incluyen desde una parte de un mínimo proceso, hasta toda una línea de productividad y de procesos generales. También incluye, entre otros aspectos, la capacitación y la mejora de los procesos administrativos y humanos, así como de recursos y servicios de una industria, empresa y comercio. Indudablemente que el resultado de la implementación de estos esquemas hará más eficientes y exitosos los propios esquemas y procesos de productividad, y por tanto a todas las empresas, industrias, comercios y prestadores de servicios, por lo que su implementación, de acuerdo con las características y especificaciones de cada infraestructura productiva en un país y sus entidades, será fundamental y necesaria.

La responsabilidad social también es básica, ya que su implementación implica contar con esquemas vanguardistas que otorgan seguridad y tranquilidad a los trabajadores de todo tipo y de todo orden, que van desde los de base y de menores prestaciones, hasta los de la alta gerencia y económicamente más fuertes. En la gran mayoría de países del mundo, básicamente en los subdesarrollados, y peor aún en los empobrecidos y marginados, estos esquemas ni siquiera pasan por la mente ya no sólo de los gobernantes y sus funcionarios, sino que tampoco por los empresarios y prestadores de servicios, ya que generalmente abusan de los trabajadores de diversas formas, entre ellas, con horarios ilógicos y extensos, con salarios muy mínimos, e incluso sin salarios, y sólo con el apoyo de una alimentación deficiente, sin prestaciones de ningún tipo y mucho menos podremos pensar en capacitación y especialización, ni en vacaciones, ni en fondos de ahorro, y tampoco en expectativas de aumento de sueldo o de promoción y aspiración a un mejor trabajo. En otros casos extremos, que existen muchos, los trabajadores casi se encuentran en condiciones de esclavos y sufren incluso vejaciones y torturas físicas, que en muchos de los casos pueden llegar hasta la muerte. Aunque parezca improbable, estos escenarios existen y es prioritario desmantelarlos y castigar a los culpables. En la mayoría de contextos de subdesarrollo, aunque las condiciones no son tan extremas como las descritas, los trabajadores cuentan con salarios de hambre, mínimos, y también con mínimas prestaciones, que implican una vida de sacrificios y resistencia, sin satisfactores sociales más que los que su contexto de pobreza les pueda otorgar, y que serían sustituidos por el alcoholismo y las drogas, así como la delincuencia y el abandono de las expectativas de crecimiento de vida.

Afortunadamente también existen muchas entidades en el mundo, sobre todo de los países desarrollados, que cuentan con esquemas de gran responsabilidad social, en los que los trabajadores tienen buenos salarios, capacitación permanente, ambientes favorables de trabajo, expectativas y promociones de mejores sueldos y de acceso a mejores trabajos en la escala estructural, así como buenas prestaciones, lo que produce escenarios laborales de gran calidad, que mantienen a los directivos, mandos medios y trabajadores, en su generalidad, contentos en su entorno laboral, lo que se transmite a sus contextos familiares y sociales, y que implica, a su vez, un esquema social altamente estable y satisfactorio. Esto implica también la generación de altas expectativas para un mayor aprendizaje y ganas de hacer las cosas, con lo que la productividad y la calidad aumentan en toda empresa. Por tal razón, independientemente de los contextos y las condiciones, los gobiernos y los sectores productivos de la iniciativa privada, deberán implementar esquemas de gestión de la calidad y de responsabilidad social para no sólo ser más productivos y desarrollar sus entidades, sino que también para mejorar la calidad de vida de las personas, y con esto, generar escenarios de estabilidad, paz y felicidad. Por todas estas razones, todo gobierno eficiente tiene la obligación de implementar estos esquemas de gestión de la calidad, de mejora continua, de reingeniería de procesos y de responsabilidad social, entre otros, para lograr, con una visión de estado, que los propios gobiernos, la sociedad y los sectores productivos se transformen constantemente para ser más eficientes, productivos y capaces, ya que esto transformará el contexto y el tipo de vida de las sociedades, así como de sus gobiernos y sectores. Por estas razones, si los gobiernos no implementan estos esquemas, quiere decir que no cuentan con visión ni capacidad para impulsar la transformación de su entorno, de su propio gobierno, de sus sociedades y sus sectores y, por lo tanto, seguirán generando subdesarrollo e inestabilidad, así como inseguridad y delincuencia.

Esquemas estratégicos para los sectores de exportación

En cuanto al sector de exportación, todo gobierno eficiente en este rubro tiene que ejecutar esquemas que permitan generar más y mejores productos, diversificar los mercados e insertar los esquemas productivos en los marcos de calidad, de sustentabilidad y de responsabilidad productiva y social, así como mejorar los factores y procesos de producción que generan y conforman los precios unitarios de los productos, para ofrecer un mayor servicio y mejor precio, con calidad y atención, a los mercados y a los clientes. Si los conceptos, esquemas y procesos que generan los contextos de alta productividad tienen que mejorarse constantemente en el sector de exportación, porque de otra forma pueden ser alcanzados y superados por el servicio, precios y calidad de los productos de otros contextos, debido a su constante mejora, mucho más deben de mejorarse los contextos de mediana y baja productividad, ya que estos aún deben lograr más y mejores productos, con mejores precios y terminados, además de ampliar sus mercados y consolidarse en el sector exportador, y lo más difícil, mantenerse y generar mayor productividad. También los sectores subdesarrollados, e incluso pobres, tienen algunos índices incipientes favorables de esquemas y procesos que generan algunos productos de exportación, que incluso cuentan con calidad y atracción de la inversión y el financiamiento local, nacional e internacional, y con el interés del público local y de otras regiones y países. Estos gobiernos y sectores subdesarrollados tienen que trabajar mucho más para implementar e integrar toda una serie de esquemas y procesos de productividad y calidad para generar la transición necesaria hacia estos esquemas del desarrollo y producir productos que cuenten con los estándares de calidad para ser introducidos en los mercados internacionales.

Para que un gobierno sea eficiente en el sector exportador, tiene que mejorar los diversos instrumentos que incentivan y fortalecen a los productores y a los exportadores, con esquemas de financiamiento más sensibles y favorables a los empresarios y productores, y con instrumentos que permitan también un apoyo integral permanente y constante al sector exportador de un país y de sus regiones. Estos incentivos, que normalmente se otorgan a gobiernos con visión en los contextos desarrollados, buscan que los productos puedan ser colocados y vendidos en los diversos países mediante estrategias de mercadeo y de ventas, y por medio de esquemas múltiples y de diferentes conceptos. Los incentivos comprenden desde esquemas sobre impuestos, de recuperación de gastos y de otorgamiento favorable de financiamiento, hasta esquemas de difusión de los productos en los diversos mercados, de colocación de los mismos, y de marketing, negociación y venta en los diversos mercados y escenarios regionales e internacionales.

Si los gobiernos insisten en restringir los apoyos, en primera instancia en la productividad inicial, y posteriormente en la colocación de los productos en los mercados locales, regionales, nacionales e internacionales, el sector empresarial e industrial seguirá subsistiendo por sus propios méritos, y en el mejor de los casos, tendrá éxito, según los casos, en base a su propia visión, voluntad y capacidad para generar productividad y desarrollo para sus regiones.

Los gobiernos de la mayoría de países deben mejorar sus esquemas actuales e insertar nuevos esquemas que permitan impulsar sustantivamente al sector exportador. En los contextos donde no existan o sean mínimos estos instrumentos e incentivos, habrá que generarlos, difundirlos y aplicarlos, para que se establezcan las condiciones que logren apoyar y desarrollar a los incipientes sectores exportadores locales y regionales.

La visión de desarrollo del sector exportador, por tanto, deberá incluir políticas públicas de vanguardia, instrumentos y programas efectivos, esquemas financieros, administrativos e impositivos sensibles y de amplio alcance que apoyen en todos los sentidos al sector empresarial y productor de todo tamaño y orden. También deberán implementarse esquemas de difusión estratégica gubernamental y privada con amplia penetración en la sociedad y con resultados de éxito, y esquemas de promoción, negociación, colocación y ventas de los productos en los mercados internacionales. La capacitación y especialización de trabajadores, mandos medios y directivas también son fundamentales para establecer una nueva clase de recursos humanos altamente eficientes, capaces, coordinados y dinámicos, así como también lo es una mejora sustantiva de la calidad y cantidad de los recursos materiales, que deberán ser implementados de la mejor forma posible, de acuerdo a las necesidades y expectativas, y de acuerdo también a los recursos económicos, a las empresas y a las industrias, ya que es prioritario actualizarse constantemente en todos los sentidos, y mucho más en los esquemas tecnológicos, industriales y empresariales de vanguardia.

Los servicios de todo tipo y concepto también tienen que ser altamente eficientes, ágiles y productivos, al igual que los recursos y rubros anexos y periféricos, de los que se depende para generar de forma eficiente muchas de las funciones y actividades de los procesos y actividades que permitan lograr los resultados óptimos. También será necesaria la efectividad, distribución, publicidad y calidad de los diversos proveedores para lograr que los productos finales sean más competitivos en calidad y precios. La generación de esquemas de clústeres y cadenas productivas en todo contexto de la productividad, al igual que de empresas integradoras y comunitarias para los sectores subdesarrollados y empobrecidos, implicará un esquema de integración y fortalecimiento de las empresas y de toda planta productiva, que podrá impulsar la consolidación de las mismas en cuanto a sus procesos y resultados y a la ampliación y alcance de sus mercados locales y regionales, lo que les permitirá, al corto y mediano plazo, crecer y así conseguir la colocación de sus productos en los más exigentes mercados nacionales y de exportación. Como se observa, los gobiernos tienen la obligación de diseñar y generar nuevos y mejores esquemas, instrumentos y programas, así como normativas e incentivos, para impulsar el sector de exportación en sus entidades y países, al igual que mejorar los instrumentos ya existentes, por lo que la clase política y los funcionarios del sector, al igual que los trabajadores gubernamentales del mismo, tienen que estar capacitados y preparados, y contar con la visión, sensibilidad y voluntad, para generar estos nuevos instrumentos y apoyar a empresarios, productores y emprendedores de sus entidades. Actualmente, los sectores de exportación de la mayoría de países tienen que trabajar mucho, de forma aislada, ya que sus gobiernos, ya sean locales, municipales, estatales, e incluso nacionales, carecen, en muchos de los casos, de instrumentos, normativas y programas que incentiven al sector, además de que el personal gubernamental dedicado a estos conceptos, salvo excepciones, es deficiente y falto de capacidad, por lo que esto frena y retrasa el desarrollo del sector. Un gobierno eficiente, por tanto, debe generar e implementar esquemas integrales consensuados, diseñados y evaluados con visión y conceptos de vanguardia. Asimismo, estos esquemas deben ser utilizados, analizados y mejorados constantemente, conjuntamente con la sociedad y los sectores productivos y de la exportación, para lograr el desarrollo y el impulso de este importante sector y de sus contextos y escenarios.

<u>Esquemas estratégicos gubernamentales para la productividad y el desarrollo</u>

¿Por qué es tan difícil que los gobiernos y los sectores productivos logren generar desarrollo, empleo y competitividad?, porque de no ser así, todas las regiones y localidades del mundo estarían desarrolladas y la gente tendría empleo, preparación, buenos salarios y una buena calidad de vida. Sin embargo, la realidad muestra que sólo algunos contextos de algunos países en el mundo, los de alto desarrollo, mantienen estándares de productividad muy competitivos, con amplios mercados y ventas, con tasas muy bajas de desempleo, que además se cubren con seguros y esquemas de colocación laboral para desempleados, y con una alta calidad de vida para la mayoría de la población.

¿Por qué ni siquiera los grandes teóricos y especialistas, así como los grandes analistas de estos contextos y la gran mayoría de los gobernantes, incluso algunos capacitados y preparados, logran generar esquemas y estrategias que impulsen verdaderamente un desarrollo general en todas sus regiones y localidades?

Para este planteamiento existen una serie de respuestas reales basadas en los factores y condiciones que impiden generar desarrollo, pero también existen una serie de respuestas basadas en los conceptos efectivos y de vanguardia para lograrlo, que será mediante políticas integrales de alcance y la implementación de estrategias y esquemas para estos fines, basadas en razonamientos inteligentes, de capacidad y visión, y de utilización eficiente de todos los recursos y, sobre todo, de la implementación de políticas públicas diseñadas e implementadas mediante una planificación estratégica desde el corto y mediano, hasta el largo plazo. Además, es fundamental trabajar de forma conjunta y razonada con los sectores de la productividad, para conseguir la integración y los consensos que permitan generar las estrategias, los proyectos y la planificación efectiva, mediante los instrumentos y programas para el desarrollo integral.

Una receta mágica lógicamente no existe, sin embargo, existen planteamientos, razonamientos, esquemas e instrumentos, así como políticas públicas que deben ser diseñadas e implementadas por gobiernos altamente eficientes e inteligentes, al igual que sus sociedades y sectores productivos, porque de otra forma, siempre existirá subdesarrollo de forma total o parcial en al menos varias de las zonas de un contexto. ¿Por qué, entonces, si existen gobernantes, analistas y teóricos capacitados e inteligentes en muchos países, estos contextos no pueden salir de una escala que en el mejor de los casos será en vías de desarrollo, y en el peor de los casos, de subdesarrollo, pobreza y marginación? Uno de los factores básicos es que las políticas públicas carecen de alcance y visión, y los instrumentos gubernamentales y programas de la administración pública no están diseñados para generar productividad en base a la competitividad y globalización, ya que fueron diseñados hace muchos años, y ahora son simplemente improductivos, además de que muchos de los nuevos instrumentos tienen defectos de diseño, de falta de visión y de objetivos integrales claros, los cuales son dispersos y de alcance particularizado, además de que no existen esquemas de una planificación integral obligatoria para todo gobierno de todo orden y ámbito. También existen en muchos países y entidades aspectos de corrupción y desvío importante de recursos, lo que impide todo esfuerzo para lograr el desarrollo.

El principal aspecto para generar desarrollo y revertir los procesos actuales de improductividad será el establecimiento y aplicación de políticas obligatorias de planificación integral gubernamental, así como de instancias de contraloría y transparencia en la utilización de los recursos, tanto en los escenarios pequeños y medianos, como en los grandes contextos internacionales, ya que de esta forma se homogeneizarán y sistematizarán la planificación, los esquemas, los procesos y hasta los resultados de la productividad y la competitividad.

A pesar de los esfuerzos, como se ha observado, en la mayoría de países y regiones del mundo, la productividad en su generalidad es difícil de lograr, por lo que el autor de este libro propone una serie de consideraciones y aspectos que necesariamente deben de generarse para lograr la eficiencia en la productividad y el desarrollo. Todo gobierno y sociedad que han logrado competitividad y desarrollo pueden mostrar y exportar su modelo de trabajo, mediante sus conceptos y esquemas, para que todos los países lo aprovechen y logren también conformar contextos de desarrollo y mejora de la calidad de vida. Los aspectos fundamentales que se deben considerar, implementar y aplicar para lograr la productividad en los países, regiones y localidades son, sin duda, los siguientes.

Gobiernos comprometidos, capaces y con visión de estado	*Planificación integral de estado para la productividad*
Sociedades y sectores preparados y emprendedores	*Procesos, coordinación y trabajo eficiente de los sectores de la productividad, públicos y privados*
Generación de políticas públicas de vanguardia y visión	*Esquemas de trabajo conjunto de gobiernos, sociedades y organizaciones de todo orden y ámbito*
Eliminación de esquemas e instrumentos deficientes	
Implementación de normas y programas efectivos gubernamentales	*Esquemas de mejora permanente de las instancias públicas y privadas de la productividad*
Esquemas de calidad, mejora continua, reingeniería de procesos, de responsabilidad social y de diseño de instancias y esquemas para el desarrollo	*Esquemas de cumplimiento de objetivos integrales y específicos y de reasignación de mayores objetivos y metas*
Esquemas de control, seguimiento y resultados para el sector productivo público y privado	*Esquemas de difusión y promoción de los esquemas de la productividad*
Esquemas de diagnósticos, análisis, estudios, proyecciones, escenarios y toma de decisiones	*Esquemas de alianzas estratégicas de los sectores de la productividad*
Interrelación de gobierno y sociedad para el análisis de las propuestas y necesidades productivas	*Esquemas de responsabilidad en los objetivos, y en los trabajos y procesos del sector productivo*
Implementación de propuestas de gobierno para el desarrollo	*Esquemas de información y rendición de cuentas a la sociedad y los sectores*
Infraestructura y sistema gubernamental de la productividad de vanguardia	*Esquemas de eficiencia, transparencia y contraloría efectiva en presupuestos y recursos*

2.3. Proyectos estratégicos y de Estado

Todo gobierno eficiente debe contar con proyectos estratégicos y de estado, ya que estos, por su envergadura y alcance, generan un alto desarrollo, empleo y productividad en las regiones y países, y pueden ser propuestos, evaluados, diseñados, planificados y construidos, así como implementados y aplicados, durante uno o varios períodos gubernamentales, según la visión, alcance y objetivo del proyecto y del concepto.

Los proyectos estratégicos contienen una amplia variedad de presentaciones, proyecciones y conceptos, así como de esquemas de conformación, de visión y de alcance, y pueden ser proyectos locales, regionales, nacionales e internacionales, o interrelacionados y mixtos, específicos o enlazados y coordinados con otros proyectos y programas públicos y privados. También podrán ser proyectos propios de la región o importados, de forma mixta o en su totalidad, y pueden incluir un solo objetivo y producto, o varios de ellos, además de que su conformación no sólo se basa en grandes proyectos o en industrias y productos, sino que también en esquemas, servicios, sistemas, cadenas empresariales, comerciales y productivas, clústeres, instrumentos, leyes y políticas que generen, consoliden y detonen el desarrollo local, regional, nacional e internacional. Los proyectos estratégicos, para funcionar, tienen que ser diseñados y planificados de acuerdo a estudios y proyecciones de viabilidad, de marketing, de ganancias y de creación y permanencia de empleos, así cómo de generación de cadenas productivas y de proveedores, además de proyecciones reales de resultados satisfactorios y de éxito, de acuerdo a estrategias de visión y de alianzas entre gobiernos, organizaciones y sectores locales, nacionales e internacionales, además de planteamientos y propuestas basadas en las necesidades, problemáticas y realidades de los contextos y de los asuntos poblacionales y de estado, establecidos mediante planteamientos, estudios y proyecciones que generen los consensos y acuerdos mayoritarios y unánimes para estos fines. Además, se deberá de contar con elementos eficientes y recursos suficientes y adecuados de todo tipo, de alta calidad y conformación, y de alto desarrollo científico y tecnológico, para que los resultados sean satisfactorios. La capacidad, compromiso y visión de los gobernantes y de sus funcionarios, así como de las empresas e industrias involucradas en el diseño, construcción, implementación y puesta en marcha de estos proyectos es indudablemente uno de los factores más importantes de su fortaleza y éxito, ya que es fundamental contar con especialistas en todos y cada uno de los conceptos y rubros que conforman estos proyectos visionarios. De otra forma, se desperdiciará dinero y recursos, y se crearán infraestructuras que nunca producirán algún resultado efectivo, como un sinnúmero de ejemplos que existen en todo el mundo, con el derroche de los recursos y la falta de su utilización, provocando inconformidad social y más subdesarrollo y pobreza.

Los proyectos estratégicos pueden ser pequeños, medianos o grandes, y pueden ser únicos y específicos, o un conjunto de proyectos globales y estratégicos que conformen una gran red de productividad y desarrollo, interrelacionado siempre con empresas, industrias y comercios proveedores y ejecutores de estos proyectos, desde su planificación hasta su puesta en marcha, incluyendo la construcción y el diseño de los mismos. Los proyectos estratégicos, por tanto, al ser construidos y puestos en marcha, son grandes sistemas de la productividad y generan varias de las vertientes del desarrollo en un contexto, por lo que su financiamiento, diseño y alcance deben ser suficientes y efectivos, con grandes recursos económicos y de todo tipo, surgidos de los presupuestos y planes de desarrollo de países y entidades cuyos gobiernos desean generar estos proyectos.

Asimismo, y para estos efectos, se consolidarán sociedades con instancias de gobierno y del sector privado locales, nacionales e internacionales, así como con grandes cadenas de industrias transnacionales, nacionales y locales, y con organizaciones públicas y privadas de todo ámbito, así como con empresas de la productividad y de servicios de todo orden y tipo, de acuerdo siempre a la conformación, diseño, negociaciones, convenios y alcances de los proyectos.

Estos proyectos estratégicos tienen que ser generados por medio de la dirigencia, planificación y supervisión de los gobiernos y sectores especializados, mediante el análisis y la evaluación, así como las proyecciones y los estudios requeridos, para que verdaderamente exista factibilidad y éxito en el proyecto y sean detonadores del desarrollo que transforme a las regiones. Para estos efectos, los gobiernos tienen que contratar empresas especializadas y altamente efectivas, consultoras y de estudios de todo tipo y concepto, de mercado, de negocios, de productividad, de construcción y diseño, así como de financiamiento, inversión y publicidad, para qué se establezcan los esquemas, los factores y las condiciones necesarias, mediante las mejores propuestas y vías para el desarrollo y la implementación de estos proyectos. Con todos estos conceptos se pueden establecer todas las variables para la adecuada toma de decisiones de los especialistas y, por tanto, de los gobernantes, que se basarían en la recomendación de estos grupos de especialistas de alta capacidad.

Los proyectos estratégicos tienen por objetivo generar productividad y desarrollo, y comprenden tantos rubros como conceptos existen, desde los más conocidos en todo el mundo y, por tanto, recomendados ampliamente, hasta aquellos que sólo son conocidos en algunas localidades de algunas regiones o de algunos países empobrecidos, sin embargo, todos deben de contar con el diseño y los esquemas para generar la productividad y el desarrollo en sus contextos y entornos. Estos proyectos abarcan, asimismo, conceptos de la productividad, el desarrollo, la construcción y la industria de todo tipo y rubro, así como conceptos de la empresa, el comercio, el transporte, las vialidades, la infraestructura hidráulica, la energía y todas sus variables, como el petróleo, la energía eléctrica y la energía eólica, la minería, la metalurgia y la metal mecánica, los textiles y la industria maquiladora, la educación, la salud, la vivienda, el turismo, la alimentación, las artes y deportes, la cultura, la seguridad pública, la democracia, la procuración de justicia, el marco de derecho, la política, el desarrollo tecnológico y científico, y una infinidad de conceptos y aspectos que pueden ser utilizados y aplicados en todo contexto local, regional, nacional e internacional. Cada uno de estos rubros y aspectos tienen el potencial de generar proyectos estratégicos de determinadas magnitudes, que siempre serán importantes, por lo que los gobiernos, conjuntamente con los sectores relacionados, deberán establecer las estrategias, los planteamientos y los acuerdos, para diseñar y construir estos proyectos que indudablemente impulsarán a sus entidades y localidades, generarán empleo y bienestar para la población. Veamos ahora algunos de los más importantes rubros y conceptos para el desarrollo integral sustentable, que son fundamentales para los contextos y países.

2.4. Desarrollo integral del sector turístico

En la actualidad el turismo es fundamental para el desarrollo de todo contexto, ya que implica mostrar y difundir la cultura, imagen y diversidad de todo un país, de sus regiones y localidades, de sus atractivos de todo rubro, ya sean naturales o realizados por el hombre, de su infraestructura y servicios, de la forma de ser de su gente, de sus costumbres, tradiciones y festividades, de su historia y sus monumentos históricos y arqueológicos, de su forma de diversión, entretenimiento y esparcimiento, de su conformación como país y como región, de sus ciudades y sus pueblos, de sus productos, de sus expectativas y de sus deseos de avanzar y desarrollarse. También implica mostrar la eficiencia y el trabajo de los gobiernos y de sus gobernantes y funcionarios, así como de sus trabajadores y de los prestadores de servicios del sector, además de mostrar también la forma efectiva en que se han utilizado los recursos de todo tipo, por parte de gobiernos y sectores privados, para generar los avances necesarios y el desarrollo requerido para impulsar al sector. El desarrollo turístico muestra asimismo la estabilidad de un país, región y localidad, además de la confianza, tranquilidad, seguridad y justicia en estos contextos. También muestra la visión y el compromiso de los gobernantes por desarrollar a sus países y regiones y los trabajos para mejorar la calidad de vida de su población, además de que se promueve la invitación a que conozcan lo mejor de sus lugares y de su gente, y ser un buen anfitrión para todos. El turismo, por tanto, con las estrategias de gobierno de posicionamiento y de difusión, y mediante el trato respetuoso y amable de la gente y de sus propios gobiernos, y con la finalidad de otorgar a los visitantes locales y de todo el mundo de los mejores elementos para su esparcimiento, diversión y tranquilidad, es un concepto estratégico que conforma una realidad y percepción de atracción, estabilidad, mejora y presentación de un país y sus regiones, que será conocido y reconocido por todos. También, mediante esquemas estratégicos específicos y globales de difusión y promoción, esta imagen, conformación y atractivo de un país y sus regiones y localidades, será mostrada al mundo y a todos los sectores sociales, económicos y políticos de todo país, para buscar impulsar estos aspectos y conceptos, que indudablemente atraerán más reconocimiento internacional y más turismo y divisas, lo que generará más empleo, productividad, competitividad y calidad en este sector.

La visión y objetivo de promoción y posicionamiento turístico de todo gobierno, serán mostrar la cultura, diversidad y belleza de su país y sus regiones, para que todo el turismo desee visitarlo y apreciarlo. Esta estrategia para mejorar e impulsar a este sector se deberá realizar por medio de políticas, normativas y esquemas inteligentes, y de una infraestructura funcional con el turismo, además de la implementación de recursos y de servicios de alta calidad. Por estas razones, es fundamental que todo gobierno y sectores involucrados generen sus planteamientos, diagnósticos, propuestas y análisis para diseñar, planificar e implementar políticas públicas, instrumentos, acciones y programas de vanguardia para el desarrollo del sector turístico de un país y sus regiones, así como para contar con destinos turísticos de primer mundo, para beneficio de los turistas y de la misma población.

Para un desarrollo efectivo del sector turístico serán necesarias políticas públicas estratégicas y de vanguardia de apoyo al sector, con esquemas que atraigan inversión y proyectos que amplíen y mejoren la infraestructura, los servicios y los recursos, además de esquemas estratégicos de difusión y promoción de la cultura turística, así como la generación de proyectos especiales que potencien y detonen este desarrollo turístico. La planificación efectiva logrará este objetivo, conjuntamente con programas y esquemas de vanguardia, así como con la visión y compromiso de gobernantes y funcionarios, y de los sectores privados locales, nacionales e internacionales.

2.5. Desarrollo de los conceptos del campo y la agroindustria

En todos los conceptos y rubros, en este caso del campo y la agroindustria, los países desarrollados cuentan generalmente con gobernantes con visión de estado que promueven y establecen políticas públicas para el desarrollo agrícola y de la agroindustria en sus contextos, además de que el sector privado cuenta también con recursos, programas, financiamientos y visión para generar una importante productividad agroalimentaria y de todos los rubros del sector agrario, incluso con un amplio reconocimiento en el ámbito internacional por ser grandes productores y exportadores de muchos de los productos derivados del campo, así como también por la conformación de grandes cadenas comercializadoras, de servicios y exportadoras de sus productos en todos los mercados del mundo.

Los gobiernos que implementan políticas exitosas para el campo y los sectores altamente productivos del mismo son una minoría en el contexto mundial, ya que en su generalidad, tanto los países emergentes y los intermedios, así como los subdesarrollados y empobrecidos, cuentan con diversos grados de deficiencia en algunos de los sectores y procesos del rubro del campo y sus derivados, e incluso en algunos de estos contextos es inexistente, lo que provoca, en el mejor de los casos, que se dependa de las importaciones de todo tipo de producto, con los consabidos gastos y desequilibrios en las balanzas comerciales, y en los peores casos, la generación de pobreza, marginación y hambruna poblacional. Los países altamente productivos seguirán generando mejoras en su infraestructura, en sus políticas públicas, en sus programas y en sus estrategias, para continuar con estos esquemas de éxito y de alta retribución económica, diseñando además nuevos conceptos y estableciendo más y mejores infraestructuras y programas para estos fines, que conjuntamente con su productividad actual, lograrán mayores beneficios para sus poblaciones. Sin embargo, los demás gobiernos deficientes tendrán que establecer estrategias y políticas públicas para convertirse en países productores y exportadores de los diversos conceptos derivados del agro y del campo. Por ejemplo, los países emergentes e intermedios que cuentan con esquemas diversificados y con escenarios que van desde una alta productividad, hasta una regular y baja productividad, de acuerdo con las regiones y poblaciones de estos países, tendrán que establecer los programas necesarios y adecuados para el desarrollo del campo en sus contextos, para así equilibrar su productividad y desarrollo en todas sus entidades.

En cambio, los países subdesarrollados, y sobre todo los pobres, verdaderamente tendrán que cambiar gran parte de sus políticas públicas, de sus estrategias y de sus acciones de gobierno para implementar esquemas que puedan transformar el campo de sus países y regiones, que son histórica y actualmente improductivos, en sectores que inicialmente generen, aunque sea una escasa productividad, para avanzar hasta la pequeña y mediana productividad, y al final lograr altas productividades. Lo anterior sin duda se podrá lograr, siempre y cuando estos gobiernos también sean capacitados y mejorados, o renovados total e integralmente, desde sus gobernantes, funcionarios y personal, hasta en sus recursos y servicios de todo tipo, al igual que también en sus sectores privados, para que de esta forma contengan la misma visión, capacidad y compromiso para establecer esquemas modernos, así como infraestructura de alto desarrollo tecnológico y conformación, que les permita lograr la necesaria productividad y competitividad del campo para elevar la calidad de vida de su población y transformar sus contextos de pobreza en escenarios de productividad y de expectativas y realidades de un alto desarrollo integral.

Mientras que la productividad, y como consecuencia la infraestructura, el marco legal y normativo, y los servicios y recursos humanos y de todo tipo sean deficientes e inexistentes en el campo, este no podrá desarrollarse hasta no mejorar y transformar sustantivamente todos estos aspectos. Además, el campo en muchos países, especialmente emergentes y subdesarrollados, se encuentra diversificado, es decir, en algunas regiones y zonas contienen infraestructura y esquemas que logran una alta eficiencia y productividad, mientras que en otras de sus zonas no existe ninguna estructura ni esquemas para generar esta productividad, por lo que no cuentan en su generalidad con infraestructura para su desarrollo y comercialización. Por eso el campo en la mayoría de países no ha logrado ni siquiera cumplir con las expectativas y metas de productividad que todo gobierno ha implementado y establecido en sus políticas públicas y en sus programas, y más bien, en una gran parte de países no se produce más que el mínimo desarrollo, por diversos factores, provocando así la espiral del subdesarrollo y empobrecimiento del mismo, lo que ha provocado también su abandono y la emigración de los campesinos y trabajadores hacia las ciudades y hacia otros países, creando los cinturones de miseria urbanos y otros aspectos de rezago que deben ser revertidos urgentemente para lograr que todo estado sea productivo en sus alimentos y derivados del campo y la agroindustria, y así combatir las hambrunas mundiales y las pobrezas que no debieron ni deben de existir, para bien y para el desarrollo de la humanidad.

La propuesta efectiva de todo proyecto de gobierno deberá establecer una amplia serie de estrategias, políticas, acciones y programas para esta reversión del subdesarrollo hacia la productividad en el campo, buscando que todo trabajador, campesino y poblador de las regiones rurales puedan contar con los satisfactores sociales para una mejor calidad de vida y puedan tener una mejor preparación para afrontar los retos y problemáticas para transformar al campo empobrecido de sus entidades y regiones en contextos de crecimiento y desarrollo.

2.6. Seguridad pública

Una de las propuestas básicas de todo gobierno es la de contar con esquemas efectivos de seguridad pública para beneficio de la sociedad y fortaleza del estado. Con la implantación de estos esquemas se busca eliminar o disminuir, de forma drástica, entre otros aspectos, la inseguridad pública, la delincuencia, el contrabando, la drogadicción, el narcotráfico y sobre todo la eliminación de los factores que provocan el crecimiento del crimen en general. Para estos efectos también será prioritario, y muy importante, eliminar en los gobiernos y en las instancias de seguridad pública, la corrupción, la impunidad, el despotismo y la insensibilidad de los funcionarios y dirigentes, así como de los encargados y operadores de estas áreas fundamentales del ejercicio público.

Todo proyecto gubernamental para el combate a la inseguridad pública deberá ser integral, por lo que deberá comprender todos los conceptos y rubros para lograr el éxito deseado y requerido. Históricamente estos esquemas han carecido y adolecido de varios de conceptos en una gran mayoría de países, por lo que la inseguridad pública en ellos ha sido apabullante y lacerante, y ha provocado una percepción y una realidad que ha mantenido secuestrada a las sociedades y a los mismos gobiernos. Aún los países desarrollados tienen diversos aspectos que generan la criminalidad dentro de sus contextos, aunque sea mínima, lo que les ha impedido mantener totalmente la ley y la seguridad pública, sin embargo, en lo general el crimen y la delincuencia se mantiene en índices muy bajos, gracias a la eficiencia y alcance de sus leyes, de su infraestructura y equipamiento, de sus esquemas y estrategias y de sus instancias policiacas y de seguridad pública. También gracias al compromiso, honestidad y anticorrupción de la mayoría de estos elementos policiacos y del sistema gubernamental de seguridad pública.

Para transformar estos contextos de alta criminalidad y corrupción es necesario que los gobiernos establezcan diagnósticos reales y logren evaluaciones integrales que les permitan, mediante el análisis y objetivos respectivos, conformar las vías y los esquemas necesarios para mejorar los aspectos que así lo ameriten, desechar lo que no ha funcionado y diseñar e implementar nuevos esquemas e instancias que permitan lograr trabajos eficientes, coordinados y exitosos, que asimismo conformen los nuevos escenarios de seguridad, estabilidad, orden y tranquilidad social.

Uno de los aspectos que generan los contextos de alta inseguridad y delincuencia es la corrupción gubernamental, especialmente en las instancias policiacas, de impartición de justicia y de seguridad pública, ya que estas no solo combaten de forma deficiente a la delincuencia, sino que en muchos de los casos las provocan y las organizan, con la consabida ganancia para estos grupos. Existen modelos y esquemas policiacos de excelencia, así como elementos de gran valía en lo personal, pero desafortunadamente son los menos, ya que, en su generalidad, la mayoría de los países, en diversos grados, padecen esta corrupción que genera y organiza a grupos criminales y delincuenciales.

Por esta razón ha sido muy difícil, en todo contexto, combatir y desterrar estos nefastos aspectos del estado y de la sociedad. Robo, secuestros, narcotráfico, trata de blancas, pornografía infantil, robo de infantes, pederastia, violaciones, mercado de órganos, crimen organizado, etc., son algunos de los rubros que dirigen y organizan, o protegen, algunos malos representantes policiacos y de gobierno en diversas localidades y entidades, y que deben ser erradicados mediante esquemas efectivos que detecten, denuncien, enjuicien y castiguen a estos grupos y personas al interior de sus instituciones y fuera de ellas. Indudablemente que esto transformaría totalmente, y de forma positiva, muchas instancias policiacas en todas las regiones y entidades del mundo, logrando así una alta y efectiva seguridad pública para la tranquilidad y beneficio de la sociedad y del estado.

Será prioritario que todo gobierno, por tanto, genere el diagnóstico real del contexto y sus entornos, y establezca políticas públicas, sistemas, esquemas, leyes, normativas, infraestructura, planificación, agendas, procesos y actividades, así como interrelación, coordinación, enlaces, información, inteligencia y una misión y objetivos adecuados y necesarios para mejorar sustantivamente sus instancias de seguridad pública y procuración de justicia, e implementar nuevas propuestas y diseños que fortalezcan e impulsen estos esquemas que permitan lograr la seguridad de la sociedad y la estabilidad y fortaleza del estado.

Los conceptos básicos que deben mejorarse y transformarse en la seguridad pública son, entre otros, el marco legal y sus sistemas generales y específicos, que contienen sistemas policiacos y esquemas de redes y coordinación policial, esquemas de estrategias para la seguridad, interrelación gubernamental y privada, información y su intercambio, sistemas de comunicación e inteligencia, infraestructura eficiente y de alcance, equipamiento y armamento, esquemas de anticorrupción y asuntos internos de eficacia, contraloría interna real y verídica, transparencia, capacitación y preparación, recursos y servicios suficientes, mejores salarios, prestaciones, recompensas y reconocimientos, servicio de carrera y de reconocimiento al trabajo, mejora sustantiva de los derechos humanos y sistemas de calidad, mejora continua, reingeniería de procesos y responsabilidad social. Como se observa, para que todo sistema de seguridad pública funcione, debe de producir mejores policías, mejor pagados, mejor capacitados, con mejor sentido común y vocación, y asimismo contar con una mejor infraestructura, inmuebles, equipamiento, instrumentos y esquemas, armamento, uniformes, parque vehicular, infraestructura de inteligencia, sistemas computacionales y de software, enlaces locales, regionales, nacionales e internacionales, bancos verídicos y ágiles de datos, servicios de inteligencia e interrelación, entre otros, que permitan ejercer y hacer eficiente la atención de los asuntos y generar decisiones y acciones conjuntas y coordinadas que impliquen luchar y eliminar los factores que generan la delincuencia, además de buscar la conformación de una policía eficiente que se estructure en un mando único general que trabaje y se coordine por medio de diferentes mandos responsables de las acciones y estrategias del combate contra estos flagelos de la humanidad.

2.7.   Combate a la pobreza y marginación

Uno de los aspectos fundamentales para generar escenarios de productividad inicial y básica en contextos de subdesarrollo, además de un desarrollo sostenido en todos los sentidos, es la erradicación de la marginación y la pobreza, así como evitar la falta de satisfactores sociales básicos.

La estrategia inicial y perspectiva mínima de todo gobierno eficiente, al corto y mediano plazo, será el establecimiento y fortalecimiento de varios esquemas simultáneos, entre ellos el de programas asistenciales y el de creación de nuevos y mejores programas de satisfactores básicos sociales de la población, mientras se generan los escenarios de la transición de la pobreza hacia la productividad inicial y se implementan esquemas y estrategias también al corto, mediano y largo plazo, consistentes en sistemas y conceptos para el desarrollo regional y local, con infraestructura, productividad y empleo. Por lo anterior, la propuesta y el planteamiento de todo gobernante serio y con visión de estado, será que en su gobierno una de las prioridades más significativas será la de combatir la pobreza, la marginación y el subdesarrollo, para que se tengan mayores expectativas de crecimiento y bienestar, por lo que los satisfactores básicos como la alimentación, salud, vivienda, empleo y servicios, entre otros, estarán siempre integrados a las leyes y a los programas y políticas de gobierno, mediante esquemas e instrumentos de trabajo para que la gente cuente con estos servicios básicos de forma permanente.

Definitivamente las leyes y las políticas de gobierno son el instrumento necesario para erradicar el subdesarrollo y la pobreza, sin embargo, los esquemas y los alcances de estas políticas varían de un estado y gobierno a otro, ya que en algunos casos, como el de los países desarrollados, que no tienen pobreza, salvo en algunas áreas y grupos determinados, el tratamiento de estas políticas será dirigido específicamente a estas zonas y sectores, y en base a determinados lineamientos contextuales, con aspectos de generación de empleo, de seguros para el desempleo, de esquemas de seguridad social y de integración de estos sectores poblacionales en las instancias de la productividad y el desarrollo. Mientras tanto, en países subdesarrollados y sobre todo en los empobrecidos, las políticas de gobierno para la erradicación de la pobreza estarán dirigidas en muchos de los casos a la gran mayoría de la población, aunque en otros casos podrá estar dirigida a la mitad de esta o mucho menos, pero en todos los casos, la cantidad y porcentaje de sectores empobrecidos es inmensa, y son aspectos altamente problemáticos para todo gobierno y sociedad.

Países emergentes y mixtos en su desarrollo podrán tener escenarios de alto desarrollo y productividad, así como escenarios intermedios que contengan estratos socioeconómicos de medio desarrollo, aunque también contendrán escenarios de pobreza y marginación, por lo que las políticas serán diferenciadas y dirigidas de acuerdo a estos índices y a los esquemas y programas respectivos.

De todas formas, todo gobierno eficiente tiene la obligación, aún en escenarios amplios de pobreza, de generar zonas de desarrollo que pueden ir creciendo y ampliándose, estableciendo una transición efectiva hacia la productividad, para lograr islas de desarrollo que generen una gran red y entramado que se irá interconectando en el corto y mediano plazo, para conformar cada vez mayores contextos de crecimiento. Sin embargo, en la actualidad, la gran mayoría de los gobiernos no pueden combatir y erradicar la pobreza, por lo que los índices en este sentido siguen aumentando, al igual que la pobreza y la hambruna de la población, y esto genera escenarios infrahumanos, que en el mejor de los casos pueden ser apoyados por sus gobiernos con programas asistenciales mínimos que solamente resultan ser paliativos para estos graves problemas.

<u>Políticas públicas y programas estratégicos para erradicar la pobreza y marginación</u>

La visión de un gobierno será siempre la de contar con sociedades productivas, desarrolladas y con bienestar social y general, por lo que las políticas públicas y los programas tendrán que estar encaminados hacia estos conceptos, fortaleciendo e impulsando la infraestructura, las leyes y los esquemas que generen productividad, empleo y bienestar. La estrategia de gobierno tendrá que contemplar diversas estrategias para combatir el flagelo de la pobreza y la marginación. Primero tendrá que dividir los escenarios para diferenciar las estrategias, las políticas y los programas que se aplicarán en ellos, para que cuenten con mayores posibilidades de lograr los objetivos, porque aplicar políticas públicas amplias de forma general implicará la pulverización de los esfuerzos, los recursos y los programas, y solamente servirán de paliativo para algunos grupos poblacionales, sin siquiera poder disminuir esta grave problemática. Por tanto, las políticas públicas y programas estratégicos tendrán que estar diferenciados para ser insertados en los escenarios respectivos, como por ejemplo, en los de alta pobreza y marginación, con esquemas encaminados a implementar una productividad inicial en donde no se tiene ninguna, para sembrar infraestructura, esquemas y procesos de desarrollo de diversos tipos, lo que permitirá una productividad inicial creciente que impactará en el contexto, el cual deberá seguir creciendo hasta llegar a niveles de una mayor productividad.

En otros escenarios que ya generan una mínima productividad, las estrategias serán diseñadas para ampliar y aumentar esta productividad inicial básica, para que pase de una mínima a pequeña, pero significativa productividad, o mejor aún, a una mediana productividad, mediante políticas, esquemas y programas de gobierno y del sector privado de apoyo e impulso a todos los rubros de la productividad, con el objetivo de generar y consolidar el desarrollo en estos sectores. Asimismo, los escenarios de mínima y pequeña productividad, tendrán que ser evaluados y proyectados de forma permanente, para detectar y apoyar no sólo la productividad actual, sino que también para insertar nuevos y diversos rubros y esquemas efectivos de productividad, lo que indudablemente ampliará este desarrollo hacia escenarios de una mayor productividad en estos contextos.

En este caso, la mediana productividad ya es un contexto alejado de la pobreza, por lo que su tratamiento corresponderá a esquemas de apoyo en este sentido. Mientras se establecen las políticas de transición hacia la productividad en estos contextos de pobreza, así como los programas y esquemas para el desarrollo, el gobierno no puede desatender los programas sociales, y al contrario, tendrá que fortalecerlos y aumentar la asistencia social en diversos rubros, entre estos, la alimentación, la educación, la salud, la vivienda, el empleo y los satisfactores sociales, ya que esto permitirá contar con una población atendida que puede, por tanto, integrarse a los esquemas de transición hacia la productividad.

## 2.8.	Estrategia de desarrollo de las micro, pequeñas y medianas empresas

La estrategia principal de todo gobierno para el desarrollo de las empresas de todo tipo, orden y tamaño, pero especialmente las más vulnerables, será evitar la pulverización de la productividad y la desaparición de la microempresa y la pequeña empresa, así como de los pequeños y micro productores, ya que con estos se logra la sustentabilidad y productividad de amplios sectores de la población, por lo que se deberán implementar estrategias para fortalecer y apoyar a estos sectores, pero también se deberá de fortalecer, y de forma prioritaria, a la mediana y gran empresa. Lo anterior, debido a que, en la mayoría de los contextos del mundo, sobre todo en los subdesarrollados, más del 75% de las empresas son micro y pequeñas y cerca del 85% al 90% son micro, pequeñas y medianas empresas, sin embargo, la productividad de estas, en su generalidad, apenas alcanza alrededor de un 35% a 40% del contexto. Algunas de las necesidades más importantes de los pequeños productores y empresarios son, y han sido siempre, la capacitación y el financiamiento, los diversos recursos y el apoyo gubernamental y privado. Todos estos aspectos pueden generarse mediante instrumentos, incentivos y programas de gobierno y del sector privado, al igual que los conceptos para cubrir las necesidades de apoyo de los medianos y grandes empresarios y productores. Toda estrategia de gobierno deberá plantear los diagnósticos respectivos y analizar, de forma global y particular, el contexto de los micro y pequeños productores y empresarios, que son los que necesitan estos apoyos de forma urgente para fortalecerse, ya que la realidad en la mayoría de escenarios del mundo es que están desapareciendo aceleradamente, en virtud de que la mediana y la gran empresa ofrecen mayores propuestas de calidad, precios y seguridad en los productos al cliente, por lo que son más competitivas y apreciadas por los consumidores. Un importante logro gubernamental sería poder revertir esta situación y apoyar a la microempresa y a la pequeña empresa e industria de manera sustantiva, lo que se conseguirá mediante una serie de estrategias con visión y sensibilidad, para así apoyar e impulsar a estos sectores. Estas estrategias, entre otras, deberán implementar una serie de programas específicos, de forma conjunta, y mediante incentivos y apoyos diversos, ya sean económicos, impositivos, financieros, estructurales, de comercialización, de capacitación, de inversión, de estudios y consultorías, de asesorías, de análisis y de fortalecimiento a los proyectos. Esto se logrará esquematizando una serie de instrumentos y programas de gobierno diseñados para estos fines.

En países desarrollados y emergentes con gobiernos eficientes y con visión, se enfocan las problemáticas y los asuntos de forma global y conjunta, y de forma particular y específica, para establecer las estrategias que permitan conformar la planeación y proyección, así como los esquemas de trabajo científico y de gobierno, y los esquemas de apoyos diversos dirigidos a estos proyectos, que generen las nuevas condiciones necesarias para impulsar el desarrollo de las comunidades y regiones.

Además, mediante esquemas de difusión y promoción del trabajo gubernamental, de la información de estas estrategias y de los avances de los proyectos y programas, así como de sus resultados, se provocará que los financiamientos y apoyos se potencien y aumenten, lo que generará más productividad con calidad, para impulsar la comercialización y competitividad de los productos.

Mediante la planificación de estrategias y proyectos, así como de esquemas de implementación de programas de gobierno, tanto federales, como estatales, municipales y locales, así como de organismos internacionales, nacionales y locales especializados en el desarrollo, y con los apoyos del sector privado local, nacional e internacional, se podrían conformar y establecer los mecanismos para fondear de forma efectiva con diversos recursos a este prioritario sector del desarrollo y la productividad.

Mediante diversos esquemas efectivos para fortalecer a este importante sector empresarial, se podrá ampliar de forma sustantiva toda plataforma comercial, industrial, empresarial, turística, productiva y de servicios, entre otras, en todo país y sus regiones, y de esta forma se crearán y desarrollarán de forma natural las cadenas productivas y comerciales, sin embargo, será importante establecer las bases para generar enlaces de estas cadenas en el corto, mediano y largo plazo, lo que se podrá lograr mediante esquemas efectivos de gobierno en este sentido, así como por el involucramiento y compromiso de empresarios y productores, especialmente en los rubros de capacitación y especialización empresarial y laboral, y en aspectos de análisis y proyecciones, así como de generación de la productividad.

2.9. Estructura productiva tanto de vocación regional como de diversos conceptos

Para lograr la productividad en las localidades y regiones de un país, los gobiernos tendrán que establecer las políticas y estrategias de desarrollo integral, emanadas del análisis de los respectivos estudios de factibilidad, para generar las proyecciones de este desarrollo y tomar la decisión más adecuada para conformar las políticas y programas de gobierno en este sentido, que conjuntamente con el esfuerzo del sector privado, establecerán las normativas y los esquemas a seguir en la implementación de infraestructura productiva en las regiones y localidades.

Los países desarrollados contienen políticas de apoyo y de incentivos para el fortalecimiento de las empresas y la productividad, las cuales constantemente adicionan elementos efectivos que coadyuvan a impulsar este fortalecimiento y crecimiento de la productividad, sin embargo, en los países emergentes se tienen aún zonas subdesarrolladas, al igual que en los países subdesarrollados y pobres, en los cuales las políticas públicas para la productividad tendrán que ser básicas, por lo que los gobiernos de estas entidades deben de tener la visión, capacidad, sensibilidad, compromiso y voluntad para generar las políticas e instrumentos necesarios que transformen este subdesarrollo en productividad, desde las localidades marginadas hasta las urbes más representativas de estos contextos.

Existirán diversas estrategias para lograr estos objetivos, de acuerdo a las condiciones de los contextos y a los recursos, y al compromiso y la visión de los propios gobiernos, por lo que, esquemas prototipo con modelos de productividad en diversos rubros de productos locales y regionales siempre serán fundamentales de implementar, ya que esto potenciará la productividad de vocación regional a su mayor expresión, aunque también deberán insertarse esquemas de productividad que hayan sido ajenos a estas regiones, para que de forma conjunta se establezcan esquemas que logren generar procesos productivos, empleo y desarrollo. La visión de todo gobierno será la de conformar estas estrategias y conjuntar esquemas de productividad de vocación regional con esquemas de productos ajenos a estas regiones y diferentes de estos en su concepción, procesos y métodos, ya que esto generará infraestructura productiva, de empleo, de conocimiento, de recursos, de impuestos y, en su conjunto, de zonas de productividad, lo que impulsará y transformará las regiones y localidades hacia el desarrollo integral.

En los esquemas de gobierno la estructura productiva de vocación regional podrá ser apoyada e implementada mediante fondos mixtos gubernamentales, del sector privado y del sector internacional, al igual que la estructura de nuevos productos, mediante estrategias realmente importantes basadas en la instalación, en las localidades y regiones, de infraestructura productiva y fábricas específicas, ya sean pequeñas, medianas o grandes, para generar productos ajenos a las entidades, es decir, no sólo se tendrán fábricas para el acopio y la transformación de los productos agrícolas o del campo, por ejemplo, que son los propios de cada región y que generalmente se producen en diversas escalas, sino que la estrategia de gobierno desarrollará estas fábricas en diversos conceptos ajenos a estas regiones, como lo serían rubros como la elaboración de computadoras, de electrodomésticos, de refacciones y herramientas, de sistemas de software, de ensamblado de vehículos, de elaboración de materiales de construcción y de cemento, entre otros aspectos, es decir, toda una gama de productos que pueden ser insertados en estas regiones, mediante estas estrategias de gobierno, con la finalidad de generar productividad y empleo, así como de obtener el Know How y todos los aspectos respectivos. Para estos efectos, todo gobierno deberá realizar los estudios y análisis adecuados para conocer las posibilidades y potencialidades de los productos que se deban de producir y establecer en sus regiones.

Esta estrategia ya la utilizan con mucho éxito diversos gobiernos, especialmente de contextos desarrollados y emergentes, ya que han logrado generar empleo y productividad mediante procesos eficientes y productos de calidad y exportación, además del desarrollo integral generado en sus países y entidades, con amplios beneficios para los pobladores. Estos esquemas serán fundamentales de implementar en la mayoría de países y sus entidades, ya que generarán una transformación no solo en sus contextos, con desarrollo, empleo, productividad y fortaleza de la economía, sino que también coadyuvará en el desarrollo de los entornos y del contexto internacional respectivo. La estrategia de implementación de cadenas y redes de estas fábricas de vocación externa indudablemente que otorgará impulso a las regiones y localidades, y a la economía de los países que la implementen, y será similar a la instalación de industrias de todo concepto, tipo y tamaño, como las que se tienen en la mayoría de los grandes países productores del mundo.

2.10. Sectores estratégicos

Los sectores estratégicos para un gobierno son aquellos cuya conformación, magnitud, alcance, impacto e integración, son de importancia fundamental y prioritaria para la seguridad y el desarrollo del estado y de la sociedad. Estos sectores fundamentales generalmente son desarrollados por gobiernos federales, y según el caso, lo pueden generar con otros gobiernos, externos o internos, así como con los sectores privados nacionales e internacionales, especialmente cuando el alcance y magnitud de los proyectos abarca todo el ámbito nacional, e incluso el regional e internacional, aunque también pueden ser diseñados y desarrollados por gobiernos estatales, municipales y locales, de acuerdo a su magnitud y alcance. De igual forma estos sectores estratégicos también se llegan a desarrollar, bajo leyes y normativas específicas y estrictas, entre el gobierno de un país y sectores internacionales de los rubros respectivos.

Lo anterior es debido a la importancia fundamental, económica y sociopolítica de estos sectores para el desarrollo, la estabilidad y la seguridad de todo país y entidad, ya sea por las características propias de la actividad, conformación y productividad de estos sectores estratégicos o por la funcionalidad y seguridad de sus procesos y la generación de resultados de éxito, no solo para procurar el desarrollo y estabilidad de un país, y de sus gobiernos y sociedades, sino que también para evitar que esta productividad estratégica pueda ser utilizada en contra de los intereses del estado, ya que en muchos de los casos se puede inducir y lograr la desestabilización y el sometimiento de estos países a otros intereses y fuerzas externas o internas. Lo anterior en virtud de que los procesos y resultados de algunos de estos sectores generan productos de alta seguridad estratégica para un estado, que pueden ser utilizados para beneficio de la humanidad, lo que sería el objetivo básico, pero también pueden ser utilizados con fines intimidatorios y represivos, como en armamentos y en energías diversas y productos científicos y tecnológicos con poder destructivo, entre otros muchos conceptos que coadyuvan en la generación de contextos de volatilidad, inestabilidad y confrontación.

Entre los sectores estratégicos más importantes se consideran los rubros de todo tipo de energía, como el petróleo y sus derivados, la producción y refinación de productos energéticos y minerales, la metalurgia y minería, la industria satelital, naval, aeronáutica, armamentista y del ejército, las comunicaciones y transportes, las telecomunicaciones, la infraestructura carretera, de vialidades y de servicios, los recursos naturales, tanto renovables como no renovables, el desarrollo estratégico de la tecnología y la investigación científica, los sistemas de software y computación, los productos alimenticios y sus procesos de transformación, y algunos esquemas y procesos industriales, entre muchos otros conceptos estratégicos, que variarán de acuerdo a las características y particularidades de un contexto y a la ubicación geopolítica de un país, región y entidad. En fin, habrá muchos otros conceptos más, de acuerdo a la estrategia geopolítica, económica, cultural y social de cada país y de sus entidades, pero estos sectores son algunos de los más representativos. También sectores estratégicos altamente prioritarios para el estado son la salud, la educación, la alimentación, la vivienda y la infraestructura básica social, entre otros aspectos, ya que estos conceptos le permiten al estado contar con sociedades preparadas y participativas y con gobiernos capaces para generar los demás conceptos de prioridad estratégica para su desarrollo integral y su beneficio colectivo.

Como se ha mencionado, estos sectores normalmente son desarrollados por los gobiernos federales, aunque también de forma conjunta con gobiernos estatales y locales, y en determinados casos, de acuerdo a leyes y normativas que aplican en esquemas con sectores privados nacionales e internacionales, e incluso con gobiernos y organizaciones de otros países e internacionales. Para el desarrollo de estos sectores estratégicos siempre deberá establecerse una planificación de estado, ya que este proceso implica normalmente el desarrollo de un país y sus entidades, por la alta productividad, el empleo y la alta estrategia que se genera.

Todo gobierno eficiente, por lo tanto, contiene en su territorio y en su planta productiva toda una serie de conceptos y sectores estratégicos, por lo que deberá realizar una serie de estudios especializados, no sólo para fortalecer e impulsar aquellos sectores que ya maneja, sino que también para explotar y potenciar los sectores que aún no han alcanzado etapas de productividad básica. Muchos de los sectores estratégicos se encuentran en etapas de análisis y proyecciones, ya que, por la alta inversión económica y de recursos, normalmente, estos conceptos y proyectos se mantienen a la espera, mientras se establecen las condiciones de inversión, financiamiento y capacidad para su explotación y potenciación.

Los sectores estratégicos son prioritarios, ya que fundamentalmente desarrollan a países y regiones, y proporcionan los recursos y aspectos para que se deriven conceptos prioritarios como la planificación, las estrategias, las decisiones y los presupuestos, que se destinan a toda una infinidad de rubros para el desarrollo social, económico, político, electoral y cultural, así como para la salud, la educación, la vivienda y la infraestructura urbana y de bienestar social, entre otros aspectos.

Los países subdesarrollados y empobrecidos en su mayoría cuentan con grandes recursos naturales, renovables y no renovables, los que seguramente aún no se han explotado, y que son potenciales sectores estratégicos para el desarrollo, los cuales deberán ser aprovechados, mediante negociaciones y convenios de trabajo de explotación y de productividad con otros países y sus gobiernos, así como con las instancias internacionales públicas y privadas de estos rubros. Minería, petróleo, energías diversas, productos alimenticios y agroindustria, agua y sistemas hidráulicos, sectores de textiles, manufacturas, y hasta artesanías y comercialización de todo tipo de productos, conforman los sectores estratégicos de la mayoría de los países y regiones subdesarrolladas, en conjunto o por cada concepto. Todo gobierno de estos países subdesarrollados, por tanto, tendrá que conseguir financiamiento y generar negociaciones y convenios adecuados para la explotación y comercialización de sus recursos y de sus sectores estratégicos. Esta política pública indudablemente impulsará el desarrollo en sus entidades, aunque tengan que ceder parte de sus derechos a otros gobiernos e instituciones públicas y privadas internacionales, ya que será la mejor forma, en estas condiciones, de lograr la productividad y potenciación de estos conceptos.

2.11. Sector energético

Los sectores energéticos, que están integrados en los sectores estratégicos, juegan también un papel fundamental en el desarrollo de los países y de las sociedades. Los países altamente desarrollados han basado este crecimiento y bienestar en estos sectores. Así tenemos que algunos de estos países han logrado potenciar estos productos estratégicos, sobre todo los energéticos como el petróleo y sus derivados, como la energía eléctrica, eólica y nuclear, los sistemas hidráulicos, la minería y todos sus procesos, especialmente de los minerales preciosos y la transformación de los materiales y metales, entre otros rubros. También han impulsado la infraestructura de la transformación de diversos rubros, como la de los metales, para la producción de armamento, equipamiento, refacciones, fábricas, puentes, edificios, transportes y vehículos, barcos, aviones y cohetes, entre otros conceptos, así como la potenciación de la producción militar, industrial, inmobiliaria, aeroespacial, de la marina y de la fuerza aérea, entre otros conceptos. El desarrollo científico y tecnológico también se encuentra entre los sectores estratégicos de los países desarrollados, en aspectos militares, civiles, educativos, deportivos y de la salud, etc. En fin, estos países desarrollados han logrado convertir tanto sus productos estratégicos, como los productos importados y que transforman, en sectores y productos estratégicos propios, lo que les ha permitido alcanzar grandes estados de desarrollo y productividad.

Los países subdesarrollados y pobres solo cuentan con algunos recursos que pueden ser convertidos en estratégicos, por lo que será fundamental que estos gobiernos generen estudios y proyecciones de estos productos, en base a su potencialidad y expectativa de desarrollo. Estos productos podrán ser la minería, agua, carbón, energía eléctrica, eólica, gas natural, petróleo y productos del campo, entre otros.

Los sectores energéticos generalmente son utilizados para actividades primarias, secundarias y terciarias, por lo que los países subdesarrollados pueden generar esquemas de utilización de estos productos en estas diversas etapas, potenciando cada una de ellas y obteniendo las ganancias que les permitan generar desarrollo.

2.12. Ecología, medioambiente y desarrollo sustentable

El desarrollo integral sustentable implica un desarrollo con el mantenimiento de la ecología y el medioambiente en toda su magnitud, con el objetivo de preservar, salvaguardar y generar mejores condiciones ambientales para el futuro del mundo y de la humanidad. Con la protección y la mejora de cada ecosistema en todas las localidades y regiones del mundo, indudablemente que se estará contribuyendo a un escenario que permita una larga existencia de la humanidad. El desarrollo tiene aspectos que han afectado en el pasado de forma severa la ecología, el medioambiente y los ecosistemas, los que en la actualidad han producido y coadyuvado en el cambio climático, pero sobre todo, en la disminución de los recursos naturales, sobre todo la vegetación y la zoología, con lo que las condiciones de los ecosistemas han sufrido cambios trascendentes que han generado escenarios de baja productividad y hambrunas, así como la potenciación de catástrofes naturales de diversos tipos. La normatividad mundial para el desarrollo sustentable y el cuidado de los ecosistemas, la ecología y el medioambiente, ya se tiene establecida y especificada en el contexto internacional, por lo que se aplica en muchos países y localidades, aunque no siempre de forma efectiva ni total, ya que esto implicaría frenar la explotación de diversos productos directamente relacionados con el medioambiente. Las organizaciones internacionales, como la ONU y las involucradas específicamente en los aspectos ambientales, tendrán que presionar más para el cumplimiento de estos objetivos y para exigir la obligatoriedad de una mejor normatividad y el cumplimiento de la misma. Greenpeace y otras organizaciones son un claro ejemplo de la lucha constante y permanente que tiene que hacer la conciencia y la inteligencia humana en contra de la fuerza bruta que permite la deforestación y destrucción del mundo desde este punto de vista. Estas organizaciones, en lugar de ser reconocidas en muchos países, son atacadas y violentadas, presumiblemente por grupos productivos y transformadores de los recursos materiales, que poco les importa el mantenimiento de los ecosistemas, y simplemente les interesa el dinero y los recursos que ellos dañan y eliminan atrozmente. Algunos países altamente desarrollados tienen políticas perfectamente definidas en este sentido, ya que, aunque utilizan algunos recursos naturales, éstos se encuentran debidamente legalizados y normativizados, de acuerdo a sus marcos legales y constitucionales, además de que se tiene la visión de la renovación de estos recursos de forma constante y en determinados períodos, por lo que el ecosistema se mantiene sustentable e incluso puede ser mejorado. La mayoría de los países, sin embargo, no aplican las normativas en este sentido y permiten el saqueo de sus ecosistemas y su medioambiente, lo que sin duda provocará, desde ahora y en un futuro, el descenso de las condiciones favorables para la existencia de la vida en la tierra.

Los países subdesarrollados y empobrecidos, por lógica, aunque puedan contar con normativas y leyes propias e importadas en este sentido, generalmente no las utilizan y si generan las condiciones para el deterioro de su ecología y medioambiente. El esfuerzo conjunto de organizaciones y gobiernos será el de establecer leyes y normativas internacionales obligatorias y esquemas de auto sustentabilidad que permitan la renovación de los ecosistemas, mediante la planificación y la metodología adecuada y necesaria para estos fines, y solamente de esta manera, y además de forma programada y mínima, se podrán utilizar algunos de los recursos naturales. La inmisericorde explotación debe de suspenderse y planificarse, con una explotación segura en esquemas de utilización mínima de recursos naturales, con auto sustentabilidad como premisa. Muchos de los recursos naturales pueden ser copiados y simulados por productos sintéticos, con lo que se estaría avanzando sustantivamente en el cuidado de la ecología y al mismo tiempo se producirían estos productos similares y sintéticos para el demandante consumo comercial, industrial y humano. Preservemos el medioambiente y salvemos al mundo.

2.13. Sector textil

Se ha tomado el sector textil, ya que es uno de los referentes de la productividad que pueden ser implementados en todos los contextos, por su versatilidad y facilidad de concepción y producción, siempre bajo normas estrictas de producción y de terminado de calidad de los productos. De hecho, los países desarrollados son altamente productivos de textiles y sus derivados, ya sean productores o importadores de la materia prima, y sin duda son muy competitivos en todos los mercados del mundo. Estos países generan ganancias altísimas por las ventas de los productos textiles, tanto en los mercados internos como en los mercados de exportación, por lo que es un sector con productos ampliamente solicitados por todas las sociedades del mundo. Es importante mencionar que algunos países emergentes y subdesarrollados cuentan con una amplia y efectiva infraestructura del sector del textil, sin embargo, alguna parte de su productividad y competitividad de precios y productos, se basa en la explotación de los trabajadores, que laboran con salarios de hambre, por lo que esto debe eliminarse mediante leyes estrictas y esquemas de responsabilidad social. No podemos ser cómplices de estos empresarios explotadores. Será fundamental que los gobiernos de países subdesarrollados y empobrecidos implementen estructuras del sector de los textiles, ya que esto indudablemente les acarrearía innumerables beneficios, sobre todo en la productividad, el empleo y la mejora del desarrollo y el bienestar social. Para poder explotar este sector, se necesitan diversas condiciones y aspectos, sin embargo, estos pueden ser conseguidos, en todos los sentidos, para implementar esta infraestructura de los textiles. Los gobiernos tendrían que establecer políticas y programas de apoyo al sector, así como esquemas de incentivos de todo concepto, y además establecer negociaciones, acuerdos y convenios con otros gobiernos e instituciones públicas y privadas locales, estatales, nacionales e internacionales, para implementar esta infraestructura en su territorio.

En lo general, a pesar de los esfuerzos de los gobiernos y sectores empresariales, este sector de los textiles en algunos países ha visto mermado su potencial por diversas razones y condiciones, no sólo en las localidades, sino que también en el contexto estatal y nacional, y esto se debe a que algunos polos de desarrollo mundiales del sector textil han crecido inmensamente y han atraído y monopolizado la producción y comercialización de los productos textiles, y por tanto, han provocado la contracción y disminución de la productividad en otros países y regiones, que se han quedado en su mayoría sin un alto porcentaje de sus fábricas y de sus mercados. Será fundamental generar, para estos efectos, esquemas de financiamiento, incentivos y apoyo a este importante sector de los textiles, mediante políticas de apoyo integral por parte de los gobiernos federales, estatales y municipales y de organismos públicos y privados locales, nacionales e internacionales. Será prioritario, por tanto, que los diversos gobiernos ofrezcan las mejores garantías e incentivos económicos, fiscales e impositivos, así como las mejores condiciones para el establecimiento y fortalecimiento de todas las estructuras del sector del textil. De no ser así, ningún esquema o sistema podrán desarrollarse, ya que la restricción y la presión sólo generarán fugas de capitales y de inversión hacia otros países que ofrezcan mayores condiciones para los negocios de los inversionistas y de los empresarios de este ramo de los textiles. También será importante no sólo la generación de empresas integradoras y comunitarias, así como de cadenas productivas en el escenario de los micro y pequeños empresarios del sector textil, sino que también la implementación de sistemas de gestión de la calidad en los productos y servicios del textil, de talleres de reingeniería de procesos, de planes de negocios, de estudios especiales del sector y, en fin, de toda la gama de conceptos que permitan mantener e impulsar su desarrollo. Asimismo, la productividad del sector textil en todo país deberá ser difundida ampliamente en sus mercados internos y en todo el mundo, mediante esquemas estratégicos de difusión, promoción y penetración masiva y efectiva en los mercados y las sociedades, siempre con el respaldo de contar con los máximos estándares de calidad en los textiles, para ser competitivos en todos los mercados.

2.14. Estrategia de siembra de empresas sociales e integradoras

Las empresas sociales, comunitarias e integradoras son formas de organización empresarial que asocian a personas físicas o morales en aspectos micro, pequeño y mediano. Estas instancias conforman empresas cuyo objetivo es generar trabajo y productividad, así como servicios especializados a sus socios en lo que respecta al financiamiento, a los suministros y compra de materias primas e insumos y venta de productos, a la promoción de los mismos, entre otros aspectos, con lo que estas empresas aumentan su competitividad. Los objetivos, de las empresas sociales y comunitarias, buscan fortalecer a las pequeñas empresas y conjuntarlas en una empresa comercial y jurídica grande y representativa, por lo que, en lugar de tener, por ejemplo, a 30 microempresas, se tendrá una empresa grande, amplia y competitiva.

Estos objetivos también buscan aumentar el poder de negociación de estas empresas en todos los mercados, así como consolidar su presencia en el mercado interno y, en su caso, en el mercado de exportación, y también impulsar la especialización y la calidad de los productos de las empresas que conforman la gran empresa matriz. Los beneficios de esta forma de empresas conjuntas, y para la microempresa y pequeña empresa son, entre otros aspectos, el fortalecimiento de su productividad, la mejora de los productos, con mayor calidad y competitividad, tanto de cada empresa como en su conjunto, y el aumento de poder de negociación ante otras empresas, ante proveedores y ante la clientela de negocios. También esta empresa global se beneficia porque de manera conjunta se surten por medio de compras masivas a menor precio, que permiten asimismo ofrecer mejores precios al consumidor. En cuanto a la capacitación y especialización también se obtienen amplios beneficios, ya que estos se logran con esquemas conjuntos que permiten a dueños y personal tener los conocimientos y el entendimiento de los negocios y de la productividad con calidad. Por otra parte, se evitan múltiples inversiones fraccionadas por cada socio, en cualquier rubro, ya que como empresa global se planifica una estrategia de inversión y financiamiento que permita grandes ahorros y ganancias. También permite acceder a mercados más grandes y competitivos y lograr estrategias importantes de colocación y venta de productos, además de generación y consolidación de negocios y de transacciones diversas. Se cuenta, asimismo, con un consejo general empresarial para los diversos asuntos, además de que los dueños de cada empresa, ya fortalecidos, también pueden generar decisiones, hacer negocios y generar ganancias para todos y para la empresa matriz. Este esquema de empresa social e integradora es sumamente importante como estrategia para fortalecer a la micro, pequeña y mediana empresa, ya que les permite transformarse en empresas no sólo de mayor tamaño, sino con sistemas propios de una gran empresa exitosa, que cuenta con procesos efectivos administrativos, financieros, de comercialización, de ventas, de acceso al financiamiento y de publicidad y promoción.

2.15. Sector comercial

Los sectores comerciales son uno de los conceptos más importantes de un país y de sus entidades y localidades, ya que conforman los esquemas de colocación masiva de los productos y los puntos de venta de los mismos. La vida económica de todo contexto y entorno se debe principalmente al desarrollo comercial, que implica todo tipo de transacciones, que van desde la compraventa de pequeños productos y servicios, hasta de grandes tipos de productos como maquinaria e inmobiliaria. En la mayoría de las localidades y ciudades del mundo los comercios se asientan de forma aleatoria, sin embargo, en diversos países se cuenta con leyes y normativas específicas de uso de suelos, por lo cual en la actualidad no todas las zonas urbanas y semiurbanas pueden ser utilizadas en este sentido, sin embargo, el crecimiento de los comercios, desde los pequeños hasta los grandes, presionan a las autoridades para ampliar las zonas comerciales y el uso de suelo en zonas que anteriormente eran restrictivas para el comercio.

Todo esto se debe a la gran dinámica que el sector comercial tiene en todo el mundo, desde los pequeños pueblos y comunidades rurales, hasta las grandes ciudades de países desarrollados, siempre de acuerdo a las condiciones y características de cada contexto, sin embargo, el sector comercial es uno de los más grandes e importantes en todo asentamiento humano.

Todo gobierno eficiente tendrá, por tanto, que establecer cada vez mejores leyes y reglamentos para la organización y legalización de todos los conceptos de este prioritario sector, además de implementar políticas y esquemas de apoyo, financiamiento e incentivos para su fortalecimiento, porque de otra forma solamente los comercios medianos y grandes que puedan resistir a los efectos de la alta competitividad y monopolización generada por los más fuertes, producto de la globalización, y a la competencia desleal y los efectos inflacionarios y de recesión de un contexto y del exterior, podrán subsistir, mientras que los pequeños y micro comercios se pulverizarían y desaparecerían, con la consecuente espiral de desempleo y el aumento de probabilidades de que las personas transiten hacia la vagancia y la delincuencia por falta de oportunidades en este sector. El subdesarrollo y la pobreza se convierten en elementos inflacionarios, ya que, al desaparecer los pequeños comercios y empresas, se establece un círculo vicioso de falta de empleo, comercio y productividad, y con esto mayor pobreza y marginación, lo que implica un deterioro grave de las condiciones que pueden permitir e impulsar el desarrollo en todo escenario.

Los gobernantes con visión, por tanto, tendrán que generar políticas y esquemas que permitan el fortalecimiento y crecimiento integral del comercio, así como el crecimiento de las redes de este sector, además de implementar programas de apoyo para el financiamiento y desarrollo de todo tipo de comercio, industria y empresa, especialmente a los pequeños y micro comercios, porque estos generan autoempleo, auto comercio y auto productividad, y esto indudablemente reactiva el intercambio comercial, las ventas y la economía local y regional. Por estas razones, todo sector comercial será apoyado mediante políticas públicas e instrumentos de gobierno, así como con programas y recursos presupuestales para estos fines. Todo gobernante deberá generar los esquemas y estrategias de gobierno para el desarrollo de este sector, los cuales, asimismo, podrán realizarse con la participación de otras instancias públicas y privadas, por lo que se contará entonces con recursos de gobiernos de todo orden y de los sectores de la iniciativa privada nacional e internacional, generalmente mediante esquemas de asociación en la inversión y en las ganancias. Los programas e instrumentos de financiamiento y apoyo a los comercios de todo país y entidad son fundamentales, por lo que su aplicación será necesaria, para que todo micro y pequeño comerciante se fortalezca y crezca, y los medianos y grandes comerciantes se consoliden y desarrollen. Esquemas de generación de corredores comerciales en las ciudades y en las localidades se deberán implementar para generar una reactivación comercial de primer orden, además de conformarse zonas de libre comercio en todos sentidos, como parte de la estrategia para el crecimiento de este sector.

2.16. Sector artesanal

El sector artesanal es, en una mayoría de países, una fuente importante de productividad, empleo, turismo, cultura y desarrollo sustentable. Asimismo, en algunos países el sector artesanal está ampliamente desarrollado y cuenta con productos de alta calidad y de exportación, sin embargo, en otros países, sobre todo subdesarrollados y empobrecidos, aunque se tienen verdaderas expresiones y representaciones de su cultura en la artesanía, ésta no ha podido ser producida de forma masiva para los mercados locales y nacionales, ni para los mercados de exportación, ya que adolecen básicamente de algunos aspectos y conceptos de comercialización, diseño, empaquetamiento y mantenimiento de los productos, por lo que en estos casos será básico y prioritario implementar programas gubernamentales específicos para dotar a este sector de los elementos que les permitan fortalecer la presentación y comercialización de los productos, ampliar sus mercados y generar las ganancias de acuerdo a las expectativas y a la calidad de sus productos. Todos los países del mundo cuentan con artesanías típicas de sus regiones, que por su tradición, antigüedad, magia y representatividad son más atractivas no sólo para el sector turístico, sino que también para los sectores importadores de estos productos. En el universo del sector artesanal se tienen diversos escenarios específicos y mixtos, que confluyen asimismo y muestran un mosaico de una gran diversidad artística y cultural, y de productos derivados de un sinfín de materias primas como el barro, la madera, metales, minerales, pinturas, telas, hojalata, hojas de maíz, vidrio y cristales, entre muchas otras.

En su generalidad, todo país desarrollado cuenta con artesanías para su mercado interno y el de exportación, las que normalmente tienen elevados estándares de calidad y presentación, con las condiciones necesarias para su comercialización, mantenimiento y resistencia de traslados, empaquetados y de exhibición en los diferentes mercados del mundo, lo que los hace dinámicos y funcionales en su colocación y venta, así como en su difusión estratégica. El sector artesanal ocupa una parte importante de la comercialización y la productividad en los países desarrollados, con un gran porcentaje de generación de empleo, así como de capacitación y de especialización para los artesanos, productores y empresarios del ramo. Esta capacitación abarca aspectos integrales de desarrollo productivo, de comercialización y de exportación, entre otros aspectos.

En países emergentes se cuenta con esquemas similares a los países desarrollados en cuanto a la productividad de las artesanías, pero también tienen contextos de subdesarrollo, que al igual que en la mayoría de los países subdesarrollados y empobrecidos, las artesanías ocupan un lugar preponderante en la actividad productiva y comercial de estos contextos. En este sentido, un porcentaje importante de la población se dedica a estas actividades, porcentaje que aumenta en países de alto subdesarrollo y pobreza, ya que esta actividad es incluyente y permite mostrar la creatividad y el diseño artesanal de estos sectores de la población, así como generar autoempleo, actividad comercial, productividad y sustentabilidad poblacional.

El sector artesanal es sumamente representativo en su diversidad, incluso en los mismos países y regiones, ya que en algunas entidades y municipios se pueden encontrar diferentes representaciones culturales y artísticas, y una amplia diversidad de diseños y productos, por lo que estas muestras artesanales de cultura y tradición son reflejo de la calidad artística y de la representación de la idiosincrasia de estas entidades y pueblos. Independientemente de esta diversidad, que exige una mayor calidad y competitividad, aún en pequeñas regiones y localidades, los artesanos y empresarios del sector trabajan por mejorar sus productos, aunque ya cuenten con la calidad y presentación adecuada, ya que la competencia para su colocación en los mercados es fuerte, y los productos deben ser más competitivos en calidad y precios. Estos esfuerzos, sin embargo, se ven en su generalidad mermados, ya que muchos productos artesanales en el mundo adolecen de algunos aspectos que les permitan lograr su productividad y comercialización masiva, al contrario de los esquemas de comercialización de artesanías que manejan los países desarrollados. Problemáticas como evitar que los productos se rompan o se deterioren por el vaivén y ajetreo de empaquetamientos y viajes para su comercialización y exposición son importantes de resolver, ya que esto implicaría una potenciación en las ventas de estos productos en todo el mundo. Por esta razón existen infinidad de intercambios de conocimiento y desarrollo tecnológico que podrían hacer que estos productos contaran con las mejores fortalezas de producción y venta para su comercialización exitosa. Todo gobierno eficiente debe generar apoyos e incentivos, así como atracción e intercambios de conocimiento y tecnología, con esquemas de capacitación y aplicación de programas para dotar a los productos artesanales de los aspectos y propiedades necesarias para que sean durables, fuertes y atractivos, y para que sean expuestos, vendibles y exportables. Mientras esto no se consiga, la mayoría de países inmersos en esta problemática seguirán mostrando y vendiendo sus productos solamente a los turistas que lleguen a estas regiones y localidades, acotando por mucho el potencial de venta de los mismos. Las artesanías cuentan con excelente calidad y diseño, admirados por turistas y lugareños, sin embargo, estas muestras artísticas de alto valor no pueden ser mostradas al mundo de forma masiva, salvo a través de los medios de comunicación, por lo que urgen esquemas de vanguardia para la producción, exhibición y venta de las artesanías de todo país y región.

2.17. Legalización del comercio informal

El comercio informal es un fenómeno social, comercial e ilegal que aumenta y prolifera en la mayoría de las ciudades y localidades urbanas y rurales del mundo, que se genera debido a varios factores culturales y socio-económicos que implican una alianza de complicidades y necesidades entre productores, comerciantes y consumidores. Este fenómeno no deseado es comprensible en parte, ya que las grandes carencias económicas, sociales, culturales, de empleo y de poder adquisitivo permiten no sólo su establecimiento, sino que también su fortalecimiento, ampliación, alcance y penetración no solamente en los sectores socioeconómicos bajos, sino que también abarca ya a sectores poblacionales incluso de condiciones económicas medias y altas.

Esto se debe, sin duda, a la clásica oferta y demanda, con precios bajísimos y diversidad de productos, que indudablemente atraen a grandes masas poblacionales, a pesar de que la calidad no exista, o esta sea baja, en la mayoría de estos productos. Este fenómeno irá aumentando en el futuro inmediato debido a que las sociedades, en un efecto proporcional al aumento del comercio informal, seguirán ampliando también su pobreza y subdesarrollo a una mayor escala poblacional, por lo que el reto para todo gobierno indudablemente es grande y de mucho compromiso y capacidad. La visión y política de un gobierno deberán implementar esquemas de impulso y apoyo al comercio, a la industria, a los servicios y a la empresa, sobre todo a la microempresa y a la pequeña y mediana empresa, para su fortalecimiento y para la generación de nuevas empresas, industrias y comercios de este tipo, lo que aumentaría la productividad y auto sustentabilidad legal de una sociedad. Como el fenómeno ya se encuentra incrustado en casi todas las sociedades, incluso de algunos países desarrollados, las estrategias de gobierno deberán ser diversas, simultáneas y enlazadas, ya que mientras se generan las políticas de apoyo y fortalecimiento a la empresa y el comercio legal, para evitar su desaparición y pulverización, sobre todo en la micro y pequeña empresa, las políticas de gobierno también tendrán que generar esquemas que inserten e integren a todo comercio informal dentro de la legalidad, con procesos ágiles y efectivos, así como con incentivos atractivos, para que de forma natural todo este sector decida quedar registrado en los esquemas legales respectivos para pagar impuestos y ser transferidos a áreas y zonas específicas para la comercialización de sus productos.

El comercio informal paga cuotas a sus dirigentes populares, sin embargo, no pagan impuestos al gobierno, por lo que esta condición debe terminar y transferir el pago de estas cuotas en esquemas de impuestos gubernamentales. Por otra parte, deben establecerse áreas y zonas específicas para el asentamiento de todo el comercio, que anteriormente era informal y que debe ser legal, en toda ciudad y localidad, con estudios especializados que proyecten el éxito popular, de comercialización y ventas, ya que tampoco se puede transferir a determinados lugares sin un estudio de mercado, porque entonces este comercio fallaría y no sería autosustentable, con lo que aumentaría el desempleo y los factores nocivos del mismo, como lo serían la vagancia y la delincuencia. Además, se trata de generar una economía dinámica en todos los sectores poblacionales y de todos los productos, por lo que el apoyo tendrá que ser amplio y sustantivo. Los productos también deberán de entrar en los aranceles de la legalidad, ya que de otra forma se fomentaría el contrabando y el mercado negro, por lo que todo gobierno deberá establecer estrategias, esquemas y mecanismos de negociación y comercialización de todos los productos, porque de otra forma no sería posible ningún acuerdo. Este fenómeno alcanza índices alarmantes en muchos países, considerándose a estos mercados con mayor potencial, en algunos productos, que el del comercio legalmente establecido, por lo que es urgente e importante generar acuerdos locales e internacionales del más alto nivel para establecer los esquemas de transición de este comercio hacia la legalidad, y para la erradicación del contrabando masivo y de las mafias que lo producen.

El comercio informal es por ahora un mal necesario, ya que el sector de la población que se dedica este comercio ilegal es un estabilizador de algunas necesidades poblacionales, por lo que se convierte, sin querer, en un proveedor social, ya que permite a las personas de escasos y bajos recursos, que en muchas ciudades y entidades son inmensas mayorías, tener acceso a productos, ya sean copias u originales, lógicamente ilegales, a muy bajos precios. Lo trascendente será integrarlos a la legalidad, ya que, si se reprimen y eliminan, no sólo disminuirán el dinamismo comercial de las localidades y entidades, sino que también se podrá provocar descontento social masivo, ya que parte sustantiva de la población empobrecida, que es amplia mayoría, utiliza este medio para sus compras y esparcimiento. Este efecto no se produce en sociedades desarrolladas y de poder adquisitivo, sin embargo, se corre el riesgo de que este fenómeno se establezca en estas sociedades para satisfacer las necesidades comerciales de sus sectores poblacionales de bajos ingresos y de desempleados.

El objetivo de todo gobierno de todo país, entidad y localidad será el de generar las condiciones que permitan contar con un nivel de vida adecuado y mayor poder adquisitivo para la población, para que entonces si se puedan generar y aplicar leyes estrictas para abatir este fenómeno social, no antes, porque esto indudablemente que va a generar un amplio descontento social que puede ser de graves consecuencias. Por lo tanto, habrá que tener mucha prudencia con estos posicionamientos ante la población, y aunque siempre se estará a favor de la legalidad y las leyes, también es fundamental entender y comprender los contextos de necesidades y derechos de la gente, con esquemas que permitan la transición del comercio informal a comercio legal y formalizado, con precios bajos y competitivos para que puedan llegar a los sectores sociales más necesitados, para una mejor calidad de vida. Este sector informal debe ser integrado a la formalidad, y para estos efectos los comerciantes se tendrán que suscribir a padrones específicos, por lo que pagarán un porcentaje mínimo de impuestos al gobierno, además de que su registro lo harán directamente en las instancias de una coordinación especial que se creará para estos efectos. Asimismo, todo gobierno federal, estatal, municipal y local, mediante esquemas especiales, con productos legales, les indicará lugares y horarios, así como las temporadas en que se podrán instalar para estos efectos, además de que también contarán con seguros médicos, prestaciones sociales y todas las prestaciones y beneficios, como cualquier otro trabajador legalizado.

2.18. Sector de la Salud

Los sistemas de salud en los países desarrollados son, en su generalidad, muy eficientes y de calidad, y contienen una amplia cobertura que abarca a todos los sectores poblacionales de la sociedad, por esta razón la prioridad en estos sistemas es la mejora permanente para ofrecer mayor calidad, servicios y resultados, así como lograr mayor cobertura mediante esquemas estratégicos de ampliación de la misma, que ofrezcan más y mejores servicios integrales.

El sistema de salud en estos países desarrollados integra a los sectores públicos y privados, que ofrecen esquemas eficientes, funcionales y de alta sensibilidad y atención a la población, además de tener una normatividad de exigencia y de cumplimiento, que permite a estos sistemas ser tomados como modelos para ser exportados hacia otras latitudes menos favorecidas e incluso en el subdesarrollo y pobreza, para transformar estos entornos con respecto a este concepto fundamental de vida y salud poblacional. Los contextos subdesarrollados, y peor aún los empobrecidos y marginados, cuentan con sistemas de salud altamente deficientes, mínimos y escasos, lo que implica una atención ciudadana mínima en el mejor de los casos, por lo que gran parte de la sociedad, que es de escasos recursos, tiene que solventar sus problemas de salud de la mejor forma posible, a la espera de poder integrarse a estos deficientes sistemas de salud. Los gobiernos de estos contextos en subdesarrollo no cuentan con la capacidad ni con los recursos para implementar esquemas de salud eficientes, con infraestructura y equipamiento de vanguardia y servicios médicos especializados y de calidad, así como de abasto, distribución y dotación efectiva de medicinas, por lo que es urgente impulsar políticas públicas, instrumentos y programas que generen estos aspectos y mejoren sustantivamente las condiciones de estos sistemas, ya que de otra forma, aumentará el déficit de atención a la salud pública y el deterioro de sociedades y aumento de pobreza y marginación.

En el sector salud, la propuesta básica de todo gobierno eficiente y de toda sociedad deberá ser "Salud para todos y al alcance de todos", por lo que las instituciones de salud, privadas y de gobierno, deberán de ofrecer y dar servicios de calidad y sensibilidad en la atención y tratamiento médico de todas las personas, con esquemas de atención rápida y digna, y con médicos suficientes y enfermeras que realmente atiendan y cuiden a los enfermos. Por lógica se debe de contar con infraestructura de calidad, con cuartos y camas de hospital, y con medicinas y servicios médicos, además de que se generen los cuidados necesarios para los enfermos, así como la atención y rapidez en las consultas y en los módulos de atención, con trato digno para todos los pobladores. Por lo tanto, la parte fundamental de una propuesta integral de este sector será la de ampliar y generar una nueva y moderna infraestructura de salud, con nuevos hospitales y centros de salud eficientes, con personal mejor capacitado y con sistemas de salud que lleguen a todos, incluso a las más alejadas comunidades. Asimismo, se deberá de mejorar y ampliar todo sistema de salud pública ya establecido por los diversos gobiernos en todos los países y sus entidades, para que todos los habitantes cuenten con mejores estándares de calidad en la atención, el tratamiento y los resultados de su salud. Los gobiernos deberán establecer esquemas eficientes de cumplimiento de estas políticas y de su control y seguimiento, para que todos los habitantes tengan el seguro de salud y la atención con dignidad y sensibilidad. También serán importantes nuevos sistemas de salud popular que abarquen a todos los habitantes que lo necesiten, con mejores sistemas de atención, abasto, alcance y eficiencia, interrelacionados y conectados en un sistema de hospitales y centros de salud públicos y privados, con atención rápida y eficiente, con más medicinas y su abasto para todos.

2.19. Educación para todos

La educación es uno de los conceptos fundamentales para el desarrollo de los países y de la humanidad. Aquellos países que tienen sistemas educativos avanzados son los que han logrado un alto desarrollo integral, que se ha generado y procesado a través de la historia. La educación permite contar con sociedades conocedoras, capacitadas, cultas y avanzadas, las cuales producen las instancias que necesitan para su bienestar y seguridad. Por tal razón han generado así a sus gobiernos, con instituciones y vertientes que les permitan seguir desarrollándose para lograr el bienestar y la seguridad adecuada, con un alto nivel y calidad de vida. Históricamente, diversas sociedades avanzadas han coadyuvado de forma significativa para conformar las instancias y vertientes institucionales que hoy se tienen, modelos que a su vez han sido implementados en la mayoría de las regiones y localidades, las cuales asimismo las han adicionado con los propios aspectos de su cultura e idiosincrasia, conformando así un modelo de civilización actual que sigue reacomodándose, actualizándose y mejorándose cada vez más.

Este modelo de civilización es avanzado, y permite a la sociedad y al gobierno un desarrollo eficiente, especialmente cuando es utilizado de forma inteligente y con conocimientos, sin embargo, cuando las personas de una sociedad no son las adecuadas ni para dirigir, ni para ocupar diversas posiciones de gobierno y de responsabilidad en la sociedad pública y privada, entonces las instituciones y las vertientes se tornan deficientes, lentas, empantanadas e inoperantes, y por lo tanto, no generan el desarrollo, ni las condiciones para propiciarlo e impulsarlo.

Tenemos entonces, por tanto, países desarrollados con sociedades avanzadas, países emergentes con sociedades mixtas, conformadas por zonas avanzadas, zonas en proceso de desarrollo y zonas subdesarrolladas, y tenemos también países subdesarrollados con sociedades subdesarrolladas y empobrecidas y países empobrecidos con sociedades altamente subdesarrolladas, empobrecidas y marginadas. Este esquema se refleja también en los gobiernos de cada una de estas sociedades, que son carentes de la visión, el compromiso, la capacidad y la inteligencia para llevar a sus países y entidades hacia el desarrollo, mientras que aquellos países desarrollados cuentan con gobiernos capacitados, en su generalidad, ya que cuando éstos no funcionan, son cambiados mediante vías institucionales y constitucionales que permiten a las sociedades rectificar y probar con nuevos gobernantes, hasta que estos sean los adecuados.

Los países subdesarrollados y pobres, aunque cuentan con sistemas políticos y de gobierno, generalmente no cuentan con vías adecuadas para que las sociedades se manifiesten y expongan sus planteamientos y propuestas, así como sus cambios de gobernantes, por lo que tienen que aguantarse con los que fueron elegidos o impuestos, los cuales no siempre lo han sido así, de forma democrática, sino que muchas de las veces a través de fraudes y de engaños a la sociedad.

La capacidad de las sociedades, así como la funcionalidad y eficiencia de sus instancias y vías para mostrarse y generar los planteamientos de lo que éstas quieren y necesitan, son resultado indudable de los procesos de educación, civilidad y cultura que las sociedades han desarrollado para su beneficio, por eso y por otras razones más, la educación indudablemente que es uno de los factores fundamentales para el desarrollo del estado y el bienestar de la sociedad.

También, por estas razones, los gobiernos y las sociedades avanzadas, así como los organismos internacionales, mediante una instancia específica internacional, diseñada y creada para estos efectos, podrán coordinar la implementación de modelos y prototipos de sistemas educativos especiales en todas las sociedades del mundo, desde las ubicadas en las grandes ciudades hasta en las más remotas comunidades rurales, con un esquema prototipo de educación mínima básica que permita establecer, desde el corto plazo, sociedades más preparadas, generando así un mundo más consciente y racionalizado, y por tanto, un mundo de mayor interrelación, comunicación y entendimiento de sus visiones y sus culturas.

La implementación de estos eficientes y vanguardistas modelos educativos tiene el objetivo de generar la sistematización de la educación en el mundo, además de permitir que esta base de modelo educativo iguale los esquemas y aspectos de los conceptos básicos de la educación, lo que, asimismo, permitiría que todas las sociedades se entendieran al interior de ellas y también con relación a las demás sociedades, ya fueran de sus mismas entidades o de otros países, de otros credos, nacionalidades, religiones, razas, culturas e idiosincrasias, lo que haría un mundo con mayor entendimiento, que provocaría un alto desarrollo integral sostenible.

Mientras esto sucede, el aspecto fundamental para todo país y sus entidades, será el de la mejora educativa constante en sus contextos, así como la generación e implementación de las reformas integrales necesarias a sus sistemas educativos nacionales, lo que permitirá tener, por tanto, la mejor calidad, eficiencia y alcance en la educación, con mejores propuestas de docencia, de sistemas educativos y de enseñanzas, tanto para los maestros como para los alumnos, con la generación de mejores profesionistas y mejores mujeres y hombres, con más cultura, capacidad y sentido común, así como más organizados y comprometidos con el razonamiento y el análisis para el desarrollo de sus entidades y contextos.

2.20. Desarrollo científico y aplicación de la tecnología

El desarrollo científico y tecnológico ha sido impresionante en diversas áreas, lo que ha implicado un avance sustantivo en el conocimiento de la humanidad. Este desarrollo científico ha generado una serie de innovaciones que generan nuevas tecnologías para ser utilizadas en los diversos campos del desarrollo, lo que ha impulsado determinados rubros y conceptos que han transformado los contextos y, por ende, los países, las sociedades y los gobiernos.

Los gobiernos altamente desarrollados han provocado, en su mayoría, este crecimiento científico y su aplicación en la tecnología, a través de sistemas educativos avanzados que generan profesionistas altamente especializados, además de esquemas efectivos para el estudio y el análisis científico y tecnológico, lo que implica una mayor especialización y capacitación de estos profesionistas. Estos sistemas de impulso al desarrollo científico y educativo han generado los avances, en todo concepto y sentido, para mejorar los contextos y las sociedades, sin embargo, existen aún infinidad de áreas de oportunidad para este desarrollo, sobre lo cual se está trabajando arduamente por medio de organismos, instituciones y gobiernos, de todo ámbito y orden, comprometidos, desarrollados y con visión. Muchos de estos conceptos y productos emanados de la investigación y el desarrollo científico y tecnológico han sido ya diseñados y producidos para su masiva comercialización, lo que ha permitido que este desarrollo tecnológico se inserte en todas las sociedades y contextos, provocando un avance sustantivo en los mismos, sobre todo en aquellos escenarios de subdesarrollo, pobreza y marginación. Se sabe y se conoce que los gobiernos subdesarrollados no cuentan con las condiciones generales para implementar esquemas para financiar el desarrollo científico y tecnológico, sin embargo, deben hacer un esfuerzo para implementar módulos mínimos de esquemas de trabajo en este sentido, ya que serán las islas de desarrollo en sus contextos, que permitan impulsar sus sistemas educativos y sus sociedades.

Los gobiernos de contextos subdesarrollados y empobrecidos deberán comenzar o continuar con este esfuerzo, según el caso respectivo, para importar tecnología y esquemas de avance científico e implementarlos en sus estrategias y en sus políticas públicas y programas de gobierno, al igual que en los esquemas de los diversos sectores productivos y sociales. Los gobiernos que no importen la tecnología de avanzada y vanguardia seguirán una espiral de subdesarrollo, con más pobreza, marginación y falta de cultura, por lo que les será cada vez más difícil encontrar las vertientes para lograr un desarrollo sostenible. Todo sistema educativo deberá de contar, asimismo, con áreas específicas para la investigación y el desarrollo científico y su aplicación en nuevas tecnologías, para generar los esquemas, instrumentos y equipos necesarios y adecuados, en el corto, mediano y largo plazo, que generaran los avances en todos los conceptos y rubros del desarrollo en sus contextos y escenarios.

2.21. Cultura y arte

En cuanto al desarrollo de la cultura y el arte en el mundo, que son conceptos que tienen manifestaciones y expresiones de grandeza en todos los países y regiones del mundo, de acuerdo a sus tradiciones, cultura e idiosincrasia, la visión será lograr contextos de grandes y permanentes expresiones culturales y artísticas, con sistemas de gobierno y privados que promuevan, difundan, apoyen e impulsen estas actividades, para que toda sociedad y país muestren su magia, cultura e idiosincrasia con estas manifestaciones, que indudablemente coadyuvan en la estabilidad y felicidad de las sociedades y, por tanto, en el desarrollo integral.

Por estas razones, las propuestas en este sentido serán las de generar mejores sistemas integrales gubernamentales y privados para el desarrollo de la cultura y el arte, así como esquemas efectivos de financiamiento, difusión y promoción, además de esquemas de mayor capacitación, especialización y participación gubernamental y social para el impulso de estos sectores básicos y prioritarios, y para diseñar y aplicar mejores políticas públicas, instrumentos y programas que permitan a las sociedades generar más expresiones artísticas y culturales.

Los gobiernos tendrán que implementar sistemas educativos que contengan diversos conceptos obligatorios de la cultura y de las actividades artísticas y deportivas, para que desde la educación básica los niños se acomoden de acuerdo a sus potenciales y características en estos esquemas, con lo que se detectarán los talentos y las condiciones de la niñez, lo que permitirá canalizar debidamente estas aptitudes mediante programas de desarrollo artístico, deportivo y cultural en todas las etapas de la educación básica y profesional. Este esquema educativo permitirá también generar no sólo grandes y capaces estudiantes, profesionistas y científicos, sino que también grandes representantes de la cultura, el deporte y el arte. Mediante esquemas específicos y las materias adecuadas, en todos los años de la educación básica y profesional se podrán desarrollar estos talentos, con lo que las sociedades tendrán sistemas educativos integrales, de alcance y de vanguardia, que no sólo producirán estos talentos profesionales, sino que transformarán sus entidades, contextos y entornos, con más cultura, educación, arte y deporte. Asimismo, con estos objetivos y expectativas, y por medio de estos nuevos talentos representativos, las sociedades contendrán mayores muestras de calidad y excelencia de sus expresiones de cultura, arte, tradiciones e idiosincrasia, que la propia sociedad y las demás sociedades de todo ámbito en el mundo conocerán, disfrutarán y reconocerán. Todo gobierno eficiente y con visión deberá generar leyes, políticas públicas y esquemas que contengan programas y acciones respectivas y obligatorias para generar y desarrollar actividades culturales y artísticas. Este desarrollo debe planificarse y establecerse desde los sistemas educativos, hasta los esquemas profesionales de trabajo y promoción de estas actividades, así como también desde sus comunidades más empobrecidas hasta sus grandes centros y ciudades, para amalgamar toda la cultura de sus contextos y manifestarla no solo a sus propias sociedades, sino que también al contexto internacional.

La estrategia gubernamental será la de trabajar con instituciones públicas y privadas locales, nacionales e internacionales relacionadas a estos conceptos, para establecer las estrategias que impulsen el desarrollo cultural y artístico en sus sociedades. Esquemas efectivos e integrales insertados en los sistemas educativos serán prioritarios, así como de financiamiento y apoyo a toda la infraestructura del arte y la cultura. Esquemas de financiamiento a productores, promotores, artistas y a los involucrados en general son prioritarios, ya que esto permitirá una gran expansión de estas manifestaciones culturales y artísticas. El impulso de artistas y sus obras son también prioritarios, ya que por falta de recursos muchos talentos no se desarrollan y se desperdician en su totalidad.

2.22. Sistemas deportivos

Al igual que en todos los conceptos del desarrollo, los países del primer mundo, altamente desarrollados, contienen esquemas efectivos que no sólo integran el deporte como una actividad educativa y de esparcimiento para la salud de los estudiantes y de la sociedad, sino que también para generar atletas y deportistas de alto rendimiento, lo que sin duda se observa en todos los torneos y juegos internacionales de todo tipo, por lo que estos esquemas son los ejemplos a seguir en todos los países del mundo, sobre todo por los pobres y subdesarrollados.

El reto será lograr que estos modelos de esquemas puedan ser integrados en los sistemas educativos y del deporte en países emergentes y subdesarrollados, así como en los países pobres, ya que en estos últimos ni siquiera se cuenta con infraestructura para el estudio tradicional, y mucho menos para el ejercicio del deporte. Estos factores y condiciones tendrán que ser subsanados en estos contextos de forma ingeniosa y efectiva, para lograr que los conceptos deportivos se integren en los sistemas educativos, con lo que se conseguirá el desarrollo de la niñez y la juventud, así como el desarrollo del deporte en altos niveles, lo que también coadyuvará a que estos países, sobre todo en subdesarrollo, comiencen a transformar sus contextos hacia los éxitos deportivos y el desarrollo integral.

Para el deporte de nivel, todo gobierno con visión debe proponer, mediante una reforma integral a los sistemas educativos, las leyes, políticas y esquemas obligatorios de la actividad deportiva en todos los niveles educativos, desde la instrucción básica y primaria, para que en cada año escolar se puedan evaluar y conocer las potencialidades de cada niño y niña con respecto al deporte, y cuáles serían sus especialidades y sus talentos. Para estos efectos, todas las instituciones educativas deberán de contar con profesores y entrenadores generales, así como con especialistas de deportes, quienes estarán a cargo de los programas deportivos escolares, tanto básicos como avanzados, para aplicar los esquemas y conceptos que permitan conocer y desarrollar el potencial de todos los niños y jóvenes en cada rama deportiva, lo que se logrará, por ejemplo, con la implementación de programas especializados para niños en cada una de estas ramas, para que en todo ciclo escolar se conozcan y se desarrollen al máximo, en sus diversas especialidades, los que tengan el potencial deportivo y artístico para estos fines.

Será sumamente importante contar con esquemas reales y efectivos de apoyo y financiamiento para el deporte profesional, amateur y en general, de todo país y comunidad, con becas y estímulos para desarrollar deportistas a nivel profesional y de alto rendimiento, y con la visión integral para generar infraestructuras, esquemas y sistemas deportivos de primer nivel, especializados y competitivos, que transformen los contextos deportivos de subdesarrollo e inexistentes, en contextos deportivos que generen deportistas, atletas y equipos que logren triunfos internacionales y que coadyuven en el desarrollo de sus contextos.

2.23. Desarrollo de infraestructura urbana y rural de satisfactores sociales

La infraestructura urbana y rural en general, así como la infraestructura de los satisfactores sociales, alcanza grandes niveles de calidad en los centros urbanos y rurales de países desarrollados, por lo que sus sociedades tienen sus satisfactores sociales básicos mayormente resueltos, al igual que de todo concepto, sin embargo, esto no es una característica de la mayoría de los países, ya que al contrario, los mandatos constitucionales que ordenan que los gobiernos deben generar los satisfactores básicos, con seguridad, desarrollo y beneficio para todos, no son cumplidos en gran medida en una mayoría de países, especialmente en los subdesarrollados, y más aún, en los pobres y marginados, ya que incluso ni en sus ciudades más avanzadas cuentan con todos estos satisfactores populares, salvo quizás, en zonas y colonias de clases sociales económicamente pudientes.

Todo poblador, ya sea en centros urbanos o comunidades rurales, debe contar con un buen servicio de estos elementos básicos, como lo son el agua, la luz, la energía eléctrica, la alimentación, la vivienda digna, la educación, la salud y la infraestructura urbana, que abarca drenaje, agua potable, cableado y servicio de energía eléctrica y de comunicaciones, como el teléfono, la televisión, la radio y el Internet. También avenidas, banquetas, vialidades y carreteras, entre otros conceptos, además de contar con aspectos de esparcimiento, entretenimiento, cultura, deporte y diversión. Cuando las sociedades cuentan con una base digna y de calidad de estos servicios, infraestructura y conceptos, se puede decir que son sociedades que avanzan en el desarrollo y en la mejora permanente de sus condiciones y de su calidad de vida. Este debe ser el objetivo fundamental de todo gobierno, el otorgamiento de las mejores condiciones de vida para la población, así como la generación e implementación de los factores y las condiciones que permitan el desarrollo de estas sociedades y sus gobiernos. En países subdesarrollados y empobrecidos se observan comunidades rurales y urbanas anárquicas, con crecimiento aleatorio, con hacinamiento, sin servicios públicos eficientes, o sin ellos, y con múltiples carencias en sistemas educativos, culturales, artísticos, deportivos y de desarrollo en general. Esto implica que estos centros urbanos y rurales seguirán creciendo de forma anárquica y caótica, generando, asimismo, en un círculo vicioso, mayor pobreza, marginación, delincuencia y violencia.

El objetivo de todo gobierno será el de dotar a sus centros urbanos y rurales, y a sus sociedades, con estos elementos de infraestructura y sistemas básicos de vida digna y de desarrollo, con ciudades y comunidades urbanizadas de acuerdo a sus condiciones, pero de forma planificada, organizada, limpia y efectiva. La propuesta principal, en este sentido, es que los gobiernos implementen una serie de estrategias y políticas públicas que generen módulos de infraestructura de servicios básicos para el desarrollo, que serán implantados, mediante una adecuada planificación, en áreas y zonas que serán urbanizadas con todos estos elementos, además de instancias de servicios, de comercios, de empresas, de esparcimiento y de diversión.

2.24. Sector de infraestructura carretera

Independientemente de que en los países desarrollados y emergentes se cuente con una amplia y eficiente infraestructura de vialidades y autopistas, y en los países subdesarrollados y pobres estas vías de comunicación sean inoperantes, escasas y deficientes en la mayoría de los casos, todo gobierno deberá mejorar y ampliar estos sistemas de vialidades y carreteras, mediante políticas públicas y programas específicos, conjuntamente con los sectores productivos del rubro.

La propuesta gubernamental de todo país y entidad deberá basarse en una mayor apertura de la inversión y el financiamiento, tanto público como privado, local, nacional e internacional, para ampliar, mejorar y mantener el sistema carretero y de vialidades, con la participación de empresas y compañías consolidadas que coadyuven en esta mejora sustantiva del sistema de vialidades. El objetivo será ofrecer mejores servicios a los viajeros y a los sistemas de transportación pública y comercial, entre otros aspectos. La apertura a la inversión para este y otros sectores estará condicionada siempre al mantenimiento de la rectoría del estado. Lo anterior, debido a que en varios países algunos grupos de sectores políticos, sociales y populares se oponen a la inversión extranjera, e incluso a la inversión privada de su propio país, por cuestiones dogmáticas y políticas, lo que frena el desarrollo en rubros de infraestructura de carreteras y vialidades, y también en conceptos de alta prioridad, como lo son los recursos y proyectos estratégicos de energía, minería y de explotación del territorio, del petróleo, del carbón y del gas, entre otros.

La visión y estrategia, serán, por tanto, implementar esquemas que permitan la inversión privada y del contexto internacional, siempre con la rectoría del estado, manteniendo los esquemas de comercialización y ganancias siempre como mínimo con una mayoría del 51% para el gobierno sede, lo que permitirá que el control de las decisiones estratégicas, políticas y comerciales siempre serán totalmente de este gobierno sede. Si se logra cambiar esta problemática y este escenario, en muchos países habrá un desarrollo sustantivo en muchos de estos recursos estratégicos. Independientemente de estos aspectos, toda estrategia de gobierno deberá buscar y atraer más fuentes de financiamiento para ampliar los sistemas carreteros y de vialidades, que permitan a las ciudades, poblaciones y comunidades, además de los centros de productividad, tener las conexiones de alta calidad en sus vialidades, enlazando estratégicamente poblaciones y ciudades con el sector rural y marítimo productivo, y así impulsar los diversos aspectos del desarrollo, como el comercio, la distribución de productos, el transporte de carga y de personas, el turismo, los mercados y la competitividad, los centros culturales, turísticos, de diversión y de trabajo, entre otros aspectos, por lo que se deberán construir más y mejores carreteras de gran calidad en el servicio, con esquemas de seguridad y atención de viajeros, pero sobre todo, que enlacen e integren a todo país y sus regiones. La generación de carreteras inteligentes que enlacen más ciudades y sectores productivos urbanos y rurales, turísticos y de negocios, serán prioridad de todo gobernante eficiente y con visión.

2.25. Sector minero y metalúrgico

El sector minero y metalúrgico es altamente estratégico y de suma prioridad, ya que su explotación, y comercialización, implican una gran cantidad de recursos que indudablemente mantienen economías fuertes y sustentables, con empleo, especialización, productividad y alto desarrollo. Existen países con un alto porcentaje de su economía basada en la explotación de estos sectores mineros, tanto en metales como en minerales y piedras preciosas, entre otros conceptos, debido a la gran demanda de estos productos en todo el mundo y al costo-beneficio respecto a su extracción, comercialización y venta. Grandes industrias basadas en la metalurgia, como la nuclear, científica, naviera, aeronáutica, ferroviaria, automotriz, aeroespacial, de refacciones de todos estos conceptos, de la construcción, del ejército, la marina y la fuerza aérea, de mobiliario y equipo, de conceptos artísticos, de la salud y de desarrollo científico y tecnológico, entre muchos otros rubros, indudablemente que generan un gran desarrollo y empleo en sus países y regiones. Los propios minerales, desde su extracción, transformación y utilización, impactan en estas y otras industrias, como las de investigación farmacéutica y médica, de la salud, de artesanías y de muchos otros conceptos, propiciando la generación de un alto desarrollo sustentable. La industria de los materiales preciosos, como el oro, la plata, el diamante y muchos otros materiales y minerales preciosos es de las más importantes y desarrolladas del mundo, ya que mantienen a países y regiones con altas economías y empleo, y cuya industria de extracción, comercialización y venta genera inmensas ganancias y una gran infraestructura no sólo en su extracción y explotación, sino que también en su distribución, abasto y venta, generando grandes cadenas de productividad y comercialización, así como de empleos y negocios. Materiales como el plutonio y el hidrógeno, entre otros, son fundamentales para las industrias nucleares, de energías, de la investigación y los avances tecnológicos y de armamento, entre otros rubros, por lo que la minería y los recursos materiales de todo tipo son fundamentales para el desarrollo de los países y del mundo.

Todo gobernante tiene que generar políticas públicas y leyes para el desarrollo de este sector estratégico y prioritario, que le permitan conformar grandes cadenas de industrias y sus derivados en sus regiones. Los países altamente desarrollados contienen políticas, programas y esquemas de explotación y negociación de estos productos, lo que les ha permitido lograr un gran desarrollo e implementar las mejores condiciones de calidad de vida para su sociedad. Por lo anterior, los países desarrollados seguirán con esta alta productividad, mientras cuenten con reservas en este sentido, además de que, en caso de carecer de materias primas, las importarán a otros países, para seguir este ritmo de crecimiento, siempre con la visión de mejorar sus propios sistemas, esquemas, programas y políticas del sector. En cambio, los países en subdesarrollo y pobreza no tienen la capacidad ni los recursos para los grandes esquemas de minería y metalurgia, por lo que será fundamental que sus gobernantes generen toda una serie de esquemas de apoyo internacional y local hacia este sector, ya que lo prioritario será reactivar este estratégico rubro.

Muchos de estos países contienen infinidad de materia prima, que es necesaria y estratégica para el desarrollo local e internacional, pero también habrá países y regiones con materia prima de bajo impacto y alcance, y de poco interés estratégico para los países desarrollados y las instancias internacionales del sector, por lo que el interés y la estrategia serán diferentes en estos casos, sin embargo, los gobiernos dueños de esta materia prima de bajo impacto deberán iniciar, promover e impulsar otros conceptos estratégicos de la minería, sobre todo de alto impacto, en sus países y regiones. Esquemas de inversión, financiamiento e incentivos, así como de seguridad y estabilidad política y social, serán fundamentales para atraer esta inversión a los países desarrollados y a las instancias locales e internacionales del rubro. Asimismo, será importante atraer inversión para los esquemas de explotación, comercialización y ventas de los productos, así como también para apoyar a los negocios y las empresas del rubro en la mayoría de países con grandes recursos mineros y metálicos. Algunos gobiernos de países con grandes reservas de materia prima de alto impacto no aprovechan esta condición, ya que no invierten y prefieren mantener una reserva de recursos que quizás nunca se utilice, mientras sus pueblos sufren retraso y pobreza, e incluso escenarios de hambruna y violencia.

Para los gobiernos, por tanto, será importante establecer las políticas, acciones y programas necesarios y adecuados para el desarrollo del sector minero y metalúrgico, conjuntamente con las propuestas del mismo sector, mediante estudios y proyecciones profesionales especializadas que permitan conformar las políticas, la planeación y los programas adecuados para impulsar este sector estratégico. Esta planeación y política de gobierno especificarán los aspectos prioritarios para este rubro, desde conceptos de inversión y financiamiento, hasta aspectos de estudios, proyecciones, explotación, transformación, difusión, venta y comercialización de los productos de todo tipo.

2.26. Alimentación para todos

En los países desarrollados y emergentes, el aspecto de la alimentación para toda la sociedad está cubierto de forma amplia, de acuerdo con el bienestar integral poblacional, y por supuesto, también tienen cubiertos todos los demás aspectos básicos con calidad y holgura, aunque puedan existir algunas personas desfasadas de las benéficas condiciones de estas sociedades, sin embargo, aún en este sentido, estas naciones tienen las vías institucionales públicas y privadas para dotar a estas personas de sustento, alojamiento y seguridad. En cambio, en los países subdesarrollados, y aún más en los pobres, los grados de desabasto alimentario poblacional son muy preocupantes y de gravedad, ya que grandes segmentos poblacionales son pobres y no cuentan con alimentación suficiente de calidad, e incluso en muchas regiones se sufren grandes hambrunas que provocan muertes masivas y enfermedades al por mayor. Esta es una tarea básica para las organizaciones internacionales, los países desarrollados y las instituciones públicas y privadas de todo tipo, ya que son las instancias que pueden, mediante acuerdos con estos gobiernos, proporcionar la ayuda que estos pueblos necesitan.

El tratamiento de esta problemática nefasta se puede derivar en varios aspectos, primero, y de forma inmediata, debe de generarse una política pública altamente asistencial, emanada en lo posible, de estos gobiernos corruptos en cuyo contexto suceden estas hambrunas, y principalmente de instituciones internacionales y gobiernos que deben conformar un consejo consultivo contra el hambre y la desnutrición humana. Este consejo internacional, por tanto, deberá establecer una planificación de políticas de apoyo mediante todo tipo de alimentos nutritivos en todas las zonas del mundo en que se padecen estos graves problemas. De forma simultánea deben establecerse esquemas y procesos de inicio de productividad básica y desarrollo en estas regiones, como los comentados anteriormente en este libro, y otros aspectos más, cuyos esquemas indudablemente que generarían una transición de escenarios de pobreza y subdesarrollo hacia escenarios de productividad inicial, y de esta productividad básica hacia la productividad pequeña y mediana, con lo que se estaría subsanando esta problemática mundial. También deberán implementarse esquemas de ayuda en conceptos de educación, vivienda digna, salud y satisfactores sociales básicos, ya que se tendrá que generar un tratamiento integral para erradicar este flagelo de la humanidad. Será fundamental para los países subdesarrollados que tienen grandes segmentos poblacionales pobres, con alimentación mínima y no nutritiva, que sus gobiernos implementen esquemas que hagan llegar una alimentación nutricional adecuada y a bajo costo, e incluso regalada, a estas poblaciones, ya que la pobre alimentación no logra cumplir con los estándares básicos de nutrición, lo que genera sociedades carentes de satisfactores sociales básicos, que impiden el desarrollo y bienestar social de familias y personas.

Estos gobiernos también deberán establecer convenios y negociaciones con países desarrollados y con instituciones internacionales públicas y privadas, y con un consejo internacional para la nutrición poblacional mundial, el cual deberá diseñarse y establecerse de forma urgente, para generar las estrategias y esquemas que hagan llegar estos alimentos a todos los hogares pobres de estos países. Sin estas políticas que equivalen a un gran esfuerzo de todas las partes, así como de financiamiento, inversión y compromiso, los contextos seguirían generando hambrunas y muertes, por lo que será fundamental y urgente implementar estos programas e infraestructuras de ayuda a la humanidad. Se sabe que muchos países e instituciones internacionales, así como empresarios y personas de una gran visión y sensibilidad, a quienes se debe de homenajear y reconocer, ayudan desde hace tiempo a muchos de estos sectores, sin embargo, sus alcances son limitados, de acuerdo a los recursos, además de que la población en esta grave problemática de hambruna es inmensa, ya que estamos hablando de millones de personas, jóvenes y niños, por lo que se necesita la suma de más instancias para lograr el objetivo de erradicar la hambruna mundial. La propuesta de todo gobernante con visión, inteligencia y sensibilidad, y de todo proyecto de gobierno, es que en sus entidades y comunidades nadie sufra de hambre ni tampoco por conseguir alimentos, por lo que la propuesta es la de enlazar todos los sistemas de otorgamiento de alimentos ya existentes y crear una coordinación gubernamental nacional en cada país, y mundial, para estos fines.

Además, se deberán de generar esquemas y programas que permitan a todos tener acceso a alimentos nutritivos y de calidad, mediante el establecimiento de acuerdos y convenios con mercados públicos y privados, con grandes cadenas comerciales, con familias y sectores pudientes y con productores de alimentos, entre otros conceptos, para que un porcentaje de productos y alimentos sea destinado a familias de escasos recursos en ciudades y comunidades rurales, en pueblos y zonas pobres y marginadas en todo país. De igual forma deberá establecerse una infraestructura de servicio social profesional que implemente un seguimiento al abasto y distribución de alimentos, para que nadie se quede sin este recurso, y así informar de forma institucional y transparente a la sociedad de los avances y los resultados del beneficio de estos programas, así como también de los censos respectivos y de la información de que los sectores poblacionales aún carecen de alimentos y de este servicio, para integrarlos a este programa de alimentación para todos.

2.27. Vivienda digna para todos

La vivienda digna deberá estar siempre al alcance de toda la gente de cualquier país, especialmente de las grandes masas empobrecidas y de bajos recursos, ya que estas no cuentan con las posibilidades económicas, ni con programas de gobierno ni del sector privado a sus alcances, además de que los demás sectores sociales tienen una mayor gama de posibilidades de crédito y financiamiento para contar con viviendas de mayor categoría en cuanto a su conformación y diseño. La visión de los gobernantes deberá generar políticas públicas y programas para todo sector social, aunque la prioridad será siempre que toda la población tenga acceso a programas de dotación de vivienda básica digna. Por estas razones, una propuesta de gobierno efectiva y real de política pública de vivienda deberá contener esquemas que contengan las condiciones necesarias para este objetivo, es decir, esquemas de financiamiento sensibles que permitan el acceso a pagos a muy largo plazo y precios muy bajos, casi al costo, ya que se trata de generar política social de alcance y no negocios de gobiernos o del sector privado.

Esta política sensible y con visión permitiría ampliar el número de viviendas que se construyen en el sentido social, además de dotarlas, de acuerdo a nuevas leyes emanadas específicamente, con las condiciones de vivienda digna, ya que en la actualidad en todo el mundo se construyen viviendas en condominio con un mínimo de espacio y áreas que sofocan a quienes ahí habitan, sin embargo, estas son las actuales políticas que más bien contienen una visión de negocios de gobiernos y sectores privados de la construcción y urbanismo. Estas condiciones y políticas deben cambiar para generar viviendas de mayor tamaño y de mejores condiciones de vida, lo que, sin duda, y con mucha voluntad, podrán conseguir los gobernantes y congresos legislativos con visión y compromiso con la gente. El resultado de este esfuerzo de generar nuevas leyes en este sentido será, en primer término, que la vivienda deberá de tener más espacios para la circulación y la estancia de las familias, ya que esto es importante y necesario para la buena convivencia, para el bienestar y para el desarrollo familiar y personal.

Generar políticas y programas de adquisición de viviendas a menor precio, con esquemas especiales para los pobres, con condiciones mínimas de financiamiento y de pago, con mejores términos generales y mayores plazos de financiamiento, así como con mayor calidad y espacios dignos será el reto inmediato para todo gobierno, por lo que estos, conjuntamente con sus congresos legislativos y los sectores privados nacionales e internacionales, en los casos que correspondan, deberán generar, diseñar y promover los esquemas adecuados y la utilización e implementación de las diversas instancias y procesos para lograr estos fines.

Los actuales esquemas de financiamiento mínimo de programas de adquisición de vivienda popular, en cualquier país y localidad, seguirán prestando este servicio a los sectores poblacionales que puedan cumplir con sus condiciones de financiamiento, sin embargo, estos planes deberán ser revisados y evaluados para su mejora y para abarcar a más estratos de la población, pero independientemente de la mejora de estas condiciones de estos programas, todo gobierno deberá diseñar, por mandato constitucional, nuevos esquemas específicos para los sectores empobrecidos y de nulos y escasos recursos, con lo que se tendrá un amplio abanico de políticas para dotar a la población de vivienda digna, ya que también existirán programas de adquisición de vivienda para la gente de pocos y medianos recursos, e incluso para le gente con recursos medios y altos, con sus respectivos diseños de vivienda de más amplitud y diseño, y con los costos, financiamientos y condiciones establecidos de acuerdo a una condición socioeconómica de mayor capacidad. Esto permitirá al estado establecer las mejores condiciones y esquemas para que todos los sectores poblacionales, pobres o de mayor poder adquisitivo, tengan acceso a los programas de vivienda, lo que será, indudablemente, un gran éxito que coadyuvará sustantivamente en la mejora de calidad de vida y en el desarrollo de las entidades.

Esta política pública transformará, por tanto, escenarios de pobreza en escenarios de transición a la pequeña productividad, y hará que los beneficiarios de estos créditos y financiamientos se motiven y continúen con el trabajo y la generación de sus actividades productivas, además de que motiven a más personas pobres a generar alguna actividad productiva, empresarial y comercial, entre otros aspectos, para ser considerados en estos apoyos para la adquisición de vivienda y para actividades productivas.

2.28. Seguridad social

La seguridad social es uno de los conceptos de mayor sensibilidad y visión de un estado, y debe ser implementado obligatoriamente en toda sociedad. En la actualidad, solamente los países desarrollados y algunos emergentes cuentan con una gran variedad de esquemas en el rubro de la seguridad social, diseñados para ser implementados y aplicados de acuerdo a las particularidades y problemáticas de la gente y de los diversos grupos de población, así como a las diferentes problemáticas de cada sector socioeconómico, con el objetivo de generar más y mejores beneficios, conjuntos y específicos, para la gente y la sociedad.

Los países subdesarrollados y empobrecidos, en su gran mayoría, no cuentan siquiera con algún aspecto de seguridad social, por lo que sus sociedades se encuentran desprotegidas, sobre todo en los sectores vulnerables, que muchas veces son la mayoría de la población. Los gobiernos de muchos de estos países pobres y subdesarrollados ni siquiera contemplan insertar en sus políticas y programas estos conceptos de seguridad social, ya sea por falta de recursos y dinero, o por falta de sensibilidad y visión de sus gobernantes para establecer esquemas de asistencia, ayuda y seguridad a sectores vulnerables y desprotegidos. En la mayoría de estos países pobres los recursos son tan escasos, que aunque algunos gobernantes y funcionarios tengan visión y capacidad, así como voluntad y compromiso, se encuentran en la disyuntiva y necesidad de dirigir los recursos a otros esquemas de productividad y empleo, así como de asistencia a los satisfactores sociales, tan o más urgentes que los de la seguridad social, por lo que existe una acotación de recursos y un fuerte impedimento para lograr implementar estos esquemas de protección a la población vulnerable. Entre los grupos desprotegidos y vulnerables de toda sociedad se encuentran los adultos de la tercera edad, los desempleados, los discapacitados, los enfermos, los de minorías y diversidades varias, los pobres y marginados, y todos aquellos que por alguna causa y razón se les dificulta, en mayor medida, conseguir trabajo y lograr así mejorar sus satisfactores sociales y los de sus familias.

Los países desarrollados, que han contado con gobernantes que buscan el desarrollo de sus pueblos y el beneficio popular, han generado instituciones, instancias, esquemas, procesos, programas y políticas públicas no sólo para la productividad y el desarrollo general, así como para la seguridad pública y la justicia social, sino que también se han preocupado por generar estos instrumentos en beneficio de los sectores vulnerables. Algunos de los conceptos fundamentales de la seguridad social se basan en la conformación de infraestructura e instituciones de este rubro, con esquemas de análisis de los asuntos y de otorgamiento de beneficios y de seguimiento de los mismos, con evaluación de resultados y objetivos cumplidos. Estos esquemas han generado sociedades más protegidas y, por lo tanto, más productivas y capaces, con grupos vulnerables que tienen esquemas para desarrollarse e integrarse a la sociedad, lo que establece poblaciones con mayores expectativas de mejora permanente y de auto sustentabilidad en todos sus sectores. Todos estos esquemas indudablemente que protegen e impulsan a los sectores vulnerables de las sociedades, sin embargo, en algunos países, aunque los gobiernos hayan promovido algunos de estos conceptos, su configuración y beneficio no es el adecuado, por lo que solamente sirven de paliativo o de ayuda mínima asistencial para estos sectores, y más bien sirven como instrumentos políticos de propaganda para beneficio de los intereses de los propios gobiernos y de sus políticos y gobernantes. El objetivo final será que todo gobierno establezca programas que protejan a los sectores vulnerables en todos los aspectos, con la expectativa de generar e implementar más de estos esquemas y programas, conformados por conceptos y aspectos de sensibilidad y visión que generen beneficios verdaderos a los sectores vulnerables, para así coadyuvar en su desarrollo, estabilidad y felicidad.

2.29. Estructuras financieras para el desarrollo

Las estructuras financieras permiten a la población tener acceso al financiamiento básico para la generación y fortalecimiento de negocios y empresas de todo tipo y tamaño, así como para generar autoempleo y sustentabilidad mediante el apoyo a proyectos y procesos productivos, comerciales, industriales y empresariales, por lo que su concepción es importante para coadyuvar en la productividad y el desarrollo integral. Desafortunadamente, en muchos países, los financiamientos de estas estructuras financieras no cumplen con el objetivo de poder ayudar a la mayoría de productores medianos, pequeños y micros, debido a los cortos plazos de pago y altos intereses, alejados de la realidad de las necesidades y carencias de la mayoría de la gente emprendedora, empresaria y productora, por lo que no se cumplen las expectativas de apoyo a la productividad por parte de los gobiernos y de estas instancias, aunque estas cumplan con sus propias metas y objetivos internos de colocación de dinero en varias empresas, sin embargo, esto solamente es el reflejo de que lo importante para la banca de desarrollo y comercial son los negocios y ganancias, y no el desarrollo de las personas, ni el desarrollo integral.

Desde este punto de vista no se debe descalificar a estas instancias financieras, ya que esta es su razón de ser, sino que más bien la crítica se transfiere a los gobiernos que no logran implementar esquemas que lleguen a pequeños y micro productores y emprendedores, que son la mayoría en casi todos los países, incluyendo a los países desarrollados, aunque en estos el tratamiento es diferente, ya que cuentan con programas efectivos de apoyo a estos sectores, además de que su empresa e industria, de todos los tamaños, genera una altísima productividad y empleo, y alto desarrollo. En conclusión, en los países desarrollados, los gobiernos y los sectores productivos establecen esquemas con fondos de apoyo, entre otros aspectos, para la productividad de la pequeña y mediana empresa, y condiciones, incentivos, apoyos y especificaciones especiales para el fortalecimiento de estos amplios segmentos de la productividad. En cambio, en países subdesarrollados y pobres, como siempre, los micro y pequeños productores, empresarios e industriales, entre otros, no encuentran créditos de acuerdo a sus necesidades y condiciones, por lo que tienen que hipotecar o derivar gran parte de sus ganancias a pago de intereses, lo que a pesar de todo, les permite mantener sus negocios y sus proyectos, aunque se dificulta su crecimiento y continuación, ya que las ganancias son mínimas, y esto impide la motivación y las expectativas para su desarrollo. Esto es en el mejor de los casos, porque en la mayoría, estos sectores de la población de escasos recursos ni siquiera pueden tener acceso a estos financiamientos y créditos, y por lo tanto infinidad de proyectos productivos y negocios no se pueden realizar, con lo que se genera más subdesarrollo y desempleo. Los gobiernos tienen la obligación de generar, por tanto, las leyes, esquemas y procesos de diversos tipos y especificaciones que le permitan a todos los sectores poblacionales, incluyendo a los de mediana y mayor capacidad socioeconómica, tener acceso a créditos con características y condiciones diseñadas para incentivar y fortalecer al sector productivo.

Con estos esquemas de financiamiento, la mayoría de estos pequeños y medianos productores y empresarios tendrán acceso al crédito y podrán desarrollar sus proyectos productivos y obtener buenas ganancias, para qué con el correr del tiempo estos negocios se vuelvan autosustentables y muy productivos, además de que generen empleo, impuestos y desarrollo. Más importante será que este tipo de financiamiento llegue a los sectores empobrecidos y subdesarrollados, ya que es ahí en donde es fundamental establecer infraestructuras para el inicio de la productividad en pequeño, lo que transformaría definitivamente todos estos escenarios, con empleo y mejora de la calidad de vida. La tarea de todo gobierno eficiente será implementar estas leyes y esquemas, porque de otra forma, la espiral inflacionaria de la pobreza y marginación será cada vez más difícil de superar, generando más subdesarrollo y miseria en los países y sus localidades, afectando, por tanto, los entornos y el desarrollo económico y social del mundo en general. En este sentido, en las localidades altamente marginadas será prioritario sembrar algunas microfinancieras de gobierno o del sector privado con esquemas de crédito especiales para que puedan generar recursos a los emprendedores y productores de esas regiones. Para la siembra de estas microfinancieras se deberán establecer programas específicos que otorguen subsidios y préstamos de gobierno, de todo orden y ámbito, al sector privado, para la instalación de las mismas, además de que si se logran conjuntar recursos de otras instancias públicas y privadas, locales, nacionales e internacionales, los recursos serán mixtos y muy amplios, por lo que se podrá contar con las fuentes necesarias de financiamiento para la instalación de estas microfinancieras en todas las localidades rurales pobres y en todos los sectores urbanos marginados.

2.30. Fondos para el desarrollo

Es fundamental para todo gobierno de cualquier país del mundo, generar nuevos fondos para el desarrollo y mejorar los ya existentes en sus contextos, además de lograr un mayor alcance en su utilización, con esquemas de menores y mínimos intereses de pagos para los emprendedores y productores, así como para los empresarios de todo orden y magnitud, pero especialmente para los de menores condiciones socioeconómicas, e incluso para los pobres, con esquemas de mayor visión para la productividad y el desarrollo local, regional y nacional. Esa tendrá que ser la propuesta de todo gobernante con sensibilidad, visión y compromiso con su pueblo. Existen en muchos países diversos fondos para el desarrollo, que manejan diversas instituciones de gobierno, organizaciones públicas y privadas, y sectores privados e internacionales, los cuales pueden confluir en una amplia derrama de financiamiento para la productividad, el autoempleo y los negocios de todo orden y tipo, con lo que, por tanto, se coadyuva de forma sustantiva en todas las estrategias gubernamentales planteadas para el desarrollo integral. Independientemente de estos fondos para el desarrollo, existen instituciones financieras de apoyo a empresarios y productores, además de que también se cuenta con diversas organizaciones sociales y no gubernamentales, así como con organizaciones internacionales para el desarrollo en todo el mundo, que aportan recursos y conforman fondos para impulsar a los sectores productivos.

Algunas de estas instancias son altamente efectivas, pero la mayoría no, ya que adolecen de políticas sensibles para impulsar a los pequeños empresarios, por tanto, todas estas instancias deberán revisar sus esquemas de generación de intereses y de condiciones de pagos para que sean reducidos al mínimo, de acuerdo a los gobiernos y a las condiciones de los contextos, sobre todo si son de subdesarrollo y pobreza, ya que así habrá dinamismo en las solicitudes de préstamos e inversión, y una mayor inyección de recursos para los proyectos productivos y los negocios de toda comunidad, entidad y país. Por lo anterior, los fondos de financiamiento de todo gobierno y sector privado, de apoyo a micro y pequeños productores y empresarios, son fundamentales para que los recursos puedan llegar a las personas y generar sustentabilidad, empleo y productividad.

3. *Esquema de interrelación y trabajo de sectores y gobierno para el desarrollo integral sostenible*

Las sociedades son representadas y gobernadas, constitucional y legalmente por sus propios gobiernos y sus poderes e instituciones, que pueden variar en concepto, diseño, alcance, visión y número, según el país y entidad. Las sociedades también tienen diversos esquemas e instancias de representación y acción, como lo son las organizaciones, asociaciones y agrupaciones de todo concepto y tipo, entre las que se cuentan las no gubernamentales y las sociales, obreras, populares, sindicales, gremiales, campesinas, industriales, empresariales, científicas, culturales, artísticas, de profesionistas, de comunicación, deportivas y de segmentos y grupos vulnerables, entre otras. Estas instancias realizan amplias actividades para la mejora de las condiciones de vida, de la productividad, de los derechos y libertades, y de la justicia en sus contextos, en base a planteamientos y propuestas derivados de sus necesidades y de su visión de desarrollo grupal, profesional y social, además de generar estrategias de interrelación con todos los sectores y con los gobiernos de todo orden y ámbito, incluso del contexto internacional, para que el sentir de la sociedad se conozca y se atienda. Esta amplia dinámica de todas las organizaciones indudablemente que genera un avance sustantivo en el desarrollo de todo país y sus entidades, ya que sin esta representatividad y movilidad social muchos gobiernos no tomarían en cuenta a los sectores de la sociedad. Gran parte de estas organizaciones, en todo contexto y país, se encuentran agrupadas y conjuntadas en sectores, que en algunos casos conforman un esquema de representación que incluye a todas las organizaciones por concepto, orden y tipo, sin embargo, otra parte amplia e importante de estas organizaciones no pertenecen a una organización general o matriz, o a un esquema de organización formal, por lo que generan su actividad de forma constante en favor de su propia organización, o grupo, y de sus proyectos, pero sin ningún aspecto que los asocie con grandes representatividades sectoriales o ciudadanas, por lo que los esfuerzos de estas organizaciones conllevan a pulverizar y diseminar los apoyos y recursos solicitados y otorgados, así como a dificultar los mecanismos de intervención e interrelación con las instancias correspondientes para solucionar los múltiples y diversos asuntos.

Algunas grandes organizaciones representativas y sectoriales, y sus instituciones coordinadoras y directivas, pueden ser un ejemplo de cómo deben de funcionar estos grandes grupos sociales de forma interrelacionada y conjunta en un sistema organizado, que implique las instancias y vías legales y oficiales de relación y trabajo ante los gobiernos y ante la diversidad de instancias de los sectores y la sociedad. Este funcionamiento eficiente y de representatividad real les permite a estas grandes organizaciones sectoriales manejar varios conceptos de apoyo a sus agremiados y representados, como lo son la presentación de los asuntos y planteamientos, aspectos y propuestas de solución de sus problemas y necesidades, de forma consensuada y grupal, que simultáneamente beneficien a todas sus organizaciones, sectores y representados. Asimismo, también se plantean asuntos particulares de las organizaciones y personas de la sociedad que representan, y cuya solución beneficiará a esas organizaciones y a todo el gremio. Como ejemplo de estas organizaciones altamente representativas, organizadas y eficientes en la mayoría de países, tenemos al sector empresarial, que generalmente cuenta con un consejo coordinador empresarial que funciona normalmente de forma eficiente y productiva, y que puede denominarse y diseñarse de diferentes formas, de acuerdo a las particularidades de un contexto.

Este gran esquema organizacional empresarial incluye a diversos sectores empresariales conjuntados en organizaciones por tipo, concepto y orden de actividad o de especificación, por lo que, de esta forma, conjuntan a organizaciones como las cámaras patronales, de comercio, industriales, de la transformación y editoriales, entre otras muchas más, las que trabajan generalmente de forma eficiente y organizada al interior de sus respectivas organizaciones, lo que les permite solucionar muchos de sus asuntos, además de que pueden plantear diversos asuntos prioritarios y estratégicos que así lo ameriten, ante su consejo coordinador de sector, de forma institucional, para así generar sus planteamientos y lograr los mejores tratamientos y soluciones de los mismos al más alto nivel empresarial, gubernamental y social. A pesar de esta eficiencia y de esta organización interrelacionada y funcional, siempre existen agrupaciones y organizaciones que no pueden o no desean integrarse a los esquemas tradicionales de un sistema organizacional institucional, por lo que deciden trabajar de acuerdo a sus propias convicciones e ideales, y por su cuenta, o deciden también conformar otras organizaciones representativas que generalmente tienen diferentes puntos de vista a los sistemas institucionales de su ramo empresarial, o simplemente son grupos empresariales que desean llegar al poder del sistema y que no están de acuerdo con las formas y propuestas de las dirigencias de su sector, por no convenir a sus expectativas e intereses, o a su organización establecida como representante de sector. Otras organizaciones nacionales, estatales, regionales, municipales y locales, de todos los rubros, carecen de todo tipo de esquemas de organización y unidad, por lo que existen cientos de miles de organizaciones micro y pequeñas que generan una amplia red de desorden y caos organizacional, además de que también se generan muchas organizaciones fantasmas y otras con falta de representatividad, que enmarañan y dificultan la atención de los asuntos de forma organizada y sensata.

A todo esto, debemos de sumar la movilidad y acción incomoda de estas innumerables, y en su mayoría poco representativas organizaciones, con todo tipo de múltiples formas de manifestarse, supuestamente populares, como marchas en vías públicas y toma de vialidades y edificios, con las molestias y el entorpecimiento de las actividades que esto conlleva, cuando deciden mostrar su inconformidad en algunos aspectos, y que invariablemente afectan a la ciudadanía, ya que impiden el libre tránsito y causan aglomeraciones y problemas. En estos casos habrá gobiernos efectivos, de países desarrollados generalmente, que impidan este tipo ilegal de manifestación y de expresión, pero habrá otros gobiernos deficientes, generalmente de países subdesarrollados que permiten estos aspectos que afectan a la sociedad y a los mismos gobiernos. Estos escenarios se generan continuamente, y en su mayoría, en contextos y entornos de gobiernos y sociedades subdesarrolladas y pobres, debido a que existe una amplia diversidad de micro y pequeñas organizaciones populares y sociales de todo tipo, por lo que, en consecuencia, generan una gran cantidad de marchas y mítines de protesta, o de planteamientos de asuntos y de intereses políticos, que generalmente no pueden ser solucionados en muchos de los casos, o sólo de forma parcial en algunos casos, con satisfacción de algunas de las partes e insatisfacción de otras, lo que deriva en el rechazo de algunos sectores y grupos de la sociedad hacia sus gobiernos y hacia las instancias que deben solucionar estos asuntos.

Esta pulverización organizacional, con infinidad de asuntos y problemáticas para atender y resolver, genera una gran complejidad de interrelación entre organizaciones sociales de todo orden con los gobiernos, partidos políticos y congresos legislativos, y con otras organizaciones y sectores, lo que conforma una gran red enmarañada que entorpece con sus manifestaciones y confrontaciones la vida pública de todo país y entidad, además de que también entorpece el desarrollo y el beneficio popular, por lo que es urgente y prioritario para los gobiernos establecer mecanismos y sistemas, con sus esquemas y procesos, que conformen las vías legales y eficientes que permitan conocer y evaluar los planteamientos, asuntos y propuestas de las organizaciones, para que estos se tramiten y dirijan inicialmente a las organizaciones matrices de los sectores, para que estas a su vez lleven los asuntos y solicitudes hacia las instancias gubernamentales, y de todo orden público y privado, encargadas de analizarlas y generar las resoluciones más efectivas.

El objetivo de todo gobierno eficiente será transformar sus escenarios actuales, que conforman una telaraña infinita de planteamientos de asuntos de miles de organizaciones, en un planteamiento de asuntos por vías y vertientes eficientes y dinámicas, de forma ordenada y planificada, ante las instancias gubernamentales y privadas encargadas de atender sus planteamientos y asuntos, con lo que se generará un esquema de interrelación gubernamental, social y político que implique diálogo, tratamiento y solución de asuntos, derivados de los consensos y resoluciones mayoritariamente aprobadas por las representaciones que integren y representen a las miles de organizaciones de todo país y entidad.

La falta de organización y el desorden desaparecen gracias a estas políticas y esquemas de organización efectiva, por lo que entonces quedan amplias vías de enlace, interrelación y funcionalidad para plantear y canalizar las propuestas y planteamientos de las organizaciones hacia los sectores gubernamentales y privados encargados de atender y solucionar estos asuntos, con los canales dinámicos, funcionales y necesarios de organización interna para estos efectos. Reitero que hablamos de una mayoría de países, sobre todo subdesarrollados y empobrecidos, que tienen estas problemáticas, ya que también se tienen países, sobre todo los desarrollados y algunos emergentes, en los que sus leyes y su capacidad de gobierno no permiten estas problemáticas, además de que sus sectores y gobiernos han establecido marcos legales y esquemas organizacionales de todo rubro y tipo de alta eficiencia, coordinación y funcionalidad, además de verdadera representatividad y control.

El esquema a seguir, por tanto, y en base a toda una serie de consideraciones y conveniencias de control, orden y liderazgo, será el de la conformación de un sistema nacional organizacional, que integre a diversas organizaciones macro, que a su vez incluyan a diversas organizaciones del mismo tipo, concepto y orden, y estas a su vez contengan a organizaciones intermedias que abarquen a los cientos de miles de organizaciones de todo un país y sus entidades, con un esquema coordinado, funcional, ordenado, normativizado, interrelacionado, organizado y efectivo. Esta amplia red estratégica de acción ciudadana y de los sectores sociales implica establecer un esquema planificado, ordenado, eficiente y dinámico, que permita contar con una interrelación y un diálogo permanente con los gobiernos y sectores públicos y privados para la atención de los asuntos y la resolución conjunta de los mismos. Cada organización tendrá esquemas y reglamentos internos democráticos, de alternancia y transición, además de representatividad, que permitan a todos los grupos sectoriales estar debidamente representados y dirigir los planteamientos y propuestas de su sector, por lo que la vida institucional de estas grandes organizaciones representativas indudablemente que marcarán una transformación en los esquemas sociales y representativos de todo país, y sobre todo, en el establecimiento de esquemas de enlace e interrelación interna y externa, así como de reuniones y encuentros institucionales planificados y concertados con gobernantes y sectores para generar planteamientos y asuntos, y producir resoluciones consensuadas y aprobadas mayoritariamente. Este esquema elimina de forma inmediata todo tipo ilegal de manifestación y marcha pública de insatisfacción y confrontación, para plantear asuntos y problemáticas a las autoridades, ya que, de forma legal y constitucional, ya existirá el esquema que les represente y les permita generar los planteamientos y el diálogo ante las instancias respectivas para la resolución de los asuntos. Para los asuntos que se canalicen por esta vía de reuniones, diálogo y propuestas, y que no logren solucionarse de forma satisfactoria para las organizaciones, sectores y población representada, existirá la presentación de sus asuntos de forma legal, mediante un reglamento y ley específica de marchas y manifestaciones en vía pública que, en base a esta propuesta, se realizarán en una especie de "manifestódromo" de cada localidad o entidad.

Este "manifestódromo" puede ser un estadio deportivo o una plaza específica en determinadas zonas urbanas y rurales, o en mucha menor escala en determinadas plazas públicas, y solo si el asunto así lo amerita, en vialidades específicas, con permiso de la autoridad local o correspondiente.

La ley y la libertad de expresión permitirán que esta vía última de expresión popular, en base a la insatisfacción y el reclamo justo de problemáticas y asuntos, se pueda llevar a cabo en las vialidades, pero siempre en los casos en que este esquema de interrelación y diálogo social y ciudadano no logre resolver previamente los asuntos de forma consensuada y mayoritaria. La sensibilidad, la sencillez y el respeto entre todos los interlocutores, de cualquier jerarquía y condición, será una obligatoriedad y una ley reglamentaria en toda reunión, al igual que la atención de los asuntos, el compromiso, la vocación y la necesidad de entenderlos y resolverlos de la mejor forma. El respeto a las partes será fundamental, no solo en el diálogo y la igualdad, sino que también en la conformación de los grupos en cuanto a representatividad, capacidad, conocimientos y toma de decisiones, ya que si algunas de las partes presentan funcionarios sin las condiciones y cualidades necesarias, que además no entiendan los planteamientos ni los razonamientos de solución, y que tampoco puedan generar soluciones, entonces no tendrán la capacidad para estar en las negociaciones y reuniones, lo que será una falta de respeto a los demás interlocutores y grupos. Esto es lógico, porque estos funcionarios o representantes de instituciones o grupos, en lugar de generar soluciones, embrollarían y empantanarían los asuntos, impidiendo las soluciones y generando diferencias, insatisfacción, confrontación y hasta violencia, por lo que los funcionarios amigos, parientes y recomendados, o incluso los que se encuentren trabajando por su esfuerzo propio, pero que no cuenten con la capacidad necesaria para estos efectos, deberán de ser sustituidos o al menos remitidos a áreas de otro tipo que no tengan que ver con la interrelación social y popular, ni con el razonamiento y solución de los asuntos de organizaciones y sectores de la sociedad. Cuando estos aspectos se subsanen, los asuntos de los grupos y gobiernos generarán, sin duda, las mejores soluciones para el beneficio colectivo. Veamos una propuesta de un sistema integral de organización social, ciudadana y popular, que conforme una gran red de alianzas para el desarrollo.

Sistema nacional integral de organizaciones sectoriales. (SINIOSE)

Este sistema nacional integral de organizaciones sectoriales tendrá por objetivo clasificar, conformar, coordinar, organizar, planificar, ordenar y regular, mediante esquemas y leyes, a todas las organizaciones de todo tipo, orden y concepto de un país y sus entidades, además de coordinar, organizar, planificar, ordenar y regular todas las actividades de estas organizaciones y sectores políticos, sociales, económicos, empresariales, populares, culturales y sindicales, entre otros conceptos, con la misión de generar una interrelación eficiente con los diversos gobiernos y con toda instancia pública y privada, así como entre las mismas organizaciones y sectores.

El objetivo será el de conformar una gran vertiente sectorial y organizacional, mediante diversas vías clasificadas y ordenadas, para establecer los esquemas y las funciones generales y específicas que permitan generar los planteamientos, necesidades, problemáticas, asuntos y propuestas de los sectores poblacionales, por medio de sus organizaciones, en una interrelación institucional, cotidiana, dinámica y funcional con los diversos órdenes de gobierno y los sectores, y organizaciones públicas y privadas de todo ámbito, concepto y conformación. Todo este sistema tiene por objetivo final la solución favorable de los asuntos y necesidades de la población. Para estos efectos, el sistema nacional estará conformado por consejos coordinadores que aglomerarán a todas las diversas organizaciones, de acuerdo a su rubro, concepto y especificación. El ejemplo de un consejo coordinador empresarial, que aglomera y conjunta a las diversas organizaciones empresariales de un país y sus entidades es fundamental para que las demás organizaciones sectoriales que se encuentran desorganizadas puedan ordenarse y hacerse eficientes, por lo que será necesaria su implementación en todo contexto, con las especificaciones y particularidades respectivas de todos los sectores organizacionales y poblacionales del rubro respectivo. Cada consejo coordinador general de cada concepto contendrá a las diversas organizaciones y agrupaciones afines y de similares rubros, y tendrá su propia organización para tratar sus asuntos, aspectos y problemáticas desde el seno de cada organización, además de que, en caso de considerarse necesario, se generen los planteamientos y propuestas ante el seno del consejo coordinador de su sector matriz.

Este consejo coordinador general de cada rubro llevará los planteamientos y propuestas surgidas de sus organizaciones asociadas ante el seno del consejo coordinador de su organización sectorial, para su análisis, votación y aprobación, para que asimismo, en caso de requerirse, se inserte en una agenda planificada de los asuntos que se deberán plantear ante el sistema nacional coordinador de sectores y organizaciones, y ante los gobiernos y poderes respectivos, así como ante los partidos políticos y las diversas organizaciones sociales y de todo tipo de un país, de acuerdo a las estrategias y políticas de acción de estas organizaciones y de sus coordinaciones. Para estos efectos, el sistema nacional integral contará con un consejo coordinador de organizaciones sectoriales, el cual integrará y contendrá, subdivididas por sectores, a todas las organizaciones de un país y sus entidades. Para conformar este sistema nacional integral de organizaciones sectoriales, un gobierno eficiente deberá proponer, para esta visión y objetivo, la conformación de cuatro grandes sectores integrales de la sociedad, que serían el sector productivo y laboral, el sector social, el sector político y el sector cultural y recreativo. Por tanto, el consejo coordinador de organizaciones sectoriales de un país coordinará a estos cuatro grandes sectores de la sociedad, que a su vez también contendrán a los consejos coordinadores de los diversos rubros y conceptos. Por ejemplo, el sector productivo y laboral contendrá al consejo coordinador empresarial, al consejo coordinador de organizaciones gremiales y sindicales, al consejo coordinador de organizaciones de trabajadores y al consejo coordinador de organizaciones rurales y campesinas, entre otros consejos y organizaciones de la actividad productiva y laboral de un país y sus entidades.

El objetivo de este sistema nacional, coordinado por su consejo coordinador de organizaciones sectoriales, es generar una amplia dinámica funcional, ordenada, planificada e interrelacionada, para que las organizaciones de todo un país y sus entidades, por medio de sus consejos coordinadores, generen las propuestas y planteamientos de sus necesidades y problemáticas con respecto a sus asuntos y a sus rubros y conceptos, además de que deberán reunirse de forma institucional, estratégica y planificada, por sector poblacional y social, con el presidente, primer ministro o jefe de gobierno respectivo, y con los gobernadores y presidentes municipales o alcaldes de su ámbito, según los asuntos, así como con los poderes legislativos y judiciales, y con los partidos políticos y organizaciones de todo orden y ámbito. Para hacer funcionar de forma ágil y eficiente todo este sistema de coordinación e interrelación ciudadana con gobiernos y sectores, y por tanto, esta gran red de redes de organizaciones, el sistema nacional integral de organizaciones sectoriales de un país contará con una infraestructura que coordine a estos sectores, cuya función será la de coordinar agendas, reuniones, enlaces y trabajos, ya que cada consejo coordinador, de todo rubro y sociedad, quedará adscrito al consejo coordinador de organizaciones sectoriales, que será un ente integral y global de coordinación, enlace y de dirigencia ante los diversos gobiernos y poderes gubernamentales e instancias de la vida pública y social de un país, entidad y localidad. Veamos cómo quedará conformado este amplio sistema de red de redes sectoriales organizacionales y cada una de sus partes.

Consejo coordinador de organizaciones sectoriales (CCOSEC)

Coordinación general del consejo coordinador de organizaciones sectoriales

- *Coordinación general de organizaciones del sector productivo y laboral (COSPLA)*
- *Coordinación general de organizaciones del sector social (COSSOC)*
- *Coordinación general de organizaciones del sector político (COSPO)*
- *Coordinación general del sector cultural y recreativo (COSCUR)*

El consejo coordinador de organizaciones sectoriales tendrá una coordinación general que se encargará de hacer funcionar todo este gran sistema nacional integral de organizaciones sectoriales, que su vez se subdividirá en diversas coordinaciones sectoriales, como se ha comentado, del sector productivo y laboral, del sector social, del sector político y del sector cultural y recreativo. Esta subdivisión estratégica tiene la finalidad de lograr una mayor integración de las organizaciones y sus consejos coordinadores por concepto y rubro, y evitar la generación y establecimiento de una inmensidad diseminada y pulverizada de organizaciones y consejos dispersos y desordenados, y en el mejor de los casos, unificados de forma deficiente en un solo ente estructural y organizativo, que no se daría abasto para generar una planificación eficiente y un esquema de enlace, interrelación y trabajo, así como de representatividad real y de planteamientos y propuestas que todos los sectores de la sociedad requieren y necesitan. Cada coordinación general contendrá diversos consejos coordinadores por rubro y concepto, que a su vez contendrán las diversas y múltiples organizaciones económicas, políticas, sociales, culturales y de todo rubro de un país.

Veamos una propuesta de organización y denominación de las coordinaciones más representativas de esta gran red organizacional de sectores de una sociedad.

<u>Coordinación general de organizaciones del sector productivo y laboral (COSPLA)</u>

- *Consejo coordinador empresarial, comercial y de servicios (CCECOSE)*
- *Consejo coordinador de organizaciones sindicales laborales y del sector productivo (CCOSINPRO)*
- *Consejo coordinador de organizaciones de trabajadores (CCOTRAB)*
- *Consejo coordinador de organizaciones rurales y campesinas (CCORUCAMP)*
- *Concejo coordinador de organizaciones científicas y tecnológicas (CCOCITE)*
- *Consejo coordinador de organizaciones industriales y productivas (CCOINPRO)*
- *Consejo coordinador de organizaciones para el desarrollo sustentable (CCODESUS)*
- *Consejo coordinador de organizaciones e instituciones financieras para el desarrollo (CCOIFIDES)*
- *Consejo coordinador de organizaciones e instituciones de negocios (CCOINEG)*
- *Consejo coordinador de organizaciones del sector turismo (CCOSETUR)*
- *Consejo coordinador de organizaciones del sector de la salud (CCOSESAL)*
- *Consejo coordinador de organizaciones del sector de la vivienda (CCOSEVI)*
- *Consejo coordinador del sector de la construcción y desarrollo urbano (CCOCODESU)*

<u>Coordinación general de organizaciones del sector social (COSSOC)</u>

- *Consejo coordinador de organizaciones populares (CCOP)*
- *Consejo coordinador de organizaciones sociales (CCOSO)*
- *Consejo coordinador de organizaciones de personas con capacidades diferentes, diversidades y minorías (CCOPEDIM)*
- *Consejo coordinador para la ecología y medio ambiente (CCOECAM)*
- *Consejo coordinador de organizaciones no gubernamentales (CCORNOGUB)*
- *Consejo coordinador de organizaciones de pueblos indígenas y nativos (CCOPINA)*
- *Coordinación de organizaciones e instituciones de medios de comunicación y publicidad (COMEDCO)*
- *Coordinación de organizaciones de derechos humanos (CODERHUM)*
- *Coordinación de organizaciones por la alimentación y la vida digna (COALVID)*
- *Coordinación de organizaciones para el desarrollo social (CODES)*
- *Coordinación de organizaciones para la educación (CORED)*
- *Coordinación de organizaciones para el desarrollo y la defensa de la familia y la niñez (CODEFANI)*
- *Coordinación de organizaciones de defensa de la seguridad pública y procuración de justicia (COSEPPJUS)*
- *Coordinación de organizaciones de defensa de víctimas de delito (COVIDEL)*
- *Coordinación de organizaciones para la erradicación de la pobreza y marginación (COEPOMA)*

<u>Coordinación general de organizaciones del sector político (COSPO)</u>

- *Consejo coordinador de organizaciones políticas (CCOPOL)*
- *Consejo coordinador de organizaciones políticas no partidistas (CCOPONOPA)*
- *Consejo coordinador de partidos políticos (CCOPAPO)*
- *Consejo coordinador de organizaciones electorales (CCOREL)*
- *Consejo coordinador de organizaciones por la democracia (CCODEM)*

228

<u>Coordinación general del sector cultural y recreativo (COSCUR)</u>

- *Consejo coordinador de organizaciones culturales y artísticas (CCOCUART)*
- *Consejo coordinador de organizaciones deportivas (CCODEP)*
- *Consejo coordinador de organizaciones recreativas, de esparcimiento y diversión (CCOREDI)*
- *Consejo coordinador de organizaciones religiosas (CCORELI)*

En cada una de estas cuatro coordinaciones generales habrá un consejo coordinador de sectores similares y relacionados al concepto respectivo, ya que, en cada país y entidad, podrán existir otros rubros de gran importancia. Como se observa, existe un esquema que conforma este gran sistema nacional de organizaciones sectoriales, que contiene a su vez a todas las organizaciones de un país por medio de sus consejos coordinadores, y éstos a su vez, por medio de sus sectores integrales y globales, para su interrelación, coordinación y trabajo. Este esquema será coordinado por el consejo coordinador de organizaciones sectoriales de un país, y tendrá una serie de actividades múltiples y diversas de interrelación con todo gobierno federal y con gobiernos de todo orden, y por tanto, con la administración pública nacional, estatal, municipal y local, en conjunto y en esquemas multilaterales y bilaterales de trabajo, así como con el congreso federal y los congresos estatales, y con organizaciones y partidos políticos, al igual que con todas las organizaciones y consejos coordinadores, según los asuntos, y con la propia sociedad en general. El objetivo será mostrar las necesidades, problemáticas y avances o retrocesos de las organizaciones y sectores de la sociedad, así como también de presentar planteamientos y propuestas para la solución de los asuntos y la generación de la productividad y el empleo, y el fortalecimiento de la seguridad pública y la justicia social, entre otros aspectos, además de realizar y tramitar los asuntos, agendas y reuniones de forma representativa, planificada, organizada e interrelacionada, para el análisis y el diálogo, y los consensos y acuerdos necesarios y adecuados para generar y establecer los dictámenes y resoluciones, aprobadas mayoritariamente, para beneficio de la sociedad y de sus sectores y entidades. Estos objetivos permitirán llevar a cabo el desarrollo integral de todo país y generar contextos de estabilidad política y paz social. Vamos a comentar, brevemente, los objetivos y atribuciones de cada componente del sistema nacional integral de organizaciones sectoriales.

Objetivos del Consejo coordinador de organizaciones sectoriales (CCOSEC)

El consejo coordinador de organizaciones sectoriales tiene por objetivo integrar y aglomerar a todas las organizaciones de un país y sus entidades, por medio de consejos coordinadores de organizaciones por sectores, con el fin de establecer de forma esquemática, organizada y planificada la interrelación de la sociedad y sus sectores con gobiernos federales, estatales, municipales y locales, e incluso internacionales, por medio de sus organizaciones y representaciones de todo tipo. En este esquema, el consejo coordinador de organizaciones sectoriales será presidido por un presidente del consejo coordinador, el cual durará el periodo que marque la ley, y podrá reelegirse solamente una vez más para otro periodo.

La presidencia del consejo coordinador de organizaciones sectoriales de un país será rotada y alternada, de forma sucesiva, entre los cuatro grandes rubros y conceptos que son, según este esquema y como se ha comentado, el sector económico, productivo y laboral, el sector político, el sector social y el sector cultural y recreativo. Cada uno estos sectores, que a su vez contienen consejos coordinadores de una gran diversidad, podrán proponer a un representante para ser presidente del consejo coordinador de organizaciones sectoriales de un país. Este esquema de alternancia permitirá que los sectores se encuentren siempre representados en la dirigencia de este consejo coordinador de organizaciones sectoriales. Asimismo, este gran consejo coordinador contendrá un esquema de reuniones entre los presidentes de los consejos coordinadores por sector, para llevar a cabo una amplia dinámica de planteamiento de asuntos y propuestas de los mismos sectores, para su resolución e interrelación con gobiernos, congresos y organizaciones y sectores. El consejo nacional coordinador de organizaciones sectoriales será el órgano máximo de interrelación de todos los diversos sectores de la sociedad de un país, y estarán presentes en todo evento y agenda de reunión de todo gobierno. El consejo coordinador de organizaciones sectoriales contará con una coordinación general, que será la encargada de hacer funcionar este sistema, y tendrá un coordinador general que realizará estas tareas.

<u>Coordinación general del consejo coordinador de organizaciones sectoriales</u>

La coordinación general de este consejo coordinador de organizaciones tendrá a su cargo la coordinación e implementación de los procesos y esquemas del sistema nacional y de este consejo coordinador de organizaciones sectoriales. Trabajará de acuerdo a una planificación estratégica y a agendas y esquemas que permitan la interrelación de estos sectores con los gobiernos y entre ellos. Para estos efectos, la coordinación general contará con un coordinador general que llevará a cabo todas las tareas específicas de este sistema, para su funcionalidad y organización. La coordinación general será una estructura que se dedicará a trabajar en la planificación, organización, coordinación y aplicación de los reglamentos, esquemas y políticas del consejo coordinador de organizaciones sectoriales de un país. Esta coordinación general contará, asimismo, con cuatro coordinaciones sectoriales para llevar a cabo de forma organizada y ordenada sus funciones, además, estas coordinaciones englobarán, como se ha visto, a cuatro sectores básicos de la vida de las organizaciones de todo contexto y sociedad. Estos sectores, se reitera, serán el sector productivo y laboral, el sector social, el sector político y el sector cultural y recreativo, y contarán con una coordinación general de organizaciones por cada uno de estos sectores. Cada uno de estos sectores contará con una diversidad de organizaciones que estarán conformadas en consejos coordinadores por concepto. Veamos estas coordinaciones generales de organizaciones de los cuatro sectores globales, con sus objetivos y alcances.

- *Coordinación general de organizaciones del sector productivo y laboral (COSPLA)*
- *Coordinación general de organizaciones del sector social (COSSOC)*
- *Coordinación general de organizaciones del sector político (COSPO)*
- *Coordinación del sector cultural y recreativo (COSCUR)*

Coordinación general de organizaciones del sector productivo y laboral (COSPLA)

La coordinación general de organizaciones del sector productivo y laboral tendrá a su cargo los trabajos y esquemas de enlace, coordinación y logística de este sector, y estará dirigida por un coordinador general de organizaciones. Esta coordinación, al igual que las otras coordinaciones generales de los demás grandes sectores de la sociedad, funcionarán solamente de forma estructural, para la coordinación, enlace, planificación, administración, logística y trabajos, entre otros aspectos, de las organizaciones y consejos coordinadores que pertenecen al sector productivo y laboral, pero normativa y legalmente no tendrán ninguna atribución de decisión definitoria sectorial ni organizacional, la que recaerá en cada una de las organizaciones que la conforman, por lo que su función será la de generar las políticas, estrategias y proyecciones generales, la planificación, las agendas y las actividades interrelacionadas y propias, para la funcionalidad del sistema.

Dentro de este sector productivo y laboral se tendrán organizaciones diversas, que a su vez se conformarán todas en consejos coordinadores, que serán los entes que conjuntarán, integrarán y coordinarán las actividades de todo consejo coordinador. Un claro ejemplo, como se ha comentado anteriormente, es el de un consejo coordinador empresarial. Dentro del sector productivo y laboral se encuentran varios grandes rubros, como los son el sector empresarial, comercial y de servicios, el sector gremial y sindical, el sector de los trabajadores y el sector campesino y rural, también el sector industrial y productivo, el sector científico y tecnológico y el sector para el desarrollo sustentable, entre otros.

Podrán existir y proponerse otros sectores productivos y laborales, pero se considera que estos deberán contener los diversos conceptos y rubros de toda la actividad productiva y laboral de un país, con cada una de las ramas y rubros de la actividad productiva y laboral, las que estarán adscritas e integradas en cada una de estos grandes esquemas. Estos sectores globales se integrarán en consejos coordinadores, que implementarán y aplicarán los esquemas de coordinación, enlace y trabajo de todas las organizaciones que componen y son miembros de estos consejos coordinadores.

<u>Consejos coordinadores de organizaciones de diversos rubros y conceptos</u>

Los consejos coordinadores de las diversas organizaciones serán los entes que engloben a las organizaciones de cada sector, tal y como lo hace en la actualidad, por ejemplo, un consejo coordinador empresarial, que engloba diferentes y diversas organizaciones empresariales de un país, tales como las organizaciones patronales, las cámaras de comercio y de la industria de la transformación, las cámaras del pequeño comercio, de la industria editorial, las cámaras industriales y de servicios, y de todos los conceptos relacionados, de acuerdo a su conformación, en sus respectivas sociedades.

Este esquema conforma una gran red de organizaciones empresariales coordinadas por un consejo coordinador, que a su vez representa los intereses, asuntos, planteamientos y expectativas de estas organizaciones y sectores y, por tanto, genera las propuestas y la interrelación del sector con el gobierno federal y los diversos gobiernos y poderes públicos, así como con partidos políticos y diversas organizaciones sectoriales locales, nacionales e internacionales.

Los consejos coordinadores de organizaciones propuestos aquí, funcionarán de forma similar, en base a este modelo de un consejo coordinador empresarial, y contarán con las organizaciones correspondientes del rubro y concepto del sector. Los consejos coordinadores tendrán un presidente del consejo coordinador, el cual será electo por periodos determinados por las mismas organizaciones, por ejemplo, de dos años, pudiendo reelegirse hasta en un segundo periodo. Este presidente del consejo coordinador establecerá la interrelación y la dinámica con el gobierno federal y los gobiernos de todo orden y ámbito, y también con las organizaciones que lo integran. Se tendrá, por tanto, una amplia diversidad y representatividad de presidentes de consejos coordinadores, quienes asistirán a las reuniones y eventos gubernamentales, políticos y sociales que ameriten su presencia, contando, por lo tanto, con la representación de los diferentes sectores por concepto. En la actualidad, en muchos países y sus entidades y localidades, estas representaciones son diversas y sólo representan a las organizaciones que asisten a reuniones y eventos, o sea, a ellas mismas, salvo el sector empresarial y algunos sectores igualmente organizados, como los sectores obreros, campesinos, de trabajadores y de profesionistas, entre otros. Estos consejos coordinadores de organizaciones establecerán la unidad y el consenso de sus sectores, además de generar la interrelación y las propuestas que se presentarán ante los gobiernos, poderes y organizaciones correspondientes.

Los consejos coordinadores de organizaciones representan a todas las organizaciones de un país y sus entidades, que de forma ordenada, planificada, esquematizada y eficiente, se coordinarán, enlazarán, trabajarán y generarán una amplia dinámica que producirá interrelación, diálogo, análisis de problemáticas y asuntos, planteamientos, propuestas y soluciones consensuadas y aprobadas mayoritariamente, para presentarlas e impulsarlas ante los gobiernos e instancias correspondientes, en beneficio de los sectores y de las mismas sociedades._Veamos a continuación cada uno estos consejos coordinadores del sector productivo y laboral y varias de las organizaciones que los conforman.

- *Consejo coordinador empresarial, comercial y de servicios (CCECOSE)*

- *Consejo coordinador de organizaciones sindicales laborales y del sector productivo (CCOSINPRO)*

- *Consejo coordinador de organizaciones de trabajadores (CCOTRAB)*
- *Consejo coordinador de organizaciones rurales y campesinas (CCORUCAMP)*
- *Concejo coordinador de organizaciones científicas y tecnológicas (CCOCITE)*
- *Consejo coordinador de organizaciones industriales y productivas (CCOINPRO)*
- *Consejo coordinador de organizaciones para el desarrollo sustentable (CCODESUS)*

- *Consejo coordinador de organizaciones e instituciones financieras para el desarrollo (CCOIFIDES)*
- *Consejo coordinador de organizaciones e instituciones de negocios (CCOINEG)*
- *Consejo coordinador de organizaciones del sector turismo (CCOSETUR)*
- *Consejo coordinador de organizaciones del sector de la salud (CCOSESAL)*
- *Consejo coordinador de organizaciones del sector de la vivienda (CCOSEVI)*
- *Consejo coordinador del sector de la construcción y desarrollo urbano (CCOCODESU)*
- *Consejos coordinadores de organizaciones y sectores similares y relacionados*

Veamos una propuesta de composición, como ejemplo, de cada uno de estos consejos coordinadores sectoriales.

Consejo coordinador empresarial, comercial y de servicios (CCECOSE)

- *Toda la estructura empresarial de cada país y sus entidades*

- *Cámaras patronales, cámaras comerciales y del pequeño comercio, cámaras editoriales y de artes gráficas, confederaciones de cámaras empresariales y todas las organizaciones empresariales del sector*

- *Organizaciones de emprendedores e incubadoras de negocios*

Consejo coordinador de organizaciones sindicales laborales y del sector productivo (CCOSINPRO)

- *Organizaciones sindicales por sectores laborales y productivos*

- *Sindicatos de obreros, de trabajadores, de telefonistas, de transportistas, de industrias y todas las organizaciones sindicales del sector*

Consejo coordinador de organizaciones de trabajadores (CCOTRAB)

- *Organizaciones gremiales diversas por sectores laborales y productivos*

- *Congresos del trabajo, confederaciones de trabajadores, uniones de trabajadores y todas las organizaciones gremiales del sector*

Consejo coordinador de organizaciones rurales y campesinas (CCORUCAMP)

- *Organizaciones rurales diversas*
- *Organizaciones campesinas*
- *Organizaciones agrícolas con baja o nula productividad*
- *Organizaciones agrícolas de media productividad*
- *Organizaciones agrícolas de alta productividad*
- *Confederaciones campesinas y de trabajadoras del campo*
- *Organizaciones de la agroindustria*
- *Organizaciones productivas y comercializadoras del campo*
- *Todas las organizaciones campesinas y rurales del sector*

<u>Consejo coordinador de organizaciones científicas y tecnológicas (CCOCITE)</u>

- *Organizaciones científicas*
- *Organizaciones tecnológicas*
- *Organizaciones de desarrollo científico y tecnológico*

<u>Consejo coordinador de organizaciones industriales y productivas (CCOINPRO)</u>

- *Organizaciones mega industriales de todo rubro*
- *Organizaciones industriales medianas y pequeñas de todo rubro*
- *Organizaciones productivas de vocación regional y local*
- *Organizaciones productivas de importación y conceptos ajenos*

<u>Consejo coordinador de organizaciones para el desarrollo sustentable (CCODESUS)</u>

- *Organizaciones para el desarrollo integral sustentable*
- *Organizaciones pequeñas y medianas para el desarrollo sustentable*
- *Organizaciones de protección de la sustentabilidad*

<u>Consejo coordinador de organizaciones e instituciones financieras para el desarrollo (CCOIFIDES)</u>

- *Organizaciones e instituciones financieras para el desarrollo*
- *Organizaciones e instituciones de crédito pequeño para el desarrollo*
- *Organizaciones e instituciones de financiamiento para negocios*
- *Organizaciones de protección al financiamiento y crédito para el desarrollo*
- *Organizaciones de contraloría y transparencia de los recursos para el desarrollo*

<u>Consejo coordinador de organizaciones e instituciones de negocios (CCOINEG)</u>

- *Organizaciones e instituciones de negocios*
- *Organizaciones e instituciones de negocios en pequeño*
- *Organizaciones de generación, protección y apoyo a negocios*

<u>Consejo coordinador de organizaciones del sector turismo (CCOSETUR)</u>

- *Organizaciones y cámaras hoteleras y restauranteras*
- *Organizaciones e instituciones de servicios turísticos integrales y diversos*
- *Organizaciones de proveedores del sector turístico*
- *Organizaciones de agencias de viajes y servicios diversos de transporte*

<u>Consejo coordinador de organizaciones del sector de la salud (CCOSESAL)</u>

- *Organizaciones de hospitales y centros de salud de alta calidad y tamaño*
- *Organizaciones de hospitales y centros de salud medianos y pequeños*
- *Organizaciones de proveedores y servicios hospitalarios*
- *Organizaciones de farmacias y laboratorios*
- *Organizaciones para el desarrollo de medicamentos*
- *Organizaciones de abasto de medicinas y equipo para la salud*

<u>Consejo coordinador de organizaciones del sector de la vivienda (CCOSEVI)</u>

- *Organizaciones de constructores de vivienda*
- *Organizaciones de proveedores y servicios de la vivienda*
- *Organizaciones de financiamiento y crédito a la vivienda*
- *Organizaciones de defensa de la vivienda digna para todos*

<u>Consejo coordinador del sector de la construcción y desarrollo urbano (CCOCODESU)</u>

- *Organizaciones de la construcción y el desarrollo urbano*
- *Organizaciones de proveedores y servicios de la construcción y el desarrollo urbano*
- *Organizaciones de financiamiento y crédito de la construcción y el desarrollo urbano*

Sigamos ahora con la coordinación de organizaciones del sector social.

Coordinación General de organizaciones del sector social (COSSOC)

Esta coordinación general de organizaciones del sector social tiene por objetivo establecer esquemas de enlace, coordinación y trabajo entre las organizaciones del sector social, que a su vez estarán conformadas en consejos coordinadores por concepto y rubro. Esta coordinación integrará a organizaciones populares, sociales, diversas y genéricas sociales y de personas con capacidades diferentes, entre otras. Para estos fines, estos sectores conformarán consejos coordinadores de diversos tipos y rubros, como la propuesta que se presenta a continuación.

- *Consejo coordinador de organizaciones populares (CCOP)*
- *Consejo coordinador de organizaciones sociales (CCOSO)*
- *Consejo coordinador de organizaciones de personas con capacidades diferentes, diversidades y minorías (CCOPEDIM)*
- *Consejo coordinador para la ecología y medio ambiente (CCOECAM)*
- *Consejo coordinador de organizaciones no gubernamentales (CCORNOGUB)*
- *Consejo coordinador de organizaciones de pueblos indígenas y nativos (CCOPINA)*
- *Coordinación de organizaciones e instituciones de medios de comunicación y publicidad (COMEDCO)*
- *Coordinación de organizaciones de derechos humanos (CODERHUM)*
- *Coordinación de organizaciones por la alimentación y la vida digna (COALVID)*
- *Coordinación de organizaciones para el desarrollo social (CODES)*
- *Coordinación de organizaciones para la educación (CORED)*
- *Coordinación de organizaciones para el desarrollo y la defensa de la familia y la niñez (CODEFANI)*
- *Coordinación de organizaciones de defensa de la seguridad pública y procuración de justicia (COSEPPJUS)*
- *Coordinación de organizaciones de defensa de víctimas de delito (COVIDEL)*
- *Coordinación de organizaciones para la erradicación de la pobreza y marginación (COEPOMA)*
- *Consejos coordinadores de organizaciones y sectores similares y relacionados*

Veamos de forma sintetizada cada uno de estos consejos coordinadores del sector social, su conformación y su esquema organizacional.

Consejo Coordinador de Organizaciones populares (CCOP)

- *Consejo representativo de organizaciones populares de todo concepto y rubro*
- *Consejo representativo de sectores poblacionales*
- *Consejo de organizaciones, agrupaciones y confederaciones de todo tipo de representatividad popular*

Veamos a detalle cómo se conformarán cada una de estas representaciones de organizaciones populares y posteriormente se verán los otros consejos coordinadores del sector social.

Consejo representativo de organizaciones populares de todo concepto y rubro

- *Organizaciones populares institucionales comerciales, de servicios, de tianguistas y mercados, de micro y pequeños comerciantes y productores y de todos los rubros y profesiones de la actividad humana*

- *Comités de organizaciones de los pueblos*
- *Comités de lucha populares legales*
- *Organizaciones populares no institucionales*

Consejo representativo de sectores poblacionales

- *Organizaciones de todos los sectores poblacionales*

Consejo de organizaciones, agrupaciones y confederaciones de todo tipo de representatividad popular

- *Organizaciones, agrupaciones y confederaciones de todo tipo de representatividad popular*

Este es un ejemplo de cómo se extiende la red de infinidad de organizaciones, agrupaciones, grupos, comités y representaciones que conforman el amplio abanico de las organizaciones en todos los países y sus entidades y localidades, y el esfuerzo que deberán hacer los gobiernos y las sociedades para sectorizarlas en esquemas integrales que conformen un padrón real que las clasifique e inserte en esquemas y bloques organizacionales, con el fin de contar con este padrón real y ordenar y coordinar sus asuntos, problemáticas, necesidades y manifestaciones, y otorgarles representatividad organizacional, jurídica y de la sociedad.

Esto implica un orden, organización y funcionalidad de todas las organizaciones reales y representativas de sectores y personas, que, por tanto, podrán exponer y plantear sus asuntos, intereses y necesidades, además de que tendrán presencia, voz y propuestas para la mejora de su localidad y región, y de su gremio, organización y sector y, por lo tanto, de su país.

Prosigamos con los otros consejos coordinadores del sector social, los cuales solamente se nombrarán, sabiendo que estarán conformados por una amplia diversidad de organizaciones del sector correspondiente.

Consejo Coordinador de Organizaciones sociales (CCOSO)

- *Organizaciones sociales de todo concepto y rubro*
- *Organizaciones de sectores sociales populares*
- *Organizaciones de sectores sociales micro, pequeños y medianos*
- *Organizaciones de sectores sociales grandes y amplios*
- *Organizaciones sociales diversas de conceptos no contemplados en los anteriores sectores sociales*

Consejo Coordinador de Organizaciones de personas con capacidades diferentes, diversidades y minorías (CCOPEDIM)

- *Organizaciones de personas con capacidades diferentes de todo concepto y rubro*
- *Organizaciones de diversidades y minorías de todo concepto y rubro*

Consejo coordinador para la ecología y medioambiente (CCOECAM)

- *Organizaciones para el desarrollo y protección de la ecología*
- *Organizaciones para el desarrollo y protección del medioambiente*
- *Organizaciones de defensa de los derechos de la fauna y flora*
- *Organizaciones altruistas y financieras de la ecología y medio ambiente*

Consejo coordinador de organizaciones no gubernamentales (CCORNOGUB)

- *Organizaciones no gubernamentales de todo orden, concepto y rubro*

Consejo coordinador de organizaciones de pueblos indígenas y nativos (CCOPINA)

- *Organizaciones representativas de los pueblos indígenas y nativos*
- *Organizaciones institucionales para el desarrollo de los pueblos indígenas y nativos*
- *Comités de lucha legales de pueblos indígenas y nativos*
- *Organizaciones no institucionales de pueblos indígenas y nativos*

Coordinación de organizaciones e instituciones de medios de comunicación y publicidad (COMEDCO)

- *Organizaciones de medios de comunicación en general*
- *Organizaciones de medios de comunicación de periódicos y revistas*
- *Organizaciones de medios de comunicación de la radio*
- *Organizaciones de medios de comunicación de televisión*
- *Organizaciones de medios de publicidad y difusión*
- *Organizaciones de protección a medios de comunicación y publicidad*

Coordinación de organizaciones de derechos humanos (CODERHUM)

- *Organizaciones de desarrollo de los derechos humanos*
- *Organizaciones defensa de los derechos humanos*
- *Organizaciones de defensa de activistas de derechos humanos*

Coordinación de organizaciones por la alimentación y la vida digna (COALVID)

- *Organizaciones por la suficiencia alimentaria poblacional*
- *Organizaciones en defensa de la vida digna*
- *Organizaciones por la nutrición de la niñez*

<u>Coordinación de organizaciones para el desarrollo social (CODES)</u>

- *Organizaciones por el desarrollo social integral*
- *Organizaciones por la defensa de las minorías vulnerables*
- *Organizaciones por la lucha de los satisfactores sociales*

<u>Coordinación de organizaciones para la educación (CORED)</u>

- *Organizaciones por el desarrollo educativo integral*
- *Organizaciones por la defensa de la educación para todos*
- *Organizaciones para la erradicación del rezago educativo y el analfabetismo*
- *Organizaciones de académicos, profesores, alumnos y de personal de la educación*
- *Organizaciones de instituciones y centros educativos de alto nivel*
- *Organizaciones de instituciones y centros educativos pequeños y medianos*

<u>Coordinación de organizaciones para el desarrollo y la defensa de la familia y la niñez (CODEFANI)</u>

- *Organizaciones para el desarrollo y defensa de la familia*
- *Organizaciones para el desarrollo y defensa de la niñez*
- *Organizaciones de servicios integrales de la familia y la niñez*

<u>Coordinación de organizaciones de defensa de la seguridad pública y procuración de justicia (COSEPPJUS)</u>

- *Organizaciones de defensa de la seguridad pública para todos*
- *Organizaciones de una procuración justa e imparcial*
- *Organizaciones de seguimiento y percepción de seguridad pública y justicia*
- *Organizaciones de defensa de víctimas de la inseguridad y de una deficiente procuración de justicia*

<u>Coordinación de organizaciones de defensa de víctimas de delito (COVIDEL)</u>

- *Organizaciones de defensa de víctimas del delito y el crimen*
- *Organizaciones de prevención social del delito*

<u>Coordinación de organizaciones para la erradicación de la pobreza y marginación (COEPOMA)</u>

- *Organizaciones para la erradicación de la pobreza y marginación*
- *Organizaciones para la transición de la pobreza a la productividad*
- *Organizaciones para la justicia de los sectores empobrecidos*
- *Organizaciones de apoyo asistencial a sectores empobrecidos*
- *Organizaciones para la vida digna de los sectores empobrecidos*
- *Organizaciones de enlace local, nacional e internacional para erradicar la pobreza*

Pasemos ahora a la siguiente coordinación general, que será la de organizaciones del sector político.

Coordinación General de organizaciones del sector político (COSPO)

Esta coordinación general tendrá a su cargo el establecimiento de los esquemas de enlace, coordinación, trabajo y logística de las organizaciones del sector político, sin injerencia en la vida interna de las organizaciones, ni ninguna atribución en las decisiones o definiciones políticas internas, aunque si podrá generar y participar en los aspectos de conformación y generación de estrategias de las actividades del sector y sus instancias. Para llevar a cabo esta función se contará con un coordinador general que estará interrelacionado con los otros coordinadores de organizaciones y sectores, para la funcionalidad del sistema y del consejo coordinador de organizaciones de sectores políticos de todo país y entidad. El sector político engloba a organizaciones políticas diversas, que pueden ser adscritas o ser parte de organizaciones de partidos políticos. También contiene organizaciones electorales y organizaciones políticas no partidistas. Veamos los consejos que podrían conformar esta coordinación.

- *Consejo coordinador de organizaciones políticas (CCOPOL)*
- *Consejo coordinador de organizaciones políticas no partidistas (CCOPONOPA)*
- *Consejo coordinador de partidos políticos (CCOPAPO)*
- *Consejo coordinador de organizaciones electorales (CCOREL)*
- *Consejo coordinador de organizaciones por la democracia (CCODEM)*
- *Consejos coordinadores de organizaciones y sectores similares y relacionados*

Veamos la conformación de cada uno de estos consejos de sectores políticos.

Consejo Coordinador de Organizaciones políticas (CCOPOL)

- *Organizaciones políticas de diversos conceptos y tipos*
- *Organizaciones políticas adscritas o sectores de partidos políticos*
- *Organizaciones, confederaciones y congresos políticos populares, obreros, campesinos, de profesionistas, empresariales, religiosos, de trabajadores, de sindicatos y de todos los rubros y profesiones.*

Consejo coordinador de organizaciones políticas no partidistas (CCOPONOPA)

- *Organizaciones políticas no partidistas, para la paz y el desarrollo*
- *Organizaciones políticas no partidistas, por la justicia social*
- *Organizaciones políticas no partidistas de todo rubro y concepto*

Consejo coordinador de partidos políticos (CCOPAPO)

- *Partidos políticos de diversas tendencias, conceptos y tipos*
- *Organizaciones de partidos políticos sin registro*
- *Organizaciones de partidos políticos no reconocidos*

Consejo coordinador de organizaciones electorales (CCOREL)

- *Organizaciones e instituciones electorales*
- *Organizaciones de desarrollo y análisis de conceptos electorales*

Consejo coordinador de organizaciones por la democracia (CCODEM)

- *Organizaciones políticas por la democracia*
- *Organizaciones de defensa y desarrollo de la democracia*

Coordinación General del sector cultural y recreativo (COSCUR)

Esta coordinación del sector cultural y recreativo tiene a su cargo el establecimiento de los esquemas de enlace, coordinación, interrelación y trabajo de las organizaciones culturales, artísticas, deportivas, recreativas y religiosas de todo contexto, entre otros conceptos. Esta coordinación del sector cultural y recreativo englobará a los consejos coordinadores respectivos a los conceptos y rubros descritos. Veamos estos consejos coordinadores y sus organizaciones.

- *Consejo coordinador de organizaciones culturales y artísticas (CCOCUART)*
- *Consejo coordinador de organizaciones deportivas (CCODEP)*
- *Consejo coordinador de organizaciones recreativas, de esparcimiento y diversión (CCOREDI)*
- *Consejo coordinador de organizaciones religiosas (CCORELI)*
- *Consejos coordinadores de organizaciones y sectores similares y relacionados*

A continuación, se describirá de forma sintetizada cada uno de estos Consejos coordinadores y las organizaciones que los conforman.

Consejo coordinador de organizaciones culturales y artísticas (CCOCUART)

- *Organizaciones y sectores culturales*
- *Organizaciones y sectores artísticos*
- *Organizaciones culturales de alto perfil*
- *Organizaciones artísticas de alto perfil*
- *Organizaciones culturales y artísticas de todo concepto y tipo*
- *Organizaciones de protección y defensa de los derechos de autor*
- *Organizaciones de apoyo y financiamiento de actividades culturales y artísticas*
- *Organizaciones de desarrollo de actividades culturales y artísticas*

Consejo coordinador de organizaciones deportivas (CCODEP)

- *Organizaciones deportivas profesionales y de alto perfil*
- *Organizaciones deportivas en general*
- *Organizaciones deportivas amateurs de alto perfil*
- *Organizaciones deportivas amateurs*
- *Organizaciones de apoyo y financiamiento de actividades deportivas*
- *Organizaciones de desarrollo de actividades deportivas*
- *Organizaciones de representación de deportistas y atletas*
- *Organizaciones para el desarrollo y financiamiento de deportistas y atletas*
- *Organizaciones para eventos deportivos de alto nivel*
- *Organizaciones de eventos deportivos*
- *Organizaciones de financiamiento de eventos deportivos*

Consejo coordinador de organizaciones recreativas, de esparcimiento y diversión (CCOREDI)

- *Organizaciones de centros nocturnos, bares y de diversión de todo concepto*
- *Organizaciones de centros de esparcimiento, cines, teatros y de todo concepto*
- *Organizaciones de centros de juegos y recreativos en general*
- *Organizaciones de esparcimiento, diversión y recreación en general*

<u>Consejo coordinador de organizaciones religiosas (CCORELI)</u>

- *Organizaciones religiosas de todo concepto y orden*
- *Organizaciones católicas*
- *Organizaciones musulmanas*
- *Organizaciones cristianas*
- *Organizaciones budistas*
- *Organizaciones hinduistas*
- *Todas las organizaciones que conforman estos rubros y a la diversidad de religiones*

Todo lo anterior son ejemplos de algunas organizaciones de la sociedad y como podrían ser esquematizadas, conformadas y organizadas en todos los sentidos, incluso en su interrelación y en su relación planificada con sociedades y gobiernos, y con instituciones y organizaciones públicas y privadas locales, estatales, nacionales e internacionales de todo rubro y concepto.

El universo organizacional de los sectores de las sociedades de todos los países es sumamente amplio y diverso, en algunos habrá muchos más que en otros, pero en todos es muy grande y diverso, además de que se tienen tantas problemáticas, asuntos, planteamientos y propuestas como organizaciones y grupos existan, por eso el esfuerzo y la visión de los gobernantes y sociedades de todo país y sus entidades por planificar y ordenar en esquemas efectivos y funcionales toda la conformación y actividad política y social, de todas las organizaciones y sectores, de toda sociedad y contexto, es digna de reconocimiento y apoyo, ya que esto indudablemente coadyuva significativamente en el desarrollo integral y en la mejora sustantiva de la calidad de vida.

Esta esquematización, visión y esfuerzo conjunto, tienen también la finalidad de contar con la presencia de todos los grupos y sectores de los respectivos países y sus entidades, en la generación de planteamientos y propuestas para el desarrollo integral y para contar con la voz de las personas y de la sociedad y sus sectores de forma directa ante sus gobiernos federales, estatales, municipales y locales, y ante todas las instancias y organizaciones locales, nacionales e internacionales que impliquen el tratamiento de los asuntos para el desarrollo de las mismas organizaciones, de los sectores y de sus países y entidades.

4. *Sistema nacional de planeación y desarrollo integral sostenible*

Sabemos que los países desarrollados y emergentes cuentan con efectivos sistemas y esquemas de planeación gubernamental para el desarrollo integral sostenible, con infraestructura, estudios y proyecciones que les permiten planificar sus proyectos, conceptos y programas de forma estratégica, prioritaria, ordenada y con visión e inteligencia, lo que establece las mejores condiciones para lograr e impulsar este desarrollo integral.

En cambio, los países subdesarrollados y empobrecidos, que son una amplia mayoría en el contexto internacional, adolecen de esquemas y planes para el desarrollo, ya que en muchos de los casos estos planes se utilizan solamente como instrumento de propaganda política, para que los gobiernos demuestren a la sociedad que tienen y ejecutan estos planes, que normalmente son simples documentos de información contextual de aspectos y cifras del desarrollo histórico de un país, pero nunca conforman un verdadero plan estratégico de desarrollo que contenga proyectos y esquemas globales y específicos, que pueden ser generados de acuerdo a la planificación y a las condiciones de los contextos, y a la capacidad y visión de los representantes de gobiernos y sectores, con objetivos y metas específicas locales, regionales y nacionales, entre otros aspectos. Debido a esta conformación y operación de los planes de desarrollo en muchos países y sus entidades con gobiernos deficientes, el desarrollo es y será mínimo, y en muchos de los casos no existirá o, al contrario, se contraerá o será inverso, además de que la escasa productividad se genera de forma aleatoria, de acuerdo a los recursos y al compromiso de los gobiernos con algunos sectores y grupos. Esta deficiente conformación de los planes de desarrollo se basa en el contenido de información y resultados del desarrollo histórico, y de proyectos y actividades generalmente aleatorias que se podrán realizar en el tiempo político del gobierno en turno que emite este plan, plasmados de forma enunciativa, más no por medio de una planificación específica del contexto respectivo.

En otros países pobres ni siquiera existen estrategias para generar productividad y desarrollo, por lo que existe una urgencia para implementar verdaderos planes y esquemas de desarrollo, que integren a los sectores, de acuerdo a sus capacidades y condiciones, en todo tipo de actividad productiva y de sustentabilidad, desde una mínima productividad hasta una productividad sustantiva, pero esto sólo se logra con el compromiso, la capacidad y la visión de los propios gobernantes y funcionarios, así como con la fundamental ayuda de otros gobiernos aliados y de las instancias internacionales para el desarrollo, porque de otra forma la espiral de pobreza y marginación aumentará en estos países. Por estas razones, el objetivo de esta propuesta es el de establecer, entre otros conceptos para la productividad, un sistema integral de planeación y desarrollo y una coordinación gubernamental y sectorial para el desarrollo integral, así como el de establecer esquemas de políticas públicas con visión, ideas, propuestas, instrumentos y proyectos, además de la planificación y los esquemas necesarios y adecuados para que todos los diversos y diferentes contextos del mundo, con sus microrregiones, comunidades, regiones y entidades, tengan las posibilidades reales de generar e impulsar el desarrollo integral y las mejores condiciones de vida para la gente. Este sistema coordinador de planificación y desarrollo de los países, podrá ser denominado de diversas formas, pero como ejemplo se le pondrá el nombre de sistema generador de los planes para el desarrollo integral sostenible (SIGEPLADESO) y su institución coordinadora para la generación del desarrollo integral se denominará secretaría de planeación del desarrollo integral (SEPADEIN).

Veamos estos conceptos que podrían ser implementados por todo gobierno del contexto internacional para generar e impulsar el desarrollo integral sostenible.

Sistema generador de los planes para el desarrollo integral sostenible (SIGEPLADES)

Este sistema deberá ser parte importante de un esquema institucional para el desarrollo y el trabajo productivo, conformado por un sistema consultivo nacional para el desarrollo, el gobierno y la sociedad, con el objetivo prioritario de generar verdaderos y efectivos planes para el desarrollo nacional y el desarrollo de las entidades, municipios y localidades, de forma constitucional, institucional y esquemática, por medio de un sistema de políticas públicas, estudios, análisis, proyecciones y recomendaciones de especialistas de todo rubro y concepto, así como de los sectores de la sociedad, para darle a los gobernantes los elementos para su decisión final. Independientemente de los escenarios económicos, políticos, sociales y del contexto internacional, este amplio esquema deberá implementar los procesos institucionales para generar los planes de desarrollo de todo país y sus entidades, siempre con el sentir, las necesidades, los planteamientos y la visión de la sociedad, del gobierno y de los diversos sectores de un contexto.

Este esquema, por tanto, generará de forma sostenida y sistematizada los estudios, análisis, proyecciones, procesos y resultados que permitan plasmar las necesidades y propuestas, así como las condiciones de los contextos y la visión y el sentir del estado, del gobierno y de la sociedad, para que así, de acuerdo a los recursos y presupuestos, y al compromiso y voluntad de todos, se logren generar verdaderos y efectivos planes para el desarrollo local, municipal, estatal, regional y nacional. Veamos las instituciones y los esquemas que conforman este sistema generador de los planes para el desarrollo integral de todo país.

- *Gobiernos federales, estatales, municipales y locales*
- *Sociedades y sus sectores*
- *Sistema consultivo nacional (SICONAL)*

Al interior de un sistema consultivo nacional tenemos que los diversos consejos de trabajo de los sectores y los gobiernos deberán generar sus propuestas e iniciativas, para ser evaluadas, aprobadas e integradas a los planes de desarrollo de sus contextos respectivos y, asimismo, establecer las políticas públicas para el desarrollo de sus entidades.

<u>Funcionamiento del sistema generador de los planes de desarrollo integral</u>

El gobierno federal y los gobiernos estatales, municipales y locales, al igual que un sistema consultivo nacional (SICONAL) y el sistema generador de los planes de desarrollo integral (SIGEPLADES) contarán cada uno con la siguiente infraestructura para estos fines.

<u>Coordinación de enlace del sistema (SIGEPLADES)</u>

- *Oficina de enlace del SIGEPLADES del gobierno federal*
- *Oficinas de enlace del SIGEPLADES de los gobiernos estatales*
- *Oficinas de enlace del SIGEPLADES de los gobiernos municipales*
- *Oficinas de enlace del SIGEPLADES de los gobiernos locales*

- *Oficinas de enlace del SIGEPLADES del sistema consultivo nacional (SICONAL)*
- *Oficina de enlace del SIGEPLADES del sistema generador de los planes de desarrollo*

<u>Dirección de procesos del sistema (SIGEPLADES)</u>

- *Oficina de procesos del SIGEPLADES del gobierno federal*
- *Oficinas de procesos del SIGEPLADES de los gobiernos estatales*
- *Oficinas de procesos del SIGEPLADES de los gobiernos municipales*
- *Oficinas de procesos del SIGEPLADES de los gobiernos locales*

- *Oficinas de procesos del SIGEPLADES del sistema consultivo nacional (SICONAL)*
- *Oficina de procesos del SIGEPLADES del sistema generador de los planes de desarrollo*

Cada una de estas áreas tendrá la siguiente atribución y el siguiente funcionamiento:

<u>Coordinación de enlace del SIGEPLADES</u>

Esta coordinación de enlace, con sus oficinas de enlace en las diversas áreas y ámbitos, tendrá como función principal enlazar y coordinar a estas instituciones para que generen y presenten sus documentos, iniciativas y propuestas, ya evaluadas y aprobadas por sus respectivas instancias, ante este sistema de generación de planes de desarrollo, para una evaluación final, en lo particular y en su conjunto, de acuerdo a una agenda y calendario, y para ser planificados y presupuestados, si así correspondiera. Esta coordinación de enlace y sus oficinas, también de enlace, por tanto, mantendrán la funcionalidad y operatividad del sistema en cuanto a la presentación de planteamientos de documentos, propuestas e iniciativas, para su incorporación a los planes de desarrollo correspondientes.

Muchas iniciativas no podrán entrar en el ejercicio presupuestal de los gobiernos en determinados tiempos, sin embargo, podrán considerarse en los siguientes ejercicios presupuestales, siempre en base a una planificación integral con visión de estado, que integre los proyectos que, de forma conjunta, contemplen las proyecciones para lograr y establecer polos importantes de desarrollo, derivados de propuestas integrales locales, regionales y nacionales que contengan esta visión de desarrollo integral. Quedarán fuera los proyectos que solamente especifiquen conceptos muy locales y de poco alcance local y regional. Veamos entonces el funcionamiento de las instancias y de los procesos de este sistema de generación de los planes de desarrollo.

Dirección de procesos del SIGEPLADES

Esta dirección, conjuntamente con las oficinas de procesos del sistema generador de los planes de desarrollo en sus respectivos órdenes y ámbitos, tendrá por objetivo evaluar, analizar, procesar y conjuntar las iniciativas derivadas de las diversas instancias del sistema, de los gobiernos y de los sectores, para establecer los procesos de conformación de los planes para el desarrollo, así como para generar la planificación nacional, estatal, municipal y local, de acuerdo a tiempos y términos respectivos. Esta propuesta de planificación deberá ser planteada ante todo gobernante para su análisis y aprobación, y en su caso, para su tramitación al congreso legislativo respectivo para la aprobación, promulgación y aplicación de estos planes como instrumentos, políticas públicas, leyes y programas para el desarrollo en toda entidad de un país. La trascendencia de estas oficinas de procesos será importante, ya que generarán proyectos e iniciativas para establecer programas que permitan producir la planificación, la presupuestación, los procesos y los esquemas de los planes para el desarrollo de todo país y entidad. Así, cada oficina de procesos tendrá por objetivo estructurar los planes de desarrollo de todo ámbito, orden y contexto. Veamos las instancias y conceptos considerados para elaborar estos planos de desarrollo.

Plan nacional de desarrollo

- *Sistema generador del plan nacional de desarrollo (SIGEPLADES)*
- *Coordinación de planificación nacional anual del desarrollo*
- *Gobierno federal*
- *Sistema consultivo nacional*
- *Consejo nacional de estado*
- *Consejo nacional de ex presidentes y gobernantes de un país*
- *Consejo nacional de ex gobernadores de entidades*
- *Consejo consultivo nacional de notables*
- *Consejo nacional popular*

Plan estatal de desarrollo

- *Sistema generador del plan estatal de desarrollo (SIGEPLESDES)*
- *Coordinación de planificación estatal anual del desarrollo*
- *Gobierno estatal*
- *Sistema consultivo estatal*
- *Comité estatal de ex gobernadores de la entidad*
- *Consejo estatal de notables*
- *Consejo consultivo estatal popular*

Plan municipal y local de desarrollo

Sistema generador del plan municipal de desarrollo	*Sistema generador del plan local de desarrollo*
Coordinación de planificación municipal anual del desarrollo	*Coordinación de planificación local anual del desarrollo*
Gobierno municipal	*Gobierno local*
Consejo municipal de notables	*Consejo local de notables*
Consejo consultivo municipal popular	*Consejo consultivo local popular*

Como se observa, este esquema gubernamental, que incluye todas las instancias y sistemas de gobierno y de la sociedad, seguramente logrará planificar y generar, con visión de estado, los planes de desarrollo de todo país, entidad y localidad.

Este esquema permitirá sistematizar la planeación en todo país y sus entidades, independientemente del contexto y tiempos políticos, sociales, administrativos, económicos y de gobierno, y de los entornos internos e internacionales, lo que generará una planeación analizada, ordenada y organizada con visión de estadista, de forma conjunta y consensuada, así como una proyección estratégica para detonar e impulsar el desarrollo nacional, regional y local de todo país. Esto permitirá, por consecuencia, la generación de procesos productivos, sociales integrales, educativos, de capacitación y culturales, entre otros muchos aspectos, que asimismo mejorarán, de forma notable y sustantiva, la capacidad y la calidad de vida de la gente y de las sociedades en su conjunto.

<u>Esquema del sistema de generación de los planes para el desarrollo de un país</u>

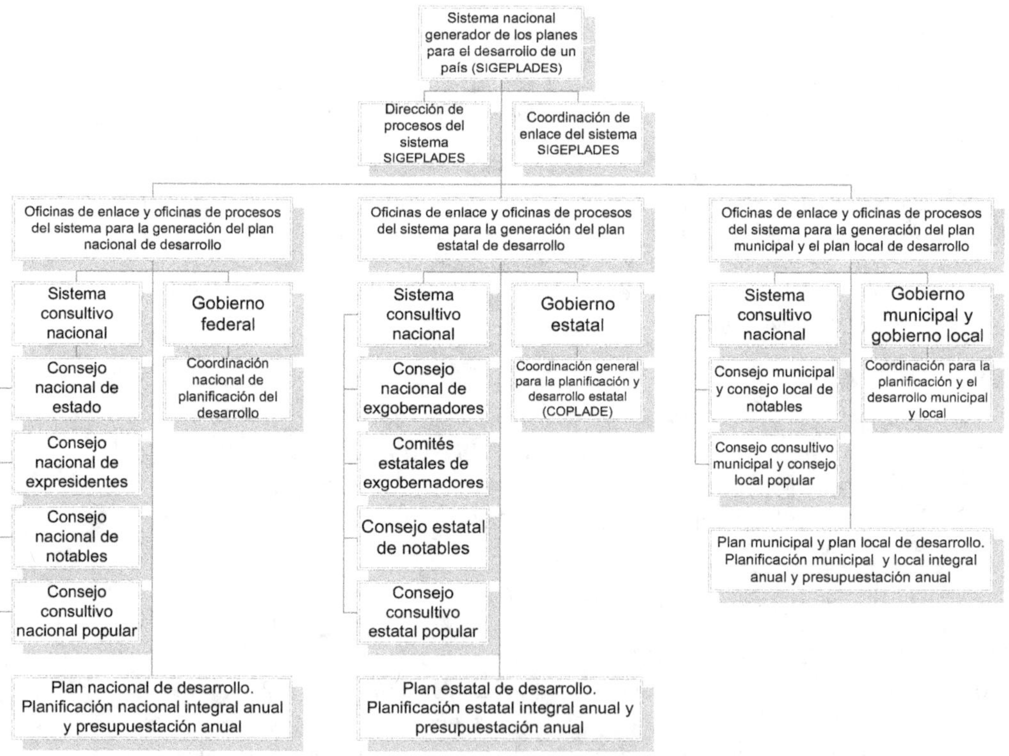

<u>Conclusiones del sistema para la generación de los planes de desarrollo</u>

Con este sistema, conformado por un esquema sistematizado y automatizado, se generarán los planes de desarrollo del ámbito nacional, estatal, municipal y local, coadyuvando con los gobiernos en funciones, de todo orden y ámbito, en la tarea de planificación de estado y gobierno para el desarrollo integral sostenible.

Este sistema funcionará independientemente de la forma de trabajo de cualquier orden y tipo de gobierno, ya que su esquema es sistematizado, automatizado, sustantivo, funcional, operativo y resolutivo, por lo que los gobernantes en función en cualquier ámbito y tiempo, contarán con un instrumento efectivo y de alcance, así como con visión de estado para el desarrollo integral. Además, este sistema permite proyectar de forma anual, trimestral, mensual y al día, o en los lapsos que se considere, la planificación del desarrollo en todo ámbito y tiempo, lo que permitirá presupuestar los recursos necesarios por parte de los congresos y poderes ejecutivos respectivos, además de generar proyecciones estratégicas de desarrollo de forma anualizada, trimestral y mensual o el lapso que se considere. Este concepto permitirá, asimismo, realizar un amplio y específico seguimiento y aplicación de los presupuestos, los recursos y los servicios de todo tipo y orden.

El sistema también permitirá planificar con visión de estado y de forma integral el desarrollo de los contextos, y establecer esquemas de estrategias, de objetivos, de planificación y de proyecciones, así como de políticas y programas necesarios, que serán generados de forma conjunta e integral, además de establecer sistemas de desarrollo productivo y competitivo, con esquemas de gestión de la calidad y de responsabilidad social, de capacitación, liderazgo y productividad de alto nivel, que impulsarán a un país y sus entidades a subir posiciones ante países emergentes y desarrollados, y otorgar a la gente una mayor calidad de vida.

Secretaría de planeación del desarrollo integral (SEPADEIN)

Esta instancia de gobierno se propone porque una gran mayoría de gobiernos subdesarrollados y empobrecidos, así como algunos intermedios, no cuentan con esquemas efectivos para generar desarrollo en sus contextos, aunque si cuentan con las leyes e instituciones de gobierno para estos fines, sin embargo, no son aplicadas y utilizadas de forma efectiva o son deficientes, o simplemente no pueden ser utilizadas y operadas por incapacidad de funcionarios y trabajadores de estos contextos subdesarrollados, o porque simplemente no les interesa ni tienen el compromiso de trabajo para generar el desarrollo de sus pueblos y sociedades. Una secretaría de planeación y desarrollo integral deberá crearse, establecerse e integrarse a la administración pública de todo gobierno, ya que, como se ha comentado, no existe una instancia gubernamental efectiva en estos gobiernos ineficientes, que realice la planeación para el desarrollo, porque simplemente la infraestructura de estas administraciones públicas federales, estatales, municipales y locales, y de los gabinetes de gobierno, no tienen los elementos ni los conceptos para lograr el objetivo de desarrollo.

En los gobiernos de los países desarrollados se cuenta con avanzadas y efectivas instancias especializadas para generar las políticas públicas y programas que apoyen e impulsen los proyectos, la infraestructura y los sectores productivos, mientras que en una gran mayoría de los demás gobiernos, esta instancia no existe o algunas de sus funciones se distribuyen en otras instituciones de gobierno, que las implementan no en un sentido integral planificado y con visión de desarrollo, sino simplemente como metas de una oficina burocrática, en el mejor de los casos, ya que en otros muchos aspectos ni siquiera se tienen ni se prevé contar con la planificación de estos programas y políticas para el desarrollo. En este sentido, la función para el desarrollo se distribuye y disemina en diversas áreas de gobierno dedicadas a este rubro, y no se concentran en un área que planifique y genere este desarrollo, lo que impide una mayor política de productividad, por ejemplo, observamos que una secretaría o ministerio de desarrollo social solamente trata de establecer los programas e instrumentos que contengan esquemas y especificaciones para generar desarrollo social integral en todos los sectores de la sociedad, pero especialmente en los sectores poblacionales económicamente bajos, además de implementar, de forma conjunta y mientras se establecen los índices adecuados de productividad, los programas de apoyo asistencial. Como se observa, este concepto se une a otros conceptos para el desarrollo, generados en diversas instituciones de gobierno, con lo que se conforma, de forma conjunta, un esfuerzo para lograr el desarrollo. No es lo ideal, pero son avances buenos en este sentido.

Muchos países cuentan con secretarías o ministerios de economía o de desarrollo, los que en su generalidad si establecen programas y fondos con la finalidad de generar proyectos productivos y apoyo a la productividad, al comercio y a la industria, sin embargo, sus programas son específicos para determinadas actividades, que no siempre son las necesarias y adecuadas, además de contar con pocos recursos económicos y de que su alcance no es amplio, porque solo generan algún desarrollo coyuntural y local, ya que los recursos son dirigidos a grupos de productores o empresarios, que buscan beneficiar preferentemente a sectores económicamente bajos, lo cual muchas veces tampoco se logra, porque las especificaciones de estos programas están fuera de la realidad de la mayoría de estos empresarios, que requieren financiamientos con muy bajos intereses y buenos incentivos, por lo que al no lograrse estas condiciones, el financiamiento y la distribución de recursos son deficientes y no cumplen con sus objetivos.

Algunas otras instancias como los consejos para el desarrollo tampoco cumplen con la visión de generar una planificación en base a estudios, proyectos y proyecciones para el desarrollo integral, y solamente trabajan en la distribución de los recursos federales a entidades y municipios y no como un ente con visión especializada para el desarrollo. En fin, en los países subdesarrollados, y peor aún en los empobrecidos, no existen las condiciones gubernamentales ni de los sectores de la sociedad para generar este desarrollo, además de que no se cuenta con las instancias ni programas específicos e integrales con visión para permitir una eficiente planificación para el desarrollo de sus regiones y localidades.

Otros instrumentos denominados fondos de financiamiento gubernamentales para el desarrollo también cuentan con algunos programas que apoyan a determinados proyectos productivos y actividades comerciales y productivas de determinadas personas y grupos, sin embargo, también carecen de la visión integradora para generar un desarrollo integral nacional. Como se observa, se tienen instituciones y programas de apoyo a proyectos productivos y en determinados casos a proyectos integrales, sin embargo, se carece de políticas de planeación y desarrollo integral, a nivel nacional, estatal, municipal y local en muchos países, que cuenten con la visión y el trabajo para generar los esquemas y procesos necesarios que planifiquen el desarrollo de sus respectivos contextos.

El estado tiene la facultad constitucional e institucional de establecer la planificación y el desarrollo integral sostenible con la visión y las políticas públicas adecuadas, y de acuerdo a los factores y condiciones de los mercados y la productividad mundial. Por eso es fundamental que los gobiernos ejerzan estas atribuciones y funciones obligatorias de forma efectiva, porque parece que en la mayoría de países es al revés, debido a múltiples factores como lo son la falta de recursos, de capacidad, de visión y de compromiso y voluntad, así como la corrupción y la opacidad en el uso de los recursos públicos.

Actualmente muchas instituciones de gobierno que corresponden al desarrollo, en especial en contextos de subdesarrollo, simplemente buscan cumplir, en el mejor de los casos, con las metas específicas de cada programa, así como cumplir con la aplicación de los presupuestos, recursos y fondos asignados a estas metas, que no tuvieron una buena planificación, para que de esta forma se generen los apoyos a diversos factores de la productividad, sin embargo, esta forma de trabajo carece de visión integradora y de planificación efectiva.

En la actualidad, y en su generalidad, los recursos presupuestados por los gobiernos de los contextos subdesarrollados se distribuyen de forma aleatoria, de acuerdo a como se vayan presentando los tiempos y las coyunturas políticas, así como las insistencias de las solicitudes de los apoyos de inversión y financiamiento, y de los programas respectivos. Una gran cantidad de veces, con una nula planeación integral y sin visión de estado, se otorgan los recursos y apoyos a quienes más insisten, claro que siempre y cuando sus proyectos pasen la normatividad, por lo que la política de desarrollo actual en estos países, entidades y localidades es la de otorgar recursos a quienes lo soliciten o a quienes los dirigentes consideren preparados o que sean amigos, con la simple finalidad de apoyar la productividad, aunque estos apoyos se otorguen de forma pulverizada y sin ninguna planificación ni orden.

Con estos métodos deficientes de trabajo actual se pulverizan los recursos, al igual que los beneficios de los programas y los fondos de financiamiento existentes que, dicho sea de paso, algunos pueden ser muy buenos y efectivos y podrían mantenerse en todo esquema, para coadyuvar, mediante la planificación adecuada, en el desarrollo de todo país y sus entidades.

La política de desarrollo actual de la mayoría de los países, en su generalidad, y sobre todo en aquellos países subdesarrollados y empobrecidos, aunque existen casos que no es así, se asemeja, por ejemplo, a un partido de fútbol de niños pequeños en el que al rodar la pelota, todos van por ella para patearla, y esto quiere decir que nuestro desarrollo se practica de acuerdo a quienes soliciten los recursos para sus proyectos, pero sin una estrategia y planificación, como lo debería ser, al igual que un equipo de fútbol soccer profesional, con sistemas y esquemas de trabajo que les permitan obtener sus objetivos de forma planificada y de acuerdo a las circunstancias del contexto. Por lo anterior, se considera que no existe una política de planeación y desarrollo integral de gobierno, sobre todo de países en subdesarrollo y pobreza, y esto se debe también a otros factores, como la falta de recursos, la falta de capacidad de los gobiernos, la falta de planeación, el bajo nivel educativo en general, la delincuencia, la inseguridad y los entornos turbulentos, entre otros aspectos, que evitan que estas regiones se desarrollen y que se genere empleo y productividad para lograr mayores avances.

Estos gobiernos subdesarrollados también se basan en planes nacionales, estatales y municipales de desarrollo, que son heredados de administraciones gubernamentales anteriores, que a su vez así los heredaron y que los modificaron a sus respectivos tiempos, sin embargo, estos planes simplemente sirven como un instrumento de plataforma propagandística de nuevos gobiernos y de partidos políticos para acceder al poder, y también como instrumentos de difusión y promoción de los gobiernos entrantes de todo orden y ámbito, que tratan de mostrar a la sociedad que existe una planificación para el desarrollo de la entidad, sin embargo, y en su generalidad, sólo sirven de documentos de consulta, ya que también muestran logros y hechos del desarrollo histórico logrado en conjunto por gobiernos anteriores. Por estas razones será necesario generar una nueva forma de establecer planes y esquemas efectivos para el desarrollo integral, como los comentados anteriormente en este libro, los que se integrarán a los instrumentos de una secretaría o ministerio de planeación y desarrollo integral o a cualquier otra propuesta e instancia que sea efectiva y con visión para el desarrollo. Como se ha observado, deberá diseñarse y establecerse una verdadera instancia gubernamental para generar los planes de desarrollo, el SIGEPLADES, además de una nueva institución, para estos fines, que puede ser una secretaría de planeación y desarrollo, que operará estos esquemas y planes, además de coadyuvar en su conformación. Esta política pública deberá establecerse siempre mediante la consulta a los diversos sectores poblacionales e instancias de gobierno correspondientes, además de la sociedad en general que, por medio de estas instancias de gobierno, el SIGEPLADES y una secretaría de planeación y desarrollo integral, generarán y canalizarán las propuestas necesarias para ser analizadas y, en su caso, anexadas a los planes de desarrollo. Por lo tanto, esta secretaría de planeación y desarrollo integral, que también operará y ejecutará los esquemas y programas de estos planes, así como el sistema nacional para la generación de los planes de desarrollo, SIGEPLADES, serán las instancias encargadas para generar y establecer estos planes de desarrollo integral nacional, estatal, municipal y local.

Como se ha comentado, aunque en muchas entidades existen las coordinaciones de planeación para el desarrollo, estas basan su trabajo en la distribución de los recursos a municipios, a programas para el desarrollo y al aspecto asistencial, sin embargo, en la realidad no planifican el desarrollo integral de sus contextos, a pesar de que esté especificado en la ley, por lo que es necesario, para estos efectos, anexar una estructura cuya principal atribución y función sea planificar.

<u>Atribución del sistema nacional para la generación de los planes de desarrollo</u>

El sistema generador de los planes de desarrollo nacional, estatal y municipal se coordinará con la secretaría de planeación y desarrollo integral, con la finalidad de generar las iniciativas y propuestas derivadas de las problemáticas, necesidades y planteamientos de la sociedad y sus sectores, captadas por diversos esquemas y vías, para ser analizadas e integradas, de así corresponder, a los planes de desarrollo respectivos. Por lo tanto, estas instancias deberán abordar las iniciativas, las propuestas y las temáticas establecidas por el SIGEPLADES, para que sean integradas a los planes de desarrollo y a la planificación respectiva, ya que serán propuestas e iniciativas basadas en las necesidades y planteamientos de mejora de la población y del estado. La secretaría de planeación y desarrollo integral deberá integrar las iniciativas y propuestas en la planificación respectiva, por contener la visión de estado para el desarrollo integral.

<u>Esquema de conceptos de la secretaría de planeación del desarrollo integral</u>

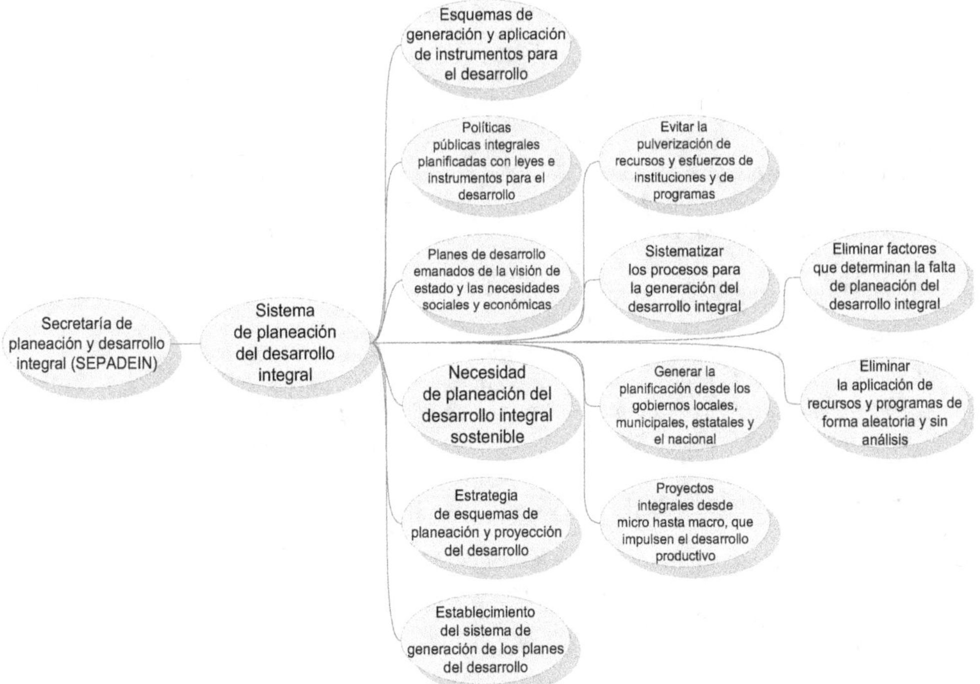

Vamos a observar ahora los conceptos de la infraestructura de la secretaría para el desarrollo integral del gobierno federal de un país, para conocer sus alcances y atribuciones. Veamos inicialmente las áreas estructurales que conforman esta importante infraestructura.

<u>Secretaría de planeación del desarrollo integral</u>

- *Subsecretaría de planeación del desarrollo integral*
- *Subsecretaría de la transición hacia la productividad*
- *Subsecretaría de desarrollo integral sustentable*
- *Subsecretaría para el desarrollo de los sectores productivos*

- *Coordinación estatal para el desarrollo de los sectores productivos*
- *Coordinación municipal para el desarrollo de los sectores productivos*
- *Coordinación local para el desarrollo de los sectores productivos*

- *Subsecretaría de normatividad, programas y procesos para el desarrollo integral*

- *Sistema para la generación de los planes de desarrollo (SIGEPLADES)*
- *Sistema para el desarrollo de los pueblos indígenas y nativos (SIDESIND)*

Veamos a continuación la conformación esquemática y organizacional de cada una de estas áreas, cuya finalidad es la de generar e implementar las políticas, estrategias y programas de gobierno para lograr el desarrollo integral sostenible y la mejora de la calidad de vida de la población.

<u>Subsecretaría de planeación del desarrollo integral</u>

- *Coordinación de planeación para el desarrollo nacional (COPLADENAL)*
- *Coordinación de planeación para el desarrollo estatal (COPLADEST)*
- *Coordinación de planeación para el desarrollo municipal (COPLADEMUN)*
- *Coordinación de planeación para el desarrollo local (COPLADELO)*

<u>Subsecretaría de la transición hacia la productividad</u>

- *Coordinación para la transición integral productiva nacional (COTRANAL)*
- *Coordinación para la transición integral productiva estatal (COTRANEST)*
- *Coordinación para la transición integral productiva municipal (COTRAMUN)*
- *Coordinación para la transición integral productiva local (COTRALOC)*

<u>Subsecretaría para el desarrollo integral</u>

- *Coordinación nacional para el desarrollo integral*
- *Coordinación estatal para el desarrollo integral*
- *Coordinación municipal para el desarrollo integral*
- *Coordinación local para el desarrollo integral*

<u>Subsecretaría para el desarrollo de los sectores productivos</u>

- *Coordinación nacional para el desarrollo de los sectores productivos*

- *Comité nacional para el desarrollo de la gran empresa*
- *Comité nacional para el desarrollo de la mediana empresa*
- *Comité nacional para el desarrollo de la pequeña empresa*
- *Comité nacional para el desarrollo de la microempresa*
- *Comité nacional para la integración y el desarrollo de la empresa ambulante*

<u>Coordinación estatal para el desarrollo de los sectores productivos</u>

- *Comité estatal para el desarrollo de la gran empresa*
- *Comité estatal para el desarrollo de la mediana empresa*
- *Comité estatal para el desarrollo de la pequeña empresa*
- *Comité estatal para el desarrollo de la microempresa*
- *Comité estatal para la integración y el desarrollo de la empresa ambulante*

<u>Coordinación municipal para el desarrollo de los sectores productivos</u>

- *Comité municipal para el desarrollo de la gran empresa*
- *Comité municipal para el desarrollo de la mediana empresa*
- *Comité municipal para el desarrollo de la pequeña empresa*
- *Comité municipal para el desarrollo de la microempresa*
- *Comité municipal para la integración y el desarrollo de la empresa ambulante*

<u>Coordinación local para el desarrollo de los sectores productivos</u>

- *Comité local para el desarrollo de la gran empresa*
- *Comité local para el desarrollo de la mediana empresa*
- *Comité local para el desarrollo de la pequeña empresa*
- *Comité local para el desarrollo de la microempresa*
- *Comité local para la integración y el desarrollo de la empresa ambulante*

<u>Subsecretaría de normatividad, programas y procesos para el desarrollo integral</u>

- *Dirección general de normatividad*
- *Dirección general de programas y procesos*
- *Dirección de análisis, estrategias y proyecciones*
- *Dirección general de finanzas y administración*
- *Dirección general de recursos y servicios*

<u>Sistema para la generación de los planes de desarrollo (SIGEPLADES)</u>

<u>Sistema para el desarrollo de los pueblos indígenas y nativos (SIDESIND)</u>

Veamos a continuación el organigrama de esta secretaría de planeación del desarrollo integral (SEPADEIN).

<u>Organigrama de la secretaría de planeación del desarrollo integral (SEPADEIN)</u>

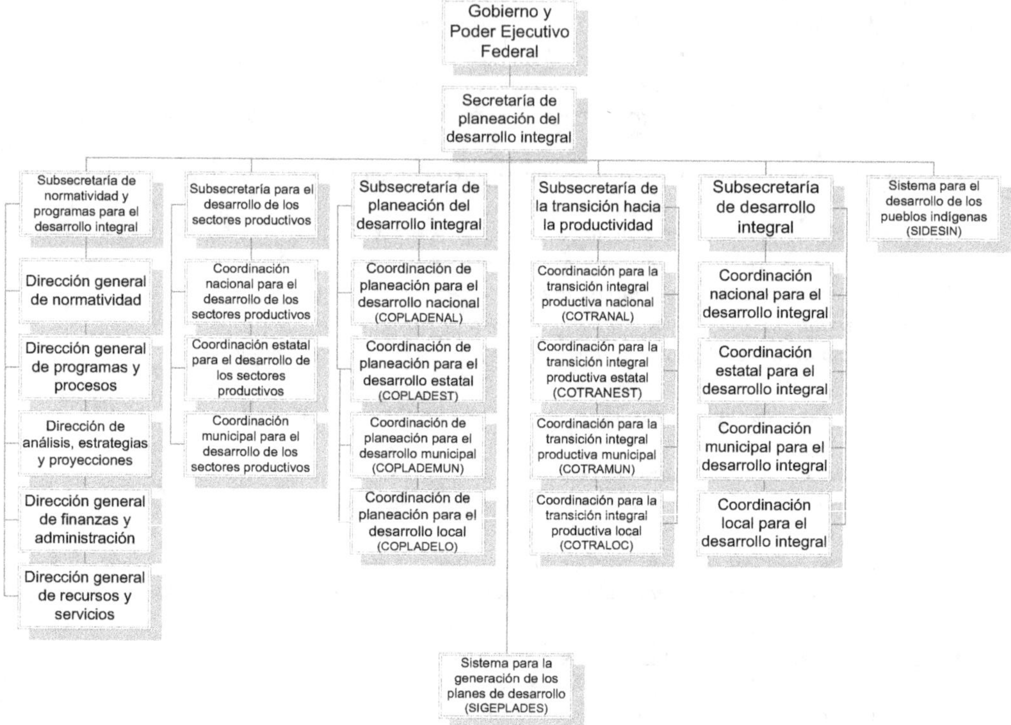

Sistema para la generación de los planes de desarrollo (SIGEPLADES)

Este sistema para la generación de planes de desarrollo, que conforma este amplio esquema para el desarrollo integral de un país, se comenta ampliamente en su apartado específico de este libro, que se encuentra en la página 243.

Sistema para el desarrollo de los pueblos indígenas y nativos (SIDESIN)

Este sistema tiene por objetivo generar desarrollo productivo integral sustentable en los pueblos indígenas y nativos de un país y de sus regiones, entidades y localidades, por medio de políticas públicas, leyes, instrumentos, programas y procesos que contengan esquemas integrales diversos, ya sean de inversión, de recursos y de financiamiento, de estudios y proyectos integrales, de capacitación, calidad y mejora, y de transición a la productividad, entre otros, que permitan el desarrollo integral sostenible de los pueblos indígenas y nativos.

Este sistema contendrá también diversos conceptos para apoyar a las familias de forma integral e introducirlas a esquemas de productividad y generar desarrollo en sus regiones. Veamos estos conceptos.

- *Planes de desarrollo específicos para los pueblos indígenas y nativos*
- *Esquemas de leyes, normativas, libertades, democracia, justicia y derechos humanos*

- *Apoyos sociales integrales para la erradicación de la pobreza y marginación, tales como programas asistenciales en general y programas de atención a la salud, educación, alfabetización, vivienda, alimentación, becas y asistencias diversas.*

- *Aplicación de esquemas con programas para la salud, la educación, la alfabetización, la vivienda y la alimentación*

- *Aplicación de esquemas con programas de urbanización, servicios urbanos integrales, infraestructura de caminos, de comunicaciones, etc.*

- *Aplicación de esquemas integrales con programas para la transición productiva, para la productividad, para apoyo a sectores productivos, para proyectos productivos, para el desarrollo de la industria local, etc.*

- *Aplicación de esquemas con programas de inversión, financiamiento, fondos, recursos, incentivos gubernamentales, capacitación, etc., para diversos conceptos y proyectos*

- *Aplicación de esquemas con programas de servicios integrales de apoyo al comercio, a la industria local y a la artesanía, de apoyo al sector textil, del vestido y de textiles artesanales, etc.*

- *Aplicación de esquemas con programas de apoyo a sectores estratégicos para la entidad, tales como productos agrícolas, frutales, productos derivados de la leche, productos cárnicos, etc.*

- *Aplicación de esquemas con programas fundamentales para el sector del campo y la agroindustria, tanto agrícola, ganadera y forestal, etc.*

- *Aplicación de esquemas con programas de apoyo a las cadenas productivas, a los agrupamientos de productores y empresas, de proveedores, etc.*

- *Aplicación de esquemas con programas de apoyo a sectores estratégicos para la entidad, que son ajenos y no son de vocación regional, pero que tienen potencial para generar productividad y empleo.*

- *Aplicación de esquemas con programas para el desarrollo de la cultura y el arte, y las tradiciones e idiosincrasia de los pueblos indígenas y nativos.*

- *Aplicación de esquemas con programas de desarrollo tecnológico y científico en las comunidades indígenas y nativas, con programas de sistemas de computación y software y de todo el avance tecnológico y científico en los diversos conceptos del desarrollo, con programas para la salud, las comunicaciones y sistemas de esparcimiento, con programas de la industria productiva, con sistemas, infraestructura y equipamiento de avance tecnológico en las fábricas e industrias del textil, del vestido, de electrodomésticos, de manufacturas varias y de desarrollo de vehículos y autopartes, entre otros conceptos.*

Como se observa, esta política estratégica gubernamental está conformada por diversos esquemas que contienen una serie de programas que, aplicados de forma planificada y eficiente, permitirán el desarrollo integral de estos pueblos. Esta planeación estratégica calendariza, especifica e implementa las políticas, los programas y los esquemas que deben aplicarse en los pueblos y comunidades indígenas y nativas, con la finalidad de llevar el desarrollo a estos grupos y mejorar sustantivamente su calidad de vida. Vamos a analizar brevemente los planes y estrategias específicas de desarrollo sustentable e integral de las comunidades y los pueblos indígenas y nativos en todo país y sus regiones.

<u>Plan nacional de desarrollo integral para los pueblos indígenas y nativos</u>

Este plan nacional de desarrollo integral estará conformado por un sistema de redes de la productividad y el desarrollo, que abarcan todas las comunidades, regiones y pueblos indígenas y nativos de un país. Esta gran red contendrá los planes de desarrollo integral sustentable de estos sectores poblacionales en todos sus ámbitos y esferas de vida, ya sean nacionales, estatales, municipales, locales y de pueblos y comunidades.

Los aspectos y conceptos que nutrirán este sistema se basarán en estos planes regionales y locales de desarrollo, ya que en estos se encuentra captada la realidad, el diagnóstico, la identidad y las necesidades, propuestas y expectativas de los pueblos y comunidades indígenas y nativas. En todos los países, las comunidades indígenas y nativas representan la cultura y tradición de los mismos, además de que conforman núcleos poblacionales muy importantes en todos los sentidos, por lo que su desarrollo integral sustentable y el mantenimiento de estas culturas y tradiciones son prioritarios para todo gobierno y sociedad. De acuerdo al número poblacional y a las diversas y diferentes etnias indígenas y nativas por país, región y comunidad, así como a sus diversas características, particularidades e idiosincrasia, será la implementación de estas estrategias y esquemas, ya que mientras en algunos países prácticamente son una pequeña minoría en cuanto a cantidad, en otros países pueden llegar a ser grandes mayorías representativas del propio país y sus entidades.

Debido a esta diversidad y representatividad poblacional, en algunos países y regiones se encuentren ya integrados totalmente a las sociedades y no existe ninguna diferencia entre razas y etnias, mientras que en otros países y regiones los indígenas y nativos podrán estar parcialmente integrados, mientras que en otras regiones podrán estar incluso segregados y apartados de las sociedades. Por tal razón, cada país deberá implementar estos esquemas de acuerdo a estos contextos y condiciones, así como a una verdadera visión de estado, con gobernantes capaces y sensibles para la integración y desarrollo de estos pueblos. En todos los casos y ámbitos, este sistema está diseñado para generar esquemas, políticas y programas que impulsen el desarrollo de estas comunidades y a cualquier sector socioeconómico de un país, ya que estos esquemas se basan en conceptos para generar productividad y desarrollo, con seguridad y paz social.

Todo gobierno deberá generar y aplicar estos esquemas integrales para el desarrollo de estos pueblos y comunidades, los que se conformarán mediante una visión de estado por parte de los gobernantes y de acuerdo al diagnóstico surgido de la captación, análisis y resultados de la información de estos contextos y de los asuntos, las problemáticas, necesidades y propuestas de estas comunidades en las localidades y regiones. Asimismo, estos esquemas también se conformarán debido a una planificación estratégica general y a los diversos recursos, así como al financiamiento y a los presupuestos específicos para este objetivo. Estos planes de desarrollo serán particulares y específicos para el desarrollo de los pueblos indígenas y nativos, y formarán parte de todo plan gubernamental de desarrollo, ya sea nacional, estatal, municipal o local. Estos planes de desarrollo contendrán los conceptos, los proyectos, los estudios, la información, las zonas y las proyecciones generales y particulares para generar productividad en las regiones y comunidades indígenas y nativas, por lo que deberán estar nutridos de la información económica, política, social, cultural e idiosincrásica derivada de la entidad indígena y nativa, y del contexto en general. Por lo anterior, se establecerán políticas y acciones para insertar los proyectos y conceptos de estos planes de desarrollo de comunidades indígenas en los diversos planes y proyectos de desarrollo nacionales, estatales, municipales y locales, con el objetivo prioritario y de mucha visión, de generar el desarrollo en estas comunidades.

Con este esquema se tendrá un sistema de planificación, derivado de la rectoría e intervención del estado y gobierno, y de la participación de comunidades y población indígena y nativa, así como del sector privado local, nacional e internacional. Por su importancia estratégica, la inversión, financiamiento, trabajo y participación será tanto gubernamental como del sector privado y del sector internacional, mediante leyes, políticas, esquemas, instrumentos y programas integrales que permitan la interrelación, coordinación y trabajo conjunto de estas instancias con el objetivo de generar el desarrollo de los pueblos indígenas y nativos. Contenidos ya en los planes de desarrollo de gobierno, estos planes de desarrollo de pueblos indígenas y nativos lograrán, sin duda, mejorar la planificación y la aplicación de esquemas y programas para la generación de infraestructura productiva en estas comunidades. A continuación, se analizará el concepto de conformación de zonas de estas etnias y de la aplicación de este sistema en los pueblos y comunidades indígenas y nativas.

- *Localidades y regiones indígenas y nativas altamente empobrecidas y marginadas*
- *Localidades y regiones indígenas y nativas económicamente bajas*
- *Municipios, localidades y regiones indígenas y nativas de economía media*
- *Sectores poblacionales indígenas y nativos mayoritarios en sociedades rurales*
- *Sectores poblacionales indígenas y nativos segregados en comunidades específicas*
- *Sectores poblacionales indígenas y nativos disgregados en sociedades*
- *Sectores poblacionales indígenas y nativos minoritarios integrados a sociedades urbanas*

Con estos conceptos se tienen ya especificadas las zonas de acción y los esquemas a aplicar en los pueblos indígenas y nativos, de acuerdo a sus condiciones y características. Veamos la conformación y operatividad de este sistema para el desarrollo de pueblos indígenas y nativos.

<u>Esquema de conceptos del sistema para el desarrollo de los pueblos indígenas y nativos (SIDESIND)</u>

A continuación, se comentará la conformación de la infraestructura que deberá de contener el sistema para el desarrollo de los pueblos indígenas y nativos de todo país. Derivado del análisis anterior, y para estos efectos, el sistema deberá de contener la siguiente infraestructura, organización y normativas.

- *Coordinación general del sistema para el desarrollo de los pueblos indígenas y nativos*
- *Coordinación de atención a la pobreza y marginación de comunidades indígenas*
- *Coordinación de atención a comunidades, localidades y regiones de pueblos indígenas*
- *Coordinación de atención a sectores productivos de los pueblos indígenas y nativos*
- *Coordinación para el desarrollo del campo y la agroindustria de los pueblos indígenas*
- *Coordinación de educación, cultura, arte y tradiciones de los pueblos indígenas*
- *Coordinación de atención a los indígenas y nativos migrantes y radicados en el exterior*
- *Coordinación de atención al desarrollo social, la salud, alimentación, vivienda, empleo, etc. de los pueblos indígenas y nativos*
- *Coordinación para el desarrollo urbano e infraestructura de servicios urbanos e integrales de los pueblos indígenas y nativos*
- *Coordinación para el desarrollo de ciencia y tecnología e infraestructura y equipamiento de alta tecnología en todos los sectores de los pueblos indígenas*
- *Coordinación de análisis, proyecciones, estrategias, seguimiento, evaluación y resultados de la actividad productiva de los pueblos indígenas y nativos*
- *Coordinación de enlace e interrelación local, estatal, nacional e internacional con gobiernos, sociedades y organizaciones para el desarrollo de los pueblos indígenas*

<u>Organigrama del sistema para el desarrollo de los pueblos indígenas y nativos</u>

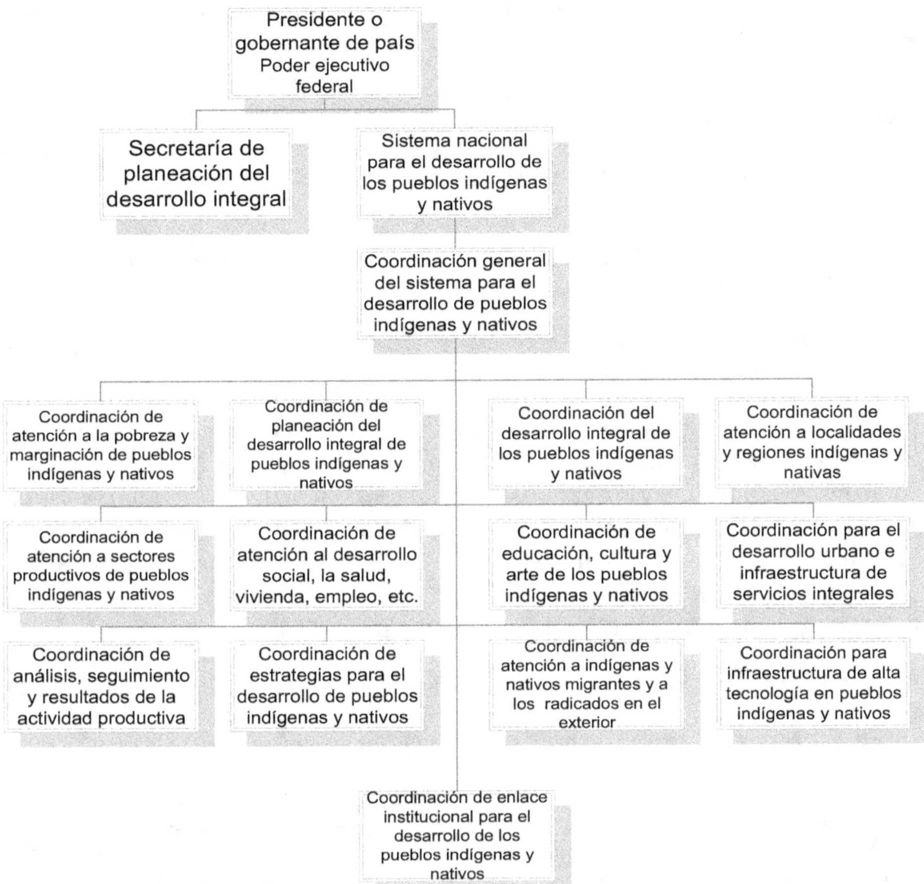

Vamos a analizar cada concepto para especificar las actividades y objetivos de la infraestructura del sistema para el desarrollo de los pueblos indígenas y nativos.

<u>Coordinación de atención a la pobreza y marginación de comunidades indígenas</u>

Esta coordinación tendrá por objetivo combatir la pobreza y marginación en los pueblos indígenas y nativos, y para eso contará con este esquema que contiene programas e instrumentos gubernamentales y del sector privado e internacional para estos fines. Anteriormente se comentó el menú de programas que deben ser aplicados para el desarrollo de los pueblos indígenas y nativos, por lo que ahora se establecerán algunos proyectos que pueden implementarse en los pueblos y comunidades indígenas y nativas para combatir la pobreza y la marginación.

<u>Esquema de proyectos regionales y por zonificación de combate a la pobreza y marginación de los pueblos y comunidades indígenas y nativas</u>

- *Proyecto de combate a la pobreza y marginación de los pueblos y comunidades indígenas y nativas para la región sur*

- *Proyecto de combate a la pobreza y marginación de los pueblos y comunidades indígenas y nativas para la región oriental*

- *Proyecto de combate a la pobreza y marginación de los pueblos y comunidades indígenas y nativas para la región central*

- *Proyecto de combate a la pobreza y marginación de los pueblos y comunidades indígenas y nativas para la región norte*

- *Proyecto de combate a la pobreza y marginación de los pueblos y comunidades indígenas y nativas para la región occidental*

Este esquema planificado, prioritario y estratégico, deberá contener y especificar todos y cada uno de los proyectos generales y particulares que se implementarán y desarrollarán en los pueblos y comunidades indígenas y nativas de un país, por concepto y rubro. Todos estos conceptos estarán especificados en la planificación respectiva y en los proyectos generales y específicos, tanto los interrelacionados, como los particulares de cada región y comunidad. Veamos algunos ejemplos de estos proyectos integrales para el desarrollo de los pueblos indígenas y nativos.

- *Proyecto integral para el desarrollo del campo en general, la agricultura y agroindustria, la ganadería, sus productos y su comercialización, así como los recursos hidráulicos y energéticos para este sector en los pueblos y comunidades indígenas*

- *Proyecto integral para la implementación en comunidades y pueblos indígenas y nativos de infraestructura y equipo de conceptos y sistemas tecnológicos y científicos, como el software y sistemas de computación, como maquinaria y equipo avanzado en la industria local y regional de todo rubro y concepto, así como la instalación de fábricas de vanguardia de productos diversos y esquemas de procesos de fabricación y manufactura de vanguardia y calidad*

- *Proyecto integral para el desarrollo empresarial y productivo en los pueblos y comunidades indígenas y nativas*

- *Proyecto integral para el desarrollo de la industria y comercialización artesanal en los pueblos y comunidades indígenas y nativas*

- *Proyecto integral para el desarrollo industrial de productos diversos de vocación regional y de productos ajenos, con esquemas y procesos importados de manufactura y fabricación, en los pueblos y comunidades indígenas y nativas*

- *Proyecto integral para el desarrollo de la industria manufacturera de diversos rubros y conceptos en los pueblos y comunidades indígenas y nativas*

- *Proyecto integral para el desarrollo minero y la metalurgia en los pueblos y comunidades indígenas y nativas*

- *Proyecto integral para el desarrollo comercial y de corredores comerciales en los pueblos y comunidades indígenas y nativas*

- *Proyecto integral para el desarrollo de parques y corredores industriales en los pueblos y comunidades indígenas y nativas*

- *Proyecto integral para el desarrollo educativo de calidad en los pueblos y comunidades indígenas y nativas*

- *Proyecto integral para el desarrollo alimentario y de la salud de calidad en los pueblos y comunidades indígenas y nativas*

- *Proyecto integral para el desarrollo social integral en los pueblos y comunidades indígenas y nativas*

- *Proyecto integral de desarrollo urbano, servicios de infraestructura urbana y vivienda en los pueblos y comunidades indígenas y nativas*

- *Proyecto integral para el desarrollo de textiles y vestidos en los pueblos y comunidades indígenas y nativas*

- *Proyecto integral para el desarrollo de tecnologías, computación, software e Internet, de sistemas de comunicaciones, de radio, televisión y medios de comunicación, entre otros, en los pueblos y comunidades indígenas y nativas*

- *Proyecto integral para el desarrollo de la infraestructura turística, cultural y de tradiciones de los pueblos y comunidades indígenas y nativas*

- *Proyecto integral para el desarrollo de infraestructura de caminos, autopistas, y todo lo relacionado a las comunicaciones y servicios del sector en los pueblos y comunidades indígenas y nativas*

- *Proyectos integrales diversos, de todo concepto y rubro, que surjan de acuerdo a nuevas condiciones, políticas públicas, estrategias, recursos, especificaciones y tiempos, para generar desarrollo, estabilidad y paz social en las comunidades y pueblos indígenas, con esquemas coordinados, funcionales y efectivos de seguridad pública y procuración de justicia, de derechos humanos y libertades de todo tipo, de democracia y representatividad, y de respeto y dignidad.*

Con todas estas políticas públicas y esquemas se podrán definir e implementar toda una serie de estrategias y proyectos de diversos conceptos del desarrollo económico y social, para ser implementados y aplicados de forma particular o interrelacionada, según la planificación y el proyecto, con resultados de éxito en las comunidades y los pueblos indígenas y nativos.

Este esquema de políticas públicas generales para el desarrollo integral deberá de contener toda una serie de proyectos específicos, regionales y locales, tanto productivos como de todo rubro, para impulsar a las comunidades y pueblos indígenas. Algunos de estos proyectos específicos, según el país, el contexto y las condiciones, así como las características de sus comunidades indígenas y nativas, podrían ser como los siguientes.

- *Proyectos de desarrollo de infraestructura para la ganadería y cárnicos en comunidades indígenas y nativas específicas de la zona sureste*

- *Proyectos de desarrollo de infraestructura de textiles en los pueblos indígenas y nativos de una región específica del centro del país*

- *Proyectos de desarrollo de infraestructura de procesamiento de café en determinadas comunidades y regiones indígenas y nativas de las zonas altas y montañosas del norte del país*

- *Proyectos de desarrollo de infraestructura para el procesamiento de las artesanías con diversos materiales y productos, en determinadas regiones y comunidades indígenas y nativas de la zona noreste*

- *Proyectos de desarrollo de infraestructura de vialidades, carreteras y caminos en diversas entidades y localidades indígenas y nativas de toda la entidad, especialmente del centro y de las zonas turísticas y costeras*

- *Proyectos de desarrollo de infraestructura de sistemas de captación de agua y sistemas hidráulicos de presas, canales y derivadores, en los pueblos y comunidades indígenas y nativas de algunas regiones y entidades de la zona boscosa y montañosa del norte del país*

- *Proyectos de desarrollo de programas de apoyo para la exportación de productos y artesanías de los pueblos indígenas y nativos de diversas comunidades, específicamente del centro y del occidente del país*

- *Proyectos de desarrollo de programas turísticos y culturales de las zonas costeras y del centro del país, con infraestructura arqueológica e histórica, y con esquemas de representación de tradiciones de las comunidades y pueblos indígenas y nativos*

- *Proyectos de desarrollo de infraestructura y comercialización para los productores de bebidas alcohólicas de las comunidades y pueblos indígenas y nativos de la cuenca de determinados ríos*

- *Proyectos de desarrollo de infraestructura y comercialización para los productores frutícolas y agrícolas de determinadas zonas de los pueblos indígenas y nativos de las planicies del oriente del país*

Así se podrán diseñar, analizar, proponer y aprobar, por parte de todo gobierno y de sus sociedades y sectores, múltiples estrategias y proyectos para ser integrados a los planes para el desarrollo, tanto nacionales como estatales y municipales.

<u>Coordinación de planeación del desarrollo integral de comunidades y pueblos indígenas y nativos</u>

Esta coordinación tendrá por objetivo planificar el desarrollo integral de las comunidades y los pueblos indígenas y nativos, por lo que en esta área se generarán los planes de desarrollo de estos contextos. Para estos efectos, esta coordinación nacional contará con coordinaciones estatales, municipales y locales, que generarán la planificación estratégica prioritaria de sus contextos, en base a las políticas, programas, recursos, presupuestos y condiciones respectivas, con la finalidad de impulsar la productividad de estas comunidades.

Para estos efectos, esta coordinación contará también con la infraestructura, normativa, recursos, programas y procesos específicamente diseñados para ser utilizados de forma particular o interrelacionada en esquemas conjuntos y módulos de redes de la productividad, para potenciar este desarrollo comunitario. La planificación se generará mediante la rectoría del estado y la coordinación gubernamental, así como con la participación de sectores sociales y productivos de la sociedad, mediante la implementación de redes y esquemas que capten propuestas y generen los programas y políticas adecuadas para ser insertadas en planes de desarrollo de las comunidades. Esta planificación también se basará en los análisis y evaluaciones de los diagnósticos basados en la información de los asuntos, problemáticas y propuestas de solución generadas en las localidades, regiones y entidades indígenas y nativas de un país.

Los proyectos generales y específicos para el desarrollo integral sustentable de estas comunidades y pueblos serán insertados, como se ha mencionado, a los planes de desarrollo generales de todo orden de gobierno como políticas públicas estratégicas y prioritarias de estado, por sus características de integración productiva y social de estos sectores con sus sociedades y a los esquemas del desarrollo de un país. Esta planificación deberá de priorizar las necesidades de estos sectores y generar los proyectos que podrán contemplarse al corto, mediano y largo plazo, de acuerdo a la visión de estado, a los recursos de toda índole, a las condiciones de los contextos y a las necesidades de los pueblos indígenas.

<u>Coordinación del desarrollo integral de comunidades y pueblos indígenas y nativos</u>

Esta coordinación tiene por objetivo generar el desarrollo integral de las comunidades y pueblos indígenas y nativos mediante los planes de desarrollo de estos sectores y comunidades, así como de la planificación respectiva. Para estos efectos, esta coordinación tendrá que implementar y aplicar estos proyectos específicos y conjuntos en todas las entidades indígenas y nativas, de acuerdo a la planificación estratégica, además de llevar un seguimiento y evaluación del proceso y los resultados, para mejorarlos y para el cumplimiento de los objetivos. Esta coordinación conformará, asimismo, un esquema integral conformado por una serie de programas que pueden ser aplicados, independientemente de los proyectos contenidos en los planes de desarrollo y de acuerdo a las condiciones y oportunidades que surjan a asuntos viables que se planteen, en diversos proyectos productivos integrales que sean analizados y evaluados, y que el estado considere que coadyuvan al desarrollo integral sostenible de las comunidades y pueblos indígenas. Esta coordinación llevará a cabo un seguimiento de la aplicación de los programas y recursos, por lo cual tendrá a su cargo un tablero de control que contenga los proyectos, programas e instrumentos aplicados en los sistemas, regiones y conceptos para el desarrollo de los pueblos indígenas. También esta coordinación captará y analizará la información de toda actividad, procesos, resultados y asuntos de la aplicación de estas políticas y sistemas de gobierno para el desarrollo de estas comunidades, y ser derivada a las instancias públicas y privadas que tengan que ver con estos proyectos, para su atención y desarrollo.

<u>Coordinación de atención a comunidades, localidades y regiones de los pueblos indígenas y nativos</u>

Esta coordinación se encargará de generar los proyectos y programas derivados de los planes de desarrollo de los pueblos indígenas y nativos, desde su implementación en cada localidad, para así llevar a cabo el seguimiento de las obras, infraestructura y programas a implementarse, con asesorías y vigilancia para el cumplimiento del calendario y de la aplicación del presupuesto y los recursos, y de la obtención de los resultados planeados. Asimismo, deberá de realizar un análisis de las experiencias respectivas a toda la interacción de estas políticas y estrategias, para mejorar los esquemas y procesos del sistema para el desarrollo productivo, y para mejorar también la atención directa e indirecta a los programas de los pueblos indígenas. Atenderá, asimismo, todos los factores internos y externos, planificados y espontáneos, particulares y simultáneos, relacionados a los proyectos y programas para la productividad y el desarrollo.

<u>Coordinación de atención a sectores productivos de comunidades y pueblos indígenas y nativos</u>

Esta coordinación se encargará de atender específicamente a los diversos sectores productivos de estas comunidades, y contará para estos efectos con las coordinaciones estatales, municipales y locales de este sistema, las que directamente deberán de generar información, dar seguimiento a los proyectos y las obras, así como a los programas y normativas de los esquemas para el desarrollo de los pueblos indígenas. También deberá establecer áreas de atención a diversos sectores de las comunidades indígenas, por lo que se tendrá entonces un esquema de atención sectorial, lo que permitirá atender directamente cada sector y sus proyectos. Así se tendrá la atención para los proyectos diversos, agrícolas, ganaderos, artesanales, industriales, frutícolas, cafetaleros, de bebidas, de capacitación, etc. Estos sectores contarán con programas e instrumentos gubernamentales y del sector privado, así como con financiamiento e inversión, además de incentivos, para generar proyectos para el desarrollo.

<u>Coordinación de atención al desarrollo social, la salud, alimentación, vivienda y empleo de comunidades y pueblos indígenas y nativos</u>

Esta coordinación tendrá a su cargo la atención para el desarrollo de los pueblos indígenas en determinados conceptos, tales como el desarrollo social, contando con los programas de apoyo asistenciales y esquemas para la productividad, con programas para la salud, alimentación, la vivienda y el empleo, entre otros aspectos. Esta coordinación manejará un menú de programas y esquemas de cada uno de estos conceptos, para aplicarlos en las comunidades indígenas. El sector gobierno y el sector privado cuentan con diversos programas e instrumentos para estos fines, los cuales deberán de ser aplicados de forma integral en las comunidades indígenas y nativas, y también de forma parcial, de acuerdo al contexto, a las problemáticas locales y a la planificación de estos aspectos.

Por considerar que se trata de un esquema muy amplio para ser comentado en cada uno de sus conceptos, y por la brevedad de descripción de este libro, sabemos que cada estrategia y concepto, que de alguna forma ya se aplican en varias comunidades indígenas, debe de analizarse y evaluarse ampliamente, para implementar los sistemas integrales de servicios sociales básicos, que permitan generar contextos de desarrollo social y económico en los pueblos indígenas.

<u>Coordinación de educación, cultura y arte de comunidades y pueblos indígenas</u>

Esta coordinación tendrá su cargo la aplicación de políticas públicas con visión del estado para generar desarrollo con respecto a la cultura, el deporte y el arte en las comunidades indígenas y nativas. Estas comunidades se caracterizan en toda región y país del mundo por contar ya con la generación de importantes esquemas y actividades propias para desarrollar su cultura, sus artesanías, su idiosincrasia y tradiciones, así como sus actividades artísticas, sin embargo, es importante generar más esquemas integrales gubernamentales de trabajo para impulsar estos conceptos y aspectos. También será necesario establecer esquemas que permitan publicitar, difundir y comercializar estos conceptos ante el mundo. Fundamental será el apoyo mediante esquemas que contengan diversos programas de financiamiento, de capacitación, de inversión, de generación de infraestructura, de leyes y de recursos y servicios destinados a la cultura, el deporte y las actividades artísticas en estas comunidades. Será necesario, para estos efectos, contar con proyectos generales y proyectos particulares y específicos concentrados en los planes de desarrollo de gobierno y en los planes de desarrollo de las comunidades indígenas y nativas, que generen productividad en estos conceptos, y que asimismo puedan ser conceptos de alta calidad de exportación, lo que es muy factible, ya que actualmente se tienen en todas estas comunidades en el mundo una amplia diversidad y calidad de productos de estas culturas. Por tanto, la implementación de esquemas y programas de gobierno y del sector privado para el desarrollo de la cultura, las tradiciones y el arte en las comunidades indígenas y nativas será fundamental para generar el desarrollo integral de todas las sociedades y sectores de un país. Veamos a continuación algunos proyectos específicos en este sentido.

<u>Proyectos y programas para impulsar la cultura, las tradiciones, las artes y el deporte en las comunidades y pueblos indígenas y nativos</u>

- *Programa para el desarrollo de la cultura e idiosincrasia de las comunidades y pueblos indígenas y nativos*

- *Programa para el desarrollo de las tradiciones culturales y religiosas de las comunidades y pueblos indígenas y nativos*

- *Programa para el desarrollo de las festividades artísticas y culturales de las comunidades y pueblos indígenas y nativos*

- *Programa para la promoción y difusión de las tradiciones y actividades artísticas y culturales de las comunidades y pueblos indígenas y nativos*

265

- *Programa para el desarrollo de grupos musicales, cantantes y compositores de las comunidades y pueblos indígenas y nativos*

- *Programa para el desarrollo de artistas y actividades artísticas, y el desarrollo de pintores y escultores, entre otros, de las comunidades y pueblos indígenas y nativos*

- *Programa para el desarrollo de escritores, literatos, editores y lectores de las comunidades y pueblos indígenas y nativos*

- *Programa para el desarrollo de la actividad deportiva y educativa de las comunidades y pueblos indígenas y nativos*

- *Programa para el desarrollo de deportistas de alto nivel en las comunidades y pueblos indígenas y nativos*

- *Programa para el desarrollo de la industria artesanal comercial y artesanal artística de las comunidades y pueblos indígenas y nativos*

- *Programa para el desarrollo del baile tradicional de las comunidades y pueblos indígenas y nativos*

Coordinación para el desarrollo urbano e infraestructura de servicios urbanos e integrales en las comunidades y pueblos indígenas y nativos

Esta coordinación tendrá que ver todo lo relacionado al desarrollo urbano, la infraestructura de servicios urbanos, caminos, carreteras, sistemas de drenaje, de agua potable, de electrificación y servicios diversos sociales básicos e integrales. La generación de un menú de sistemas y programas para estos conceptos ya se encuentra contemplada en diversos aspectos de las políticas públicas de las entidades de un país, sin embargo, habrá que fortalecer estos aspectos para la generación de proyectos integrales plasmados en los planes de desarrollo de las comunidades y pueblos indígenas y nativos.

Coordinación de análisis, seguimiento, evaluación y resultados de la actividad productiva en las comunidades y pueblos indígenas y nativos

Esta coordinación contará con un tablero general estratégico para llevar a cabo el control y seguimiento, el análisis y las evaluaciones, el cumplimiento de metas y objetivos, la generación de resultados de acuerdo a objetivos, y el análisis, diseño y conformación de la planificación de todas las actividades relacionadas con el desarrollo productivo e integral de las comunidades indígenas y nativas. Se tendrán contenidos, por tanto, todos los conceptos de los diversos programas e instrumentos, así como de los esquemas y proyectos generados y aplicados en estos sectores indígenas y nativos. El tablero de control podrá llevar a cabo no solo el análisis, la evaluación, la generación de resultados y los diversos aspectos cuantitativos y cualitativos que comprende el sistema, sino que también aspectos como la generación de estudios, la ratificación y corrección de asuntos, y la generación de planteamientos y proyecciones de escenarios para la toma de decisiones políticas y científicas en lo concerniente a este desarrollo comunitario.

Asimismo, este tablero de control contendrá una diversidad estratégica de esquemas que mejoren sustantivamente los procesos propios de estos esquemas, mediante la implementación de conceptos de calidad, reingeniería de procesos y mejora constante, para una funcionalidad efectiva del sistema y la obtención de los mejores resultados. Como se observa, se podrán manejar diversos aspectos para mejorar los procesos y la aplicación de recursos y conceptos que permitan llevar a cabo las actividades y funciones de este sistema con mayor eficiencia y productividad, en beneficio de las actividades y el desarrollo de las comunidades y pueblos indígenas y nativos.

<u>Coordinación de proyecciones y estrategias para el desarrollo de las comunidades y pueblos indígenas y nativos</u>

Esta coordinación manejará las proyecciones correspondientes a la información contenida en el tablero de control, mediante las estadísticas y las probabilidades, para generar escenarios que permitan la mejor toma de decisiones para el desarrollo productivo de las comunidades y pueblos indígenas y nativos. Vamos a pasar ahora a otros esquemas para el desarrollo de otros sectores socioeconómicos poblacionales y de la productividad de un país.

Sistema nacional de población y sectores emergentes y en desarrollo (SINAPODES)

Este sistema se ha propuesto y diseñado porque en la mayoría de las políticas y de los esquemas gubernamentales de apoyo a los sectores poblacionales se ha excluido en su generalidad, y de forma total o parcial, según el país y entidad, a la clase media, la cual queda en medio del sándwich de sectores ricos y sectores pobres, los que si tienen programas y esquemas de apoyo de acuerdo a sus características, por lo que el sector social medio tiene que ver como se vuelve productivo y sustentable por sí mismo, y como puede fortalecer esta autonomía y sustentabilidad. Lo anterior, en virtud de que las políticas públicas de la mayoría de países con respecto a los esquemas de apoyo para los sectores sociales y para la productividad, están dirigidos para apoyar a sectores socioeconómicos pobres, ya sea en esquemas asistenciales o en esquemas para incentivar y promover la productividad, y también, al otro extremo, para impulsar y fortalecer a sectores de negocios, industriales y empresariales fuertes y competitivos, así como de alto desarrollo, productividad y exportación.

Este sistema está diseñado, por tanto, para apoyar a los sectores poblacionales emergentes en cuanto a la productividad de cualquier país, así como también a la gente que ya se encuentra en pleno proceso de desarrollo, con lo que se abarca así a la población socioeconómica media baja y media, que se encuentran fuera del contexto de los sectores socioeconómicos de bajos ingresos, de marginación y de pobreza, sectores que ya tienen diseñados sus conceptos de leyes, programas e infraestructura para su atención y desarrollo.

Esta estrategia de todo gobierno eficiente de apoyo a las clases sociales medias, como las que plantea este libro, se establece en virtud de que esta franja de la sociedad, en casi todos los países del mundo, es la que recibe menos apoyos de sus gobiernos, ya que son autosustentables, pero que también necesitan apoyos e impulsos para llegar a ser económicamente ricos y altamente productivos, porque de lo contrario se corre el riesgo de que pasen a ser parte de los sectores económicamente de bajos ingresos. El sector emergente y en vías de desarrollo, como se comentó, incluye a los sectores poblacionales económicamente medios bajos y medios, por lo que una estrategia prioritaria de gobierno de apoyo a esos sectores tendrá por objetivo proporcionar los instrumentos, esquemas, leyes y programas específicos para impulsar en forma sectorial, y también en forma personal, los apoyos y la atención de las problemáticas y asuntos de quienes lo conforman. Este sistema puede ser aplicado en un esquema de apoyo de forma personal, en grupos o por sectores, de acuerdo a dos vías de procesos, una para personas y otra para grupos económicamente intermedios. Para estos efectos, este sistema contendrá instancias y programas con visión de estado, que generen los conceptos necesarios para el desarrollo de estos sectores poblacionales. Veamos algunos de los conceptos para el desarrollo de este amplio sector poblacional.

<u>Esquemas de apoyo para la clase media y media baja</u>

Desarrollo educativo integral
Desarrollo empresarial integral
Desarrollo para la salud integral
Desarrollo para la vivienda integral
Desarrollo para el empleo y la capacitación

Desarrollo de fomento y conformación de actividades productivas

Desarrollo de actividades culturales, artísticas y deportivas

Desarrollo de sistemas de seguros y protección de la vida

Desarrollo de medición de actividades y recompensas

Desarrollo de esquemas de financiamiento y créditos

Desarrollo de esquemas para la seguridad familiar

Desarrollo de esquemas de seguridad pública integral

Desarrollo de esquemas de asociaciones empresariales

Desarrollo de esquemas para el desarrollo y crecimiento integral

Desarrollo de esquemas de residencia en el exterior

Desarrollo de esquemas de detección y desarrollo de potencialidades y proyectos productivos

Conceptos de desarrollo y mejora de infraestructura y servicios urbanos poblacionales

Desarrollo de esquemas de acceso a negocios

Desarrollo de esquemas de acceso a destinos vacacionales

Desarrollo de esquemas de orden, civismo y actitud humana

Desarrollo de esquemas de conceptos para la estabilidad de la mente y la salud

Desarrollo de esquemas de mejora del contexto integral

Desarrollo de esquemas de transparencia e información gubernamental y social

Desarrollo de esquemas de acceso a mejores condiciones laborales y de calidad de vida

Desarrollo de esquemas de mantenimiento y mejora de la ecología y el medioambiente

Desarrollo de esquemas de mejora y acceso a los sistemas para el entretenimiento y diversión

Desarrollo de esquemas de acceso y mejora de infraestructura carretera, de comunicaciones, etc.

En fin, estas propuestas y otras más son necesarias, según se propongan, para implantarse en todo país y sus entidades, con la finalidad de apoyar e impulsar a este importante sector de clase media y media baja. También se podrá apoyar a este sector con esquemas de financiamiento, inversión y coordinación, tanto del sector gubernamental, como del sector privado y el internacional. **Un porcentaje del impuesto, o uno nuevo, a los sectores económicos de riqueza, y a importaciones y exportaciones, entre otros rubros, financiaría programas para impulsar a sectores económicos medios y bajos de la población, y un porcentaje del impuesto a los sectores medios altos, ayudaría al gobierno en programas para sectores pobres.**

Será importante, por tanto, que los gobiernos amplíen y generen más propuestas de esquemas y programas diseñados para apoyar y desarrollar aún más a estos importantes sectores socioeconómicos de clase media y media baja de las sociedades, que generalmente quedan en medio del sándwich de los esquemas y programas de desarrollo y apoyo del gobierno y de los sectores privados nacionales e internacionales y, por tanto, no le tocan ni apoyos, ni esquemas, ni programas diseñados para ellos, salvo en algunos países avanzados, por lo que esta política integral de inclusión, indudablemente que potenciará los talentos de este sector, lo que impulsará asimismo la productividad de todo país y entidad.

Estos esquemas, por lógica, generarán un amplio reconocimiento de los millones de personas que conforman este sector poblacional para el gobierno que los implemente, con el beneficio político que esto conlleva.

Sistema nacional integral para el desarrollo de la cultura (SIDESCULT)

Este sistema tendrá conceptos, programas y esquemas que permitirán impulsar ampliamente la cultura integral de un país y de sus entidades y regiones. Para estos efectos se tendrán que considerar diversas políticas, conceptos y procesos. Estos conceptos y políticas públicas se convertirán en esquemas y programas integrales, que incluirán toda una serie de instrumentos y aspectos que conformarán una gran red que impulsará el desarrollo de la cultura en un país y sus regiones. Veamos algunos de estos esquemas estratégicos.

- *Esquemas y políticas públicas integrales para el desarrollo de la cultura, las tradiciones y el arte de un país y de sus entidades y regiones, así como de fortalecimiento y difusión de sus actividades culturales en general*

- *Esquema de planificación y objetivos estratégicos de las actividades culturales y artísticas de un país y sus entidades*

- *Esquema de seguimiento, estrategias y mejora de los procesos culturales y artísticos de un país y sus entidades*

- *Esquemas de apoyo integral a sectores culturales y a las actividades culturales y artísticas populares de un país*

- *Esquemas de difusión y apoyo integral de la cultura, las tradiciones y las festividades artísticas, culturales, populares y religiosas de un país y sus comunidades.*

- *Esquemas de apoyo integral, por medio de programas y financiamientos gubernamentales y privados, para generar empresas culturales y artísticas, desde apoyos a los pequeños, medianos y grandes empresarios del sector*

- *Esquemas de atención y desarrollo integral de los centros culturales, históricos, religiosos, populares, de tradiciones y arqueológicos de un país y de sus entidades*

- *Esquemas de desarrollo de emprendedores y empresarios del sector cultural y artístico de un país y sus entidades*

- *Esquemas de apoyo mediante programas y financiamiento para la generación de talentos culturales y artísticos de un país y sus entidades*

- *Esquemas de apoyo mediante programas y financiamiento a empresas y contratistas del sector cultural, tanto pequeñas, como medianas y grandes empresas*

- *Esquemas de apoyo mediante programas y financiamiento para el desarrollo de los talentos culturales y artísticos de un país y sus entidades*

- *Esquemas de apoyo para los servicios integrales del sector cultural y artístico de un país y sus entidades*

- *Esquemas de apoyo para la generación, el desarrollo y la creación de eventos culturales y artísticos de un país y sus entidades*

- *Esquemas de apoyo para la difusión y promoción estratégica de todos los aspectos culturales, de tradiciones y artísticos de un país y sus entidades*

- *Esquemas de apoyo para el desarrollo de sistemas tecnológicos, computacionales, de software, de comunicaciones y demás conceptos de soporte para la cultura y el arte de un país y sus entidades*

- *Esquemas de materias educativas integrales y efectivas en la educación básica, secundaria y profesional, con obligatoriedad de lectura cultural de diversos rubros, independientes de la materia o la profesión cursadas*

- *Esquemas de obligatoriedad de lectura en centros de trabajo de todo orden y ámbito*

- *Esquemas de implantación de una materia de cultura integral desde la educación básica hasta la profesional, independientemente de la profesión*

- *Esquemas de obligatoriedad de conocimientos culturales y cívicos en los centros de trabajo de todo orden*

- *Esquemas de materias cívicas actualizadas y eficientes en la educación, desde la básica hasta la profesional*

- *Esquemas de desarrollo de actividades artísticas y culturales, desde la educación básica hasta la media y la profesional*

Todas estas propuestas y conceptos son necesarios para conformar una política estratégica para el desarrollo de la cultura de un país y sus regiones, además de otras diseñadas de acuerdo a las condiciones y características de los contextos generales y culturales.

También deberán implementarse toda una serie de esquemas de inversión, financiamiento y proyecciones culturales, para coadyuvar en este desarrollo cultural estratégico, con la coordinación general del sector gubernamental, pero también, de forma conjunta en diversos aspectos, con los sectores privados nacionales, locales e internacionales, según el concepto.

Será básico para todo gobierno analizar estos esquemas y aspectos y generar nuevas propuestas en este sentido, además de evaluar cada uno de estos conceptos y su aportación para coadyuvar y establecer los esquemas, las leyes, los programas y los procesos, que indudablemente generarán mayor desarrollo cultural en todo país y entidad.

5. *Sistema de control y resultados del desarrollo integral sostenible*

El objetivo de un sistema de control y resultados de todo gobierno, es el de contar con toda la información, en tiempo real, de las actividades y procesos productivos y de todo rubro, según el concepto que se necesite y se requiera, que se generan en un país y en sus entidades, municipios y localidades, en relación a las actividades y políticas de gobierno y de los sectores privados nacionales e internacionales, de acuerdo a los esquemas, programas y proyectos respectivos para la generación del desarrollo integral.

Este sistema de control permitirá a los gobiernos contar con el diagnóstico y la información de un panorama global y de los aspectos particulares y específicos de todas las actividades que se generan, lo que permitirá evaluar e impulsar algunos conceptos, así como mejorarlos y corregirlos, de acuerdo a los análisis y evaluaciones, según el caso, con la finalidad de mejorar sustantivamente las políticas públicas, la planificación, las estrategias, los esquemas, los programas, los procesos y la eficiencia de la utilización de los presupuestos y recursos de toda la actividad productiva y de cualquier rubro de un país y sus entidades, además de controlar toda la actividad gubernamental y sectorial en todos estos conceptos y actividades, para establecer las mejores proyecciones y escenarios para la toma de decisiones y, por tanto, para generar mayor desarrollo integral.

El sistema de control y resultados para el desarrollo integral sostenible de todo gobierno federal de un país y de los gobiernos de sus entidades, municipios y localidades deberá estar conformado por una coordinación general del sistema, que contendrá áreas específicas y un software que implique la captación y vaciado de la información, así como el análisis y comprensión de la misma y de las diversas actividades que genera un gobierno y los sectores de la sociedad en cuanto al desarrollo integral sostenible o al rubro que se especifique.

Los gobiernos de los países desarrollados manejan sistemas vanguardistas de control y seguimiento de las acciones de gobierno, así como de la dinámica, funcionamiento y resultados de su infraestructura, de sus políticas y de sus esquemas, por lo que generan una alta eficiencia en todos los aspectos del ejercicio gubernamental y de la productividad, ya que esto les permite no solo contar con información prioritaria, sino que también mejorar sustantivamente sus políticas, esquemas y actividades en general, y por proyectos y conceptos, además de establecer sus proyecciones y escenarios para generar la mejor decisión política en todos los sentidos. Sin embargo, en la mayoría de gobiernos de países y entidades no se manejan ni se tienen estos sistemas, especialmente en países subdesarrollados y pobres, por lo que será importante implementar estos sistemas de control de procesos y actividades, para contar con este instrumento que verdaderamente coadyuva en la mejora y eficiencia del ejercicio de gobierno y de los sectores privados, así como en la generación de la productividad y el desarrollo de todo contexto.

Este sistema de control y resultados del desarrollo integral sostenible, es un sistema similar al sistema de control y estrategias de un gobierno eficiente, presentado en la página 117, en el capítulo: "Sistema de control y mejora integral de políticas públicas, programas y acciones de un gobierno eficiente" de este libro, por lo que ahora se comentará de forma breve. Este sistema de control contendrá un software específico para su funcionamiento, que incluirá diversos rubros para el desarrollo integral sostenible y, por tanto, para el desarrollo de los diversos sectores productivos de un país y sus entidades.

- *Sector productivo sustentable, gubernamental y privado, empresarial, industrial, comercial y de servicios, entre otros, de un país y de sus entidades*

- *Sector productivo sustentable, gubernamental y privado, de obras y servicios públicos y de infraestructura pública de un país y de sus entidades*

- *Sector turístico gubernamental y privado de un país y de sus entidades*
- *Sector gubernamental y privado de proyectos estratégicos de un país y de sus entidades*
- *Sector gubernamental y privado de proyectos productivos de un país y de sus entidades*
- *Sectores profesionales y laborales de un país y de sus entidades*
- *Sectores productivos diversos de un país y de sus entidades*

Estos sectores deberán de incluir toda la gama de conceptos de la productividad, la competitividad, el empleo y el desarrollo integral de un país y sus entidades y localidades, por lo que se tendrá un panorama general y específico de todas las actividades productivas sustantivas que se lleven a cabo en estos ámbitos, con la finalidad de contar con la información cualitativa y cuantitativa de los escenarios productivos, así como de su comportamiento, sus ventajas y desventajas, y sus fortalezas y debilidades, que permitan a los gobernantes conocer la información y la proyección de escenarios para evaluar la mejor decisión, además de poder establecer las políticas públicas adecuadas y necesarias para impulsar la productividad y el desarrollo integral de sus países.

El sistema proporcionará a todo gobernante la información de los escenarios y de las probabilidades de mejora sustantiva de los contextos, en base a la información, el análisis y la evaluación de los asuntos y conceptos del sistema, por parte de los especialistas, para generar así las estrategias y proyecciones generales y específicas de cada sector, y de forma global, para el desarrollo de su país o entidad, en base a la mejor decisión gubernamental.

El sistema, con su tablero de control, es un elemento fundamental que debe ser implementado en todo concepto gubernamental y empresarial, ya que permite contar con la información específica y global para los análisis y estrategias y la mejor toma de decisiones políticas y económicas.

El sistema implica contar con áreas en cada oficina de gobierno y en cada organización de los sectores sociales, para insertar la información en un tablero de control central coordinador de todo el sistema.

Este sistema, por tanto, contará con una coordinación nacional del sistema para el desarrollo integral, que coordinará a todas las instancias e instituciones integradas al sistema, así como a los sectores diversos y a sus áreas específicas que contengan el software del sistema de control para el desarrollo integral, conformando un gran sistema de red de redes con información de desarrollo y productividad en todas las instancias de un país y de sus entidades.

Así se logrará, por ejemplo, corregir diversos aspectos que impiden la comercialización masiva de diversos productos ganaderos, o que impiden la recolección y transformación de determinados productos agrícolas estratégicos, o que se muestre que los apoyos al comercio de un país y sus entidades, contemplados en la planificación, no llegan a su destino por alguna razón que se especifica en el tablero de control, por citar algunos de la infinidad de ejemplos que se puedan tener, como la detección de anomalías, la optimización de procesos y el cumplimiento de objetivos, entre otros aspectos.

Estos asuntos de cada institución y concepto de la productividad permitirán conocer las causas de las problemáticas, y por medio de los analistas y especialistas de cada institución gubernamental, generar las posibles soluciones en base a los datos del sistema y del tablero de control, para que todo gobernante, conjuntamente con los especialistas de las áreas correspondientes, evalúen la mejor toma de decisiones y corregir así detalles y problemáticas, según el caso.

El sistema contendrá la información y el análisis de todas las actividades y procesos, desde los pequeños, medianos y normales, hasta los de gran magnitud y productividad, qué de todas formas, aún con sus resultados de éxito, se analizarán para ser mejoradas, en caso de ser necesario, en beneficio de una mayor productividad.

Aspectos de desempleo, de bajos salarios, de improductividad laboral, de inconformidades laborales y sociales, entre otros aspectos, surgidos de los sectores productivos y sus actividades, también serán analizados y evaluados en este sistema, para la atención a sus problemáticas y la generación de la mejor resolución en beneficio de los pobladores y trabajadores.

Este sistema también podrá especificar, por ejemplo, porque se debe de construir un parque industrial, o un corredor comercial, o un corredor de empresas maquiladoras en determinadas regiones o localidades de un país, cuántos empleos se generarían, que inversión debe de aplicarse, cuál será su impacto y potencialidad, y como va a desarrollar a las regiones, entre otros aspectos.

También podrá especificar todos los detalles particulares y globales que permitan a los gobernantes generar un informe y un plan de desarrollo estratégico de negocios para presentarlo a inversionistas de todo el mundo, sobre todo porque los gobernantes ofrecerán también incentivos y apoyos y, sobre todo, las condiciones apropiadas para la inversión en un país y en sus regiones, con estabilidad económica y seguridad pública, y con paz política y social, lo que indudablemente atraerá inversiones de todo el mundo hacia estos contextos.

Este tablero de control gubernamental contendrá las especificaciones de la conformación y forma de funcionamiento de su infraestructura y sus esquemas, de la normatividad y método para la inserción de la información, de la generación de gráficas, de la conformación de las proyecciones y resoluciones emanadas del análisis y la evaluación de los asuntos, así como de las coordinaciones, enlaces y todo lo relacionado al control, seguimiento, evaluación y resultados para la generación de estrategias, escenarios y toma de decisiones.

El concepto anterior está basado en una idea general para establecer un sistema y mecanismo de control, de estrategias, de mejora y de toma de decisiones de un gobierno o de una instancia, para impulsar a los sectores productivos, y a todos los sectores que se desee, para mejorar la eficiencia de programas, de políticas públicas y de instrumentos gubernamentales para el desarrollo de un país, por lo que los gobiernos podrán desarrollarlo y adicionarlo de acuerdo a sus necesidades y estrategias.

Asimismo, este sistema y tablero de control atenderán también asuntos laborales y sociales, por lo que se deberán especificar las actividades sociales y de trabajo, con respecto a la productividad, que impliquen establecer esquemas y reuniones para el tratamiento y resolución de los asuntos y las problemáticas de este rubro, lo que seguramente se conseguirá en la mayoría de los casos, en un marco de respeto, de justicia y de sensibilidad, que generarán los consensos y acuerdos para beneficio de todos los involucrados, y con esto, se fortalecerá la estabilidad y la paz social que todo país y sus entidades necesitan para generar las mejores condiciones para el desarrollo integral.

6. *Sistema de difusión de procesos y resultados del desarrollo integral sostenible*

Todo gobierno eficiente deberá implementar un sistema de coordinación de la difusión de los procesos y resultados del desarrollo integral sostenible, con la finalidad de que todos los habitantes conozcan estos aspectos y resultados particulares, específicos y globales que se han llevado a cabo y que se realizan en los diversos conceptos y rubros para generar el desarrollo integral.

La estrategia de esta difusión y publicidad de los avances en el desarrollo de un país, entidad y localidad, tendrá que ser conocida y aprobada por la sociedad, no sólo con la finalidad de fortalecer e impulsar las políticas públicas de gobierno en este sentido, sino que también, y lo más importante, para que se conozcan las vías y esquemas para estos logros, además de especificar las vías que permitan a la gente insertarse en los esquemas gubernamentales para el desarrollo y ser favorecidos para generar negocios y proyectos productivos personales y conjuntos, además de conseguir apoyos para la micro y pequeña empresa, así como para el comercio y la industria, entre muchos otros aspectos. Todo esto conformará una nueva infraestructura económica y empresarial de la gente, ya sea micro, pequeña o mediana, mediante cadenas y redes de emprendedores y empresarios, lo que logrará una importante reactivación e impulso al desarrollo integral y a la economía de un país y sus entidades.

Los gobiernos eficientes deberán impulsar, mediante la difusión, promoción y propaganda, masiva y estratégica, todos los procesos y resultados generados para el fortalecimiento e impulso del desarrollo integral, de la generación de empleo y de la productividad y competitividad con calidad de los servicios, productos y esquemas de todo rubro, para lograr así una reactivación económica para el desarrollo del estado y de la sociedad. La instancia gubernamental encargada de esta estrategia amplia, constante y sostenida de difusión de las acciones, programas, esquemas, estrategias y políticas públicas de todo gobierno de todo orden y ámbito, será una coordinación de difusión y promoción para el desarrollo integral.

Indudablemente que la difusión deberá también de insertarse no solo en medios de comunicación nacionales, sino que también en los locales, municipales, estatales y del ámbito internacional, lo que implicará la atracción y el interés de inversionistas, comerciantes, empresarios, industriales y generadores y prestadores de servicios, entre otros, para la implementación estratégica de grandes empresas trasnacionales, maquiladoras y grandes comercios que generen empleo y desarrollo integral. La difusión, por lo tanto, tiene un carácter estratégico y trascendental para el desarrollo de un país y sus entidades, por lo que la implementación de este sistema de difusión de procesos y resultados del desarrollo integral sostenible es fundamental y prioritaria.

7. *Esquema de alianzas estratégicas para el desarrollo integral sostenible*

Todo gobierno deberá establecer esquemas de alianzas estratégicas, ya sea con otros gobiernos y con los sectores de la sociedad local, nacional e internacional, así como con instituciones y organizaciones de todo tipo y ámbito, con la finalidad de generar políticas, acuerdos, esquemas y proyectos que impulsen y fortalezcan el desarrollo integral sostenible en todo país, entidad y localidad. Entre estas importantes alianzas se tienen algunas como las siguientes.

- *Alianzas estratégicas de gobierno con sectores productivos, sociales y laborales de un país y sus entidades y localidades*

- *Alianzas estratégicas de gobierno con sectores productivos y laborales internacionales*

- *Alianzas estratégicas de gobierno con los sectores diversos que conforman la cadena productiva de un país*

Estas alianzas estratégicas implican una serie de acciones y esquemas de trabajo para qué las políticas públicas, los instrumentos y los programas del gobierno de un país generen un entorno favorable, de estabilidad y de impulso a las alianzas para el desarrollo productivo y el empleo. El objetivo es generar las condiciones políticas, sociales y económicas para la implementación de infraestructura productiva y la atracción de inversiones y proyectos específicos y estratégicos para el desarrollo integral de toda entidad. Por estas razones, un gobierno deberá, por tanto, establecer alianzas con todos los sectores de la productividad y anexos.

Alianzas estratégicas de gobierno con los sectores productivos, sociales y laborales de un país y sus entidades y localidades

Las alianzas estratégicas del gobierno con los sectores productivos, sociales y laborales implican establecer convenios y acuerdos de trabajo y productividad para el desarrollo, específicamente con políticas, esquemas y estrategias diseñadas de forma integral con cada uno de los sectores y sus organizaciones. Veamos algunos sectores y organizaciones importantes.

- *Convenios y acuerdos del gobierno con los sectores empresariales, comerciales, industriales, productivos y de servicios, entre otros, de un país y sus entidades*

- *Convenios y acuerdos del gobierno con los sectores laborales y sindicales de un país y sus entidades*

- *Convenios y acuerdos del gobierno con los sectores gubernamentales estatales, municipales y locales de un país*

- *Convenios y acuerdos del gobierno con los sectores sociales y políticos de un país y sus entidades*

- *Convenios y acuerdos del gobierno con sectores y organizaciones coadyuvantes de la productividad de un país y sus entidades*

Toda esta serie de alianzas estratégicas, con las que se busca generar convenios y acuerdos con todos los sectores y organizaciones diversas de la sociedad, forma parte de las políticas y estrategias de gobierno para conformar un esquema de unidad y consenso de intereses públicos y privados para impulsar el desarrollo integral en su contexto.

Las alianzas estratégicas se conforman oficialmente por medio de convenios y acuerdos de trabajo, los que deberán ser construidos, consensuados y aprobados mayoritariamente para todo aspecto y concepto, y en este caso para el desarrollo integral, el empleo y la productividad. La implementación y difusión de estas alianzas, y sus aspectos y pormenores, serán importantes, ya que la gente y los sectores conocerán así los alcances y objetivos que se persiguen en beneficio del desarrollo. También será importante realizar un seguimiento de convenios con cada organización y sector productivo de un país y de sus entidades, para insertar la información en el tablero de control, para su análisis y evaluación respectiva.

Este esquema, por tanto, establece las condiciones y políticas necesarias para la generación de convenios y acuerdos de gobiernos y sectores, entre otros aspectos prioritarios, para la atracción de inversión y proyectos estratégicos que impulsen y detonen el desarrollo de un país y sus entidades. Indudablemente que el esfuerzo para establecer convenios y acuerdos con los sectores y gobiernos de los diversos órdenes y ámbitos será grande, por tanto, será fundamental que el gobierno establezca una agenda y planificación en ese sentido, con el objetivo prioritario de que las alianzas generen una adecuada y efectiva interrelación y unidad para el desarrollo de un país. Asimismo, estas alianzas y acuerdos tendrán también como objetivo lograr la atracción de inversión e infraestructura productiva, así como la atracción de proyectos productivos y de proyectos estratégicos, lo que implicaría, por tanto, generar los encuentros y negociaciones necesarias para lograr estos acuerdos y convenios para cada proyecto y programa, con los sectores, gobiernos y organizaciones respectivas.

La política de expansión de alianzas de un gobierno deberá ser estratégica, inteligente y adecuada, lo que mantendrá la expectativa que permita lograr más y mejores convenios y acuerdos con más entidades, instituciones e instancias, para más proyectos y programas. Dentro de los convenios y acuerdos se contemplan a organizaciones productivas y cámaras empresariales de las manufacturas y de la transformación de los productos, así como del comercio establecido y la industria hotelera y restaurantera.

También se contemplan organizaciones y cámaras de la micro y pequeña empresa, organizaciones de profesionistas, sindicatos, gremios, asociaciones laborales, sectores laborales y organizaciones sociales y políticas. Asimismo, se contemplan partidos políticos, gobiernos estatales, municipales y locales, y toda la gama de sectores y organizaciones que de forma directa e indirecta coadyuvan en el desarrollo integral de un país.

Alianzas estratégicas de gobierno con los sectores productivos y laborales internacionales

Los convenios y acuerdos con los sectores productivos y laborales de diversos países, así como con organismos internacionales públicos y privados, y sectores y gobiernos de países y regiones, indudablemente que son factores fundamentales para atraer la inversión, el Know how y la especialización, además de un sinnúmero de fortalezas de la productividad, el empleo y la competitividad. Estos acuerdos deben contener aspectos que generen proyectos estratégicos de todo tipo y conceptos para la productividad, así como una serie de proyectos y programas específicos de conveniencia para las partes, con un diseño bilateral o multilateral, dependiendo del proyecto y el acuerdo.

La estrategia de un gobierno para establecer alianzas con los sectores de gobierno y privados internacionales permitirá atraer una alta inversión e infraestructura productiva de amplio alcance, como por ejemplo, maquiladoras, grandes empresas comerciales y de servicios transnacionales, grandes organizaciones y cadenas de proveedores de todos los rubros, grandes industrias y cadenas industriales e importantes consorcios corporativos y empresariales de diversos rubros de la productividad, entre otros, lo que impulsará la productividad, la competitividad con calidad y la generación de empleo, pero sobre todo permitirá que la gente de todo nivel, desde el laboral hasta el directivo, se capacite y especialice, mediante una capacitación de vanguardia en los diversos rubros de la productividad, tanto a nivel laboral como a nivel directivo, para que, posteriormente, estos recursos humanos establezcan sus propias industrias locales y nacionales con los conocimientos adquiridos y con una mejor capacidad y disposición para la productividad y los negocios, lo que impulsará enormemente la productividad de un país y sus entidades.

La estabilización económica, política y social de un país, conjuntamente con una mayor productividad y con esquemas de gobierno para el desarrollo, con mejora de la calidad de vida de la gente y de las condiciones generales, indudablemente que le atraerán a un gobernante toda una serie de reconocimientos hacia su trabajo, sus logros y su visión. Lo anterior atraerá el interés y la inversión de los sectores internacionales no sólo para aspectos de la productividad y el desarrollo, sino que también en aspectos económicos, culturales, educativos, sociales, deportivos y artísticos, lo que generará una amplia interrelación que impulsará aún más las condiciones para el desarrollo integral de un país y sus entidades. Estas alianzas estratégicas con sectores y gobiernos internacionales generarán en todo país una amplia inversión que permitirá construir y asentar infraestructura, por medio de fábricas, empresas, maquiladoras y grandes comercios y sus cadenas, lo que representa empleo, conocimiento de los procesos y resultados, instalaciones, productividad y competitividad, así como sistemas de calidad y responsabilidad social, por tanto, los gobiernos respectivos tendrán que presentar las mejores propuestas e incentivos para atraer esta inversión y este conocimiento de las grandes cadenas empresariales internacionales.

***Alianzas estratégicas de gobierno con los sectores diversos que conforman la
cadena productiva de un país***

Lograr y ejercer convenios y acuerdos con diversos sectores que conforman la cadena
productiva de un país implica generar una serie de estrategias y cabildeos de
gobernantes y funcionarios con estas instancias, para lograr establecer las mejores
perspectivas y proyecciones para el impulso de la productividad y el empleo, ya que
gracias a estos acuerdos y consensos se lograrán establecer los esquemas y las
condiciones que permitan la planificación y resultados de este trabajo conjunto para el
desarrollo, lo que también permitirá que otros sectores, motivados por las
expectativas, perspectivas y resultados, confluyan con aportaciones y trabajo para su
integración en estos esquemas de la productividad.

Así se tendrá que todo un universo de sectores para la productividad de un país y de
sus entidades se podrán integrar a este esfuerzo de gobierno por generar la
interrelación que permita no solo este impulso a la productividad, sino que también el
establecimiento de las vías del diálogo, de los acuerdos y las negociaciones, así como
a la interrelación, coordinación y enlaces efectivos para estos fines, lo que generará,
asimismo, una buena relación que permitirá la estabilidad económica, política y social
y, por tanto, los escenarios de seguridad y paz social de un país y sus regiones, lo que
atraerá más inversión y más proyectos locales, nacionales e internacionales de gran
envergadura para el desarrollo. Tendremos así que estos factores, escenarios y
expectativas de alto desarrollo que el propio gobierno y los sectores productivos han
logrado gracias a sus esfuerzos y visión, y mediante el cumplimiento de objetivos y
estrategias, permitirán atraer a más inversionistas de entidades y países, sobre todo los
de gran capacidad, para llevar la inversión a estas entidades y sectores. El trabajo de
atracción de inversión y de convenios para el desarrollo será responsabilidad de todos,
ya que los sectores productivos tendrán que generar las condiciones para conseguirlos.

Tendremos así que los sectores productivos de un país y sus entidades buscarán atraer
a inversionistas regionales, nacionales y extranjeros de sus respectivos rubros, por lo
que los sectores gubernamentales deberán establecer los cabildeos, reuniones y
negociaciones para el logro de estos convenios y para la atracción de inversión en
todos los rubros de la productividad, además de establecer esquemas de incentivos de
todo tipo, y en toda negociación, que impliquen, en conjunto y en particular, la
atracción de la infraestructura productiva y de la inversión para su país y sus
entidades.

El esquema de alianzas estratégicas de fortalecimiento y apoyo a los sectores de la
cadena productiva de un país es fundamental para todo gobierno, ya que esto
permitirá coadyuvar de forma importante en la atracción de los proyectos estratégicos
y productivos, y de la inversión y la infraestructura productiva para un país y sus
entidades y localidades.

Capítulo 3

Sistema para el Bienestar y Desarrollo de la Sociedad

8. *Esquema de instancias gubernamentales para impulsar la mejora de la calidad de vida*

9. *Esquema de infraestructura gubernamental y privada para la mejora de la calidad de vida*

10. *Esquema gubernamental de planificación, aplicación, control, seguimiento y resultados de políticas públicas y programas gubernamentales y privados para el desarrollo integral y la mejora de la calidad de vida*

11. *Esquema de diversos conceptos gubernamentales y privados que coadyuvan a la mejora de la calidad de vida*

12. *Esquema de civilidad, educación, cultura y conciencia social colectiva para la mejora de la calidad de vida*

13. *Esquema de generación de trabajo y de condiciones laborales óptimas para la mejora de la calidad de vida*

14. *Esquema de obligatoriedad de trabajo efectivo y de rendición de cuentas de gobernantes y funcionarios públicos para el desarrollo integral sostenible, la estabilidad y paz política y social para la mejora de la calidad de vida*

Los países desarrollados cuentan con leyes, sistemas, esquemas, infraestructuras y programas integrales que tienen por objetivo generar el bienestar y el desarrollo de la sociedad, así como la mejora sustantiva del estado. Lo anterior es muy factible, ya que los gobiernos de estos países tienen el marco legal y constitucional, así como las políticas públicas, esquemas e instrumentos para el logro de estos fines.

El bienestar de la sociedad se genera por medio del propio desarrollo de esta sociedad en todos sus conceptos, y mediante la función integral y eficiente de los gobiernos y de sus políticas para estos fines, con la implementación y aplicación de estrategias, políticas y acciones que conjuntan toda una serie de conceptos que generan productividad, empleo, seguridad social, infraestructura básica, servicios de salud, educación de calidad, vivienda digna, alimentación para todos y erradicación de la pobreza y de la inseguridad pública, además de un gran respeto a los derechos humanos y el logro de una justicia igualitaria para todos. A pesar de contar con todos estos conceptos e instrumentos, los gobiernos de los países desarrollados generan estructuras y esquemas propios para lograr estos objetivos, además de establecer, entre otros, sistemas de servicio social que generen el diagnóstico necesario para evaluar las políticas y estrategias a seguir. Este diagnóstico se genera mediante los diversos índices y conceptos de medición del desarrollo y el bienestar social, por medio de la información, los reportes, los análisis y evaluaciones, así como de los resultados de los censos y encuestas del desarrollo de la sociedad y de la calidad de vida poblacional en las diversas entidades, municipios, localidades y zonas de un país.

Estos sistemas también generan las recomendaciones y planteamientos que pudieran ser implementados para la resolución de los asuntos y elevar la calidad de vida poblacional, en base a estos análisis y a las proyecciones respectivas, con lo que los gobernantes y funcionarios del sector podrán, por tanto, establecer las mejores decisiones para este objetivo. Así deberían de funcionar estas estrategias y conceptos generales y específicos para la seguridad y desarrollo social en el resto del mundo, sin embargo, en varios gobiernos de algunas entidades y localidades de países emergentes, así como en gobiernos de países subdesarrollados, y peor aún en gobiernos de países pobres y marginados, estos sistemas no se tienen en absoluto, aunque las políticas públicas y trabajos de las diversas instancias gubernamentales generan determinados grados de productividad, y se entiende que también de bienestar y desarrollo para la sociedad.

En los países subdesarrollados, empobrecidos y marginados, ni siquiera las políticas públicas y las instituciones pueden cumplir con su cometido de generar desarrollo productivo en las entidades, y mucho menos de bienestar y desarrollo de la sociedad, por lo que la calidad de vida en estos contextos es mínima y, en muchos de los casos es infrahumana. Por estas razones, esos gobiernos deben implementar esquemas conjuntos para el desarrollo productivo y, sobre todo, para el bienestar de la sociedad y la mejora de la calidad de vida de la población. Para generar estos contextos de desarrollo integral en un país y en sus entidades, que de forma sistematizada produzcan escenarios de desarrollo integral, será importante implementar mejoras sustantivas a la administración pública y a los programas históricos para el desarrollo, y crear nuevos instrumentos y políticas públicas que permitan el logro de los factores básicos de la productividad y del beneficio social, con una mejora amplia y sustantiva de la calidad de vida de la gente. En la actualidad, en los gobiernos de diversos países y al interior de estos, en los gobiernos estatales, municipales y locales, se cuenta con la aplicación de diversas políticas, leyes, programas e instrumentos para el desarrollo. Estos programas son ejercidos a través de las atribuciones y funciones de gobernantes, directivos, funcionarios y trabajadores, sin embargo, se ejercen de forma diferente y disímbola, ya que mientras en algunos casos se aplican estos instrumentos de forma eficiente y con visión y compromiso, en la mayoría de los casos se aplican los recursos e instrumentos de forma parcial, sin compromiso, simplemente por cumplir metas, en el mejor de los casos, y esto es en parte porque no se ejercen los instrumentos de control y seguimiento necesarios de la actividad de funcionarios y trabajadores, para que el ejercicio de los programas se unifique y se ejerzan en su totalidad de forma eficiente.

En este libro se ha planteado la creación y conformación de un esquema de interrelación y sistematización gubernamental y social de trabajo, con áreas que diseñen e implementen nuevas leyes, programas e infraestructuras, entre otros aspectos, para mejorar aún más lo que funciona bien y corregir aspectos donde se tengan áreas de oportunidad, con el objetivo de fortalecer e impulsar el ejercicio de gobierno y el desarrollo integral sostenible.

En virtud de lo anterior, todo gobierno deberá trabajar en la presentación de propuestas de mejora de esquemas, programas e instrumentos para el desarrollo, así como para la creación de instrumentos y programas efectivos para su aplicación en el ejercicio de todo gobierno federal, estatal, municipal y local.

<u>Sistema integral de generación de políticas públicas y acciones gubernamentales para el desarrollo integral sostenible y para la mejora de la calidad de vida de la población</u>

Este sistema normativo y teórico establecerá los diversos esquemas para generar de forma integral, y por parte de un gobierno y sus instituciones, las políticas públicas y acciones gubernamentales para el desarrollo integral sostenible y para la mejora de la calidad de vida de la población. Este sistema, como se observa, lo conforman un gobierno federal y su administración pública e instituciones, además de los gobiernos estatales, municipales y locales, con la obligatoriedad de establecer políticas públicas para la mejora del estado y del gobierno, así como para generar y fortalecer el desarrollo integral y el beneficio de la gente. Cada gobernante de un país será el coordinador general de este sistema, y dirigirá y coordinará a todo gobernante de todo orden y ámbito de ese respectivo país, y a todas las instancias que conforman este sistema.

<u>Mejora de esquemas, instrumentos y programas gubernamentales y de la administración pública federal, estatal, municipal y local</u>

Para mejorar los esquemas ya existentes y lograr nuevos esquemas de desarrollo en los conceptos gubernamentales y sociales, será necesario establecer y desarrollar un amplio y efectivo trabajo gubernamental y técnico especializado, aunado a un eficiente ejercicio de funciones de gobernantes, funcionarios y analistas del sector público y privado de un país, para generar toda una serie de planteamientos, procesos y soluciones que conformen las políticas, estrategias y esquemas que todo gobierno debe tener para producir las condiciones que permitan el desarrollo. Todo gobernante con visión y capacidad deberá establecer mejoras importantes en el ejercicio de su gobierno, con políticas que le permitan hacer más eficientes e integrales sus esquemas, programas y acciones, además de crear y diseñar otros programas de calidad y alcance, para generar mejores condiciones de impulso y fortalecimiento del desarrollo y del empleo. Veamos entonces estas propuestas de esquemas del sistema para el bienestar y el desarrollo de las sociedades.

1. Esquema de instancias gubernamentales para impulsar la mejora de la calidad de vida

---

- *Sistema nacional para la mejora de la calidad de vida (SINACALVI)*
- *Comité para la dignidad y el desarrollo de los pueblos*

Sistema nacional para la mejora de la calidad de vida (SINACALVI)

Este sistema gubernamental tendrá por objetivo mejorar sustantivamente la calidad de vida de la gente en todas las entidades, municipios y localidades de un país. Este sistema dirigirá, coordinará y enlazará las áreas gubernamentales para el desarrollo integral sostenido, para el desarrollo social, para el combate a la pobreza y para el mantenimiento de la ecología y la mejora del medioambiente, entre otras. También enlazará y coordinará a las áreas relacionadas del sector público y privado local, municipal, estatal e internacional, y a las diversas organizaciones de todo orden y tipo, así como a las mismas sociedades en general y a sus diversos sectores.

Este sistema, por tanto, estará conformado por una estructura organizacional propia que tendrá sus normativas, esquemas, políticas y áreas específicas por rubro y concepto, y cuyo objetivo será implementar estrategias y acciones para mejorar la calidad de vida de la gente en sus respectivos países y entidades.

Asimismo, este sistema se coordinará de forma interna y externa por medio de áreas específicas para estos fines, con lo que se tendrá un trabajo amplio, dinámico, interrelacionado y efectivo en la búsqueda de estos objetivos. Su estructura organizacional será la siguiente.

<u>Sistema nacional para la mejora de la calidad de vida (SINACALVI)</u>

Comité general de mejora de calidad de vida (MECAVI)
Coordinación general de comisiones

- *Consejo consultivo*
- *Comisión de mejora de calidad de vida en los sectores de la sociedad*
- *Comisión de mejora de calidad de vida en ciudades y poblaciones*
- *Comisión de mejora de calidad de vida en poblaciones y sectores empobrecidos*
- *Comisión de mejora de calidad de vida en el ámbito rural y en pueblos indígenas*
- *Comisión de mejora de calidad de vida en las regiones y franjas fronterizas*
- *Comisión de mejora de calidad de vida en la infraestructura laboral, pública y privada*
- *Comisión de mejora de calidad de vida en la infraestructura productiva y del desarrollo*
- *Comisión de mejora de calidad de vida en el desarrollo social integral*
- *Comisión de mejora de calidad de vida en la infraestructura gubernamental*
- *Comisión de mejora de calidad de vida en la infraestructura política y partidista*
- *Comisión de mejora de calidad de vida y rehabilitación en los sistemas penitenciarios*
- *Comisión de mejora de calidad de vida en la infraestructura policíaca*
- *Comisión de mejora de calidad de vida para sectores vulnerables y minorías*
- *Comisión de mejora de calidad de vida en toda instancia y estructura*

- *Comisión de mejora de calidad de vida en sistemas diversos: educativo, de la salud, de la vivienda, del turismo, etc.*

- *Comisión de mejora de calidad de vida en la infraestructura de seguridad pública, procuración de justicia, derechos humanos, de libertades y demás rubros respectivos*

Estas comisiones son algunas de las más importantes, entre otras muchas más, que se pueden considerar y conformar para que evalúen los contextos, establezcan informes y recomendaciones y se puedan generar las propuestas y acciones necesarias en las diversas instancias gubernamentales y del sector privado para cumplir el objetivo de mejora de la calidad de vida, en lo particular y en lo general.

El diseño y objetivo de este sistema permitirá, por tanto, atender y generar esquemas de trabajo para mejorar, dar seguimiento y medir contextos en cuanto a la calidad de vida de la gente y las condiciones que la generan. También en lo que respecta a la pobreza y en general de todo tipo de escenarios, según la calidad de vida de la población, ya sea baja, media o alta, mediante diagnósticos e implementación de políticas basadas en estudios y proyecciones que permitan transformar los escenarios en contextos de mayor calidad de vida para todos.

La función y el objetivo de este sistema de gobierno estarán enfocados en obtener información estratégica de estos conceptos, para evaluarla y analizarla, y así poder establecer políticas y estrategias efectivas y con visión, con las que se podrán coordinar trabajos, acciones y esfuerzos que impacten de forma positiva y efectiva en diversos aspectos como la calidad de vida que se tiene en las diversas sociedades, ya sea baja, media o alta, además de los aspectos económicos, sociales, ecológicos, de medioambiente, de estabilidad, de crecimiento y de sistemas sociales como la salud, la vivienda, la educación, la alimentación, la infraestructura urbana, los ambientes de trabajo y los ambientes urbanos y rurales de un país y sus entidades.

El objetivo, por tanto, será generar los esquemas y acciones que permitan establecer mejores condiciones para elevar la calidad de vida de todos los pobladores en lo general y en su respectivo ámbito, ya sea territorial, laboral, político, económico, cultural o social, entre otros, y también en lo relacionado a su nivel socioeconómico. Este sistema será presidido por el presidente o gobernante de un país, que representará a las coordinaciones y comisiones de este sistema en todo ámbito y contexto, y en los que esta instancia será dirigida internamente por los gobernantes del respectivo orden y ámbito. Este sistema generará diagnósticos y, por tanto, reportes y estudios de tratamiento y solución de los asuntos, por medio de esquemas, estrategias y acciones para mejorar la calidad de vida de los pobladores de cada contexto respectivo, tanto por rubro y concepto como por ámbito y modo de vida.

Los informes generados por este sistema abarcarán todos los escenarios de un país y sus regiones, porque esta será la forma integral de establecer los esquemas y el tratamiento adecuado, que se basará en estudios integrales, por concepto y rubro, de acuerdo a cada escenario y a sus particularidades, por tanto, se tendrán informes diversos, como por ejemplo, de las ciudades y sectores rurales de un país y sus regiones, de los cinturones de miseria de las ciudades y de los sectores rurales empobrecidos, de los centros urbanos medios y pequeños y de las comunidades de diversas nacionalidades y razas, entre otros conceptos.

Estos informes y reportes también deberán contener los diagnósticos y las especificaciones de lo que generé el deterioro de estos contextos, así como también, y de forma prioritaria, las recomendaciones y aspectos a mejorar, cuáles podrían ser las estrategias y las acciones, así como las políticas y programas que deberán utilizarse y, en fin, toda una serie de medidas para lograr un mayor desarrollo y calidad de vida en estos escenarios.

Estos informes serán enviados a las diversas áreas gubernamentales relacionadas para insertarlas en los planes, esquemas y programas de estas instancias, con respecto a los rubros y conceptos respectivos, para su análisis y evaluación de resultados y así poder generar las estrategias y acciones a desarrollar para cumplir con estas recomendaciones que permitan implementar estas nuevas estrategias en los contextos, con la finalidad de mejorar la calidad de vida de la gente en esos escenarios.

Para estos efectos el sistema contará con diversas áreas de gobierno, entre las cuales se comentarán algunas como las siguientes.

<u>Comité general de mejora de calidad de vida (MECAVI)</u>

Este comité general será la instancia gubernamental encargada de coordinar a toda la infraestructura y comisiones del sistema nacional para la mejora de la calidad de vida, y tendrá por objetivo generar los diagnósticos, los informes y las recomendaciones de todas las áreas, ámbitos y espacios, con los que se podrán producir los análisis y evaluaciones, así como las recomendaciones respectivas para mejorar la calidad de vida en un país y entidad, además de coadyuvar con propuestas e iniciativas en diversos ámbitos y espacios públicos y privados para estos fines.

Tendrá también, entre sus funciones, la de interrelacionar y enlazar las instancias gubernamentales de todo orden y ámbito, específicamente con sus contrapartes de todo orden de gobierno, así como con los sectores privados locales, municipales, estatales, nacionales e internacionales en los asuntos de la mejora de la calidad de vida de la gente.

Atenderá también los diversos aspectos de mejora de calidad de vida, como empleo, salud, educación, alimentación, combate a la pobreza, vivienda digna, vialidad eficiente, seguridad pública, infraestructura urbana de servicios, necesidades y problemáticas de personas y niños en las calles e indigentes, calidad del aire y entornos de estabilidad, entre otros muchos aspectos.

También atenderá aspectos de infraestructura laboral, tanto en el ámbito gubernamental como sindical, y en el sector privado y social y, en fin, todos los que sus comisiones estructurales generen, con el objetivo de elevar la calidad de vida de la población, de forma integral y en todos los sentidos.

La política de este comité gubernamental será la defensa por mejorar la calidad de vida en todo contexto, pero habrá casos específicos en los que será fundamental implementar esquemas y programas especiales para lograr este objetivo, como es el caso representativo de los pueblos, comunidades y regiones empobrecidas y marginadas, ya que ahí las condiciones de vida son infrahumanas en su generalidad, por lo que el tratamiento en estos contextos tendrá que ser de mayor alcance. Debido a estos factores será necesario establecer una instancia gubernamental que se dedique exclusivamente a atender estos contextos, y por supuesto, que contenga instrumentos y programas que generen desarrollo integral en estas zonas, mediante diversas estrategias y políticas públicas con visión de estado. Para una mayor efectividad, esta estrategia deberá realizarse de forma conjunta entre un gobierno federal, los gobiernos de entidades y localidades, y los sectores públicos y privados locales, estatales, nacionales e internacionales.

Estrategias efectivas serán necesarias para este y otros fines, pero el objetivo y la visión de elevar la calidad de vida de estas comunidades será siempre una política prioritaria para todo gobierno y país, además de que los resultados generarán también mayor desarrollo económico, cultural y social en esos contextos.

<u>Consejo consultivo</u>

Este consejo consultivo, al igual que todos los consejos de este sistema, y de las diversas áreas e instituciones del gobierno, deberá ser representativo, ya que será necesario y fundamental el conocimiento de las problemáticas de la sociedad, al igual que sus propuestas y planteamientos, para que esta información permita a las áreas respectivas de este sistema analizar y evaluar las soluciones de los asuntos. Asimismo, esta representatividad permitirá generar, mediante esquemas, posturas, acuerdos y tratamiento de los asuntos, las mejores decisiones para proyectar y lograr escenarios que permitan una mejora sustantiva de la calidad de vida de los diversos sectores poblacionales. Estas podrán ser las grandes temáticas y asuntos, así como contextos y escenarios a mejorar en muchos países y sus regiones, por lo que las comisiones de los rubros y conceptos de este sistema generarán los reportes necesarios para que se atiendan y se den soluciones reales, de acuerdo a la voluntad, compromiso, inteligencia, recursos y presupuestos.

Comité para la dignidad y el desarrollo de los pueblos

Este comité tiene por objetivo generar las condiciones de desarrollo integral en las sociedades, comunidades y pueblos de un país, especialmente en las zonas pobres y marginadas, así como mejorar sustantivamente la calidad de vida de los pobladores, mediante la generación de políticas públicas emanadas de una conjunción de instrumentos y programas sociales, económicos y productivos, que generen desarrollo integral y produzcan escenarios de crecimiento en todo contexto, especialmente de pobreza y subdesarrollo.

El resultado será, entonces, de un desarrollo integral sustentable y constante de las sociedades y poblaciones, así como una mejora de la calidad de vida de la gente. Estos resultados, con sus esquemas y procesos, serán medidos y evaluados constantemente para ser mejorados, con el objetivo de impulsar este desarrollo e impedir que estas poblaciones se atrasen total o parcialmente y vuelvan al subdesarrollo y la pobreza. Para estos efectos, los gobernantes de un país presidirán este comité, el cual estará conformado por sectores gubernamentales y privados de diverso orden y ámbito.

Veamos una propuesta sobre las instancias que deberán conformar este esquema organizacional de este importante comité.

- *Dirección a cargo de un gobernante o presidente de un país*
- *Comité para la dignidad y el desarrollo de los pueblos*
- *Consejo consultivo para la dignidad y el desarrollo de los pueblos*

- *Gobierno federal, por medio de sus instituciones y sus delegaciones federales*
- *Gobernantes de los estados o entidades y funcionarios de esas instituciones de gobierno*
- *Gobernantes municipales y funcionarios de esas instituciones municipales de gobierno*
- *Gobernantes locales y funcionarios de esas instituciones locales de gobierno*

- *Sectores económicos, políticos y sociales nacionales e internacionales*
- *Sectores económicos, políticos, sociales y productivos de estados, municipios y localidades*

Este esquema tiene por objetivo generar desarrollo y mejorar la calidad de vida de la gente de las comunidades y sectores empobrecidos y marginados de un país, por lo que contendrán esquemas conjuntos e interrelacionados de gobierno y sectores de la sociedad para implementar políticas y programas para el cumplimiento de estos objetivos.

Asimismo, estas instancias tendrán la encomienda de buscar y lograr una mayor captación de recursos para estos fines, ya sean humanos, económicos, materiales, de equipamiento y de servicios, además de tratar de involucrar a un mayor número de actores e instituciones para que estos, a su vez, aporten sus estrategias, instrumentos, programas y acciones para coadyuvar en este desarrollo que beneficiará a los pobladores de zonas, pueblos y comunidades pobres y marginadas, especialmente a sectores vulnerables como los indígenas o nativos, con lo que se logrará una mayor interrelación y compromiso para establecer más apoyos y programas para la obtención de una vida digna para todos.

Este comité estará dirigido por un coordinador de comité para la dignidad y el desarrollo de las entidades marginadas de un país, cuya instancia constará de la coordinación general para la dignidad y el desarrollo de los pueblos, que incluirá, asimismo, a varias dependencias gubernamentales y privadas para los trabajos de planeación, interrelación de programas y acciones para la implementación y seguimiento de las actividades. Veamos.

<u>Comité para la dignidad y el desarrollo de los pueblos</u>

Coordinación general para la dignidad y el desarrollo de los pueblos

- *Consejo consultivo para la dignidad y el desarrollo de los pueblos*

- *Subcomité de interrelación institucional*
  Unidades de interrelación internacional, nacional, estatal, municipal y local

- *Subcomité de trabajos interinstitucionales*
  Unidades de trabajo con instancias del orden internacional, nacional, estatal, municipal y local, además de otras instituciones y actores

- *Subcomité de recursos*
  Unidades de finanzas, de administración, de presupuesto y de egresos e ingresos

- *Subcomité de Planificación y seguimiento*
  Unidades de planeación, seguimiento, análisis y evaluación

- *Subcomité de control y procesos*
  Unidades de control, de procesos y de resultados

- *Subcomité de proyecciones y estadísticas*
  Unidades de estadísticas, de evaluación y escenarios
  Subcomité de proyecciones y escenarios

- *Subcomité de innovación y desarrollo*
  Unidades de innovación, de diseño, de aplicación de proyectos y de programas e instrumentos

- *Subcomité de registro*
  Unidades de registro de todo orden y tipo, y de seguimiento y control

- *Subcomité de promoción y difusión*
  Unidades de promoción, difusión, publicidad y esquemas

- *Subcomité de operación*
  Unidades operativas de cada programa

- *Subcomité de enlace*
  Unidades de enlace de cada uno de los programas

- *Instituciones del gobierno federal*
- *Instituciones de los gobiernos estatales*
- *Instituciones de los gobiernos municipales y locales*

- *Instituciones y organizaciones del sector privado local, municipal, estatal, nacional e internacional*

Es importante que en la conformación de este comité se encuentren integradas las instituciones y los actores que cuenten con peso específico necesario para generar las inercias en la atracción de inversión y recursos, en la promoción y difusión de este esquema, en el seguimiento puntual de los procesos y objetivos, y en la obtención de los mejores resultados para coadyuvar en el desarrollo integral, con una planificación adecuada y con objetivos y metas específicas para el desarrollo sostenido en las entidades y localidades.

Estos objetivos, mediante los esquemas específicos, deberán establecer las mejores condiciones para lograr una vida digna para la gente, y como prioridad elevar esta calidad de vida, mediante la implementación de programas y procesos productivos que impulsen el desarrollo integral que permita salir de los estándares de subdesarrollo y de los ámbitos de marginación y pobreza a todo este amplio universo poblacional en la mayoría de países en el mundo, además de que se generen polos de desarrollo en todo país, para beneficio de las sociedades. Este comité para el desarrollo y la vida digna en las regiones marginadas de todo país y de sus entidades tendrá actividades altruistas, de difusión, de promoción, de operación, administrativas, financieras, de programas, de aportaciones diversas, de ideas y acciones, de servicios y de todo concepto para su funcionamiento óptimo.

<u>Consejo consultivo para la dignidad y el desarrollo de los pueblos</u>

El objetivo de este consejo consultivo será el de establecer las inercias necesarias para generar el éxito de la aplicación de los instrumentos y programas para lograr el desarrollo integral sostenido y la vida digna en las comunidades marginadas y empobrecidas de un país y de sus entidades, regiones y comunidades. Las funciones de este consejo consultivo y de sus miembros serán las de establecer la interrelación y la dinámica necesaria con todas las instancias de gobierno y privadas involucradas en esta estrategia de generar desarrollo en comunidades y zonas pobres y marginadas, además de aplicar esquemas y acciones para atraer y generar recursos de toda índole, sobre todo económicos. También, y de forma importante, este consejo deberá generar propuestas de trabajo y proyecciones de alcance para estos fines, mediante la implementación estratégica de esquemas que conjunten los instrumentos y programas de todas las instancias y estructuras de gobierno y privadas para el desarrollo integral, con certeza de viabilidad, de coordinación, de funcionamiento y de obtención de resultados efectivos.

Asimismo, dentro de sus atribuciones, los miembros del consejo consultivo deberán proponer el establecimiento de nuevos programas, instrumentos y actividades que amplíen la estructura de la coordinación y de la conformación de sus programas, así como de proponer mejoras a las actuales estructuras y ampliar los campos de acción de las mismas, entre otras más de las múltiples atribuciones para mejorar los instrumentos diseñados para generar beneficios y desarrollo productivo y social.

Entre otras propuestas para que las diversas instancias de gobierno y privadas implementen esquemas para el desarrollo integral, estarán las relacionadas a los aspectos de la productividad en todos los rubros, ya sea de vocación regional y local, o de aspectos de productividad ajenos a estas regiones, pero que podrán generar también, de acuerdo a estudios de mercado y de producción, una mayor productividad y desarrollo, además de que si se establecen ambas estrategias de productividad, tanto las propias de las regiones como las ajenas, entonces se potenciará el desarrollo, el empleo y la mejora de la calidad de vida.

En cuanto a la productividad regional y local, se deberá mejorar y ampliar su infraestructura y la estrategia de aplicación de programas y de colocación de recursos, específicamente en aquellos productos y conceptos de mayor potencialidad, sin descuidar ninguno de los demás. En cuanto a las nuevas y ajenas actividades productivas que pueden implementarse en las regiones, estas serán tantas como las que cuenten con viabilidad y proyecciones de resultados de éxito en cuanto a productividad, empleo y competitividad.

También este consejo deberá procurar las negociaciones entre sectores y gobiernos para la generación de esquemas efectivos para el desarrollo integral y para la asistencia social, con servicios eficientes de salud, educación, vivienda y alimentación y, en fin, de todos los rubros y conceptos necesarios para establecer una planificación adecuada, así como los sistemas, programas y acciones para fortalecer la productividad y competitividad, además de transformar de forma positiva a toda entidad, desde el corto, al mediano y largo plazo, pasando de la pobreza a escenarios de productividad básica y desarrollo.

Este consejo procurará que las estrategias y esquemas que el gobierno y los sectores implementen cuenten con altos grados de inversión redituable, porque se trata de que todos ganen, pero también emitirá recomendaciones en el sentido de generar aportaciones altruistas sin fines de lucro, por lo que así habrá más recursos para transformar los escenarios de pobreza y marginación. Estas aportaciones permitirán que las diversas instancias públicas y privadas o personas que apoyen en este sentido obtengan una imagen de gran calidad humana, lo que indudablemente les beneficiaría en lo personal y en grupo, así como respecto a la mejora de sus negocios y empresas, ya que estas lograrían más ventas y ganancias, gracias a la publicidad generada y al reconocimiento público.

Lo anterior servirá de ejemplo para que más instancias y personas extiendan donativos en este sentido, lo que también generará, aparte de un gran reconocimiento, que gobiernos de todo orden y sectores de todo ámbito, organizaciones, empresas e industrias, entre otras, puedan mostrar los ejemplos de transformación de los contextos, todos unidos, para generar desarrollo integral. Gracias a esta publicidad y difusión, y a las inversiones y aportaciones, los gobiernos atraerán a estos donadores y les extenderán contratos y negocios de diversos tipos y rubros, lo que les permitirá recuperar sus inversiones, además de que se les podrán pagar en especie y con incentivos de todo concepto.

Estos aspectos se establecerán con cada agrupación, institución, persona o empresario que hayan aportado y donado recursos, de acuerdo a las características, propuestas y visión de cada grupo o persona, ya que habrá algunos que si les interesen los negocios y otros simplemente les interese ayudar a mejorar la vida de los pobladores empobrecidos y marginados o a cualquier comunidad en todo el mundo.

Habrá otros actores y personas de gran poder y recursos, de cualquier parte del mundo, que con la difusión de sus acciones ganarán en imagen y presencia, lo que les atraerá beneficios a sus empresas e industrias, y en sus círculos sociales atraerán inversiones para sus intereses, pero habrá otros que podrán pedir algunas condiciones y apoyos, como por ejemplo, solicitudes de todo tipo de recursos, reducción de costos en terrenos o apoyos para la inversión en diversos rubros, como el turismo, el comercio o la construcción, y buscarán también descuentos, incentivos y promociones. Las obligaciones de los miembros del consejo, aparte de las sustantivas y comentadas anteriormente, serán con respecto a la operatividad del sistema y del consejo, que incluyen la generación de la planificación y agendas de reuniones, foros y eventos, y su participación activa para proponer diversos aspectos, ideas y estrategias para darle una mayor difusión a los programas y atraer mayores recursos de todo tipo y de todas las instancias y organismos. Podrán, asimismo, nombrar delegados o representantes que serán los que asistan en representación de ellos o de sus instituciones a la mayoría de las reuniones operativas del consejo consultivo, sin embargo, si existirá obligatoriedad de asistir a los actos y eventos considerados prioritarios para el esquema de trabajo de este consejo consultivo.

<u>Conformación del consejo consultivo</u>

Este consejo consultivo estará presidido por el presidente o gobernante de un país y estará conformado por el gobierno federal y sus instancias, así como por los gobiernos de todo orden y ámbito y los diversos sectores de la sociedad, ya que lo que se busca es la generación e integración de diversas visiones, ideas, programas, acciones y aportación e inversión de recursos económicos para implementar los esquemas de mayor impacto para la mejora de la calidad de vida de toda sociedad de todo país. Aquí se podría invitar a integrarse a este comité a instituciones internacionales de alta calidad y visión, como lo son, entre otras, la Organización de las Naciones Unidas y otras instancias de estas características, así como a instituciones bancarias y a instancias de inversión y financiamiento mundial y regional, además de las organizaciones internacionales respectivas, con el objetivo de impulsar y fortalecer el desarrollo integral sustentable y de ayudar a las regiones subdesarrolladas y empobrecidas. De igual forma podría invitarse, en este mismo ámbito internacional, a figuras y personajes de calidad y talla mundial de todo rubro, como empresarios, actores, literatos, científicos y políticos, entre otros, así como a gobiernos ricos y poderosos que tienen programas para el desarrollo en comunidades marginadas y subdesarrolladas. Podría invitarse a personas ricas y altruistas para que difundan sus proyectos y apoyos, en caso de que así lo consideren, a favor de la aplicación de políticas y programas de ayuda para el desarrollo de regiones marginadas y empobrecidas en el mundo. En este aspecto creemos que muchos millonarios aportarían recursos para estos fines, ya que, aunque la mayoría preferirían encontrarse en el anonimato, varios de ellos prefieren la publicidad y difusión de su altruismo, pero sí con esto gana un país y su gente, adelante, además de que estos esquemas les permitirán reducir y deducir impuestos en varios países.

En el ámbito nacional y local de un país será prioritario involucrar a instituciones de todo tipo, como las bancarias, industriales, comerciales, empresariales, televisivas y radiofónicas, entre otras. También sería importante involucrar a personajes del mundo de la cultura, del arte, del deporte y del rubro social, y de las redes sociales digitales, además de representantes religiosos y líderes de toda comunidad en este esfuerzo compartido, ya que mientras algunas instituciones y actores podrán aportar recursos económicos, humanos y de servicios, otros podrán aportar y generar una mayor difusión a estos programas con su imagen y presencia, en este esfuerzo por ayudar y por generar desarrollo en las comunidades marginadas y empobrecidas de todo país y región del mundo.

<u>Coordinación general para la dignidad y el desarrollo de los pueblos</u>

El presidente de este comité para la dignidad y el desarrollo de los pueblos, como ya se mencionó, será el presidente o gobernante de un país, y contará con una coordinación general, cuyo objetivo será, al igual que el de su consejo consultivo, implementar las dinámicas para generar las condiciones que permitan elevar el desarrollo de las entidades de un país, especialmente las subdesarrolladas y empobrecidas, y establecer así mayores expectativas y realidades de mejora de la calidad de vida de sus pobladores. Asimismo, el presidente de este comité tendrá, entre sus atribuciones, la de proponer a su congreso legislativo la figura, los programas y las estructuras, así como las atribuciones de esta coordinación general, al igual que el marco legal y jurídico, y la interrelación, operatividad y funcionamiento de este sistema gubernamental.

Sus funciones deberán de ser, aparte de las de presidir este amplio sistema, llevar el liderazgo, la interrelación, las dinámicas, las inercias, la planificación, el seguimiento, las evaluaciones, el control, los resultados, las estadísticas, las proyecciones, la generación de escenarios y la toma de decisiones para el cumplimiento de los objetivos. Asimismo, deberá establecer los consensos, la participación y el involucramiento de todos los miembros, así como el funcionamiento eficiente y dinámico de las estructuras de todo orden, tanto consultivo como operativo, administrativo y de difusión de este instrumento para el desarrollo.

Se ha establecido que el comité y la coordinación general cuenten con diversos subcomités para los trabajos específicos y el funcionamiento eficiente y productivo de este sistema, por lo que los objetivos de estos subcomités serán los de aplicar las normativas, las atribuciones, las funciones y las actividades de estos instrumentos, estableciendo la interrelación, los enlaces, los consensos y las dinámicas para la generación del desarrollo en las entidades de un país, especialmente las subdesarrolladas. Estos subcomités deberán funcionar eficiente y exitosamente, ya que son la estructura organizacional básica de la operatividad y funcionamiento del sistema.

Estos proyectos gubernamentales para el combate a la marginación y la pobreza serán muy importantes para un país, ya que la estrategia será la de atender, trabajar y transformar de forma favorable los factores que impiden el desarrollo integral sustentable. Todo gobernante deberá implementar más programas para el desarrollo de su contexto, no solo de asistencia social, sino que también de implementación de esquemas y procesos productivos, así como de capacitación de estos rubros a la población y actores involucrados, para que se puedan aprovechar sus conocimientos en beneficio de sus localidades y regiones.

2. Esquema de infraestructura gubernamental y privada para la mejora de la calidad de vida

Todo gobierno deberá procurar generar una mejora sustantiva en sus estructuras, políticas, esquemas, instrumentos y programas, así como en la organización de su sistema gubernamental, además de establecer políticas y leyes para la mejora de estos conceptos en el sector privado, con la finalidad de contar con instancias de mayor eficiencia y alcance en todos los sentidos. Con esta estrategia política se logrará una mejora sustantiva en los conceptos, los esquemas, las políticas, los programas, las leyes y la infraestructura de estas instancias, lo que permitirá una mayor eficiencia y coordinación del ejercicio de gobierno y del sector privado, además de establecer esquemas de capacitación y especialización para funcionarios, trabajadores, representantes y legisladores, lo que generará una mayor capacidad global y particular de trabajo, con visión y compromiso, para fortalecer e impulsar el desarrollo integral sostenible y la mejora de la calidad de vida de la gente. En este sentido, la propuesta será en dos vertientes, la primera será crear nueva infraestructura y leyes para el desarrollo y la productividad de un país, y la segunda vertiente será para mejorar la infraestructura, las leyes y los programas e instrumentos gubernamentales para el desarrollo que ya se tienen. También se deberá establecer una vinculación efectiva del gobierno con los sectores privados de todo orden, con esquemas de análisis, evaluación y acciones para la mejora de las organizaciones y los programas del sector público y privado, que impliquen el desarrollo de un país y el beneficio popular. Por esta razón todo gobierno tendrá una interrelación dinámica y constante con los sectores productivos y sociales de sus entidades y del sector internacional, para qué, de forma consensuada y conjunta, se generen las propuestas para la mejora y creación de las instancias, esquemas, programas y acciones de estos sectores, los que se complementarán con las instancias gubernamentales del rubro respectivo.

Los principales aspectos y políticas públicas y privadas a desarrollar para mejorar la calidad de vida de la población con respecto a los programas y políticas de gobierno, y en base al cumplimiento de una normatividad constitucional para dotar de todos los satisfactores sociales, laborales y productivos básicos a las sociedades, serán los siguientes.

Esquemas básicos de calidad y dignidad en los programas, infraestructura y leyes gubernamentales y privadas

- *Esquemas de apoyo a la salud, alimentación, educación, vivienda, empleo, condiciones laborales, infraestructura de servicios urbanos y sociales como el agua potable, drenaje, servicios de energía y electricidad, vialidades y desarrollos urbanos*

- *Esquemas de productividad y competitividad, y de procesos empresariales, industriales, comerciales, laborales y de servicios*

- *Esquemas de sectores y servicios turísticos, hoteleros, restauranteros y artesanales*

- *Esquemas de sectores de profesionistas, de ciencia y tecnología, de cultura y arte, de deportes y de sectores con capacidades diferentes*

- *Esquemas de sectores de comunicaciones, de vialidades, de transportistas y de conceptos marítimos y aéreos*

- *Esquemas de sectores de seguridad pública y de estado, de procuración de justicia, de prevención del delito y de combate a la delincuencia y el crimen*

- *Esquemas de organizaciones y partidos políticos, de conceptos políticos y electorales, de estado de derecho, de derechos humanos, de democracia y de garantías individuales*

- *Esquemas de sectores sindicales, gremiales, religiosos y militares*
- *Esquemas de sectores migrantes, de indígenas y nativos y de pueblos marginados*
- *Esquemas de toda actividad gubernamental y privada con trabajadores y pobladores*

Estos esquemas, y los que se consideren adecuados, de acuerdo a los países y sus características y condiciones, que variarán significativamente según los contextos de desarrollo o de pobreza y marginación, deberán abarcar todos los esquemas y políticas de la actividad gubernamental y privada para generar desarrollo económico, político y social integral en un país y en sus regiones, y con esto, empleo, productividad, cultura, educación, salud y todos los satisfactores sociales que mejoren de forma sustantiva la calidad de vida de la gente. Todo proyecto y política de gobierno tendrá el objetivo de establecer mejores infraestructuras, leyes, esquemas y programas gubernamentales y privados, para lograr desarrollo integral y mejora de la calidad de vida de la gente.

Estos esquemas implican construir y mejorar la infraestructura, el equipamiento, el servicio y la atención de todo sector, por ejemplo, en salud, de hospitales, centros e instituciones de la salud, con esquemas efectivos de abasto, distribución de medicinas y otorgamiento de la canasta básica de medicamentos, con precios bajos en medicinas y atención especializada médica y de servicios, con respeto y dignidad hacia los pacientes, eliminación del despotismo y problemáticas de las consultas y del otorgamiento de medicinas, así como el logro de prestaciones por parte de las instituciones de salud y hospitalarias de gobierno y privadas, locales, municipales y estatales en beneficio de la gente, con lo que se ofrecerá un mayor servicio del sector salud para la sociedad, lo que indudablemente mejorará la calidad de vida de la gente, gracias a la implementación de estas políticas de sensibilidad y compromiso, y de estos esquemas privados y de gobierno.

Estos esquemas también implican, entre otros aspectos, alimentación para todos, becas, educación, alfabetización y vivienda digna. También mejores esquemas de financiamiento a proyectos y actividades productivas, mayor oferta y demanda de empleo, mejores condiciones de infraestructura laboral y de prestaciones de servicios, mejor acceso a la cultura, a los deportes y a las actividades artísticas, así como a los esquemas productivos. También a una mejor preparación laboral y profesional, en base a esquemas educativos de alto nivel y alcance, para que los pobladores cuenten con expectativas de mayor desarrollo personal y de sus familias, así como de sus localidades y entidades.

Como se observa, el principal factor para mejorar la calidad de vida de la gente de todo país y comunidad es el de tener libertad y un efectivo estado de derecho, con leyes justas e integrales, y respeto e imparcialidad en su aplicación, con una exacta procuración y administración de justicia, con infraestructura y servicios eficientes de toda una serie de rubros como la salud, la educación, la vivienda, el trabajo, los servicios públicos, los satisfactores básicos de infraestructura social, los servicios urbanos, los transportes y las vialidades, entre otros, además de esquemas efectivos en los derechos humanos, en los procesos políticos y electorales, en la representación política y ciudadana ante las instancias gubernamentales, en contar con mejores infraestructuras de demanda hacia los gobernantes y sectores productivos que no cumplan sus funciones, con mejores contralorías y esquemas de generación de propuestas y solicitud de peticiones que sean atendidas y solucionadas, etc.

En fin, todos estos aspectos deberán ser generados y atendidos en los diversos foros gubernamentales para conocer los asuntos, las problemáticas, los planteamientos y las propuestas de la gente, del gobierno y de los sectores diversos para mejorar toda la infraestructura, las leyes, los instrumentos y programas, así como las políticas públicas para el desarrollo integral sostenible y la mejora de la calidad de vida.

3. Esquema gubernamental de planificación, aplicación, control, seguimiento y resultados de políticas públicas y programas gubernamentales y privados para el desarrollo integral y la mejora de la calidad de vida

Este esquema de gobierno permite contar con un sistema y tablero de control para generar la planificación, control, seguimiento, evaluación y resultados, así como estrategias y proyecciones de las diversas actividades de gobierno, y en el caso específico de este capítulo, para llevar a cabo un seguimiento de los índices de desarrollo que impacten en la mejora de la calidad de vida de la gente.

De acuerdo a los resultados de la información que producen los programas, políticas e instrumentos de las instituciones gubernamentales y privadas, y de acuerdo a la información de diversas instituciones dedicadas a la medición de diversos índices de desarrollo de un país y de sus entidades, se podrá contar con un esquema de medición de resultados, para el análisis y la evaluación de los mismos, y establecer así las estrategias y los esquemas para el fortalecimiento de las políticas públicas que generen la mejora de la calidad de vida.

Las instituciones gubernamentales federales, estatales, municipales y locales, así como los organismos y sectores sociales generan información de sus resultados y actividades, la que se conjuntará con la información proveniente de instituciones gubernamentales y privadas especializadas en la medición de estos índices de desarrollo y de calidad de vida, además de conjuntarse con los resultados de encuestas sobre la percepción popular y sectorial del desarrollo de sus contextos respectivos, con el objetivo de conocer la realidad de los contextos y escenarios, para coadyuvar así en la generación de las condiciones para el desarrollo integral.

Otros organismos internacionales, nacionales y locales, públicos y privados, también generan resultados de diversos índices poblacionales, y de aspectos productivos y generales, los cuales también serán aprovechados por el sistema de control para conjuntar un amplio panorama en general y de cada concepto, para que todo gobierno informe a la sociedad de los avances sustantivos en el desarrollo del país y de los índices de calidad de vida.

En base a estos resultados se podrán establecer las estrategias y políticas más adecuadas para impulsar el desarrollo integral y el beneficio popular. Las mediciones de los índices podrán realizarse al día y al instante, gracias a la información contenida en el tablero de control, que permitirá contar con los detalles cualitativos y cuantitativos y los aspectos generales de los objetivos, actividades, procesos y resultados.

También se generarán informes mensuales, trimestrales y anuales para efectos de información a la sociedad, sin embargo, todo gobernante de cualquier ámbito y los funcionarios públicos que lo deseen, podrán contar, como se ha mencionado, con la información al instante gracias a este esquema efectivo de medición de índices de la calidad de vida.

El tablero de control contendrá, entonces, los esquemas de planificación, control, seguimiento, análisis, evaluación, resultados, escenarios y proyecciones para la elaboración de las mejores propuestas, con sus costos y beneficios políticos, económicos y sociales, para que todo gobernante con visión cuente con la información en tiempo justo, que le permita analizar los asuntos y escenarios, y ejecutar siempre las mejores decisiones para el desarrollo de su país y la mejora de la calidad de vida de sus habitantes.

4. *Esquema de diversos conceptos gubernamentales y privados que coadyuvan a la mejora de la calidad de vida*

Este esquema gubernamental especifica la implementación de diversos conceptos de trabajo gubernamental y privado que coadyuvan a la mejora de la calidad de vida de la gente, con aspectos diversos que de forma particular y específica, y de forma global y general, conforman un universo de conceptos, de programas, leyes e instrumentos de gobierno y privados, que abarcan desde aspectos del comportamiento humano, de respeto y sensibilidad, hasta aspectos específicos como la integración de propuestas poblacionales a estrategias y planes gubernamentales, pasando también por aspectos de mejora de los financiamientos y de los apoyos a los pequeños y medianos negocios y empresas, así como también aspectos de seguimiento de los programas y de las peticiones de la gente, y de atención a los salarios y a los aspectos laborales de los trabajadores. También contempla aspectos de información a la población del desarrollo de las actividades gubernamentales y de la aplicación adecuada de los recursos y los presupuestos, así como de la aplicación de las políticas públicas, entre otros aspectos, que implican una interrelación, que genera un entorno de estabilidad y participación del gobierno con la sociedad, para lograr una amplia comunicación que genere mejora de calidad de vida y contextos de estabilidad y paz política y social. Veamos varios de estos conceptos.

<u>Esquemas de seguimiento a programas</u>

Es importante generar esquemas de seguimiento a programas, y a planteamientos y asuntos de la gente, informando a los interesados periódicamente, y a través de instancias de difusión específicas de consulta al instante, como el Internet y las redes sociales y de gobierno digitales oficiales, de los avances de sus gestiones y del proceso y aplicación de los programas. Todo gobierno eficiente deberá implementar estos esquemas de seguimiento de asuntos que plantea y propone la gente, y que hayan sido considerados en los programas de gobierno, ya que esto implica responsabilidad y compromiso, y respeto y voluntad del gobierno para generar mayor seguridad a la sociedad en sus planteamientos y propuestas, hasta lograr los resultados necesarios que generen los mayores beneficios para la gente, la que otorgará el reconocimiento a sus gobernantes y a sus instancias políticas.

<u>Esquemas de atención a la población, con respeto y seriedad</u>

Será fundamental generar políticas de gobierno que establezcan la obligación de un trato a la gente de atención, respeto, sensibilidad y dignidad, por parte de funcionarios y empleados de gobierno, así como también la obligación de este mismo trato de respeto de los funcionarios públicos para con los empleados, y viceversa, ya que un ambiente de respeto y atención al prójimo, sin contar el rango estructural que se tenga, ya sea directivo o empleado, será importante para lograr un desarrollo laboral eficiente y de mejores resultados.

Habrá un reglamento efectivo en este sentido, con obligatoriedad para todos los funcionarios públicos y trabajadores de un sistema gubernamental de todo país, ya que el trato amable con la población deberá ser una de las prioridades de todo gobernante con visión, sensibilidad e inteligencia, además de que esto equivaldrá a lograr un alto reconocimiento de la población a sus gobernantes y funcionarios, y a sus instancias de gobierno, políticas, legislativas, judiciales y de todo orden.

<u>Esquemas de evaluación de resultados e informes a la población e interesados</u>

Los gobiernos de muchos países, salvo varios subdesarrollados y pobres, cuentan con esquemas de evaluación de sus áreas, instrumentos y programas, por medio de diversos esquemas, especialmente de contraloría interna, sin embargo, será fundamental establecer esquemas de evaluación estratégica de mayor alcance y amplitud, que generen información inteligente para hacer más eficientes estas instancias y conceptos.

Estos instrumentos y estrategias se realizarán por medio de evaluaciones de funciones de las áreas y del cumplimiento de objetivos, procesos, trabajos, actividades y resultados, además del análisis de programas y su aplicación e impacto. También se evaluarán aspectos del funcionamiento general y particular de los esquemas de trabajo, así como de la aplicación de presupuestos y recursos en las áreas, programas y proyectos, con esquemas de información a la sociedad de todos estos aspectos. Será importante implementar, por estas razones, esquemas efectivos de información de resultados a la población, ya que en la actualidad, las personas y grupos que han logrado ser apoyados con diversos programas y recursos financieros de gobierno para sus proyectos productivos, de negocios o de cualquier tipo, no pueden planificar la aplicación de estos recursos, ya que la lentitud e incertidumbre en que los gobiernos de todo orden y ámbito generan la información del estatus de los asuntos y del otorgamiento de los recursos y de su financiamiento, impiden establecer la agenda y programación de la aplicación de estos recursos, lo que implica retrasos en la productividad y en la generación de empleo.

Si un gobierno implementa acciones de justo tiempo para la aplicación de programas y recursos, de acuerdo a la planificación, entonces las personas y organizaciones podrán planificar y utilizar los recursos de forma eficiente, ya que en la actualidad, la incertidumbre que se genera en muchos países y entidades, sobre todo en los subdesarrollados, obliga a los solicitantes a realizar diversas acciones para llevar a cabo sus esquemas de negocios y de proyectos productivos, a la espera del otorgamiento de los recursos, los estudios, las asesorías y los programas específicos. Esta es un área importante a mejorar, que todo gobierno, en sus ámbitos y correspondencias, deberán de atender de forma sustantiva, ya que la aplicación en justo tiempo de programas, servicios y recursos gubernamentales otorgados a la población y sus sectores es fundamental para el desarrollo local y nacional.

<u>Esquemas de mayor alcance de programas para la población</u>

También será importante evaluar los programas de todo gobierno para conocer si se encuentran al alcance de la mayoría de la población y cumplan con sus objetivos, porque no se justifica que existan programas y proyectos, que aunque estén muy bien diseñados y contengan elementos para el desarrollo, si estos no pueden ser utilizados por la mayoría de la población para proyectos, negocios y productividad, así como para apoyos sociales diversos, que son prioritarios, como la salud, la educación, la alimentación y la vivienda, entre otros, entonces no cumplirán su objetivo y no servirán de forma eficiente a las proyecciones de productividad y desarrollo de un gobierno, ya que entonces se tendrán programas sin la profundidad y el alcance necesario para generar el desarrollo y la interacción poblacional con el gobierno, así como para generar actividades productivas, empleo y dinámica y fortaleza económica.

El análisis y las proyecciones deberán generar las resoluciones a estos aspectos, ya que muchos programas y esquemas de financiamiento para negocios y actividades productivas no pueden ser aplicados a determinadas sociedades y a la mayoría de sus sectores que carezcan de recursos, por lo que seguramente, si se reacondicionan estos programas y esquemas a las características de cada población y contexto, entonces su aplicación será eficiente, al igual que los beneficios que generen.

Todo gobierno deberá de implementar esquemas de evaluación de programas y establecer medidas de mejora en este sentido, ya que muchos de los esquemas y programas para la actividad productiva, sobre todo de gobiernos con falta de visión y sensibilidad, contienen, por ejemplo, financiamientos con altos intereses que no están al alcance de la mayoría de los pequeños y medianos productores y empresarios, y para la población en general, lo que impide generar más proyectos y negocios, y por tanto, sustentabilidad poblacional, productividad y empleo. Programas de muy buen diseño no pueden ser entonces utilizados para el impulso de actividades productivas ni de otros rubros, y quedan como conceptos de exhibición, aunque siempre habrá grupos y personas de mayores recursos que puedan utilizarlos, pero esto no generará la expectativa de mayor sustentabilidad y productividad, ni empleo, ni negocios ni reactivación económica.

Será necesario entonces mejorar y transformar algunos esquemas y programas de todo tipo existentes y que son ineficientes en algunos de sus procedimientos y objetivos, por lo que se deberá exigir a los gobiernos para que se evalúen y reconsideren los fundamentos de los mismos. Esto permitirá establecer programas y esquemas de alcance y beneficio para las mayorías, y para la reactivación de la actividad productiva, gracias a la funcionalidad y alcance mayoritario de los programas, en lugar de basarse y mantener programas que no pueden ser utilizados por la mayoría, y que solamente puedan ser utilizados por un mínimo sectorial poblacional.

Gasta más la burocracia de la mayoría de países en pagos presupuestales de gasto corriente, de energía eléctrica, papelería, copiadoras, luz, teléfono, aperitivos, teléfonos celulares, vehículos y dotación de combustible, entre otros aspectos, que además pueden reducirse y hasta lograr su eficiencia de gasto y beneficio, que lo que se gastaría un gobierno en implementar esquemas de programas y de financiamiento para los negocios y la productividad, con financiamientos de bajos intereses y plazos largos, o de retribuciones parciales en determinados porcentajes, o en lo posible, a fondo perdido, es decir, sin retribución de pago alguno por parte de los beneficiados, y con esto todo país, región y localidad ganarían en empleo y en desarrollo integral. Parte de la solución, entonces, será disminuir a lo justo el gasto corriente de todas las dependencias de gobierno federales, estatales, municipales y locales de un país, con presupuestos austeros y realistas. Es preferible destinar recursos para generar pequeños negocios y sustentabilidad poblacional, que pagar las copias, los teléfonos, los desayunos y comidas, y todos los nefastos gastos de la burocracia, y más aún, de los funcionarios y gobernantes, y aunque debe de haber un gasto administrativo, entonces se debe de generar una amplia evaluación y establecer los gastos presupuestales austeros y justos destinados al gasto corriente en todas las instituciones, de todos los gobiernos, de todo orden y ámbito. Esto ayudará significativamente a una mejor planificación de los recursos, y sobre todo para destinarlos a esquemas para los negocios, el empleo y la productividad, que verdaderamente generarán desarrollo y sustentabilidad.

<u>Esquemas de financiamiento con mayor sensibilidad política y social</u>

El financiamiento público para proyectos productivos y negocios, debe de ser diseñado para los diversos sectores sociales y económicos de todo país y de sus entidades, para su eficiente utilización y cumplimiento de objetivos, ya que, de otra manera, no podrán ser utilizados de forma mayoritaria. Esquemas financieros de gobiernos insensibles en el mundo no pueden ser utilizados por pequeños y medianos productores, ni por campesinos y personas de condición económica baja y mucho menos pobres, debido entre otros aspectos a los altos intereses, por lo que no se puede generar productividad, y sí se genera pobreza y marginación, ya que se hace a un lado a estos sectores de los programas de gobierno que fueron diseñados originalmente con el fin de generar productividad en todos los sectores, pero de forma prioritaria en los sectores pobres y de bajos recursos, ya que esto desarrolla a las sociedades, con más empleo y poder adquisitivo. En muchos países también se cuenta con esquemas financieros de instituciones públicas y privadas para sectores medios y altos, que también fueron diseñados para una utilización eficiente por parte de estos sectores, sin embargo, aún para estos sectores de mayor poder económico es difícil su acceso a ellos y al cumplimiento de los requisitos de estos financiamientos de gobierno, privados y bancarios, por lo que un diagnóstico permitirá conocer el justo medio entre la responsabilidad de las instancias públicas y privadas financieras y la propia gente, ya que hay delincuentes, disfrazados de productores y empresarios que obtienen prestamos, utilizan los recursos y desaparecen sin pagar nada.

Habrá que mejorar los esquemas existentes en muchos países que adolecen de esta problemática y generar esquemas con instrumentos efectivos, sensibles, adecuados y de alcance masivo de financiamiento para impulsar las actividades productivas y los negocios, desde los esquemas de apoyo a los micro y pequeños, hasta los medianos y grandes, pero que puedan ser utilizados por la mayoría, ya que lo que se busca es generar una gran plataforma de productividad en un país y sus regiones, con apoyos para la productividad, el comercio, los negocios y la reactivación del campo y la agroindustria, entre otros conceptos, que generen empleo, proyectos, negocios e impuestos, con la disminución del comercio ilegal y de los factores de la inseguridad, vagancia y delincuencia en un contexto.

<u>Esquemas legales que impidan las influencias, el nepotismo, el amiguismo y el compadrazgo</u>

Hacer difusión de que se aplicarán con rigor las leyes y reglamentos para evitar la influencia del poder en el ejercicio gubernamental, así como el nepotismo en la función pública, además de evitar compadrazgos y amiguismos, será importante, ya que por un lado todos los asuntos y todas las personas podrán ser atendidas de forma igual, además de que se evitará contar con funcionarios incapaces que le quitan el lugar a personas eficientes y capacitadas. Esto también atraerá simpatías a los gobiernos que lo apliquen, y votos electorales a sus instancias políticas, ya que estos aspectos no le gustan a la gente ni a los sectores de la sociedad. Será importante también lograr que en las instituciones gubernamentales federales y en los gobiernos estatales, municipales y locales se apliquen de forma rígida estas leyes y reglamentos, ya que algunos de los gobiernos a veces se vuelven empresas familiares que además no saben nada de las políticas públicas, y que, por lo tanto, generan subdesarrollo e improductividad. Los países desarrollados cuentan con esquemas que impiden aprovecharse del poder público en sus diversas modalidades, sin embargo en países subdesarrollados y pobres, con gobiernos ineficientes, estos aspectos se utilizan siempre y casi son una norma, ya que los gobernantes y funcionarios influyentes utilizan su poder para su beneficio y el de sus amigos, además de que colocan a familiares, amigos y compadres en puestos clave para cualquier actividad, por lo que vuelven más deficiente la actividad y los procesos de sus gobiernos, pero esto no les importa, ya que gozan de impunidad, porque la sociedad no cuenta con las vías para mostrar su inconformidad y lograr avances en este sentido.

Habrá que generar, por tanto, leyes y esquemas en esos países y regiones, que vigilen y evalúen el funcionamiento de los gobiernos de todo orden y ámbito, por medio de analistas neutrales que generen un dictamen, y si este es negativo, ya que ha producido subdesarrollo y pobreza, entonces implementar acciones y políticas para revertir esta tendencia y mal funcionamiento, para procurar que se genere el desarrollo necesario, y en caso de que posteriormente no se avance y sigan los mismos factores de improductividad, entonces los congresos legislativos podrán y deberán implementar medidas para cambiar a las autoridades y funcionarios de esos gobiernos que no supieron cumplir.

<u>Otros aspectos y conceptos que generan desarrollo integral sostenible y mejoran la calidad de vida de la población</u>

Las políticas públicas de un gobierno eficiente tienen por objetivo generar productividad y desarrollo con seguridad, estabilidad y paz social, mediante las propuestas, lineamientos, programas, instrumentos y procesos, por lo que cuando estas políticas o sus instrumentos son deficientes, se deberá generar el diagnóstico para establecer los esquemas necesarios para mejorar la aplicación de los programas e instrumentos en beneficio de las sociedades y del estado, además de que se puedan utilizar y estar al alcance de todos. Asimismo, estos instrumentos y esquemas deberán ser utilizados de acuerdo a una planificación global y específica que genere negocios y productividad, al igual que una amplia cobertura en los servicios sociales, tales como la salud, la educación, la alimentación y la vivienda, entre otros aspectos que mejoran la calidad de vida.

En base a esto, todo gobierno eficiente deberá implementar esquemas de utilización efectiva de los programas gubernamentales, lo que sin duda generará mayor desarrollo productivo de la sociedad, así como de las personas y familias, y con esto, una mejora constante en la calidad de vida de la gente. Veamos algunos aspectos en este sentido, entre otros muchos que pueden ser considerados, de acuerdo a los gobiernos y sociedades, así como a los contextos, con sus particularidades y especificaciones.

- *Esquemas integrales de gran alcance de apoyo a la micro, pequeña, mediana y gran empresa de un país*

- *Esquemas para evitar la desintegración, pulverización y desaparición de las micro y pequeñas empresas, mediante esquemas gubernamentales de apoyo financiero, de asesorías y de otros conceptos, con esquemas de desarrollo y productividad sin costo, y como apoyo gubernamental, ya que en la actualidad los financiamientos y costos de proyectos y empresas no son accesibles para la mayoría de la gente*

- *Esquemas de apoyos financieros con sensibilidad para tener mayor acceso a la población, con esquemas mixtos, con exención de pagos parciales, con esquemas de fondo perdido, otros con pago del capital, pero sin intereses y a muy largo plazo, y otros con tasas de interés muy blandas y a largo plazo*

- *Esquemas de transición de financiamiento, hasta que la población cuente con mayor poder adquisitivo y puedan aplicarse esquemas financieros y de préstamos con pagos e intereses por medio de financieras y fondos de gobierno, y extenderlo a las financieras y bancos comerciales*

- *Esquemas de capacitación obligatoria laboral y de directivas, para contar con la misma visión de productividad y desarrollo de todos los actores de la productividad de un país y sus entidades*

- *Esquemas de implementación de sistemas de productividad, de calidad, de mejora continua, de reingeniería de procesos y de responsabilidad social, que obligan a los funcionarios y empleados a trabajar, rendir cuentas y llevar a cabo el funcionamiento de las instituciones y empresas de forma eficiente y productiva*

- *Generación de proyectos de obra pública, y de todo tipo, de gran visión y alcance por parte de un gobierno eficiente, que indudablemente producirán empleos directivos, profesionales y obreros. Proyectos carreteros para unir ciudades y poblaciones de alto tráfico o con expectativas de generar polos de desarrollo son fundamentales, así como también proyectos de ampliación de infraestructura eléctrica, de infraestructura del petróleo, de explotación minera, de generación de fábricas de los sectores de textiles y de bebidas, entre otros muchos conceptos, también son fundamentales para el desarrollo de un país y sus regiones*

- *Generación de proyectos de implementación de fábricas de electrodomésticos, de construcción de vehículos, de maquiladoras del vestido y sector textil, de fabricación de herramientas, de fabricación de materiales para la construcción, de fabricación de accesorios y repuestos, entre otros conceptos, son necesarios para el desarrollo y el empleo*

- *Generación de obras viales, de modernización de ciudades, de obras hidráulicas, de obras deportivas, de obras sociales y recreativas, entre otros conceptos, también son necesarias e importantes para el desarrollo y el empleo en todo país*

- *Establecimiento de esquemas de inversión mixta, entre gobierno e inversionistas privados locales, nacionales e internacionales, para la implementación de más obras y proyectos en un país y sus regiones*

- *Esquemas de inversión popular, en los que la gente tenga acceso a la inversión fraccionada en la bolsa de valores, en las empresas estratégicas, en el sector eléctrico y en empresas particulares que lo deseen, con esquemas de una inversión globalizada que pueda corresponder hasta un 30% de la inversión total de las empresas y sectores, por parte de la gente, con buenas ganancias de inversionistas y con una estructura que contemple esquemas de inversión popular en un amplio paquete global, que contenga a miles o cientos de miles o millones de pequeños y micro inversionistas que aporten a un fondo común de inversión, para que así todos obtengan ganancias, y así se permitirá también el apoyo popular para la inversión a los sectores estratégicos, para que se consensen las reformas estructurales y para que se reactive la inversión y la micro economía, con la mejora integral sustantiva que esto conlleva*

- *Mejora y difusión de programas de un gobierno eficiente para conseguir empleo para sus pobladores*

- *Establecimiento de programas efectivos de colocación de profesionistas, de trabajadores en general y de egresados escolares, entre otros*

- *Esquemas de mejor atención en las oficinas gubernamentales, con un trato de capacidad y respeto para las personas y para los planteamientos de los asuntos*

- *Esquemas de eficiencia en el trabajo, con respeto para las personas solicitantes o que realizan trámites en las instituciones de gobierno, sobre todo en los aspectos de servicios sociales diversos, como hospitales, servicios de educación, de salud, de asistencia social, de trámites y financiamientos, entre otros, así como de proveeduría de recursos para la gente, como medicinas, alimentos, becas, dinero, pagos de trámites y servicios, y todo el universo de atención del sector social y de gobierno*

Estos esquemas y programas deberán difundirse de forma masiva, para lograr el reconocimiento de la gente a la visión, sensibilidad y trabajo de gobernantes, funcionarios y trabajadores, además de que generarán empleo y desarrollo.

5. *Esquema de civilidad, educación, cultura y conciencia social colectiva para la mejora de la calidad de vida*

En su generalidad, los países desarrollados cuentan con sociedades que en su mayoría tiene altos grados de civilidad, educación y cultura, lo que las convierte en sociedades que deciden sus formas y tipos de gobierno y las vías institucionales en las que pueden manifestarse, aunque también cuentan con algunos sectores poblacionales de menor capacidad educativa, sin embargo, en su conjunto son sociedades altamente preparadas y capacitadas en lo general, y que además conforman bloques unidos para los asuntos que les interesan y les beneficien, sin embargo, en la mayoría de los países del mundo, específicamente los subdesarrollados y, más aún, los pobres, las sociedades se caracterizan en lo general por su bajo nivel educativo y de civilidad, y por sus diferencias sectoriales, en las que un mínimo sector poblacional cuenta con una educación y preparación adecuada e incluso de alto grado, así como de grandes recursos económicos, mientras que una gran mayoría de esta población se encuentra en el subdesarrollo, en un estrato socioeconómico bajo o muy bajo, e incluso una mayoría dentro de este sector se encuentra en la pobreza y marginación, además de que este sector genera un amplio rezago educativo, que incluso no les ha permitido concluir la educación básica inicial, y peor aún, se tienen altos grados de analfabetismo. Por estas razones, especialmente por la falta de educación, capacitación y cultura, es que la mayoría poblacional y de los sectores de estas sociedades no pueden desarrollarse ni productiva ni económicamente, además de que sus propias necesidades y problemáticas, que son bastantes y prioritarias, y que han sido establecidas por medio de propuestas y planteamientos al gobierno, no tienen las vías para ser canalizadas de forma institucional, por lo que esto impide exigir sus derechos a sus gobiernos con respecto a mayores oportunidades para desarrollarse y mejorar su calidad de vida. Estos escenarios generan, por tanto, amplios segmentos de la población que no pueden desenvolverse de forma razonada y comprensiva en muchos de los escenarios y asuntos que se les presentan. Estos sectores de la población de cualquier país o región, por tanto, deben ser integrados, de forma urgente, a esquemas para su desarrollo, capacitación y educación, ya que esto permitirá a las sociedades en su conjunto, y en sus sectores, ser más preparadas y con mayor poder de razonamiento para dirigir sus destinos y para establecer las vías institucionales para generar sus planteamientos y asuntos. Mediante estas vías, las sociedades pueden además escoger a sus gobiernos, los que si no funcionan pueden asimismo ser cambiados mediante los mecanismos constitucionales propuestos por la misma sociedad y sus gobiernos. Es decir, toda sociedad debe capacitarse para construir los esquemas, leyes e instancias que le generen desarrollo y beneficio, así como los mejores estándares de calidad de vida. Todo gobernante con visión y capacidad deberá generar las reformas de estado necesarias para establecer los esquemas e instrumentos para que sus sociedades, tanto de su país, como de sus entidades y localidades, se inserten en las vías diversas para el desarrollo colectivo y así generar productividad, desarrollo integral y mejora de la calidad de vida.

Estas reformas de estado también deberán generar sociedades más capaces y de mayor civilidad en todo el mundo y, por tanto, sociedades más avanzadas que transformarán sus contextos y entornos, lo que desarrollará la civilidad mundial, disminuyendo así los diversos escenarios de hambruna, guerra, terrorismo, división y violencia que se generan cada día en el mundo. Todos los países y sus regiones son ricos y diversos en cultura y tradiciones, que deben preservarse, ya que son fuente histórica, cultural, turística y patrimonial no sólo de los mismos países, sino de la humanidad, sin embargo, también debe de dotarse a las sociedades de los aspectos que le desarrollen de forma integral para ser sociedades competitivas, productivas y de vanguardia. En este sentido, todo proyecto de gobierno debe generar y fortalecer políticas públicas conjuntas y particulares que generen este desarrollo poblacional. A continuación, se plantean algunos conceptos que todo gobierno eficiente debe implementar y aplicar en este sentido, y de forma obligatoria, como un mínimo básico deseable, en sus países y sociedades. Estos conceptos pueden ampliarse con mayores esquemas de desarrollo de las sociedades, sin embargo, de acuerdo a las dificultades para que los gobiernos logren avances sustantivos en sus entidades, estas serían algunas bases mínimas para estos efectos y este desarrollo social.

- *Educación obligatoria básica, incluida la educación media superior y al menos una carrera profesional corta, pero de preferencia concluir los estudios profesionales*

- *Integración de materias educativas para el desarrollo, los negocios y la actividad productiva desde la educación básica y media, y sobre todo la profesional, como preparación para la vida real*

- *Integración de materias educativas de aspectos de civilidad, conciencia, razonamientos, análisis, entendimiento, inteligencia y mapas mentales, entre otros aspectos, para desarrollar mentes más inteligentes, razonables y entendibles*

- *Integración de materias educativas de generación de conciencia de respeto a las personas, a las instituciones, al patrimonio cultural, a las leyes, a las normas sociales y a los valores históricos, cívicos y culturales*

- *Eliminación total y real del rezago educativo*
- *Eliminación total del analfabetismo*
- *Establecimiento de leyes y normativas de comportamiento social, personal y colectivo*

- *Establecimiento de leyes y normativas de cuidado del patrimonio, del entorno, de la ecología y la biodiversidad*

- *Establecimiento de leyes y normativas de responsabilidad social, laboral, política y gubernamental, entre otras*

- *Establecimiento de leyes y normativas de ampliación de la participación social y educativa en el desarrollo científico y tecnológico*

- *Establecimiento de normativas de conocimiento de la cultura general, de lectura de libros y de capacitación y de estudios diversos*

- *Establecimiento de leyes y normativas para el desarrollo cultural y educativo, así como de impulso a las artes, el deporte y el esparcimiento de las sociedades*

- *Establecimiento de leyes y normativas para mayor capacitación laboral, con esquemas de eficiencia, responsabilidad y calidad en el trabajo y en la vida social, familiar y personal*

Estos son algunos conceptos, entre otros, que deberán implementarse mediante un sistema gubernamental integral de educación, cultura, civilidad y conciencia social, para lograr una sociedad más preparada y capacitada para desarrollarse, entender e interpretar los retos y contextos, y conformar una conciencia colectiva que genere beneficio para todos. Este esquema de capacitación de las sociedades de todo país, entidad y localidad estará presidido por los gobernantes de un país y por los gobernantes de los diversos órdenes de gobierno en sus respectivos ámbitos, y estará dirigido por una coordinación general del sistema de educación, cultura y conciencia social. Esta coordinación general para el desarrollo educativo, cultural y social de un país estará conformada de la siguiente forma.

<u>Coordinación general de gobierno para el desarrollo educativo, cultural y social (CODECUSO)</u>

- *Subcoordinación para el desarrollo educativo*
- *Subcoordinación para el desarrollo cultural*
- *Subcoordinación para el desarrollo cívico y social*
- *Subcoordinación de capacitación, análisis y estrategias para el desarrollo educativo, cultural y social*

Cada una de estas subcoordinaciones contendrá unidades gubernamentales en aspectos específicos, tales como el análisis y la implementación de materias cívicas, de procesos, de mapas mentales, de conciencia social, de razonamientos y entendimiento, y de escenarios y contextos, entre otros conceptos, y también de aspectos de generación de pequeños negocios, de comportamiento social, de normativas y leyes de comportamiento cívico y social, de responsabilidad social, política, cultural y gubernamental, de respeto a las personas y al patrimonio cultural, y de un sinfín de aspectos necesarios para conformar una sociedad preparada que cuide su entorno y se comporte como una sociedad inteligente que exija a sus gobernantes, que decida quiénes serán sus gobernantes, que maneje esquemas de respuestas y de eficiencia en el trabajo gubernamental, político, empresarial, cultural y social, que le hagan ser una sociedad avanzada, pensante, inteligente, con responsabilidad social, económica y política.

6. *Esquema de generación de trabajo y de condiciones laborales óptimas para la mejora de la calidad de vida*

Todo gobernante con visión de estado deberá establecer, de forma prioritaria, esquemas integrales, políticas y leyes para la defensa de los trabajadores y para la mejora de los salarios y las condiciones laborales generales, así como para conceptos de mayor especialización, capacitación y preparación laboral, con esquemas de ascensos efectivos y justos para todos, con ambientes de estabilidad y concordia laboral, con esquemas de responsabilidad social, de calidad y mejora continua y con prestaciones sociales y reparto de utilidades justas y equitativas, entre otros aspectos, con la finalidad de generar mayor productividad y eficiencia laboral para el desarrollo y el bienestar social.

Asimismo, se deberán establecer los esquemas necesarios de infraestructura, leyes y políticas públicas, así como esquemas efectivos de procesos y de trabajo, con equipamiento y sistemas avanzados de todo tipo, con sistemas computacionales, de software y de Internet, y de otros tipos de manejo de datos e información, que impulsen la productividad y la mejora de las condiciones generales de los trabajadores, con acuerdos, leyes y convenios de unidad y consenso entre patrones y empleados y entre instituciones, empresas, sindicatos y trabajadores. Para estos efectos será básico proponer una infraestructura gubernamental que cumpla con estos objetivos. Veamos algunos de estos conceptos, que en primer término especifican la creación e implementación de un consejo nacional gubernamental y ciudadano laboral de atención al salario, al trabajo y a la vida digna de los trabajadores de todo contexto.

Consejo nacional de atención al salario, al trabajo y a la vida digna

Aunque existen en la mayoría de países diversas leyes e instituciones, comisiones y organizaciones locales, municipales, estatales, nacionales e internacionales que tienen que ver con los aspectos y conceptos del trabajo, del salario y de las condiciones y aspectos de los trabajadores, será importante que todo gobierno genere una institución gubernamental y ciudadana efectiva y específica de atención al salario, al trabajo y a la vida digna de los trabajadores, con el objetivo de implementar políticas y esquemas que impulsen las mejoras y las condiciones laborales en todo sentido, mediante sistemas de evaluación, vigilancia, seguimiento y control, para que los trabajadores y empleados de todo país y entidad cuenten con una plataforma básica de apoyo integral gubernamental y social de los conceptos relacionados con el trabajo de todo orden y tipo.

Esta plataforma básica de gobierno proveerá a los trabajadores de diversos aspectos y consideraciones básicas, que deberán desarrollarse cada vez más, para su protección, mejora de condiciones, salarios, prestaciones, utilidades y beneficios, así como para su capacitación y especialización. Esta plataforma de apoyo a los trabajadores será implementada mediante esquemas prototipo y modelo en todo país y en sus entidades, municipios y localidades, de acuerdo a una ley de atención al trabajo, al salario y a la vida digna de los trabajadores. Veamos algunos de estos conceptos básicos que pueden ampliarse de acuerdo a los contextos de gobierno y a las condiciones de trabajo de cada país y entidad.

- *Esquemas básicos de responsabilidad social para protección de los trabajadores en todo país, entidad y localidad*

- *Esquemas básicos de mejora integral de leyes y conceptos laborales, y de protección a los trabajadores en todo país, entidad y localidad*

- *Esquemas de obligatoriedad y exigencia de productividad en el trabajo, con resultados óptimos, sin afectar las condiciones laborales, ni los tiempos legales de labor, en todo país, entidad y localidad*

- *Esquemas de obligatoriedad de mejora de los salarios mínimos para dotarlos de mayor rango, para evitar condiciones infrahumanas derivadas de salarios de hambre, y que establezcan una vida digna en todo país, entidad y localidad*

- *Esquemas de obligatoriedad de implementación de sistemas de gestión de la calidad y mejora continua, así como de reingeniería de procesos y de responsabilidad social en las instancias laborales, en todo país, entidad y localidad*

- *Esquemas de obligatoriedad de reparto de utilidades y prestaciones laborales justas, con contralorías que verifiquen este cumplimiento patronal, en todo país, entidad y localidad*

- *Esquemas de reconocimiento y premiación laboral justa, en todo país, entidad y localidad*

- *Esquema de escalafón de puestos laborales y servicio laboral de escalafón, con promociones verdaderas, de acuerdo a resultados y comportamiento laboral, en todo país, entidad y localidad*

- *Condiciones básicas de calidad de infraestructura y medio ambiente de trabajo en todo país, entidad y localidad*

- *Prestaciones diversas básicas de mayor alcance y obligatorias para una vida digna en todo país, entidad y localidad*

- *Esquema de horarios básicos de trabajo mínimos obligatorios de mayor sensibilidad para una vida digna en todo país, entidad y localidad*

- *Reglamentos y normativas laborales básicas obligatorias de mayor sensibilidad para una vida digna en todo país, entidad y localidad*

- *Esquemas básicos de dignidad en las relaciones de patrones y empleados en todo contexto de las entidades de todo país, entidad y localidad*

- *Esquemas básicos de dignidad a la atención de los asuntos y problemáticas de todos los empleados de un país, entidad y localidad*

- *Esquemas de edad laboral y condiciones básicas de mayor sensibilidad, dignidad y justicia para la contratación de empleados en un país, entidad y localidad*

- *Esquemas para el desarrollo en el trabajo, el ascenso y el servicio productivo de carrera en todo país, entidad y localidad*

- *Esquemas básicos de dignidad para el despido de los empleados en todo país, entidad y localidad*

Estos y otros conceptos quedarán establecidos en las leyes y esquemas de trabajo del consejo nacional de atención al salario, al trabajo y a la vida digna de todo país. Estos esquemas y conceptos generales son modelos a seguir, debido a su concepto de respeto y dignidad laboral, por lo que deben implementarse en todas las entidades, municipios y localidades. Estos aspectos servirán como una plataforma especial para que los empleados y trabajadores públicos y del sector privado de un país cuenten con la protección de los principios básicos de dignidad y respeto para llevar a cabo sus labores diarias.

A partir de este modelo básico general, los gobiernos de todo orden y ámbito deberán incrementar de forma sustantiva los beneficios para todos los trabajadores, de acuerdo a los nuevos conceptos y leyes laborales, por lo que, en ninguna entidad, ni localidad, se podrán evitar ni disminuir estos beneficios para los trabajadores.

La desigualdad e injusticia de los salarios, las condiciones no adecuadas de la infraestructura, instalaciones, equipos y recursos, la falta de mantenimiento de todo tipo, las diferencias en el tratamiento de los empleados y de la aplicación de los horarios, la discriminación por condición socioeconómica, edad y sexo de los empleados, la falta de responsabilidad de jefes y burócratas, el tener que atender todos los asuntos personales de los jefes en horas laborales, la utilización de empleados para asuntos personales o convertirlos en sirvientes personales, entre otros muchos aspectos, deberán ser eliminados y sancionados de manera severa, ya que va contra los principios y leyes laborales y constitucionales, sin embargo, en una gran mayoría de países, sobre todo subdesarrollados, esto es una práctica común en los gobiernos y en la administración pública, con la desviación de recursos económicos, materiales, humanos y de servicios a favor de grupos de poder, y que además hacen falta en el trabajo de gobierno.

Lo anterior propicia que en algunas localidades, municipios y entidades, tanto en instituciones de gobierno como en el sector privado, existan verdaderos procesos de esclavitud, con salarios de hambre y condiciones infrahumanas de algo que podríamos llamar trabajo y empleo, por lo que este consejo nacional de atención al salario, al trabajo y a la vida digna de un país, vigilará y controlará los aspectos y condiciones laborales, mediante las representaciones de este consejo en las diversas entidades y localidades.

La nueva ley para el desarrollo del empleo, el trabajo y la vida digna, contendrá toda una serie de esquemas y elementos básicos que deben implementarse en todas las entidades, municipios y localidades de un país, con respecto a los conceptos laborales de los trabajadores en todos sus rubros y aspectos. Veamos de forma sintetizada algunos de estos conceptos basados en modelos prototipos básicos de condiciones de dignidad para el trabajo y la productividad.

<u>Condiciones básicas de infraestructura y medioambiente de trabajo</u>

Este esquema tiene el objetivo de establecer las mejores condiciones de infraestructura de trabajo para todo empleado y funcionario, por lo que contendrá leyes y normativas en este sentido. La infraestructura contiene conceptos como instalaciones, inmuebles, muebles, equipo, servicios y todo tipo de materiales, que deben estar nuevos de preferencia o en buenas condiciones para su uso, para que permitan el trabajo efectivo de todo empleado y funcionario. También los sistemas de comunicación, eléctricos, de computación, de energía, de ventilación y calefacción, de drenaje, agua potable e infraestructura urbana, entre otros, son prioritarios para estos fines, y deben estar en condiciones ideales de uso.

Ambientes de trabajo limpios, con ventilación y mantenimiento permanente, sanitarios limpios, con áreas verdes, plantas y jardines, y toda una serie de ambientación ecológica adicionada con adornos de calidad son necesarios también para generar las sinergias que permitan una buena convivencia laboral y que son parte de una mejora sustantiva, en todo sentido, de las tareas laborales, lo que generará mayor productividad y resultados en el trabajo de las personas y de las instituciones.

<u>Salario básico nacional mínimo y obligatorio para una vida digna en todo contexto</u>

Este esquema de gobierno tiene el objetivo de evaluar y analizar las condiciones salariales en todo país, para establecer las recomendaciones, que de acuerdo a su perspectiva sean necesarias, para mejorar en todos los sentidos y aspectos todo lo relacionado al salario de los trabajadores en los diferentes contextos de un país. Esta mejora de condiciones salariales tendrá que ser evaluada por los propios gobiernos y por las instancias empresariales, productivas y laborales, públicas y privadas de un país, sin embargo, será difícil que algunos sectores acepten varios de los conceptos emanados de este consejo, en defensa de mejores salarios y condiciones laborales, por supuestamente afectar sus intereses. Todos los países cuentan con esquemas de interrelación de los sectores de gobierno y privados de la productividad y el empleo, que periódicamente emiten sus resoluciones en cuanto al salario de los trabajadores, y que están basadas, entre otros conceptos, y de acuerdo a las particularidades de cada país, en un diagnóstico general y específico, por zonas, rubros y salarios, y en los índices laborales, de empleo y de desarrollo general, al igual que en las proyecciones de productividad y competitividad en los mercados, así como en los costos y venta de los productos.

De todas formas, este consejo de gobierno comentado en este libro, mediante su esquema de análisis de los salarios mínimos, no sólo tendrá la facultad de generar el diagnóstico y evaluar las condiciones existentes en cada uno de los países, sino que también deberá emitir recomendaciones para generar leyes que permitan una unificación del salario en todo el mundo, subdividido en zonas regionales. Las condiciones del salario en cada zona serán las adecuadas para llevar una vida digna y con poder adquisitivo al alcance de todos. Muchos países, sobre todo los desarrollados, tienen grandes esquemas de protección y mejora constante de las condiciones de los trabajadores, además de la aplicación de estándares de buenos salarios, lo que permite una vida digna y de poder adquisitivo para todos, incluyendo los trabajos que solamente generen un salario mínimo de esos contextos. En la mayoría de países, salvo en los países desarrollados y en algunos países emergentes, el salario en su generalidad no puede lograr una vida digna, y mucho menos otorgar poder adquisitivo, y peor el salario mínimo y los que le siguen en la escala, que son solamente de subsistencia extrema, mientras que en los países pobres, simplemente el salario digno no existe en su generalidad, ya que más parecen limosnas, y eso en el caso de que exista empleo, porque también es una grave problemática, ya que sus gobiernos y el propio contexto no generan productividad, ni empleo, y si generan pobreza, marginación y miseria.

Toda instancia que genere evaluaciones serias y que proponga esquemas de mejora salarial que puedan ser factibles de implementar en los contextos diversos del mundo podrá ser tomada en cuenta para analizar sus propuestas y, en caso de considerarlas adecuadas, tratar de convencer a las diversas instancias públicas, privadas y de gobierno involucradas para implementarlas total o parcialmente. De todas formas, existe una moral social y laboral que debe formar parte de las políticas de todo país, para que las estrategias laborales y de salarios contengan esta sensibilidad con respecto a una adecuada paga y salario para los trabajadores. El salario básico deberá de otorgar a los trabajadores de todo el mundo el poder adquisitivo para una vida digna elemental y de alcance para cubrir los satisfactores básicos sociales y de esparcimiento de las familias, porque de otra forma, un salario mínimo que no cumpla con estos satisfactores básicos generará pobreza, marginación, delincuencia y escenarios de inconformidad social, que podrán desestabilizar a todo sistema político y de gobierno y generar sociedades divididas e inconformes con su realidad.

Prestaciones diversas básicas y obligatorias para una vida digna en todo contexto

Un prototipo y modelo efectivo y digno de prestaciones sociales, deberá quedar instituido e integrado al esquema del salario de todo empleado y trabajador, por lo que se buscará implementar un esquema básico de prestaciones dignas para todos los trabajadores de un país y de sus entidades y localidades, con aspectos que apoyen la salud, la vivienda, el ahorro, las vacaciones, los aguinaldos, los pagos por trabajo y productividad, la capacitación, las horas extras laborales, los préstamos con condiciones factibles de pago y todos los aspectos necesarios para el desarrollo de los trabajadores y empleados. Estas prestaciones coadyuvarán, indudablemente, a fortalecer el salario en general, pero especialmente el salario mínimo y también los más bajos salarios, ya que permitirán a los trabajadores y empleados mayores y mejores condiciones para tener una vida digna y con poder adquisitivo. Todo salario mínimo y los salarios bajos en el mundo deberán contar con prestaciones que contengan los elementos básicos fundamentales para el fortalecimiento de las condiciones y la resolución de las necesidades de los trabajadores y sus familias.

Esquema de horarios básicos de trabajo mínimos obligatorios para una vida digna en todo contexto

Todo gobierno deberá establecer un modelo de esquemas de horarios mínimos y máximos de trabajo, de acuerdo a las características y especificaciones del mismo, con una ley que especifique el máximo de horas por día y por semana que deben de realizar los empleados, de acuerdo al trabajo y al contexto. En este sentido habrá varios modelos, sin embargo, existirá un máximo de horas de trabajo, por día y por semana, aún en los esquemas más extenuantes de trabajo, que permitan a los trabajadores contar con el tiempo libre necesario y adecuado para estar con su familia y dedicarlo a otras actividades, ya que esto permitirá mayor salud mental y motivación para llevar a cabo su trabajo de forma eficiente y concentrada.

Esto equivale también a contar con trabajadores productivos y contentos, con buen salario básico, generando así mejores sociedades y eliminando los procesos de ocio, de desempleo y de delincuencia en el mundo. El respeto a la vida digna, de acuerdo a salarios y horarios básicos deseables para evitar el estrés y la fatiga crónica del cuerpo y la mente humana, son conceptos necesarios e inteligentes para aplicarse en el desarrollo laboral y productivo de las sociedades en todos los países del mundo, ya que esto implica mayor productividad, felicidad, desarrollo y justicia para todos.

<u>Esquemas básicos de productividad mínima obligatoria para una vida digna en todo contexto</u>

Si no existe productividad en un país y sus regiones, aunque sea mínima, se generarán escenarios de miseria, hambruna y marginación en esas zonas, por lo que este concepto de establecer esquemas para la productividad es fundamental para el desarrollo de los estados y naciones y para el desarrollo integral de las sociedades. Siempre será importante establecer condiciones básicas dignas para los trabajadores, sobre todo en los aspectos de salarios, prestaciones sociales y condiciones de equipamiento y ambientales satisfactorias, sin embargo, también es fundamental exigir mínimos básicos de productividad por parte de los trabajadores, ya que estos resultados mínimos básicos serían los justos para que toda empresa, negocio, institución pública o privada, pueda funcionar de forma eficiente.

En caso de que la productividad de los trabajadores, de forma personal o grupal, descienda de estos mínimos básicos, entonces se deberán de encontrar las causas generales, y por persona, para desactivar esta problemática. En caso de que esta baja productividad y malos resultados fueran debido a una deficiencia de los esquemas, sistemas y procesos, se procedería a generar una reingeniería de estos procesos para hacerlos eficientes y volver a contar con los índices adecuados de productividad.

En caso de que este descenso en la productividad provenga del trabajo de alguna o varias personas, se analizarán las causas y se les motivará a responder de forma eficiente, por lo que tendrán oportunidades para mejorar esta deficiencia, ya sea mediante la capacitación o la aplicación de incentivos y aspectos de motivación, sin embargo, de no proceder ninguno de estos efectos, se deberá de prescindir de estos trabajadores.

Los esquemas de producción mínima básica serán los adecuados para todo trabajador, con el cuidado de su salud física y mental, y mediante las condiciones óptimas de trabajo en todos los sentidos. Esto quiere decir que todo trabajador tendrá las condiciones adecuadas, especificadas en las leyes, para lograr esta productividad mínima básica, la cual podrá ser aumentada, de acuerdo a las capacidades de cada trabajador, con reconocimientos laborales, con premios y aumento de salarios, y promociones de puestos y funciones, lo que motivará aún más la generación de mayor productividad.

Así como se proponen esquemas modelo prototipo para que los trabajadores tengan la motivación y las condiciones para ser productivos, también existirán esquemas específicos para generar productividad, en los que los empleados tendrán que ajustarse a determinados reglamentos y procesos de trabajo, mediante condiciones necesarias y adecuadas. Estos esquemas de productividad variarán de acuerdo a la actividad, ya sea comercial, industrial, empresarial, de servicios o de gobierno, y también a la conformación de las instancias productoras, a los procesos y a los productos, así como a las características de los contextos y a muchos otros factores, por lo que se deberán establecer esquemas diversos por productividad en toda infraestructura y en todos los procesos de trabajo y empleo de todo país. Cada comercio, empresa o industria, de todos los tamaños, conceptos y tipos, contará con normativas y esquemas que especifiquen las condiciones básicas laborales y también las condiciones básicas mínimas productivas para el trabajador, el cual tendrá que rendir como mínimo estos requisitos para mantener su empleo y tener expectativas de crecimiento y desarrollo en su actividad productiva y de servicios.

<u>Reglamentos y normativas laborales básicas obligatorias para una vida digna en todo contexto</u>

El objetivo será que estos esquemas de normativas, leyes y reglamentos para el trabajo se apliquen en todos los ámbitos de un país, especialmente en las entidades y localidades en las que no se aplican total o parcialmente las garantías y los derechos de los empleados y trabajadores. Las leyes y normativas deberán ser justas y de alcance, procurando las mejores condiciones laborales y generales para los trabajadores, así como también para las instancias productivas y para el desarrollo de los países y entidades. Aunque exista la ley y sus enunciados, por diversas causas y razones, en algunos contextos no se quiere o no se pueden implementar y aplicar de forma total o parcial estas garantías en beneficio de los trabajadores, por lo que el consejo nacional de atención al trabajo, el empleo y la vida digna de todo país y de toda entidad tendrá la atribución de vigilar y llevar a cabo la implementación de los reglamentos y esquemas en beneficio de los trabajadores, mediante dictámenes y recomendaciones que deberán seguir los patrones y empleadores públicos y privados, ya sean instituciones, empresas o personas, y en determinados casos, de acuerdo a las sanciones correspondientes y por medio de esquemas coercitivos legales, obligar a los patrones y empleadores al cumplimiento exacto de las leyes.

<u>Esquemas básicos de dignidad en las relaciones de patrones y empleados</u>

En los países desarrollados se tienen leyes que procuran la relación respetuosa y justa entre patrones y empleados, sin embargo, en algunos de sus gobiernos y empresas también se manejan actitudes represivas, discriminatorias y déspotas para los trabajadores, por lo que será fundamental implementar esquemas de vanguardia en este sentido, ya que el establecimiento de ambientes de armonía y productividad, son fundamentales para estos fines.

Si en estos países desarrollados se tienen estas actitudes en algunas de sus entidades de gobierno y del sector privado, habrá que imaginarse lo que pasa en países subdesarrollados, y peor aún en países pobres y marginados, en donde las violaciones a los derechos humanos y de los trabajadores son actos de todos los días, además de que no se tienen las instancias institucionales, legales y sociales para establecer las quejas y demandas de los trabajadores y de la ciudadanía en general, al contrario de los países desarrollados, que si cuentan con estas instancias de gobierno y privadas para defender sus derechos. Por tal razón es fundamental diseñar e implementar esquemas efectivos de gobierno y del sector privado que eliminen estas problemáticas irracionales de violaciones a los derechos de los trabajadores y, por tanto, generar normativas y esquemas que procuren y defiendan las condiciones de un trato justo y respetuoso entre trabajadores y patrones en todos los países y sus entidades.

Los esquemas básicos y reglamentos sobre el comportamiento cívico y de respeto entre empleados y patrones, por tanto, tendrán el objetivo fundamental de establecer normativas y aspectos que permitan siempre las condiciones para un trato justo, respetuoso y cordial entre los patrones y los empleados, ya sean de gobierno o de sectores públicos o privados. Además de establecer los procesos para este trato respetuoso también deberán contener especificaciones que prevengan, eviten y, en su caso, sancionen las violaciones a los derechos de los trabajadores y el trato indigno de los patrones para con sus empleados. Asimismo, estos esquemas y normativas contendrán las especificaciones para evitar que se generen ambientes de trabajo negativos que impidan la armonía y la estabilidad laboral y personal, y con esto, que disminuya la productividad y la calidad en el trabajo y de los productos. Deberá de existir, por tanto, una ley específica y un manual reglamentario que indiquen lo que puede ser permitido y lo que no puede ser permitido en el trato entre trabajadores y patrones, porque esto obligaría, aun cuando no se quisiera, por parte de algún individuo o grupos, a un trato respetuoso y justo, aunque también debe de ser correctivo o coercitivo, en el caso de disminución de la productividad o de falta de atención de los empleados. Este esquema debe ser implementado de forma obligatoria en todo centro de trabajo, de todo tipo, en un país y sus localidades, evitando vejaciones hacia los empleados en todo ámbito en donde la calidad de vida, la dignidad y la justicia son pisoteadas en su totalidad o parcialmente, lo que no debe permitirse nunca, ya que afecta el desarrollo de los trabajadores y de las sociedades.

Estos esquemas ayudarán a prevenir y evitar, de forma sustantiva, violaciones a los derechos humanos de los trabajadores, y aunque se sabe que no todas son denunciadas, los índices de éstas son muy altas, por lo que será fundamental implementar esquemas obligatorios de trato justo y respetuoso en todo trabajo, lo que generará mayor productividad, mejores ambientes de trabajo, mayor calidad de los productos y una mejor atención y capacidad de los empleados en su vida laboral, lo que impactará de forma favorable en su vida familiar y social, eliminando también los aspectos delictivos de los contextos, y con esto se podrán generar mejores entornos de vida y armonía social.

<u>Esquemas básicos de dignidad a la atención de los asuntos y problemáticas de los empleados</u>

Aunque en la mayoría de los países y de sus entidades existen leyes, reglamentos, instancias y esquemas de defensa de los derechos de los trabajadores, estas no se cumplen generalmente por diversas razones, salvo en aquellos países desarrollados que cuentan con vías institucionales para canalizar y resolver estos asuntos, que son dictaminados generalmente a favor de los trabajadores que han visto violentados sus derechos. Solo en algunas instancias de gobierno y del sector privado en el mundo, generalmente en zonas de alto desarrollo, si se tienen leyes y esquemas de vanguardia de atención a los asuntos laborales y de los trabajadores, que se cumplen de forma efectiva y justa, legal e institucional.

En estas instancias también se cumplen de forma efectiva las expectativas y realidades de defensa de los trabajadores y, en su caso, cuando el asunto así lo requiera, de los patrones, sin embargo, como se ha comentado, en la mayoría de las localidades y entidades, sobre todo subdesarrolladas, las problemáticas de los trabajadores no son atendidas de forma justa, ya que en una gran mayoría de casos, por así convenir a intereses específicos, siempre se defiende de forma legal a los patrones, aunque estas resoluciones sean injustas, pero se generan porque las leyes permiten tener estas zonas legales que impiden una defensa verdadera de los trabajadores, aun cuando estos trabajadores tengan la razón y hayan sido violentados sus derechos. Por estas razones es prioritario evaluar estos resquicios legales para impedir estas estrategias de defensa patronal cuando estos no tengan la razón ni la ley de su lado. La aplicación de la ley, de forma justa e imparcial, es lo deseable en toda sociedad, por lo que los esfuerzos estarán siempre encaminados hacia ese objetivo, porque de otra forma seguirán las vejaciones patronales para con los empleados, y con esto, se ampliará la vulnerabilidad de los esquemas legales de defensa de los trabajadores y se disminuirá la productividad y la estabilidad política y social de todo contexto.

<u>Esquemas de edad laboral y condiciones básicas para la contratación de empleados</u>

Este concepto propone que se permita la contratación de jóvenes menores y ancianos, además de discapacitados, de forma legal y por obligatoriedad, en determinados tipos de trabajo que pueden llevar a cabo fuera de sus horas escolares en el caso de jóvenes y de acuerdo a especificaciones y particularidades en el caso de los ancianos y discapacitados, con aspectos de una mayor seguridad y condiciones favorables para este tipo de trabajadores. En todos los casos, los trabajos serán aquellos que no impliquen gran esfuerzo físico, ni una demanda mental de desgaste en ningún sentido. Se especificará el tipo de trabajo que puedan llevar a cabo los jóvenes, el tipo de salario, de prestaciones y las condiciones adecuadas para que puedan seguir estudiando, pero además que puedan cumplir apoyando a sus familias con determinados tipos de trabajo específicos que puedan llevar a cabo y que además les capaciten para su vida futura.

Para los ancianos también los esquemas de trabajo deberán de contar con especificaciones que permitan que estos seres humanos puedan generar productividad, sentirse útiles y ser beneficiados con salarios y reconocimiento social. Para los discapacitados o personas con capacidades diferentes se tendrán normativas específicas para los trabajos que deban desarrollar, de acuerdo a sus condiciones.

En todos los casos deberán existir leyes, en todos los países y entidades, que establezcan las mejores condiciones de trabajo para estos sectores vulnerables, con aspectos de exención total de impuestos para estos trabajadores, así como de incentivos fiscales y de exención total o parcial de impuestos a las empresas que contraten a personas adultas mayores y a personas discapacitadas, y en algunos casos muy especiales, cuando el trabajo lo amerite, a jóvenes menores, sin que éstos dejen su actividad escolar. Estas empresas o instituciones privadas podrán además ser beneficiadas con diversos incentivos, como por ejemplo, la disminución de precios y pagos de servicios como lo son la energía, la electricidad y el agua, así como disminución de impuestos, rentas, prediales y de otros rubros más, lo que les permitirá contratar a más personas de estos sectores y de estas características, con lo que se amplía la planta productiva de un país y sus entidades y se establece una vida digna de productividad para estas personas. La ley también obligará a que las empresas y comercios de todo tipo, en cualquier país, contrate a ancianos y discapacitados, de acuerdo a las actividades de los conceptos y a la productividad de las empresas y comercios, y siempre y cuando los trabajos puedan ser desempeñados sin esfuerzo por estas personas. Todas estas empresas, de cualquier país y entidad del mundo, recibirán reconocimientos locales, nacionales e internacionales, además de incentivos fiscales, por su visión y entrega humanitaria para llevar beneficios a los empleados de estas características.

<u>Esquemas para el desarrollo en el trabajo, el ascenso y el servicio productivo de carrera. Servicio laboral de carrera</u>

El esquema de un servicio laboral de carrera contendrá un prototipo y modelo que debe de especificar los aspectos para el cumplimiento y la productividad laboral, y los aspectos para lograr los ascensos, y estará basado en diversos aspectos tales como el cumplimiento de obligaciones y de productividad, la capacidad de generar el trabajo, el liderazgo ejercido en su ámbito y en sus actividades, la experiencia y el tiempo de trabajo, y las facultades de que los empleados puedan tener las habilidades y la capacidad, así como la seguridad y certeza de realizar otros trabajos de mayor importancia y salario. Estos prototipos y esquemas equivalen a un tipo de servicio civil de carrera en la administración pública, pero en este caso establecido en el concepto laboral, y que llamaremos servicio laboral de carrera. Este concepto de servicio laboral de carrera estará contemplado en las normativas de todo país, con obligación de ejercerse en todo tipo de empresa, comercio, gobierno e infraestructura que contenga empleados que ofrezcan sus capacidades laborales y servicios de todo tipo y concepto.

Este servicio laboral de carrera podrá ejercerse desde los mandos básicos inferiores hasta los mandos de confianza de más nivel, sin embargo, no podrán llegar a mandos de directivos o altos funcionarios, ya que estos puestos siempre corresponderán a quienes decidan los gobernantes, dueños y directivos. Aunque para estos aspectos la hoja de servicios de estos empleados podrá servir para que los dueños puedan conocer sus capacidades y tomar decisiones que generen beneficios a sus empleados, a sus empresas y a sus infraestructuras productivas, comerciales y de servicios, al igual que un gobernante, que podrá apoyar a estos trabajadores, si encuentra empleados capaces que tengan las habilidades y características para realizar funciones de altos funcionarios. Todo gobernante con visión deberá establecer la ley del servicio laboral de carrera en toda instancia laboral pública y privada de su país, y firmará convenios con todas las instancias de gobierno y representaciones del sector privado de entidades, municipios y localidades, así como con organizaciones comerciales, empresariales, sociales y de diversos rubros y tipos, para aplicar esta ley e implementar este sistema con obligatoriedad, por lo que la capacidad y la productividad, en todo contexto, tendrán un amplio impulso y fortalecimiento, y con esto, se tendrán gobiernos y empresas con los mejores trabajadores y funcionarios, lo que generará más productividad, más empleos y más beneficios y desarrollo para las sociedades y para un estado y sus gobiernos.

<u>Esquemas básicos de dignidad para el despido de los empleados</u>

Todo gobierno eficiente deberá establecer un modelo con diversos conceptos de sanciones y despidos con dignidad, respeto y beneficios para los empleados, que pueda ser utilizado en todo país, independientemente de la actividad productiva y laboral. Estos esquemas prototipos, contendrán esquemas jurídicos eficientes, ágiles y de mayor justicia para los empleados y los obreros, con lo que se impedirá violar la ley para que los patrones eviten los pagos de ley correspondientes a los trabajadores despedidos. Estos esquemas otorgarán mayor justicia y evitarán todo un desgaste jurídico, en medio de lagunas legales, que generen injusticias y resentimientos de empleados despedidos que posteriormente puedan convertirse en delincuentes y generar violencia en sus entornos y sociedades, por lo que la visión de este esquema prototipo, con resoluciones rápidas, eficientes y legales, con justicia para los empleados en sus despidos y también para los dueños, cuando estos tengan la razón, establecerá los aspectos jurídicos y sociales que coadyuven a la estabilidad laboral, sindical y social de todo país y sus entidades. Veamos a continuación otros conceptos que son necesarios para la protección de los trabajadores y para mejorar y hacer eficientes el trabajo y la productividad en la búsqueda de un mejor nivel de vida.

<u>Esquemas de obtención de empleo</u>

Para el rubro de la generación de empleo será necesaria la implementación de diversos esquemas de apoyo a las empresas de todo rubro, para su crecimiento y fortalecimiento, que propicien una mayor necesidad y capacidad de empleo.

Lógicamente el trabajo gubernamental y el de los sectores privados estará encaminado a lograr este objetivo, ya que la generación y la mejora de las condiciones de los empleos, así como la mejora salarial y de las prestaciones laborales y sociales, ampliarán las expectativas de un mayor crecimiento laboral, lo que será fundamental para el desarrollo de todo contexto y para contar con una sociedad con trabajo y desarrollo. Será necesario implementar, para estos efectos, algunas medidas estratégicas que tendrán un impacto positivo en la generación de empleo, y también una amplia difusión en los medios de comunicación, para el reconocimiento de la sociedad hacia sus gobiernos, debido a la aplicación de estas políticas y medidas de gobierno de apoyo a los trabajadores. Para estos efectos se implementarán una serie de agendas de gobierno que contengan los aspectos necesarios y adecuados de propuesta, mediante esquemas y políticas de gobierno, para generar esta productividad y desarrollo. Enseguida se presentan algunas de estas consideraciones, que deberán cumplir con el objetivo de generar empleo y obtener la aprobación y reconocimiento popular para los gobiernos.

- *Agenda y reuniones para la productividad y el empleo en un país y sus entidades, con inversionistas locales, nacionales y de diversos países del mundo, de forma multilateral y bilateral*

- *Agenda y reuniones para la mejora laboral, con sindicatos, gobiernos y sectores laborales, productivos y empresariales*

- *Agenda y reuniones para la productividad y el empleo en un país y sus entidades, con sectores empresariales, industriales, comerciales y de servicios, entre otros, internacionales, nacionales, estatales y regionales*

- *Implementación de programas integrales gubernamentales para la productividad y el empleo en un país y sus entidades*

- *Implementación de un sistema nacional para la productividad y el empleo, con la integración de todos los sectores nacionales, estatales, municipales y locales de la productividad, de la economía y el empleo en un país y sus entidades*

- *Esquemas de incentivos fiscales, hacendarios, de impuestos y de todo concepto relacionado, en un país y sus entidades, para las empresas estatales, nacionales e internacionales*

- *Esquemas de reformas estructurales para la implementación de infraestructura productiva en los sectores estratégicos y productivos en un país y sus entidades, para la generación de empleo*

Esquemas de mejora de salarios

Todo gobierno eficiente deberá implementar esquemas de mejora del salario mínimo básico y de los demás salarios de los diferentes niveles de empleados y profesionistas en sus países y entidades. Lo anterior, porque el salario mínimo de los trabajadores está acotado a los esquemas tradicionales de revisión anual o temporal de este salario mínimo nacional en sus diferentes áreas, ámbitos y conceptos laborales en la mayoría de países, ya que está condicionado a la oferta y demanda de los mercados locales, nacionales e internacionales, por lo que esto impide siempre lograr mejores salarios y prestaciones para los trabajadores.

Ante estos escenarios habrá entonces que pedir un mayor esfuerzo a los empresarios y dueños de empresas y negocios, para la mejora de este salario, de ser posible, aunque se sabe que el sistema del empleo, la productividad y los recursos económicos, además de los esquemas de mercado y de precios, impiden implementar una política pública de gran transformación, relevancia e impacto en este sentido. Si se cumple este aumento de salario a determinados sueldos, indudablemente que los beneficios para los trabajadores serán amplios, grandes y bienvenidos, por lo que la aprobación y el reconocimiento para el gobierno que los consiga y establezca será unánime, ya que la gente verá el compromiso y la voluntad de sus gobernantes, lo que será fundamental para atraer simpatías y lograr el reconocimiento local y nacional, así como del contexto internacional.

Independientemente de estas acciones, todo gobernante deberá generar algunos esquemas de agendas y reuniones con diversos sectores para la búsqueda de la mejora de los sueldos para los trabajadores, por lo que se deberán establecer negociaciones y convenios con todos los sectores productivos para estos fines, que impliquen al menos un ligero aumento del salario, aparte de los aumentos tradicionales que se aplican e implementan generalmente de forma anual, y que son insuficientes para dotar a la mayoría de trabajadores de un salario digno y con poder adquisitivo. La importancia de esta estrategia será el logro de estos aumentos salariales, pero también será muy importante difundir en los medios de comunicación el esfuerzo de los gobernantes por ayudar a los trabajadores de sus países y entidades, con resultados parciales o totales, pero con el esfuerzo y el compromiso para ayudar a los trabajadores. Veamos algunas consideraciones y conceptos que deben implementarse en la búsqueda de la mejora de salarios.

- *Reuniones de gobierno con los sectores productivos, empresariales y patronales, y con sectores de obreros y trabajadores, así como con los sindicatos respectivos, para analizar la mejora del salario de los trabajadores. Lógicamente con expectativas de un salario extra, independientemente del aumento del salario anual tradicional, de acuerdo al país y a sus características*

- *Esquemas de alianzas con los sectores patronales para lograr el aumento extra al salario de los trabajadores, y así lograr más atracción de simpatías y apoyo popular para los gobiernos y los empresarios*

- *Reuniones con sectores sociales, laborales y sindicales de un país, para informarles de la búsqueda de un aumento salarial para los trabajadores, previa a las reuniones de resolución de obtención de este aumento con todos los sectores patronales y productivos de un país y sus entidades*

- *Propuestas de leyes y esquemas con obligación de revisión del salario por parte de todas las empresas, industrias, comercios, organizaciones productivas, prestadores de servicios e instituciones públicas y privadas que utilizan trabajadores, para establecer mejoras integrales al salario en sus instancias, nunca para disminuirlo, independientemente del salario mínimo y de los salarios oficiales de un país*

- *Propuestas de participación de utilidades por productividad en el salario de los trabajadores, de forma real y porcentual, en todas las instancias productivas gubernamentales y privadas, con aplicación real comprobada*

- *Propuestas de incentivos por implementación de ejercicios y esquemas de calidad, de mejora continua, de responsabilidad social y laboral, y de una mayor productividad*

- *Propuestas de esquemas de seguimiento y evaluación de los trabajadores, para que de forma sistematizada puedan obtener un mayor rango de salario, de acuerdo a una tabla de valores, de al menos tres salarios para un mismo cargo y puesto laboral. Este esquema implicará que, si los trabajadores llevan a cabo un eficiente trabajo, tendrán acceso al siguiente salario de su mismo cargo o puesto, y posteriormente podrán tener acceso al salario mayor de ese puesto, de acuerdo a resultados y eficiencia del trabajo. En síntesis, cada puesto o cargo contendrá tres niveles de salario, el primer rango será para el inicio de actividades, en el que se quedarán aquellos trabajadores que no rindan más, y dos niveles más por cargo o puesto, de acuerdo a tablas de rendimiento laboral de todo tipo y orden, a los que se puede tener acceso de forma inmediata si rinden al máximo. Este esquema será por ley y tendrá la obligatoriedad de pago por parte del empleador y patrón, ya sea público o privado.*

- *Propuestas de capacitación y especialización para la obtención de mejores sueldos*

<u>Esquemas de perspectivas de mejora de empleo</u>

Al igual que el concepto anterior, se deberán de realizar toda una serie de reuniones de gobiernos de todo orden y ámbito con los sectores patronales y de los trabajadores de un país y sus entidades, según corresponda, así como con los sindicatos respectivos, para establecer análisis de mayores expectativas de mejora de empleo y de productividad laboral y empresarial. Veamos algunos conceptos en este sentido.

- *Establecimiento del servicio civil de trabajadores de un país, para obtener mejores expectativas de obtención de mejores empleos en base a la capacidad, resultados y experiencia*

- *Establecimiento de sistemas reales de reconocimiento al trabajo eficiente de los trabajadores de un país y de sus entidades, mediante estímulos económicos y estímulos de ascenso de empleo*

- *Establecimiento de sistemas de exámenes y reconocimientos diversos obligatorios, para acceder a mejores empleos*

- *Establecimiento de esquemas de capacitación y especialización obligatoria para ayudar a los trabajadores a acceder a mejores empleos*

- *Reforma de estado para analizar y evaluar el empleo en todo país, para establecer expectativas de mejora en todos los sentidos*

- *Esquemas globales y conjuntos de todas estas especificaciones de mejora del empleo y de salarios*

Será importante generar una amplia y masiva difusión al trabajo y visión de todo gobierno, sindicatos y sectores laborales y empresariales, por el esfuerzo y la búsqueda de las condiciones adecuadas y justas que impulsen a los trabajadores a acceder a empleos efectivos que mejoren sustantivamente su calidad de vida.

7. Esquema de obligatoriedad de trabajo efectivo y de rendición de cuentas de gobernantes y funcionarios públicos para el desarrollo integral sostenible, la estabilidad y paz política y social para la mejora de la calidad de vida

La generación del desarrollo integral sostenible implica no solamente el establecimiento de políticas y conceptos gubernamentales para la productividad y la competitividad, sino que también de esquemas que la sociedad requiere y necesita para evaluar una serie de aspectos del ejercicio de gobierno y de los sectores privados, así como de las condiciones y vertientes que permitan lograr este desarrollo en beneficio de todos. Algunos instrumentos básicos para estos efectos serán aquellos que analicen y evalúen el trabajo gubernamental en todo país, entidad, municipio y localidad, y generen el diagnóstico respectivo y requerido para la mejora del ejercicio de gobierno. Esta evaluación, por tanto, deberá ser eficiente y exacta, sin privilegios ni formas de maquillar la información y sus resultados para beneficiar a grupos de gobierno o de poder. Esta evaluación abarcará a todas las áreas e instancias de gobierno, desde el más alto nivel, que será la presidencia y el poder ejecutivo de un país, hasta las diversas instancias y poderes de un gobierno, como el congreso legislativo federal, el poder judicial, los gobiernos estatales y sus tres poderes, así como los gobiernos municipales y locales, además de las diversas instituciones públicas que componen el sistema gubernamental de todo país. Esta evaluación y medición institucional sistematizada del trabajo y del ejercicio gubernamental, permitirá evaluar a toda instancia y funcionario en lo general y en lo particular, lo que implicará la generación de un diagnóstico que permita conocer y analizar todos los aspectos del trabajo de gobierno, lo que permitirá establecer las estrategias a seguir, mediante las proyecciones y escenarios que impliquen e implementen una reingeniería de procesos para hacer más eficientes a las instituciones y a todo el sistema de gobierno de un país. De acuerdo a los resultados diversos, este esquema permitirá, por ejemplo, otorgar reconocimientos a gobernantes, funcionarios o instituciones, y áreas en su conjunto, por su eficiente actividad y resultados, o por haber logrado una mejora sustantiva constante en el trabajo gubernamental. Por el contrario, el esquema permitirá denunciar malos e ineficientes gobernantes y funcionarios, así como resultados negativos del ejercicio gubernamental, de acuerdo a procesos y resultados de políticas y trabajos deficientes de gobierno que generen pobreza e inseguridad, por lo que se podrá llegar al caso de solicitar la destitución temporal o total de gobernantes y funcionarios, además de implementar diversas sanciones por no cumplir con sus funciones y atribuciones respectivas, para lo cual fueron elegidos o designados, según el caso y las particularidades de los países y sus entidades. Estos esquemas y políticas de evaluación, medición y diagnóstico del ejercicio de gobierno lograrán mejorar, de forma real y sustantiva, la función de los gobiernos y funcionarios en todos sus órdenes y ámbitos, ya que la transparencia de la información permitirá a las sociedades saber y conocer las deficiencias o las virtudes de sus gobiernos y funcionarios.

Al existir mecanismos institucionales que evalúen y sancionen de forma drástica a gobernantes y funcionarios, estos tendrán que trabajar con toda su capacidad y experiencia para generar buenos resultados con respecto al fortalecimiento del desarrollo y la mejora de la calidad de vida, con estrategias y programas que permitan erradicar la pobreza de forma constante, porque de no ser así, entonces podrán ser acreedores a sanciones y recomendaciones que pueden llegar hasta la destitución permanente de sus funciones, mediante los diversos instrumentos y leyes para estos fines.

Esta mejora conceptual y real del ejercicio gubernamental, político y electoral coadyuvará de forma sustantiva en la generación del desarrollo integral sostenible de todo país y en la mejora de la calidad de vida de los pobladores, por lo tanto, la propuesta de implementación de diversos instrumentos y leyes para estos fines, es fundamental. Una de las propuestas de todo gobernante con visión, será la de generar esquemas de análisis, evaluación y diagnósticos que permitan una aprobación o desaprobación popular con respecto al ejercicio gubernamental, mediante mecanismos e instrumentos diversos que deberán ser realizados por parte de una institución gubernamental y ciudadana específica que recibirá las denuncias de parte de toda instancia, organización, grupo y persona, de acuerdo a que tengan o no sustento para establecer el reconocimiento o desaprobación de los asuntos y conceptos respectivos.

Reforma de estado

Será fundamental para todo país establecer un diagnóstico integral del ejercicio de gobierno, que permita, mediante el análisis y la reingeniería respectiva, la generación, evaluación y aplicación de las propuestas, proyectos y esquemas necesarios, por institución y área, que establezcan las condiciones y los aspectos para lograr una reforma efectiva a su sistema de gobierno y a todas sus instancias políticas y electorales. Esta reforma de estado, por tanto, deberá producir toda una serie de políticas, leyes, esquemas, programas e instrumentos que hagan más eficiente la función de estado y de sus diversas instancias de gobierno, políticas y electorales.

Esta reforma de estado, asimismo, deberá realizarse por medio de una institución específica que será la que coordine esta actividad, mediante la interrelación y trabajo eficiente con todas las áreas del estado, para que se genere la información y el diagnóstico general y específico que establezca una evaluación general que permita conocer las prioridades y los aspectos para generar una reforma integral sectorizada de alta eficacia. Aún los países altamente desarrollados, que contienen esquemas de gestión de la calidad y de mejora continua, así como de reingeniería de procesos, detectan generalmente áreas de oportunidad en sus instituciones de estado y de gobierno, lo que les permite implementar una serie de procedimientos, por instancia y área, para lograr esta mejora de forma sistemática y constante, por lo que no será necesaria para estos países una reforma de estado, debido a que su mejora es constante y permanente.

Esta reforma de estado, en cambio, si es necesaria cuando las instancias de gobierno, así como las instancias políticas, económicas y sociales, entre otras, no generan los procedimientos, ni los resultados, de acuerdo a una visión y objetivos, como lo son la imposibilidad de la erradicación de la pobreza y el subdesarrollo, la eliminación de la inseguridad, el crimen y la delincuencia, y la falta de estabilidad política y social, entre otros muchos aspectos, por lo que entonces si es necesaria una reforma a fondo de toda instancia del estado. En los países emergentes, en algún grado y en algunas de sus instancias, es necesaria esta reforma, pero sobre todo en los países subdesarrollados y pobres, en los cuales sus gobiernos y sus diversas instancias políticas, electorales, culturales, económicas y sociales fallan constante y permanentemente, produciendo pobreza, inseguridad, delincuencia, violencia social e inestabilidad general.

Esquemas de procesos electorales

Al igual que la reforma de gobierno, es fundamental que los países que lo necesiten, por ser deficientes en estos rubros, realicen reformas o mejoras a su sistema electoral, tanto nacional como de sus entidades en diversos conceptos y aspectos, ya que podrán existir diversas deficiencias como, por ejemplo, derroche y dispendio de recursos y dinero en algunos rubros, ya sea de partidos políticos o de procesos electorales, o de esquemas partidistas de publicidad y propaganda, entre otros. También se tienen aspectos en los procesos electorales que deben de mejorarse como, por ejemplo, la propaganda que produce contaminación visual, con carteles y publicidad que la sociedad rechaza y que debe resistir los meses que duren las campañas electorales, con campañas políticas largas y tortuosas para todos, incluso para los mismos candidatos, y que son desgastes no solo para los pobladores, sino que también para los mismos actores políticos, y sobre todo para los empleados. Asimismo, también se tienen aspectos de una deficiente planificación de estrategias y logística que producen fragmentación y pulverización de recursos y esfuerzos en los procesos electorales, que equivalen a más gastos y desgastes. En fin, existen una serie de aspectos y conceptos que deben ser analizados y mejorados sustantivamente para establecer procesos electorales rápidos y eficientes, que atraigan a la ciudadanía y que no la alejen, como sucede a menudo en todo el mundo. La utilización de los medios de comunicación y de las redes digitales oficiales en un mayor rango y tiempo es una estrategia que evita todo el desgaste logístico innecesario, salvo algunos eventos directos con la gente que se programen estratégicamente, además de que los mensajes por estos medios serán masivos y lograrán, por tanto, un mayor entendimiento de las propuestas políticas y generarán una mayor interrelación con la sociedad.

Veamos algunos de estos aspectos, entre otros, que deben de mejorarse para que la gente ya no tenga que soportar diversos aspectos no deseados, como lo son campañas políticas largas, gastos excesivos no necesarios, contaminación de propaganda y toda una serie de procesos electorales consecutivos y seguidos que generan inconformidad social.

- *Disminución al mínimo de tiempo de campaña política de gobernantes y presidentes de un país, de gobernantes estatales, municipales y locales y de legisladores federales y locales*

- *Ajustes de participación económica por aspectos no justificables a partidos políticos, además de ejercer conceptos de contraloría externa a los mismos*

- *Disminución al mínimo efectivo de gastos electorales, salvo de difusión en medios de comunicación*

- *Disminución al mínimo de propaganda política de todo tipo, salvo de difusión en medios de comunicación y redes digitales oficiales*

- *Disminución de la contaminación visual de la propaganda política, salvo en medios de comunicación, de candidatos y partidos en ciudades y campos*

- *Aumento al máximo de anuncios en prensa escrita, radio y televisión, y de gastos de propaganda en estos medios, para enfocar las campañas y los recursos a través de estas instancias mediáticas*

- *Unificación de procesos electorales federales, estatales, municipales y locales, para evitar la diversificación y pulverización de las campañas políticas, así como de los procesos y de los recursos diversos*

- *Establecimiento de calendario unificado de procesos electorales*

- *Establecimiento de una segunda vuelta de elecciones en todo proceso electoral para presidentes y gobernantes de un país, entidad, municipio y localidad, con lo que se minimizan los conflictos postelectorales*

- *Establecimiento de mejoras a las reglas y generación de nuevas leyes y reglamentos para evitar desobediencia a las instituciones electorales y judiciales electorales, con obligatoriedad y con esquemas de sanción que van desde amonestaciones severas y dictámenes de obediencia, hasta el retiro de derechos políticos y no poder participar en ningún proceso de elección popular ni de ningún cargo público*

- *Establecimiento de la figura ciudadana que pueda participar como candidato, a través de los partidos políticos o de forma independiente*

- *Leyes que permitan la participación ciudadana para generar propuestas e iniciativas ante los congresos legislativos*

- *En contextos no preparados o subdesarrollados, evitar la reelección de políticos, ya que esto genera cacicazgos y permanencia en el poder de personas y grupos no deseados*

- *En contextos desarrollados permitir ser electos hasta dos veces por cargo, pero en periodos políticos alternados*

- *Eliminar la elección en tiempos alternados a personas que no hayan cumplido a la población, mediante mecanismos como plebiscitos o consultas independientes y externas, que impidan ser propuestas estas personas por cualquier organización o partido político*

- *Todos los que sean necesarios para preservar la estabilidad política y social de un país y de sus entidades y localidades*

Esquemas de selección de funcionarios públicos y legisladores

Es importante que un gobierno implemente esquemas para la selección funcionarios públicos, mediante exámenes, pruebas y esquemas de reconocimiento de capacidades, fortalezas, compromiso y honestidad, entre otros aspectos, con la finalidad de escoger a los elementos más capacitados y responsables para conformar un gobierno de visión, capacidad y compromiso para desarrollar su contexto y llevar beneficios a la sociedad. Esta es una política pública de vanguardia, ya que se propondrá a la sociedad el perfil de los funcionarios de un gabinete de gobierno, el cual deberá ser altamente capacitado en lo que respecta a los individuos que lo conformen y en general en todos los aspectos, además de que deberá ser aprobado por el congreso legislativo respectivo. Actualmente, en muchos países se designa el gabinete por parte del poder ejecutivo sin ningún otro requisito, ni tiene que pasar al congreso para su aprobación, aunque en otros países esta designación por parte del poder ejecutivo de funcionarios si se remite al congreso legislativo, pero solo para una aprobación de trámite burocrático, aunque en otros países y casos, algunos funcionarios específicos si tienen que ser evaluados y aprobados por sus respectivos congresos, tal como sucede con figuras como procuradores de justicia, secretarios o ministros de seguridad pública, fiscales y embajadores, entre otros, y depende de las particularidades de cada ley de todo país y entidad. Por esta razón habrá que insertar en esta evaluación a todos los funcionarios de un gabinete, por lo que un gobierno eficiente deberá impulsar leyes para estos efectos. Estas leyes también deberán abarcar el escenario político y electoral, para que los partidos políticos inserten esquemas de evaluación obligatorios para escoger a sus candidatos, los que tendrán que ser de probada capacidad, liderazgo y honestidad, evitando escoger a malos elementos y caciques que no sabrán ni legislar ni gobernar, en caso de ganar sus elecciones.

Los partidos políticos tendrán que escoger a sus candidatos a todo cargo de elección popular, ya sean candidatos a gobernantes de países, entidades, municipios y localidades, o candidatos a legisladores y fiscales, entre otros más, según el sistema político de cada país y entidad en el mundo, para que la población tenga la certeza de que va a contar con elementos de capacidad política y que sabrán gobernar, legislar y aplicar la justicia de forma eficiente e imparcial.

Esquemas de sanción a gobernantes que no generen crecimiento y desarrollo

Esquemas de sanción a malos funcionarios públicos deberán implementarse en todos los países y entidades del mundo, para que la sociedad cuente con las vías institucionales para cambiar o destituir, en su caso, a estos malos gobiernos y así poder elegir a gobiernos comprometidos y capaces que generen beneficios a la sociedad. Todo gobierno deberá instaurar, por tanto, instancias y vías para que la sociedad pueda detectar y denunciar a los gobiernos subdesarrollados, inoperantes y demagogos, mediante leyes y esquemas que analicen y evalúen la función pública, con la generación de recomendaciones y sanciones respectivas.

Estas vías institucionales para que la sociedad y los mismos sectores y gobiernos puedan manifestar sus inconformidades serían, entre otras, el plebiscito, el referéndum, la revocación de poderes y el cumplimiento de recomendaciones, con un seguimiento efectivo y con esquemas transparentes de información a la sociedad.

Estas recomendaciones y sanciones podrán generarse por diversas causas, entre estas, debido a que gobernantes y funcionarios de todo orden y ámbito no puedan cumplir con su trabajo por incapacidad, falta de compromiso y voluntad, exceso de confianza y despotismo, o porque las circunstancias no lo han permitido, por lo que se generarán escenarios crecientes de delincuencia y crimen, de inseguridad pública, de faltas de garantías y de expresión popular, así como escenarios de pobreza, marginación y hasta hambrunas, además de que no logren al menos un mínimo básico de desarrollo integral y de mejora de la calidad de vida de la gente, por lo que estos gobernantes y funcionarios serán sancionados o tendrán su recomendación, de acuerdo a la respectiva ley, y a sus procedimientos.

Para estos efectos, estas leyes contendrán una serie de esquemas y mecanismos de aplicación, que especifican la generación y el análisis de la información y la capacitación y evaluación de las demandas en contra de los gobiernos, así como el dictamen respectivo para establecer si los asuntos proceden o no. Para estos efectos deberá establecerse una institución gubernamental encargada de atender, evaluar y generar los dictámenes respectivos de todos los asuntos en este sentido.

Inicialmente la información captada por esta institución será evaluada y procesada, y generará las resoluciones, con sus recomendaciones y sanciones, según cada caso, para ser enviada a los congresos de países y entidades, los que, por medio de una comisión específica para el análisis del trabajo gubernamental, aprobarán o modificarán estas sanciones y recomendaciones, o en definitiva no las aprobarán, según la visión política y legislativa correspondiente a estas instancias. Para estos efectos, esta comisión contará con comités técnicos de trabajo para cada concepto y rubro de los asuntos, y por cada ámbito, ya sea federal, estatal, municipal o local.

Estos comités técnicos de trabajo estarán conformados por especialistas honorables, y tendrán que estar en una rotación permanente para evitar cualquier intromisión o influencia en los intereses y acuerdos que se procesen y generen. Esta rotación, por tanto, permitirá atender asuntos de todo ámbito y orden de gobierno, así como de todo rubro y concepto, de forma justa, imparcial y transparente. Derivado de los dictámenes finales y del resultado de los consensos populares, que por ley se tendrán que generar, por parte de la institución encargada de esta evaluación del trabajo de gobierno, mediante al menos tres encuestadoras diferentes, para cada estado, municipio y localidad, los congresos de todo país y entidad deberán dictaminar si proceden o no algunas de las sanciones contra estos gobernantes y funcionarios de todo orden y ámbito.

Habrá esquemas diversos que contemplarán aspectos que abarcan desde sanciones administrativas, financieras y de separación temporal del cargo, hasta el cese de gobernantes, legisladores y funcionarios públicos que no hayan realizado un trabajo con capacidad y resultados efectivos. Veamos una de estas propuestas que tratan de mejorar la actividad de gobernantes y funcionarios públicos, y que deberá derivar en un ejercicio efectivo de gobierno y, por tanto, en el establecimiento de las condiciones y factores, así como de las políticas y programas que generen y consoliden el desarrollo integral y la estabilidad política y social en todo contexto.

- *Generación de leyes y esquemas que reciban información oficial de instituciones y gobiernos, para la medición del funcionamiento de los gobiernos de todo orden y ámbito y sus diversas instancias y poderes, para evaluarlos de forma técnica, por medio de una comisión gubernamental y ciudadana establecida en las entidades correspondientes, conformada por analistas especializados en los diversos índices de desarrollo económico, político y social, los que generarán los dictámenes para que se proceda a implementar las recomendaciones, las sanciones y los procesos que correspondan*

Seguramente habrá rechazo a la propuesta de estas leyes y esquemas por parte de algunos funcionarios públicos, legisladores y gobernantes de todo ámbito y orden, aunque en sus respectivos contextos tendrán que decir que están de acuerdo, para aparentar las formas, sin embargo, a pesar de las inconformidades y esfuerzos que se hagan porque estas leyes no se instauren, será fundamental que los países y entidades logren aprobarlas, para lo cual tanto el gobierno como la sociedad deberán implementar, de forma conjunta, una serie de cabildeos para contar con la mayoría suficiente de consensos y votos para la aprobación respectiva, en los poderes ejecutivo y legislativo, así como en los sectores de la sociedad, para la implementación de estas leyes en las respectivas constituciones.

Indudablemente que los sectores económicos, políticos y sociales de todo país y entidad, reconocerán esta decisión para la implementación de estos esquemas, por lo que la aprobación para el gobernante que las instaure será mayúscula y se le calificará como un gobernante de gran visión y trabajo, siempre en beneficio de la gente y de su país.

Estos esquemas y muchos más podrán ser propuestos como instrumentos para el buen gobierno y el beneficio popular, y deberán ser aplicados eficientemente, lo que generará un buen ejercicio del gobierno, con responsabilidad y capacidad, además de que se establecerán las bases de estos conceptos para los gobiernos subsecuentes.

Esquemas de políticas públicas, programas e instrumentos de trabajo se cuentan en grandes cantidades, sin embargo, el implementar esquemas que coadyuven en un ejercicio efectivo de capacidad y éxito en el trabajo de los gobiernos, indudablemente que será reconocido por las sociedades, los propios gobiernos y el sector internacional.

Capítulo 4

Esquema de Transparencia y Eficiencia de Utilización de los Recursos

Esquema de Transparencia y Eficiencia de Utilización de los Recursos

1. *Esquema de infraestructura para la transparencia y aplicación eficiente de los recursos públicos*

2. *Esquema de presentación de recursos, gastos y presupuestos*

3. *Esquema de información a la sociedad de la utilización de los recursos*

4. *Esquema de control y análisis de la coordinación de información de la aplicación de los recursos gubernamentales*

Los gobiernos desarrollados cuentan con esquemas y leyes efectivas en cuanto a la transparencia e información a la sociedad de los trabajos de gobierno y del uso de los recursos públicos, y a pesar de esto, los gobiernos de estos países siempre buscan mejorar, de ser posible, estos esquemas, lo que habla de su capacidad y visión. En cambio, los gobiernos de los países subdesarrollados, y más aún, de los países pobres, en su mayoría no cuentan con estos esquemas, o si los tienen solo funcionan de forma burocrática para cumplir con normativas. Además, seguramente estos esquemas de transparencia les fueron exigidos para su implementación, por parte de algunos gobiernos o instituciones internacionales, como requisito para ser beneficiarios de diversos programas y recursos de todo tipo, no porque estos gobiernos por sí mismos hayan querido implementarlos. En base a estas consideraciones, todo gobierno eficiente y comprometido con la gente deberá implementar esquemas de transparencia y eficiencia en la utilización de los recursos gubernamentales, mediante diversas vías, según los gobiernos y sus sociedades. Una de estas formas sería mediante la conformación de una infraestructura denominada coordinación de transparencia y eficiencia de utilización de los recursos gubernamentales, que tendrá el objetivo de informar a la población, a través de diversos mecanismos, de todos los aspectos relacionados al trabajo de gobierno y al uso de los recursos públicos.

Este esquema impactará de forma favorable a la ciudadanía y tendrá por objetivo, aparte de la información a la población, el ejercicio de forma eficiente, inteligente y sensible de los presupuestos y recursos destinados a los diversos programas del gobierno para generar desarrollo integral, eliminar la pobreza y el rezago educativo, así como generar estructuras productivas, empleo y proyectos productivos, entre otros aspectos, además, como se ha mencionado, de informar a la población del uso y destino del dinero de los contribuyentes. Veamos a continuación diversos conceptos que conforman este esquema de transparencia y eficiencia de utilización de los recursos de todo gobierno y de sus programas e instituciones.

1. *Esquema de infraestructura para la transparencia y aplicación eficiente de los recursos públicos*

Este esquema implica la generación de una infraestructura gubernamental que contará con una coordinación general de transparencia y aplicación eficiente de los recursos públicos, con el objetivo de informar a la población del uso de estos recursos, los que deberán ejercerse por medio de esquemas de transparencia y de la aplicación efectiva y justa de los presupuestos y recursos de los esquemas y programas gubernamentales para el desarrollo integral sostenible, para el ejercicio de gobierno, para el gasto corriente y para salarios y prestaciones de la burocracia y de los diversos gremios de gobierno, ente otros muchos conceptos de gasto de gobierno. Asimismo, se contará con un consejo consultivo ciudadano de vigilancia, análisis y atención a los esquemas de transparencia y de información a la población de la aplicación de los recursos públicos, con la finalidad de que la sociedad representada en este consejo consultivo pueda evaluar y analizar la eficiencia en la aplicación de presupuestos y recursos, y generar recomendaciones y dictámenes para la mejora de gobierno en este sentido, o en su defecto, para las denuncias correspondientes a la mala aplicación de presupuestos y recursos públicos.

La infraestructura contará también con unidades que estarán ubicadas en todas las instituciones gubernamentales de un gobierno federal y de los gobiernos estatales, municipales y locales, las que contendrán módulos de información directa al público, que darán la información solicitada de forma transparente y dinámica. Estas unidades de información a la población constarán de un área de atención y respuesta al público, con computadoras y el software específico para estos fines, con lo que se conformará una amplia red de unidades de información al público sobre estos aspectos. Existirán, asimismo, la normativa específica y las leyes generales de acceso de la población a la información sobre la aplicación de los presupuestos y recursos públicos, aunque siempre existirán algunos procesos, que por su naturaleza tendrán que mantenerse en privado por cuestiones de seguridad nacional y de las personas e instituciones, sin embargo, la mayoría de la información de los presupuestos y del uso de los recursos públicos será de dominio público. La estructura de gobierno tendrá los siguientes conceptos.

- *Coordinación general de transparencia y aplicación eficiente de los recursos públicos*

- *Comisión nacional de transparencia e información de la aplicación de los recursos*

- *Comisión estatal, municipal y local, respectivamente, de transparencia e información de la aplicación de los recursos públicos*

- *Consejo consultivo ciudadano de análisis y evaluación de transparencia y vigilancia de la aplicación de los recursos públicos*

- *Unidades institucionales de transparencia e información de la aplicación de los recursos públicos*

- *Módulos de quejas y denuncias sobre la aplicación de los recursos públicos*

Como se observa, la infraestructura conforma una amplia red de información y acceso a la población y a los sectores sobre los presupuestos y la aplicación de los recursos públicos, para satisfacer la necesidad de conocer y entender el destino de los recursos, porque en caso de existir inconveniencias, existirá también un módulo de quejas y denuncias de esta coordinación, para el trámite y el proceso correspondiente, que en determinados casos podrá llegar a las instancias legales jurídicas y cívicas, a efectos de su resolución y su aprobación o corrección, de acuerdo a los asuntos correspondientes.

2. *Esquema de presentación de recursos, gastos y presupuestos*

La entrega de información autorizada a las personas solicitantes sobre los presupuestos y la aplicación de los recursos, así como de los gastos de gobierno se llevará a cabo en diversas instancias y conceptos. Veamos.

- *Presentación y otorgamiento de la información de forma digital, previo pago de los gastos de información, y los gastos directos e indirectos, por medio de Internet o mediante los módulos y unidades de información en las instituciones correspondientes*

- *Presentación y otorgamiento de la información de forma escrita, previo pago del público en general de los gastos de copiado, de papelería, los gastos directos e indirectos, etc., a través también de los módulos y unidades de información en las instituciones correspondientes*

- *Se podrá obtener la información de forma gratuita a través de la página oficial respectiva del sistema gubernamental de transparencia e información de los recursos públicos*

- *Presentación de informes a la sociedad, en cada institución, del ejercicio de los presupuestos y recursos públicos, de forma escrita o digital, previo pago de gastos directos e indirectos*

Como se observa, la sociedad podrá contar con información de forma gratuita por medio de Internet, o a costos muy bajos, en las instituciones de gobierno respectivas, solamente cubriendo los gastos gubernamentales de administración, papelería, discos digitales y gastos indirectos y directos, en cualquier tiempo y lugar, para que conozcan la aplicación de los recursos gubernamentales y con esto aprueben su ejercicio, o en su caso denuncien lo que consideren correspondiente para su trámite y proceso cívico, gubernamental y legal, hasta su resolución total.

3. Esquema de información a la sociedad de la utilización de los recursos

El objetivo del sistema de información del ejercicio de los presupuestos y la aplicación de los recursos públicos gubernamentales, será que esta información sea conocida por la mayoría de la población, la que aprobará estas políticas de transparencia del ejercicio de gobierno, con lo que se logrará no solo una eficiente aplicación de los programas y recursos, con la generación de desarrollo integral y productividad que esto conlleva, sino que también se consolidarán y reconocerán las políticas públicas de todo gobierno. El objetivo fundamental será que la sociedad conozca la exacta aplicación de los recursos, y entienda y comprenda su utilización en los programas y gastos diversos de gobierno, para exigir a sus gobernantes y funcionarios, y a sus legisladores y partidos políticos que cumplan de forma eficiente con sus funciones. Veamos el esquema de información a la población de la aplicación de los recursos públicos.

- *Información directa al público, a través de los módulos y unidades de transparencia e información, de todas las acciones, procesos y resultados de las políticas y programas gubernamentales de todo orden y ámbito*

- *Información directa al público a través de Internet, por medio del sitio respectivo de gobierno, y en específico del sistema de transparencia e información de la aplicación de los recursos públicos de gobierno*

- *Por medio de reuniones periódicas, que realizarán las instituciones de gobierno, tanto federal, como estatal, municipal y local, de información a la población de la utilización de los recursos públicos gubernamentales*

4. Esquema de control y análisis de la coordinación de información de la aplicación de los recursos gubernamentales

Este esquema constará de un software específico para llevar a cabo el control, seguimiento, análisis y resultados de los procesos cualitativos y cuantitativos de la presentación de informes a la población sobre la utilización de los recursos gubernamentales y del ejercicio presupuestal gubernamental. Mediante este esquema se podrá llevar a cabo el control, seguimiento y entrega de la información a la población, y también se podrán detectar las anomalías que puedan surgir, así como las problemáticas, para su corrección y optimización del sistema. De igual forma, de acuerdo a los resultados globales y específicos de la utilización de esta información por parte de la población, el sistema generará proyecciones, escenarios y resoluciones para la mejor utilización gubernamental y política de este programa, y así consolidar las políticas y acciones de gobierno.

Conclusiones sobre la importancia de contar con gobiernos eficientes

Como se observa, a través de la historia y de los diversos escenarios en países, regiones y entidades, la generación del desarrollo integral sustentable y los satisfactores de las sociedades se basan primordialmente en tener las instancias y condiciones adecuadas y necesarias para estos fines, que son, primordialmente, contar con gobiernos eficientes, capaces y con visión, con políticas e instrumentos de alcance y productividad, y con sociedades capaces, sensibles, participativas y exigentes. Al contar con estos elementos conceptuales de buen funcionamiento y efectividad, se considera que las expectativas y probabilidades de desarrollo integral son altas y fortalecidas, sin embargo, si se carece de la eficiencia total en algunos de los diversos rubros de estos conceptos, entonces las expectativas y probabilidades disminuyen, hasta diluirse en muy bajas y dispersas probabilidades de desarrollo. Estas bajas expectativas de desarrollo se establecen cuando los gobiernos son ineficientes, inoperantes, deshonestos y sin capacidad ni visión, y cuando las sociedades no tienen los elementos de razonamiento y capacidad, ni las vías institucionales para exigir la mejora del ejercicio y de los resultados de gobierno. A lo largo de este libro se han analizado diversos conceptos que coadyuvarían a generar mejores sistemas gubernamentales, con mejores instancias, esquemas e instrumentos, además de contar con sociedades organizadas y más preparadas, independientemente de que existan innumerables conceptos que pueden mejorar los gobiernos y las sociedades en este sentido. El objetivo de este libro es el de establecer, de forma breve, un diagnóstico teórico posible de los diversos funcionamientos y esquemas de los gobiernos y de las sociedades, para generar conclusiones y razonamientos que permitan establecer algunos conceptos generales y específicos de mejora del ejercicio gubernamental y de organización de la sociedad. Lo anterior con el fin de conformar mejores sistemas, políticas e instrumentos de gobierno que impliquen, por tanto, un ejercicio gubernamental eficiente, que a su vez genere las condiciones que permitan la potenciación de los factores que produzcan el desarrollo integral y la mejora de la calidad de vida poblacional. Todo gobierno cuenta con una diversidad de conceptos e instrumentos para el ejercicio de sus funciones, sin embargo, estos son variables en su diseño, conformación, alcance y objetivos, así como en la utilización y aplicación de los mismos, por parte de gobernantes, funcionarios y trabajadores, por lo que los resultados y procesos son variables y diversos, y en su generalidad se encuentran en sus procesos y actividades con una serie de problemáticas de toda índole que impiden la generación de los resultados deseados. En este libro se ha propuesto establecer un diagnóstico general y específico por instancia y escenario en todo país, entidad y localidad, que establezca las condiciones de sus contextos y del funcionamiento de sus gobiernos y de sus sociedades, para qué, en base a esto, se generen las estrategias y decisiones de mejora gubernamental en todos los sentidos.

En cuanto a la mejora del ejercicio gubernamental, esta se basará en diversos aspectos, especialmente en la utilización de políticas públicas e instrumentos de forma eficiente, en la mejora de aquellas instancias que tienen los elementos para ser modificadas y dotarlas de mayores conceptos de alcance y visión, y en la eliminación de políticas e instrumentos que han sido inoperantes y deficientes o que, aunque hayan funcionado de acuerdo a sus atribuciones y a su diseño, conformación y visión, no han generado condiciones ni resultados que cumplan con sus diversos objetivos. Asimismo, será fundamental implementar nuevos diseños y esquemas de políticas, instrumentos y acciones eficientes, que, de forma conjunta con los aspectos anteriormente descritos deberán establecer un marco conceptual de políticas, leyes, sistemas, programas, esquemas, procesos y acciones que conformarán las nuevas plataformas gubernamentales de conceptos e instrumentos para el buen ejercicio gubernamental. Por otra parte, al contar con instrumentos y conceptos de eficiencia, se necesitará que los gobernantes, funcionarios y trabajadores se encuentren capacitados para cumplir sus funciones, por lo que en este libro se analizan también los aspectos para contar con gobernantes capaces y con visión, y funcionarios y trabajadores comprometidos y capacitados para estos fines. Para estos efectos se han planteado esquemas, instancias, instituciones, programas y acciones que procuren lograr la mejora permanente del ejercicio gubernamental, tanto de sus conceptos e instrumentos como de la actitud y preparación de gobernantes y funcionarios, por lo que se buscará lograr la mayor eficiencia en lo particular y en conjunto del ejercicio de estos elementos y conceptos, porque de otra forma, el resultado será deficiente e inoperante.

Otros varios factores que impactan en el desarrollo integral y en el buen gobierno son, sin duda, la falta de recursos de todo tipo, principalmente los económicos, humanos y materiales, pero también los tecnológicos, al igual que los servicios diversos. Se tiene, entonces, que la falta de dinero implica menor presupuesto y menor apoyo a diversos conceptos fundamentales para el desarrollo, como lo son los esquemas de la productividad, el empleo, el apoyo a empresas, industrias y negocios, sobre todo de los pequeños y medianos, evitando su fortalecimiento y sustentabilidad, y la generación de empleo y productividad. Esta falta de recursos económicos impacta en todos los aspectos del desarrollo, y de acuerdo a las particularidades de cada país, entidad y localidad, especialmente en los aspectos de la educación, de la salud, de los satisfactores sociales, de la alimentación y de la obra pública e infraestructura urbana y vialidades, al igual que en los programas asistenciales y de inicio de la productividad en las regiones y zonas empobrecidas y subdesarrolladas, por lo que el impacto de esta falta de recursos es fundamental para no lograr este desarrollo básico deseado, como mínimo, por todo gobernante y toda sociedad. Asimismo, la falta de recursos materiales, de instalaciones, de equipamiento, de comunicaciones, de software y computación, y de nuevas tecnologías y sistemas de todo tipo, entre otros, así como la falta de modernización de todos estos recursos, equipos, instalaciones y aditamentos, son factores que inciden en la falta de productividad laboral, lo que impacta en los programas de gobierno y sus resultados.

Los servicios eficientes de todo tipo también son fundamentales para estos fines, sin embargo, los recursos más importantes serán siempre los humanos, ya que sin la capacidad necesaria de las personas para ocupar y desarrollar efectivamente el trabajo de todos los puestos de gobierno y de la administración pública de todo país y de sus entidades y localidades, el resultado será altamente deficiente. Asimismo, con esta capacidad deficiente de los recursos humanos tendremos que las leyes, políticas, instrumentos, esquemas y programas no podrán ser utilizados de forma eficiente, ya que la carencia de capacidad, visión y compromiso de estas personas impedirán que los procesos y resultados de estos instrumentos y programas sean satisfactorios, por lo que la premisa será contar con recursos humanos capacitados, con altos índices de calidad y con conocimientos suficientes y avanzados en su generalidad, además de contar, en las políticas de gobierno, con aspectos de modernización laboral y directiva, y con mejores esquemas y programas de trabajo, lo que será sinónimo de lograr un muy buen ejercicio de gobierno, con resultados que cumplan los objetivos de generar desarrollo integral, empleo y beneficio colectivo. Todo factor debe tener confluencia para generar un ejercicio de gobierno eficiente, aún y cuando los gobernantes y funcionarios de primer nivel estructural no tengan la preparación ni la capacidad para sus funciones, sin embargo, y de preferencia, también éstos tienen que contar con estas virtudes y capacidades, para lograr mejores resultados, por lo que queda demostrado que el buen ejercicio del trabajo gubernamental se genera en base a esta capacitación humana y a la sistematización funcional de procesos de gobierno.

En este libro se analiza una sistematización del ejercicio gubernamental, para que su funcionamiento sea altamente eficiente, de forma automática y natural, y no de acuerdo a decisiones cupulares sin sustento ni objetivos específicos, y solamente emanadas por gobernantes y funcionarios que creen que sus razones y criterios son los adecuados, pero que adolecen del análisis, razonamiento, evaluación y proyecciones de estado necesarias. En fin, la sistematización del ejercicio gubernamental, en lo posible, mediante los esquemas y procesos adecuados, generarán gobiernos eficientes que establecerán las condiciones y los factores para impulsar la productividad en países y entidades, al contrario de quienes no apliquen estos esquemas, y que sigan ejerciendo políticas de gobierno aleatorias, coyunturales y de acuerdo al estado de ánimo y razonamiento de malos gobernantes, funcionarios y líderes políticos.

La sociedad es un factor fundamental para el desarrollo, ya que sus diversas manifestaciones de acción, movilidad, participación, sectorización, organización, productividad, empleo y servicios implican, en todo contexto, la composición, funcionalidad y uso de la mayoría de la infraestructura de gobierno y del sector privado para esos fines, además de que estas actividades de los sectores de la sociedad implican la conformación de su propia estructura y organización interna y externa, la cual debe ser fortalecida mediante políticas, instrumentos y programas de gobierno y del mismo sector privado que generen productividad, empleo y estabilidad política y social en todo contexto, y que permitan la generación y fortalecimiento de la diversidad de esquemas para los negocios y el desarrollo de las sociedades.

Independientemente de que los gobiernos sean malos, regulares o buenos, la sociedad produce su propia actividad, infraestructura y esquemas y procesos de productividad y negocios, así como de industrias, comercios y servicios, sin embargo, su potenciación no puede realizarse si no se cuenta con los contextos e instrumentos adecuados, tales como leyes y reglamentos efectivos y ágiles, esquemas impositivos factibles, esquemas de financiamiento adecuados y escenarios de estabilidad y tranquilidad política y social, entre otros factores, por lo que la influencia del ejercicio gubernamental indudablemente que impacta de manera superlativa todo aspecto y concepto de la productividad de la sociedad. Esto quiere decir que la sociedad genera su propia infraestructura productiva y de negocios, que puede funcionar en determinados grados y formas, en caso de no contar con marcos normativos, instrumentos y programas de apoyo y con escenarios de estabilidad, sin embargo, producirán una economía de empleo aleatoria y de subsistencia de una sociedad, pero nunca podrá organizarse, potenciarse y desarrollarse hasta conformar una gran infraestructura de la productividad que impacte en los mercados internos y sea altamente competitiva y distributiva en los mercados internacionales. Por lo tanto, esto nos lleva a reafirmar que la sociedad genera su propia infraestructura de productividad, y que ésta no puede desarrollarse e impulsarse si no cuenta con las condiciones, políticas apropiadas y conceptos positivos generados por los gobiernos, mediante sus leyes, políticas públicas, esquemas, programas e instrumentos. En cambio, cuando se cuenta con estos elementos, que además sean de vanguardia y se utilicen de forma eficiente, se logrará una potenciación real, no sólo de la productividad y el empleo, sino que también de las expectativas y proyecciones de un alto desarrollo en todos los sentidos. Por estas razones, los gobiernos y las sociedades son los factores más importantes y de mayor influencia para lograr el desarrollo integral sostenible y la mejora de calidad de vida de la población.

En este libro, por tanto, se hace énfasis en el ejercicio gubernamental eficiente y en la mejora de los conceptos e instrumentos de gobierno, ya que ambos conforman el concepto general necesario para el buen funcionamiento del gobierno y la obtención de los resultados planeados y deseados. Todo gobierno debe delinear como objetivos fundamentales la mejora de sus políticas, conceptos e instrumentos y la mejora del funcionamiento de sus esquemas, sistemas, procesos, programas y acciones, además del establecimiento de esquemas que permitan que las posiciones y cargos públicos de gobernantes, funcionarios y trabajadores los ocupen los elementos más capacitados y preparados en los contextos respectivos, por lo que de conseguirse este objetivo, el ejercicio gubernamental sería altamente eficiente y generaría las condiciones que permitan a las sociedades y los sectores potenciar la infraestructura y los procesos de la productividad, así como el empleo y la especialización para el desarrollo integral sostenible y la mejora de la calidad de vida poblacional. Por estas razones fundamentales debería existir en el ámbito internacional una instancia matriz institucionalizada y un instrumento específico que pueda ser implementado en todos los países y entidades y localidades del mundo para establecer los esquemas que permitan esta eficiencia gubernamental.

Aunque existen algunas instituciones internacionales y nacionales con similares principios y objetivos, no tienen el alcance ni la fuerza para diseñar y conformar un esquema modelo y prototipo que pueda ser implementado en todo gobierno de todo país, entidad y localidad del mundo, de acuerdo a sus características, tamaño y particularidades, con lo que se generarían los trabajos y los procesos para transformar positivamente los conceptos e instrumentos de gobierno y la capacidad de gobernantes y funcionarios para establecer las condiciones necesarias para el desarrollo de los contextos. Esta institución internacional deberá contar con esquemas modelo y prototipo en sus conceptos, para ser implementados en los diversos escenarios, que abarcarían desde aquellos de miseria y marginación, para posteriormente pasar a los de pobreza y subdesarrollo, continuar con los de pequeña e incipiente productividad, y seguir con aquellos de pequeña y mediana productividad, e incluso implementarlos en aquellos escenarios de alta productividad, con el objetivo de mejorar sustantivamente cada uno de estos escenarios.

El objetivo será llegar a un término de igualdad en todo ejercicio de gobierno, que permita la generación similar de los procesos de la productividad, para tratar también de llegar a una igualdad de la infraestructura productiva y de las condiciones socioeconómicas de toda sociedad, región y contexto. Si se cuenta con una base promedio de un ejercicio gubernamental eficiente y con una base promedio de alta productividad del gobierno y de la sociedad, entonces el objetivo se habrá cumplido, ya que esto permitirá que todo contexto cuente con sociedades más capaces y preparadas y con gobiernos eficientes y productivos, transformando sus contextos de miseria, pobreza y marginación en contextos de productividad en sus diversas manifestaciones, lo que indudablemente acercará y disminuirá las diferencias y desigualdades de los países, regiones y localidades. Así, mientras los países desarrollados y ricos siguen avanzando y mejorándose de forma permanente, los países emergentes y medianos, así como los países subdesarrollados y pobres, tendrán que avanzar más rápidamente, mediante esta conceptualización general, para alcanzar mayores grados de desarrollo, que no sólo les permitan disminuir estas diferencias y desigualdades, sino que también ser productivos y competitivos en todos los mercados y escenarios. Esta igualdad básica y modelo en el ejercicio gubernamental en todo país y entidad, permitirá generar esquemas eficientes que generen condiciones para la productividad, por lo que los gobiernos que utilicen estos conceptos estarán funcionando de forma similar a los países desarrollados, ya que sus esquemas, sistemas y políticas públicas serán similares en cuanto al concepto, visión y alcance, aunque con las particularidades específicas de cada contexto y sistema de gobierno. Esta es la razón fundamental por lo que las sociedades quieren gobiernos eficientes y contar con gobernantes capaces y con visión, ya que esto implicará la generación de los factores y las condiciones que permitan a las sociedades potenciar, impulsar y fortalecer su infraestructura y sus procesos de productividad, de negocios y de competitividad y servicios, generando así el desarrollo integral sostenible y la mejora de la calidad de vida de la gente.

"Queremos Gobiernos Eficientes"
Cómo ser Gobernantes Capaces y con Visión
Líneas de Estrategias Gubernamentales

José Álvarez García

Impreso en septiembre de 2010
Tirada: 2000 ejemplares
1ª. Edición

339